金枪鱼渔业科学研究丛书

印度洋冷海水金枪鱼延绳钓渔船捕捞技术研究

宋利明　著

科 学 出 版 社
北　京

内 容 简 介

本书共三篇,第一篇为"马尔代夫群岛水域冷海水金枪鱼延绳钓渔船捕捞技术研究",第二篇为"印度洋中部公海水域冷海水金枪鱼延绳钓渔船捕捞技术研究",第三篇为"印度洋中南部公海水域冷海水金枪鱼延绳钓渔船捕捞技术研究"。第一至第三篇分别对马尔代夫群岛水域、印度洋中部公海水域、印度洋中南部公海水域主要鱼种生物学特性、钓钩实际深度与理论深度的关系、渔场形成机制、渔获率与有关海洋环境的关系等进行了研究,对渔具、渔法进行了比较试验。

本书可供从事捕捞学、渔业资源学等研究的科研人员,渔业管理部门,海洋渔业科学与技术专业的本科生、研究生,以及从事金枪鱼延绳钓渔业生产的企业参考使用。

图书在版编目(CIP)数据

印度洋冷海水金枪鱼延绳钓渔船捕捞技术研究 / 宋利明著. —北京:科学出版社,2019.9

(金枪鱼渔业科学研究丛书)

ISBN 978-7-03-062267-9

Ⅰ. ①印⋯ Ⅱ. ①宋⋯ Ⅲ. ①印度洋-超低温-公海渔场-钓鱼船-金枪鱼-海洋捕捞-研究 Ⅳ. ①U674.4

中国版本图书馆 CIP 数据核字(2019)第 201973 号

责任编辑:陈 露 文 茜 / 责任校对:严 娜
责任印制:黄晓鸣 / 封面设计:殷 靓

科学出版社 出版

北京东黄城根北街 16 号
邮政编码:100717
http://www.sciencep.com

苏州市越洋印刷有限公司 印刷
科学出版社发行 各地新华书店经销

*

2019 年 9 月第 一 版　开本:787×1092　1/16
2019 年 9 月第一次印刷　印张:19 1/4
字数:480 000

定价:126.00 元

(如有印装质量问题,我社负责调换)

本丛书得到下列项目的资助：
1. 上海海洋大学水产一流学科建设项目
2. 上海市教育委员会上海市属高校应用型本科试点专业建设项目
3. 2015、2016年农业部远洋渔业资源调查和探捕项目（D8006150049）
4. 科技部863计划项目（2012AA092302）
5. 2012、2013年农业部远洋渔业资源调查和探捕项目（D8006128005）
6. 2011年上海市教育委员会科研创新项目（12ZZ168）
7. 2011年高等学校博士学科点专项科研基金联合资助项目（20113104110004）
8. 2009、2010年农业部公海渔业资源探捕项目（D8006090066）
9. 2007、2008年农业部公海渔业资源探捕项目（D8006070054）
10. 科技部863计划项目（2007AA092202）
11. 2005、2006年农业部公海渔业资源探捕项目（D8006050030）
12. 上海高校优秀青年教师后备人选项目（03YQHB125）
13. 2003年农业部公海渔业资源探捕项目（D8006030039）
14. 科技部863计划项目（8181103）

丛 书 序 一

我国大陆的金枪鱼延绳钓渔业始于1988年（台湾省始于20世纪初），当时将小型流刺网渔船或拖网渔船进行简单改造，获得许可后驶入中西太平洋岛国的专属经济区进行作业。改装船都用冰保鲜，冰鲜的渔获物空运到日本销售。超低温金枪鱼延绳钓渔业始于1993年7月，主要在公海作业，发展迅速，到2017年年底，我国大陆的金枪鱼延绳钓渔业已拥有冰鲜和冷水渔船24艘、低温渔船337艘及超低温渔船149艘。

丛书作者宋利明教授曾作为科技工作者，于1993年7月随中国水产有限公司所属的超低温金枪鱼延绳钓渔船"金丰1"出海工作。首航出发港为西班牙的拉斯·帕尔马斯（Las Palmas）港，赴大西洋公海，开启了我国大陆在大西洋公海从事金枪鱼延绳钓渔业的先河，宋利明教授是我国该渔业的重要开拓者之一，其后续开展金枪鱼延绳钓渔业科学研究和技术推广25年，对该渔业的发展做出了重要的贡献。

捕捞技术涉及渔业资源与渔场、渔业生物学与鱼类行为能力、渔具与渔法等。通过对大西洋、太平洋和印度洋金枪鱼延绳钓渔场的多年调查，该丛书按水域和保藏方式及研究内容分为"公海超低温金枪鱼延绳钓渔船捕捞技术研究""印度洋冷海水金枪鱼延绳钓渔船捕捞技术研究""中西太平洋冷海水金枪鱼延绳钓渔船捕捞技术研究""中西太平洋低温金枪鱼延绳钓渔船捕捞技术研究""中西太平洋金枪鱼延绳钓渔业渔情预报模型比较研究""金枪鱼延绳钓钓钩力学性能及渔具捕捞效率研究""金枪鱼延绳钓渔具数值模拟研究""金枪鱼类年龄与生长和耳石微量元素含量研究"8个专题，全面反映了多学科的交汇和捕捞学学科的研究前沿。

宋利明教授长期深入生产第一线采集数据资料，进行现场调查，研究成果直接用于指导渔船的生产作业。该丛书是宋利明教授从事金枪鱼延绳钓渔业研究25年来辛勤劳动的成果，具有重要的实用价值，同时还是渔情预报和渔场分析的重要参考资料。该丛书的出版，将是我国远洋金枪鱼延绳钓渔业科学研究领域的重要里程碑。

2018年10月2日

丛书序二

我国大陆远洋金枪鱼延绳钓渔业经过 30 多年的历程，逐步发展壮大，现已成为当前我国远洋渔业的一大产业。金枪鱼延绳钓渔业是我国"十三五"渔业发展规划的重要内容之一，属于需稳定优化的渔业。

尽管我国大陆的远洋金枪鱼延绳钓渔业取得了 12 万 t 左右的年产量，但金枪鱼类的分布与海洋环境之间的关系、渔情预报技术、渔具渔法等一些基础研究工作仍跟不上生产发展的要求，与日本、美国、欧盟等国家和地区有一定的差距。有必要加强对金枪鱼延绳钓捕捞技术及相关技术领域的研究工作，实现合理有效的生产，同时为金枪鱼类资源评估、渔情预报技术提供基础理论依据。

大眼金枪鱼、黄鳍金枪鱼和长鳍金枪鱼是我国金枪鱼延绳钓渔业的主要捕捞对象。本丛书围绕其生物学特性、渔场形成机制、渔情预报模型、渔获率与有关海洋环境的关系、提高目标鱼种渔获率与减少兼捕渔获物的方法、钓钩实际深度与理论深度的关系、延绳钓钓钩力学性能及渔具捕捞效率、延绳钓渔具数值模拟等展开调查研究，研究成果将直接服务于我国远洋金枪鱼延绳钓渔业，有益于促进远洋金枪鱼延绳钓渔业效益的整体提高，保障远洋金枪鱼延绳钓渔业的可持续发展。

本丛书在写作和海上调查期间得到了上海海洋大学捕捞学硕士研究生王家樵、姜文新、高攀峰、张禹、周际、李玉伟、庄涛、张智、吕凯凯、胡振新、曹道梅、武亚萍、惠明明、杨嘉樑、徐伟云、李杰、李冬静、刘海阳、陈浩、谢凯、赵海龙、沈智宾、周建坤、王晓勇、郑志辉，以及中国水产有限公司刘湛清总经理、广东省广远渔业集团有限公司黄富雄副总经理、深圳市联成远洋渔业有限公司周新东董事长、浙江大洋世家股份有限公司郑道昌副总经理和浙江丰汇远洋渔业有限公司朱义峰总经理等的大力支持。在此表示衷心的感谢！

宋利明
2018 年 9 月 28 日

前　言

我国大陆利用大滚筒钓机、冷海水冷藏金枪鱼的延绳钓渔业始于2003年12月，当时广东省广远渔业集团有限公司的延绳钓渔船"华远渔19"从广州出航，赴印度洋马尔代夫群岛海域，开启了我国大陆在印度洋利用大滚筒钓机进行金枪鱼延绳钓并用冷海水冷藏的先河。

本书根据2003年12月至2004年6月在印度洋马尔代夫群岛海域、2005年9～12月和2006年9～12月在印度洋公海海上调查和实测获得的数据，围绕我国印度洋金枪鱼延绳钓渔业主要捕捞对象的生物学特性、钓钩实际深度与理论深度的关系、渔场形成机制、渔获率与有关海洋环境的关系等展开研究，对渔具渔法进行了比较试验，以期提高作业渔船的经济效益，为远洋金枪鱼延绳钓渔业的可持续发展提供技术支撑。本书共三篇，第一篇为"马尔代夫群岛水域冷海水金枪鱼延绳钓渔船捕捞技术研究"，第二篇为"印度洋中部公海水域冷海水金枪鱼延绳钓渔船捕捞技术研究"，第三篇为"印度洋中南部公海水域冷海水金枪鱼延绳钓渔船捕捞技术研究"。

第一篇内容包括调查船、调查时间、调查的渔具与渔法、调查海区、调查方法、数据处理方法、主要捕获鱼种的生物学特性、钓钩实际深度与理论深度的关系、大眼金枪鱼渔场形成机制、大眼金枪鱼和黄鳍金枪鱼的栖息环境、渔具渔法的改进等。

第二和第三篇内容包括材料与方法、渔场环境因子、主要金枪鱼鱼种渔获量及上钩率情况、主要金枪鱼种类生物学特性、钓钩实际深度与理论深度的关系、渔具渔法的比较试验、大眼金枪鱼和黄鳍金枪鱼的栖息环境、大眼金枪鱼和黄鳍金枪鱼的渔场形成机制等。

海上调查期间得到了广东省广远渔业集团有限公司方健民总经理、黄富雄副总经理等的大力支持，并得到了农业部2005年和2006年探捕项目的资助，在此深表谢意！还要感谢"华远渔18""华远渔19"和"粤远渔168"渔船的全体船员，以及上海海洋大学捕捞学硕士研究生高攀峰、周际、王家樵和姜文新等，他们在海上调查和本书写作过程中给予了大力帮助。

由于本书覆盖内容较多，作者水平有限，难免会存在一些不足之处，敬请各位读者批评指正。

宋利明

2019年5月

目　　录

丛书序一
丛书序二
前言
第一篇　马尔代夫群岛水域冷海水金枪鱼延绳钓渔船捕捞技术研究 1
  1　调查情况 1
  2　调查结果 6
    2.1　生物学 6
    2.2　钓钩实际深度与理论深度的关系 16
    2.3　大眼金枪鱼渔场形成机制 22
    2.4　大眼（黄鳍）金枪鱼的栖息水层、水温、盐度 44
  3　结论与讨论 53
    3.1　生物学 53
    3.2　钓钩实际深度与理论深度的关系 54
    3.3　大眼金枪鱼渔场形成机制 54
    3.4　大眼（黄鳍）金枪鱼的栖息水层、水温、盐度 54
    3.5　渔具渔法的改进 56
  参考文献 58
第二篇　印度洋中部公海水域冷海水金枪鱼延绳钓渔船捕捞技术研究 59
  1　材料与方法 59
    1.1　材料 59
    1.2　方法 62
  2　渔场环境因子 66
    2.1　海流 66
    2.2　气温 67
    2.3　风速风向 67
    2.4　海面波浪 68
    2.5　表层水温 68
    2.6　表层盐度 69

2.7　表层叶绿素浓度··· 70
　　2.8　表层溶解氧含量··· 71
3　主要金枪鱼鱼种渔获量及上钩率情况··· 72
　　3.1　整个调查期间的总体情况··· 72
　　3.2　分航次情况··· 79
4　主要金枪鱼种类生物学特性··· 87
　　4.1　大眼金枪鱼··· 87
　　4.2　黄鳍金枪鱼··· 96
5　钓钩实际深度与理论深度的关系··· 103
　　5.1　不同海流下船用渔具··· 103
　　5.2　不同海流下试验渔具··· 104
　　5.3　拟合钓钩深度计算模型··· 107
6　渔具渔法的比较试验··· 109
　　6.1　调查期间各种钓钩的上钩率比较··· 109
　　6.2　不同海流下各种钓钩的上钩率比较··· 110
　　6.3　不同海流下试验渔具的上钩率比较··· 117
　　6.4　饵料对比试验··· 125
7　大眼金枪鱼和黄鳍金枪鱼的栖息环境··· 126
　　7.1　使用两艘船的数据拟合钓钩深度计算模型分析大眼（黄鳍）金枪鱼的栖息环境··· 126
　　7.2　使用"华远渔 18"船三维海流数据拟合钓钩深度计算模型分析大眼（黄鳍）金枪鱼的栖息环境··· 131
8　大眼金枪鱼和黄鳍金枪鱼的渔场形成机制··· 139
　　8.1　整个调查期间渔场形成机制研究··· 144
　　8.2　"华远渔 18"和"华远渔 19"船分航次渔场形成机制研究··················· 163
　　8.3　"华远渔 18"船第一至第三航次 CPUE 与所有指标（包括三维海流、水平海流）的相关性分析··· 178
　　8.4　小结··· 186
参考文献··· 187

第三篇　印度洋中南部公海水域冷海水金枪鱼延绳钓渔船捕捞技术研究··············· 188
1　材料与方法··· 188
　　1.1　材料··· 188
　　1.2　方法··· 190
2　渔场环境因子··· 195
　　2.1　海流··· 195
　　2.2　风速风向··· 196
　　2.3　表层水温··· 197

2.4　表层盐度 · 197
　　2.5　表层叶绿素浓度 · 198
　　2.6　表层溶解氧含量 · 198
3　主要金枪鱼鱼种渔获量及上钩率情况 · 199
　　3.1　整个调查期间的总体情况 · 199
　　3.2　分航次情况 · 206
4　主要金枪鱼种类生物学特性 · 212
　　4.1　大眼金枪鱼 · 212
　　4.2　黄鳍金枪鱼 · 219
5　钓钩实际深度与理论深度的关系 · 223
　　5.1　不同海流下船用渔具 · 223
　　5.2　不同海流下试验渔具 · 223
　　5.3　拟合钓钩深度计算模型 · 227
6　渔具渔法的比较试验 · 232
　　6.1　调查期间各种钓钩的上钩率比较 · 232
　　6.2　不同海流下各种钓钩的上钩率比较 · 233
　　6.3　不同海流下试验渔具的上钩率比较 · 240
　　6.4　不同海流下试验渔具（无重锤）的上钩率比较 · 246
7　大眼金枪鱼和黄鳍金枪鱼的栖息环境 · 250
　　7.1　应用漂移速度拟合钓钩深度计算模型分析大眼（黄鳍）金枪鱼的栖息
　　　　环境 · 251
　　7.2　应用流剪切系数拟合钓钩深度计算模型分析大眼（黄鳍）金枪鱼的栖息
　　　　环境 · 259
8　大眼金枪鱼和黄鳍金枪鱼的渔场形成机制 · 268
　　8.1　整个调查期间渔场形成机制研究 · 270
　　8.2　分渔场形成机制研究 · 283
　　8.3　小结 · 294
参考文献 · 295

第一篇

马尔代夫群岛水域冷海水金枪鱼延绳钓渔船捕捞技术研究

2003年以来，我国远洋金枪鱼延绳钓渔业的发展进入了稳定增效的时期，特别是小型金枪鱼延绳钓渔业的发展，已从原来的非专业性钓船向现代化的高效的专业性钓船发展。部分远洋渔业公司建造了船长在30m左右的玻璃钢（或钢质）大滚筒冷海水金枪鱼延绳钓渔船，如何确定这批渔船的作业渔场，是摆在各渔业企业领导面前急待解决的问题，因此，有必要对玻璃钢（或钢质）大滚筒冷海水金枪鱼延绳钓渔船在相关渔场的适渔性进行研究，马尔代夫群岛水域大滚筒冷海水金枪鱼延绳钓渔船捕捞技术研究是这项工作的开端，现把有关调查研究的情况、取得的成果总结如下。

1 调 查 情 况

1.1.1 调查船

执行本次海上调查任务的渔船为玻璃钢大滚筒冷海水金枪鱼延绳钓渔船"华远渔19"，其主要的船舶参数如下：总长26.12m；型宽6.05m；型深2.70m；总吨150.00t；净吨45.00t；主机功率为407.00kW。

1.1.2 调查时间

本次海上调查，于2003年11月14日从广州出航，2003年12月初到达马尔代夫首都马累，2003年12月16日至2004年6月8日在马尔代夫专属经济区渔场进行有关金枪鱼鱼种的生物学、海洋环境、捕捞技术等的调查研究。

1.1.3 调查的渔具与渔法

1.1.3.1 调查的渔具

本次调查所用的钓具结构为：浮子直径为360mm；浮子绳直径为6mm，长22m、27m和32m三种；干线直径为3.6mm；支线第一段为直径3mm的硬质聚丙烯，长0.8m（加上夹子长1m）左右；第二段为180$^{\#}$（直径为1.8mm）的尼龙单丝，长14m，后改为16m；第三段为直径1.2mm的钢丝，长1m；第一段直接与第二段连接，无转环；第二段与第三段间用一较大的转环相连接；第三段直接与钓钩连接，不用猫眼，在部分钓钩上面装了荧光珠（10%左右）。

1.1.3.2 调查的渔法

调查期间，一般情况下，21:00～03:00投绳，持续时间为6h左右，04:00之前结束；08:00～20:00起绳，持续时间为12h左右；船长根据渔场生产的实际情况，决定当天投绳的位置、船速、出绳速度、两浮子间的钓钩数量、两钓钩间的时间间隔等。

2004年2月中旬至4月底，作业参数如下。

1）"月光水"（指农历初八至二十二，月光较明亮的日期）。浮子绳长32m、船速8节、出绳速度11节、两钓钩间的时间间隔为7s、两浮子间的钓钩数量为23～25枚。共投钩3000～3100枚/天。

2）"月黑水"（指农历初一至初七、二十三至三十，月光较暗的日期）。浮子绳长32m、船速8节、出绳速度11.5节、两钓钩间的时间间隔为7s、两浮子间的钓钩数量为27枚。共投钩2800～2900枚/天。

1.1.4 调查海区

本次调查，按照作业时间分为如下11个航次（表1-1-1）。

表1-1-1 各航次的探捕时间和探捕范围

航次	探捕时间	探捕范围	
1	2003.12.16 至 2003.12.24	02°07′N～03°12′N	69°58′E～70°41′E
2	2003.12.30 至 2004.1.11	00°13′S～03°49′N	69°47′E～70°56′E
3	2004.1.17 至 2004.1.28	02°13′S～00°34′N	69°51′E～72°23′E
4	2004.2.3 至 2004.2.13	02°08′N～04°39′N	75°29′E～76°36′E
5	2004.2.17 至 2004.2.25	06°00′N～06°42′N	70°42′E～70°58′E
6	2004.3.1 至 2004.3.11	03°33′N～06°13′N	70°44′E～71°07′E
7	2004.3.16 至 2004.3.27	05°44′N～06°46′N	69°52′E～70°52′E
8	2004.3.31 至 2004.4.11	06°06′N～06°37′N	69°53′E～70°52′E
9	2004.4.16 至 2004.4.25	05°44′N～06°39′N	69°17′E～70°32′E
10	2004.5.3 至 2004.5.13	01°57′S～01°06′N	69°13′E～70°28′E
11	2004.5.28 至 2004.6.8	01°57′S～01°54′N	69°12′E～71°05′E

为了便于研究，把这11个航次的探捕渔场按照地理位置归类为西北、西部、西南和东部渔场。各渔场的大致位置如图1-1-1所示：其中航次1在西部渔场；航次2、3、10、11在西南渔场；航次4在东部渔场；航次5～9在西北渔场。

1.1.5 调查方法

本次调查为生产性调查，不设具体的调查站点，根据渔船的实际生产状况进行调查，记录了每天的投绳位置、投绳开始时间、起绳开始时间、投放的钓钩数、投绳时的船速和出绳速度、两钓钩间的时间间隔、两浮子间的钓钩数、大眼金枪鱼和黄鳍金枪鱼的渔获尾数，抽样记录了大眼金枪鱼和黄鳍金枪鱼的上钩钩号、死活状态、死鱼体温、上钩时的位

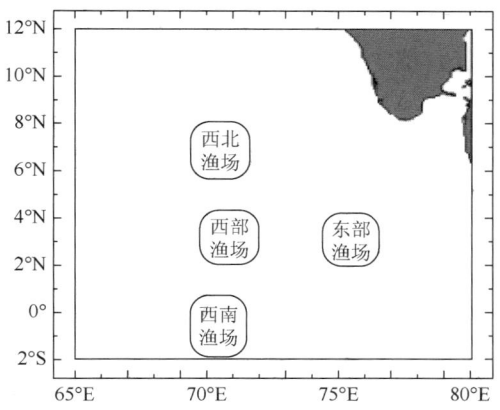

图 1-1-1 西北、西部、西南和东部渔场位置

置,抽样鉴定了其性别、性腺成熟度(根据我国海洋调查规范分为 1~6 级),鉴定了其摄食种类、摄食等级(根据我国海洋调查规范分为 0~4 级),用皮尺测定了主要金枪鱼鱼种(大眼金枪鱼和黄鳍金枪鱼)的叉长,用磅秤测定了主要金枪鱼鱼种(大眼金枪鱼和黄鳍金枪鱼)的加工后重(去鳃、去内脏重),用小的台秤测定了胃含物重(各摄食种类的重量),用微型温度深度计(TDR-2050)测定了部分钓钩在海水中的实际深度及其变化(一般为投绳结束前的 7~8 个浮子处,02:00 左右放下,测定 7~8h,在 09:00~10:00 结束),用温盐深仪(CTD,SBE37SM)测定了部分作业时期的水深 0~350m 处的温度、盐度的垂直变化曲线(投绳结束后测定,一般为 04:00 左右)。

1.1.6 数据处理方法

1.1.6.1 生物学研究

对于金枪鱼的生物学的研究采用统计与回归的方法,研究叉长(FL)与加工后重(W)的关系采用幂函数回归的方法,即 $W = a\text{FL}^b$。

性别、性腺成熟度、摄食种类、摄食等级等采用频率统计的方法,得出有关的频度数据。

1.1.6.2 钓钩实际深度与理论深度的关系

钓钩实际深度为微型温度深度计测定的部分钓钩在海水中的实际深度及其变化。

理论深度按照日本吉原有吉的钓钩深度计算公式[1]进行计算,即根据钩号,按照理论钓钩深度计算方法计算得出该钩号的理论深度。

$$D_j = h_a + h_b + l\left[\sqrt{1+\cot^2\varphi_0} - \sqrt{\left(1-\frac{2j}{n}\right)^2 + \cot^2\varphi_0}\right] \qquad (1-1-1)$$

$$L = V_2 \times n \times t \qquad (1-1-2)$$

$$l = \frac{V_1 \times n \times t}{2} \qquad (1-1-3)$$

$$k = \frac{L}{2l} = \frac{V_2}{V_1} = \cot\varphi_0 \text{sh}^{-1}(\tan\varphi_0) \qquad (1-1-4)$$

式（1-1-1）～式（1-1-4）中，D_j 为理论深度；h_a 为支线长；h_b 为浮子绳长；l 为干线弧长的一半；φ_0 为干线支承点上切线与水平面的夹角，与短缩率(k)有关，作业中很难实测 φ_0，采用 k 来推出 φ_0；j 为两浮子之间自一侧计的钓钩编号，即钩号；n 为两浮子之间干线的分段数，即支线数加 1；L 为两浮子之间的海面上的距离；V_2 为船速；t 为投绳时前后两支线之间的时间间隔；V_1 为投绳机出绳速度。

实际深度与理论深度的比较采用多元回归的方法，得出实际深度与理论深度的计算关系。由于实际深度与理论深度的关系与受到的海流的切变力和风力有关，而这两个力分别与钓具在海中的漂移速度的平方和风速的平方、钓具漂移方向与投绳方向间夹角的正弦值和风向与投绳方向间夹角的正弦值有关，因此把实际深度与理论深度、钓具漂移速度的平方、风速的平方、流向与投绳方向间夹角的正弦值和风向与投绳方向间夹角的正弦值进行多元回归。

1.1.6.3　大眼金枪鱼渔场形成机制

分渔场的大眼金枪鱼渔场形成机制，利用海洋数据处理中最常用的谱系聚类分析（hierarchical cluster analysis）法，计算得出渔获率（尾/千钩，记为 CPUE）与其他几个指标两两间的欧氏距离（Euclidean distance）系数矩阵。相关系数越接近 1 或 –1，两个指标就越相似，关系就越密切。而欧氏距离越小，则两指标间的关系越密切。由于相关系数为负值时，其相应的欧氏距离要比相关系数为 0 时的大，故在比较相关系数的大小时，相关系数为负值时，两个指标间的相关关系比相关系数为 0 时的要差。以 C_{ij}、d_{ij} 表示第 i 个指标（CPUE）与第 j 个指标间的相关系数和欧氏距离[2]，其表达式分别如下：

$$C_{ij} = \frac{\sum_{k=1}^{n}(x_{ki}-\overline{x}_i)(x_{kj}-\overline{x}_j)}{\sqrt{\sum_{k=1}^{n}(x_{ki}-\overline{x}_i)^2 \sum_{k=1}^{n}(x_{kj}-\overline{x}_j)^2}} \qquad (1\text{-}1\text{-}5)$$

$$d_{ij} = \sqrt{\sum_{k=1}^{n}(x_{ki}-x_{kj})^2} \qquad (1\text{-}1\text{-}6)$$

式中，x_{ki}、x_{kj} 是标准化指标观察值；$\overline{x}_i$、$\overline{x}_j$ 为标准化指标样本均值；n 为标准化指标个数。

温盐数据的测定方法：利用 CTD 测定水深 0～350m 处的温盐数据，通过计算机及其应用软件把测得的数据读出，存入计算机，记录好相应的测定位置，打印出温盐随深度变化的曲线图，并取各所要分析的深度处的 ±5m 内的温盐数据的算术平均值作为其温盐数据。

风流合压角(γ)、钓具漂移速度(V_g)的测定方法：利用船上的全球定位系统（GPS）记录同一浮子投出和收进的位置，计算得出这一天的钓具漂移方向和漂移速度，再计算投绳时航程较长的航向与钓具漂移方向之间的夹角（小于 90°）——风流合压角。

大眼金枪鱼的渔获率 CPUE（尾/千钩）的测定方法：观测每天的大眼金枪鱼的渔获尾数（N）及当天的实际投放的钓钩数（H），利用式（1-1-7）计算得出。

$$\mathrm{CPUE} = \frac{N}{H} \times 1000 \tag{1-1-7}$$

把每个渔场每天各水层的温盐数据、钓具漂移速度(V_g)、钓具漂移方向(C_g)、风速(V_w)、风向(C_w)、风舷角(Q_w)、风流合压角(γ)、大眼金枪鱼的渔获率（CPUE）数据录入"STATISTICA for Windows"[2]软件中，先将这些数据进行标准化处理，使其成为无量纲的变量，再进行相关系数矩阵分析及聚类分析。

利用海洋数据处理软件 Marine explorer，把有关渔场与 CPUE 相关系数较大、欧氏距离较小的 6 个指标同大眼金枪鱼 CPUE 进行叠图。由于调查期间的种种原因，有些渔场未能测得温盐数据或数据不足，故航次 1~6、10~11 仅能分析表层水温（表温）、钓具漂移速度和漂移方向、风速、风向、风舷角、风流合压角与大眼金枪鱼渔获率的关系，而航次 7~9 可分析各个航次各水层的温盐数据、钓具漂移速度和漂移方向、风速、风向、风舷角、风流合压角与大眼金枪鱼渔获率的关系。

1.1.1.6.4 大眼（黄鳍）金枪鱼的栖息水层、水温、盐度

大眼（黄鳍）金枪鱼的栖息水层、水温、盐度的研究采用研究大眼（黄鳍）金枪鱼的渔获率（CPUE）与理论深度、水温、盐度的关系进行，具体方法如下：

水层：从 60.00m 起到 439.99m，每 20m 为一层，分为 19 层。

水温：从 10.00℃ 起到 28.99℃，每 1℃ 为一段，分为 19 段。

盐度：从 35.00 起到 35.99，每 0.10 为一段，分为 10 段。

各水层、水温、盐度范围的渔获率根据如下的方法确定：

统计该渔场各水层、各水温段、各盐度范围的大眼（黄鳍）金枪鱼的渔获尾数（分别记作 N_{S1j}、N_{S2j}、N_{S3j}）、钩数（H_{S1j}、H_{S2j}、H_{S3j}），以及占该渔场取样总尾数（记作 N_S）的百分比[分别记作 P_{1j}、P_{2j}、P_{3j}，见式（1-1-8）]、占该渔场取样总钩数（记作 H_S）的百分比[P_{H1j}、P_{H2j}、P_{H3j}，见式（1-1-9）]，根据取样数据推算出该渔场的实际总渔获尾数（记作 N）、总钩数（记作 H），以及在各水层、各水温段、各盐度范围的渔获尾数[分别记作 N_{1j}、N_{2j}、N_{3j}，见式（1-1-10）]、钩数[分别记作 H_{1j}、H_{2j}、H_{3j}，见式（1-1-11），H_{2j}、H_{3j} 根据各水温段和各盐度范围相对应的水层计算出在该水层的钩数而推算得出]，再计算大眼金枪鱼在各水层、各水温段、各盐度范围的渔获率[分别记作 CPUE_{1j}、CPUE_{2j}、CPUE_{3j}，见式（1-1-12）]，其表达式分别为

$$P_{ij} = \frac{N_{Sij}}{N_S} \tag{1-1-8}$$

$$P_{Hij} = \frac{H_{Sij}}{H_S} \tag{1-1-9}$$

$$N_{ij} = P_{ij} \times N \tag{1-1-10}$$

$$H_{ij} = P_{Hij} \times H \tag{1-1-11}$$

$$\mathrm{CPUE}_{ij} = \frac{N_{ij}}{H_{ij}} \times 1000 \tag{1-1-12}$$

式（1-1-8）～式（1-1-12）中，$i=1,2,3$；统计各水层的数据时，$j=1,2,3,\cdots,19$；统计各水温段数据时 $j=1,2,3,\cdots,19$；统计各盐度范围的数据时，$j=1,2,3,\cdots,10$。

由于调查期间黄鳍金枪鱼的渔获尾数较少，记录上钩钩号的渔获尾数就更少，加上用 CTD 测定温盐深数据的站位也较少，因此只能对黄鳍金枪鱼 CPUE 与水深的关系进行分析。

用实测的大眼（黄鳍）金枪鱼（死鱼）的体温估计其钓获时所处的深度、盐度的方法：用实测的大眼（黄鳍）金枪鱼（死鱼，鱼体已发硬，认为此时的体温与所处的水温一致）的体温数据，以其为引数，查 CTD 测定的当天温度、盐度的垂直分布图，估计其钓获时所处的深度、盐度（如无当天的数据，则用最靠近该天的、作业位置相距最近的数据）。

2 调查结果

2.1 生物学

2.1.1 大眼金枪鱼

调查期间对 285 尾大眼金枪鱼的叉长、加工后重（去鳃、去内脏重）、性别等数据进行了测定，其中雄性 142 尾、雌性 135 尾，雄性与雌性的性别比例约为 1.05∶1，另有 8 尾未作鉴定。雄性样本叉长范围为 0.98～1.90m，加工后重范围为 15.6～99.1kg；雌性样本叉长范围为 0.95～1.81m，加工后重范围为 14.8～90.8kg。样本总加工后重为 10 574.15kg，样本平均加工后重为 37.1kg/尾。调查期间大眼金枪鱼渔获物的总尾数为 1991 尾，取样覆盖率为 14.3%。

2.1.1.1 叉长与加工后重的关系

整个调查期间，不分性别、雄性、雌性的大眼金枪鱼叉长与加工后重的关系通过幂函数回归得图 1-2-1。

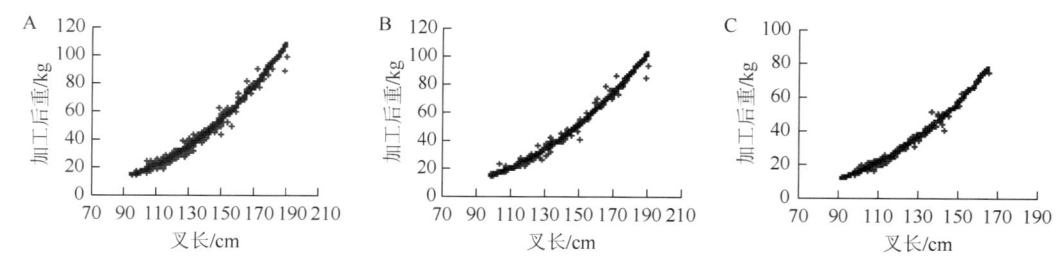

图 1-2-1 大眼金枪鱼叉长与加工后重的关系
A. 不分性别；B. 雄性；C. 雌性

由图 1-2-1 得，印度洋（马尔代夫群岛水域）不分性别、雄性、雌性的大眼金枪鱼叉长与加工后重的关系分别为

不分性别： $y=2.0616\times 10^{-5}x^{2.9487}$ $R^2=0.9723$ （1-2-1）

式中，y 表示加工后重；x 表示叉长。下同。

雄性： $y = 2.1405 \times 10^{-5} x^{2.9413}$　　$R^2 = 0.9766$　　　　　　（1-2-2）
雌性： $y = 1.9566 \times 10^{-5} x^{2.9592}$　　$R^2 = 0.9628$　　　　　　（1-2-3）

2.1.1.2　叉长分布

（1）整个调查期间

调查期间，共测定了 296 尾大眼金枪鱼的叉长，最小叉长为 54.8cm，最大叉长为 190.3cm，平均叉长为 129.1cm，其中 110～140cm 占多数，占 65.3%。整个调查期间的大眼金枪鱼的叉长分布见图 1-2-2。

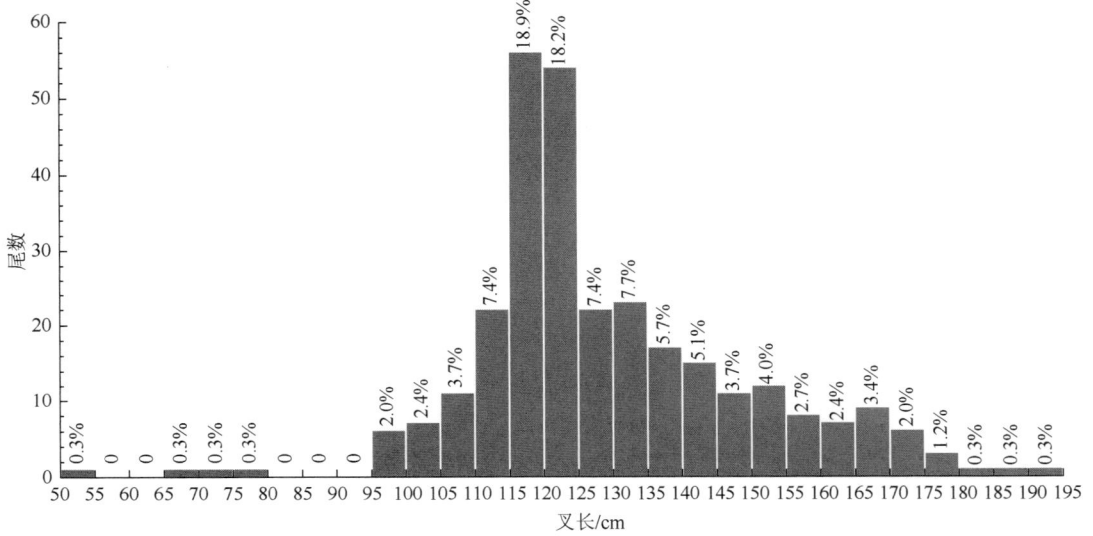

图 1-2-2　2003.12.8 至 2004.6.10 调查期间的大眼金枪鱼的叉长分布

（2）分渔场

西北渔场：作业时间为 2004 年 2 月 17 日至 4 月 25 日，样本月平均叉长分别为 117cm（2 月）、124cm（3 月）、121cm（4 月）。

东部渔场：作业时间为 2004 年 2 月 3～13 日，样本月平均叉长为 133cm（2 月）。

西部渔场：作业时间为 2003 年 12 月 16～24 日，样本月平均叉长为 134cm（12 月）。

西南渔场：作业时间为 2003 年 12 月 30 日至 2004 年 1 月 28 日；2004 年 5 月 3 日至 6 月 8 日，样本月平均叉长分别为 132cm（1 月）、140cm（5 月）、143cm（6 月）。

由此可知，西北渔场 2～4 月的渔获物叉长最小（估计是一索饵育肥场）；西部渔场 12 月和东部渔场 2 月的叉长居中；西南渔场 5 月、6 月的渔获物叉长最大，但是 1 月的相对较小（估计为向产卵场洄游的过路渔场）。

2.1.1.3　成熟度

（1）整个调查期间

整个调查期间共测定了 277 尾（雌性 135 尾，雄性 142 尾）大眼金枪鱼的性腺成熟度，1～6 级的成熟度都有分布。对于整个调查期间，成熟度 5 级的比例较高，其他依次为 2

级、1级、3级、6级、4级；对于不同月份来说，12月、1月、2月、5月，成熟度为5级的比例最高，3月、4月，成熟度为2级的比例最高。具体如图1-2-3所示。

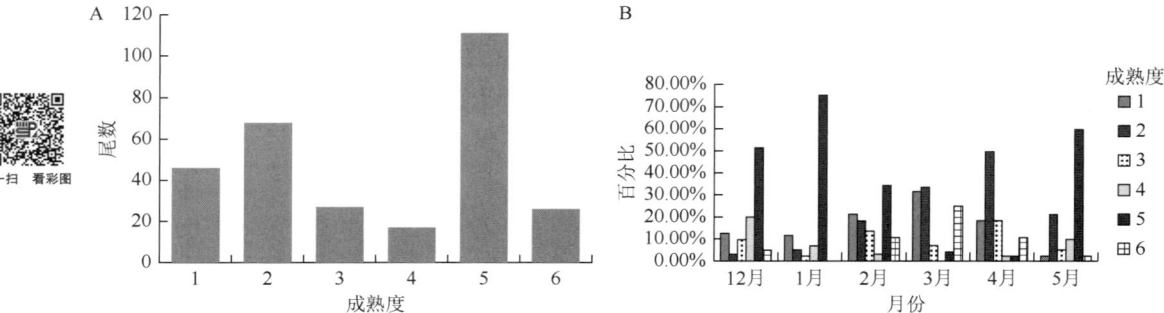

图1-2-3　大眼金枪鱼整个调查期间（A）及各月份（B）成熟度分布图

对于雌性大眼金枪鱼，12月4级、5级较多；1月5级占大多数，2月2级、5级较多；3月2级、1级较多；4月2级、3级较多；5月5级、2级较多。

对于雄性大眼金枪鱼，12月、1月、2月5级最多，但2月相对于前两个月5级比例有所降低；3月1级、6级、2级较多；4月2级、1级、6级较多；5月5级最多。

在整个调查期间，雌性大眼金枪鱼以2级（34.8%）的占多数，其次为5级（23.7%）；雄性大眼金枪鱼以5级（43.0%）的占多数，其次为1级（22.5%）。具体如表1-2-1所示。

表1-2-1　大眼金枪鱼各月份的雌性和雄性成熟度比例

月份	雌性												雄性											
	1		2		3		4		5		6		1		2		3		4		5		6	
	尾数	百分比/%	尾数	百分比/%	尾数	百分比/%	尾数	百分比/%	尾数	百分比/%	尾数	百分比/%	尾数	百分比/%	尾数	百分比/%	尾数	百分比/%	尾数	百分比/%	尾数	百分比/%	尾数	百分比/%
12	1	6.2	0	0	2	12.5	9	56.3	4	25	0	0	4	12.9	2	6.5	2	6.5	1	3.2	20	64.4	2	6.5
1	1	5.88	1	5.88	1	5.88	1	5.88	13	76.48	0	0	4	22.2	0	0	0	0	0	0	14	78.8	0	0
2	1	5.88	5	29.41	4	23.54	1	5.88	5	29.41	1	5.88	7	33.3	2	9.5	1	4.8	0	0	8	38.1	3	14.3
3	8	32	10	40	3	12	0	0	0	0	4	16	9	36	6	24	0	0	0	0	2	8	8	32
4	3	7.5	24	60	12	30	1	0	0	0	0	0	7	29.1	9	37.5	0	0	0	0	1	4.2	7	29.2
5	0	0	7	35	2	10	1	5	10	50	0	0	1	4.3	2	8.7	0	0	3	13	16	69.7	1	4.3
总计	14	10.4	47	34.8	24	17.8	13	9.6	32	23.7	5	3.7	32	22.5	21	14.8	3	2.1	4	2.8	61	43.0	21	14.8

（2）分渔场

11个航次中，航次1～4和航次10～11中成熟度为5级的个体比例最高，并占据了渔获物的绝大部分；航次5～9中样本个体的成熟度等级较低，1级、2级占多数，5级、6级的个体所占比例很低。

在按区域划分的4个渔场中，西部渔场（航次1）12月样本个体成熟度以5级为最多（估计为向产卵场洄游的过路渔场）；西南渔场（航次2、3、10、11）1月、5月、6月样本个体成熟度5级最多，并占很大比例，3个月份之间区别不大（估计为向产卵场洄游的过路渔场）；东部渔场（航次4）2月样本个体中也以5级居多（估计为向产卵场洄游的过路渔场）；西北渔场（航次5、6、7、8、9）2~4月样本个体中成熟度以1级、2级居多（估计是一索饵育肥场）。具体如图1-2-4所示。

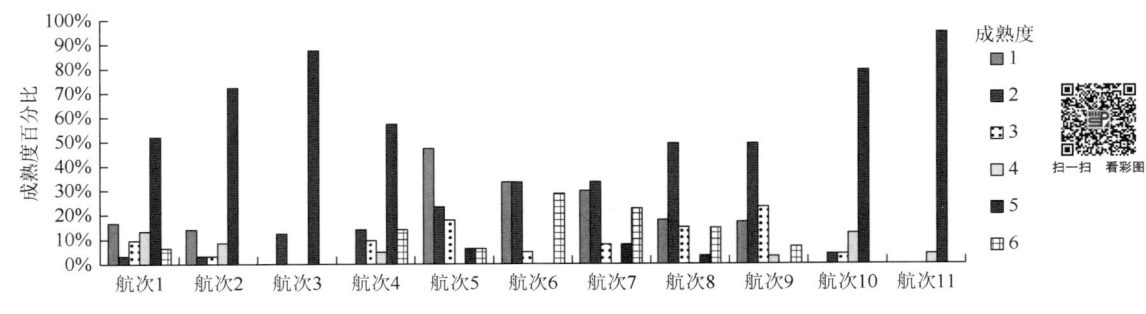

图1-2-4 大眼金枪鱼各航次成熟度分布

2.1.1.4 摄食

（1）整个调查期间

观察245尾大眼金枪鱼，大部分的摄食等级为0级和1级（分别占43.9%和31.8%），2级、3级、4级相对较少（分别占12.8%、9.8%和1.7%）。具体如图1-2-5所示。大眼金枪鱼摄食种类非常广泛，但以鱿鱼、沙丁鱼、蟹类、乌贼等为主。胃含物中出现鱿鱼的频率（已去除所用的饵料）远高于其他任何一种摄食对象的出现频率。具体如图1-2-6所示。

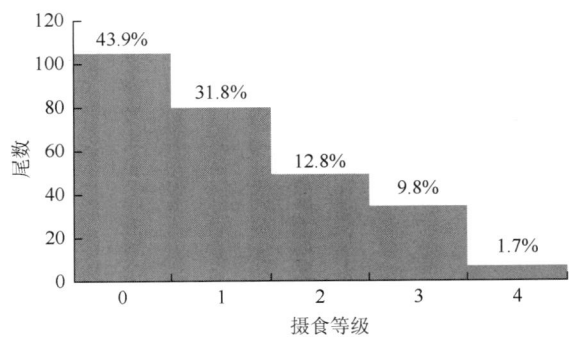

图1-2-5 大眼金枪鱼摄食等级分布

研究大眼金枪鱼各叉长组（组距为5cm）胃含物中鱿鱼和沙丁鱼的出现频率发现：大眼金枪鱼胃含物中鱿鱼的出现频率大于沙丁鱼的出现频率，且随着叉长的增加，鱿鱼的出现频率也有增加的趋势，沙丁鱼的出现频率变化不大，趋势不明显。叉长小于110cm和叉长大于150cm的大眼金枪鱼胃含物中鱿鱼与沙丁鱼的出现频率之差较中间叉长的大眼金枪鱼要小一些。具体如图1-2-7所示。

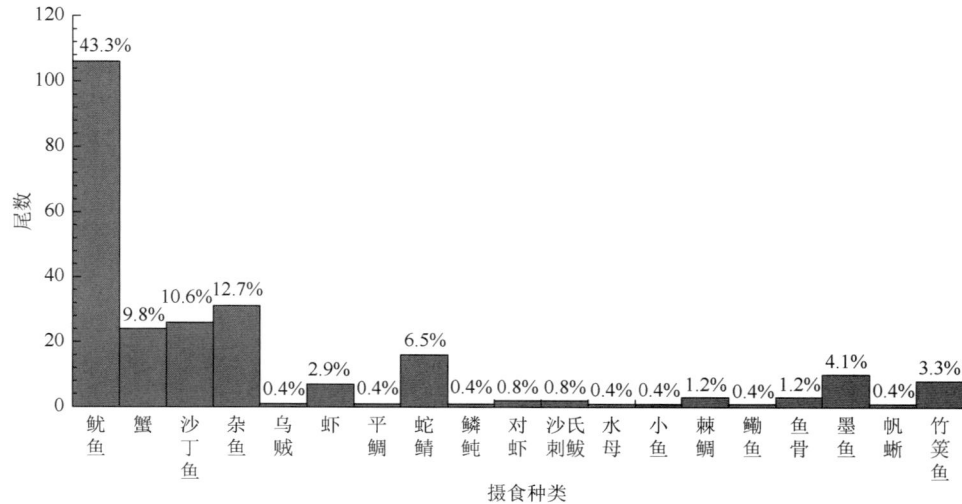

图 1-2-6　整个调查期间大眼金枪鱼胃含物中各摄食种类的出现频率

杂鱼指体型较大，但因残缺不能鉴定其种类的鱼；小鱼指体型很小，难以鉴定其种类的鱼

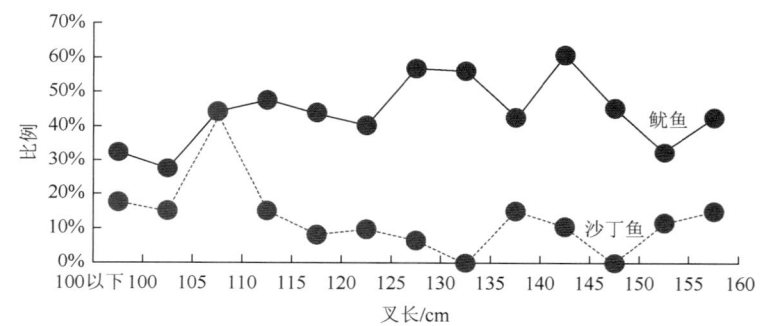

图 1-2-7　大眼金枪鱼各叉长组鱿鱼、沙丁鱼的出现频率

（2）分渔场

11 个航次，航次 3、4、5、7、8 的鱿鱼出现频率达 50% 以上，而航次 1、10 的沙丁鱼出现频率也较高，达到 30% 左右。具体如图 1-2-8 所示。

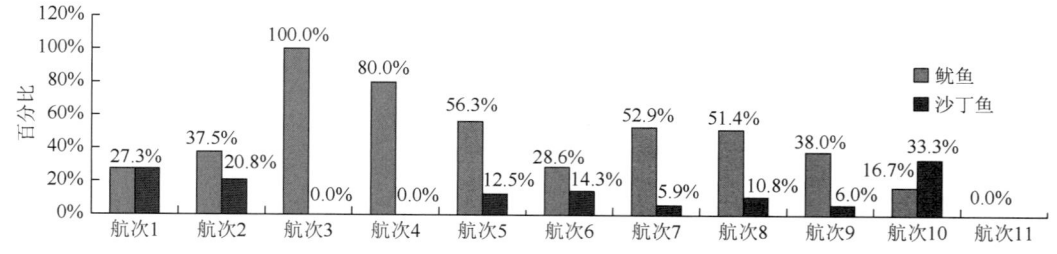

图 1-2-8　分航次大眼金枪鱼胃含物中鱿鱼和沙丁鱼的出现频率

在按区域划分的 4 个渔场中，西部渔场（航次 1）大眼金枪鱼胃含物中鱿鱼和沙丁鱼的出现频率一样；西南渔场（航次 2、3、10、11）1 月鱿鱼的出现频率最高，但随时间的

推移而降低,到 5 月、6 月沙丁鱼的出现频率为最高;西北渔场(航次 5~9)鱿鱼出现频率大于沙丁鱼的出现频率,且随时间推移有所下降,但下降幅度不大;东部渔场(航次 4)鱿鱼的出现频率达到 80%,而沙丁鱼的出现频率为 0。具体如图 1-2-8 所示。

11 个航次中,大眼金枪鱼的摄食等级以 0 级为主,其次为 1 级,两级别所占比例为 75.7%。西北渔场(航次 5~9)摄食等级为 2~4 级的比例之和较其他渔场高;而西部渔场、东部渔场、西南渔场摄食等级为 2~4 级的比例之和较小,这说明西北渔场是一索饵育肥场,而西部渔场、东部渔场、西南渔场为一向产卵场洄游的过路渔场。具体如图 1-2-9 所示。

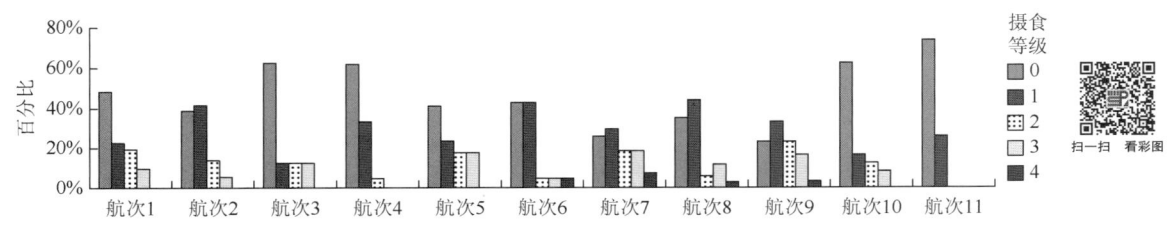

图 1-2-9　分航次的大眼金枪鱼摄食等级

2.1.1.5　死活状况

整个调查期间观察了 291 尾大眼金枪鱼捕捞到甲板上时的死活状况,不分性别、雌性和雄性的死活状况见表 1-2-2。

表 1-2-2　大眼金枪鱼不分性别、雌性和雄性的死活状况

性别	状态	尾数	百分比
不分性别	活	244	83.85%
	死	47	16.15%
雌性	活	113	83.09%
	死	23	16.91%
雄性	活	131	84.52%
	死	24	15.48%

从表 1-2-2 得出:不分性别、雌性和雄性的大眼金枪鱼捕捞到甲板上时以活鱼为主,占 83%~85%。并且观察到,从 08:00 开始起绳(一般情况下为从投绳的结束位置开始起绳)到 10:00 这段时间内几乎没有鱼,10:00~15:00,零星起获几尾鱼,17:00 以后,有时会集中起获几尾活鱼或已发硬的死鱼(估计这些死鱼为 04:00~08:00 这段时间内钓获的鱼)。

2.1.2　黄鳍金枪鱼

调查期间对 67 尾黄鳍金枪鱼的叉长、加工后重(去鳃、去内脏重)、性别等进行了测定,其中雄性 37 尾,雌性 30 尾,雄性与雌性的性别比例约为 1.23:1。雄性样本叉长范

围为1.15～1.68m，加工后重范围为20.7～78.2kg；雌性样本叉长范围为1.14～1.55m，加工后重范围为21.2～56.5kg。样本总加工后重为2854.75kg，样本平均加工后重为42.6kg/尾。调查期间黄鳍金枪鱼渔获物的总尾数为335尾，取样覆盖率为20%。

2.1.2.1 叉长与加工后重的关系

整个调查期间，不分性别、雄性、雌性的黄鳍金枪鱼叉长与加工后重的关系通过幂函数回归得图1-2-10。

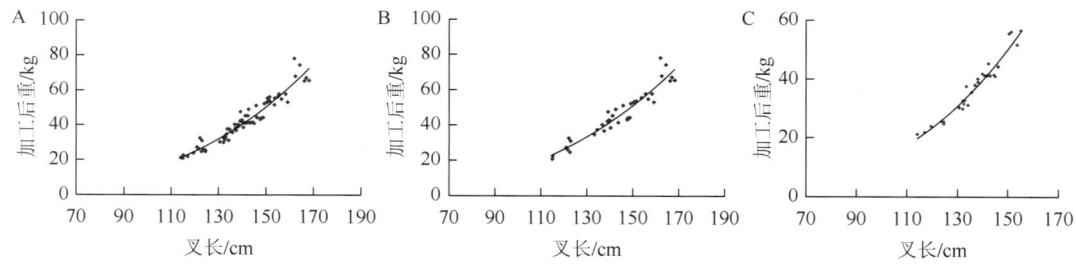

图1-2-10 黄鳍金枪鱼叉长与加工后重的关系
A. 不分性别；B. 雄性；C. 雌性

由图1-2-10得印度洋（马尔代夫群岛水域）不分性别、雄性、雌性的黄鳍金枪鱼叉长与加工后重的关系分别为

不分性别： $y = 5.9818 \times 10^{-6} x^{3.1822}$ $R^2 = 0.9385$ （1-2-4）

式中，y表示加工后重；x表示叉长；下同。

雄性： $y = 1.5892 \times 10^{-5} x^{2.9898}$ $R^2 = 0.9321$ （1-2-5）

雌性： $y = 1.9961 \times 10^{-6} x^{3.4001}$ $R^2 = 0.9581$ （1-2-6）

2.1.2.2 叉长分布

（1）整个调查期间

调查期间，共测定了67尾黄鳍金枪鱼，最小叉长为114cm，最大叉长为168.2cm，平均叉长为140.8cm。优势叉长为130.0～155.0cm（所占的比例之和达60%以上）。具体见图1-2-11。

（2）分渔场

西北渔场：作业时间为2～4月，样本月平均叉长分别为150cm、142cm、138cm。
东部渔场：作业时间为2月，样本月平均叉长为154cm。
西部渔场：作业时间为12月，样本月平均叉长为144cm。
西南渔场：作业时间为1月、5月、6月，样本月平均叉长分别为141cm、137cm、140cm。

由此可知，东部渔场黄鳍金枪鱼叉长最大，其余渔场相差不大，个体均较大；西北渔场的叉长随时间减小，西南渔场随时间变化不大。

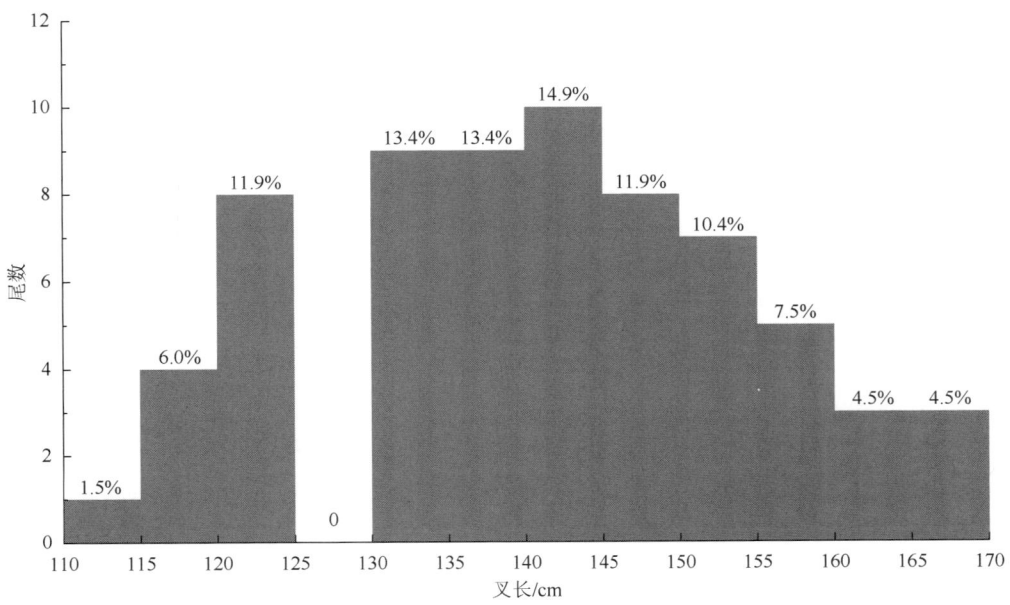

图 1-2-11　调查期间黄鳍金枪鱼的叉长分布

2.1.2.3　成熟度

（1）整个调查期间

调查期间，黄鳍金枪鱼的性腺成熟度 5 级的比例最高（65.7%），其次为 4 级和 6 级（分别为 14.9% 和 11.9%），成熟度为 1 级的比例为 0；按月份分析，12 月、1 月、2 月、4 月、5 月，性腺成熟度为 5 级的个体比例最高，3 月成熟度为 4 级和 5 级的比例持平，6 月 2~6 级的成熟度均有分布。具体如图 1-2-12 所示。

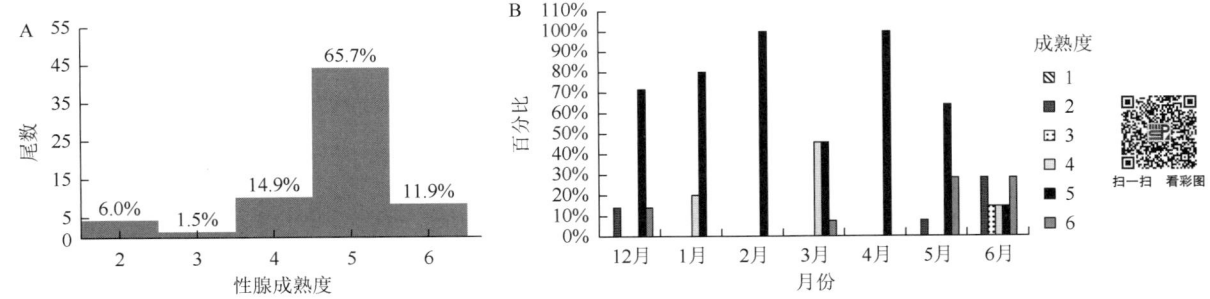

图 1-2-12　调查期间（A）及各月份（B）黄鳍金枪鱼性腺成熟度分布

雌性黄鳍金枪鱼成熟度为 5 级的比例最高（53.3%），其次为 4 级（16.7%）；雄性黄鳍金枪鱼也是 5 级最多（75.7%），但 2 级、3 级的比例为 0。具体见表 1-2-3。

表 1-2-3　黄鳍金枪鱼分性别的性腺成熟度比例

成熟度级别	雌性		雄性	
	尾数	比例/%	尾数	比例/%
2	4	13.3	0	0
3	1	3.3	0	0
4	5	16.7	5	13.5
5	16	53.3	28	75.7
6	4	13.3	4	10.8
总计	30	100	37	100

（2）分渔场

11 个航次中（航次 5 和 9 没有进行取样），航次 1、2、3、4、7、8、10 中成熟度为 5 级的个体比例最大；在航次 6 中样本个体的成熟度为 4 级的个体比例最大；而航次 11 中成熟度为 2～6 级的均有分布，但 6 级的最多。

按区域划分的 4 个渔场中，西部渔场（航次 1）12 月样本个体成熟度以 5 级为最多（估计为向产卵场洄游的过路渔场）；西南渔场（航次 2、3、10、11）1 月、5 月样本个体成熟度以 5 级最多，并占很大比例（估计为向产卵场洄游的过路渔场）；西北渔场（航次 5～9）随着时间的推移高成熟度所占的比例越来越高（估计是一索饵育肥场）。东部渔场（航次 4）2 月上旬样本个体成熟度全部为 5 级（估计为向产卵场洄游的过路渔场）。具体如图 1-2-13 所示。

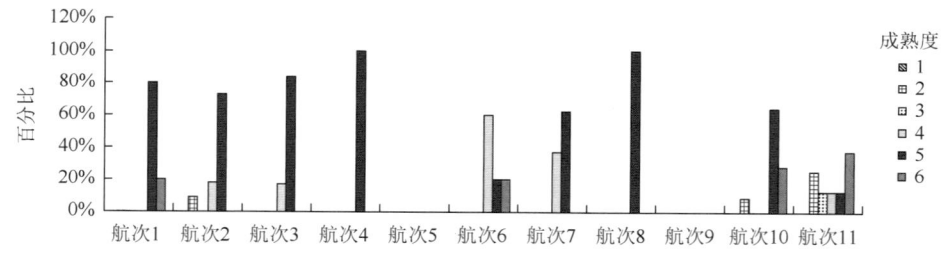

图 1-2-13　黄鳍金枪鱼各航次性腺成熟度分布

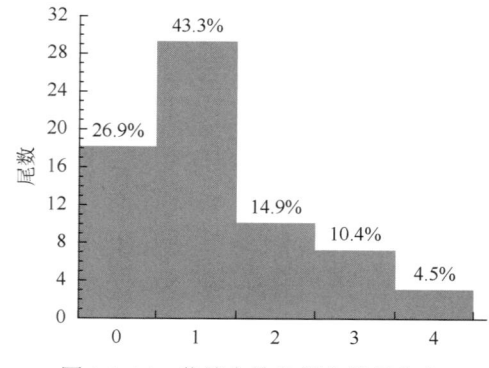

图 1-2-14　黄鳍金枪鱼摄食等级分布

2.1.2.4　摄食

（1）整个调查期间

观测 67 尾黄鳍金枪鱼，大部分的摄食等级为 0 级和 1 级（分别占 26.9% 和 43.3%），2、3、4 级相对较少（分别占 14.9%、10.4% 和 4.5%）。具体如图 1-2-14 所示。摄食种类相对大眼金枪鱼较狭窄，以鱿鱼、沙丁鱼、蟹类等为主。其中胃含物中鱿鱼的出现频率远高于其他任何一种摄食对象的出现频率，占 36.7%。具体如图 1-2-15 所示。

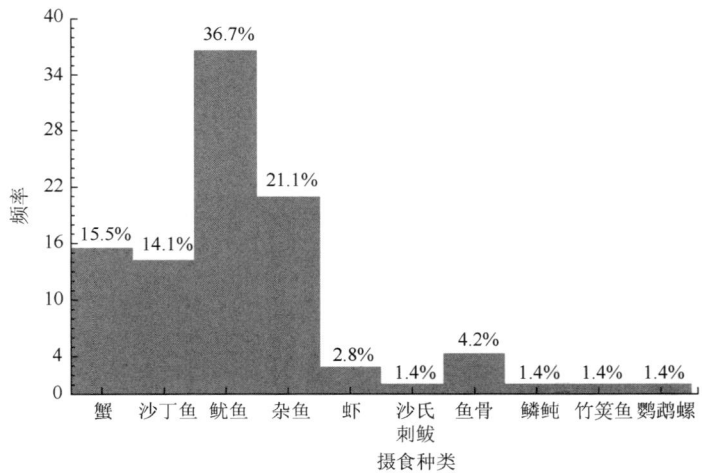

图 1-2-15　整个调查期间黄鳍金枪鱼胃含物中各摄食种类的出现频率

研究黄鳍金枪鱼各叉长组（组距为 10cm）胃含物中鱿鱼和沙丁鱼的出现频率得出，黄鳍金枪鱼胃含物中鱿鱼的出现频率大于沙丁鱼的出现频率，叉长较小（120~130cm）的鱼，沙丁鱼的出现频率相对较高，且随着叉长的增加，鱿鱼的出现频率有增加的趋势，沙丁鱼的出现频率有下降的趋势。具体如图 1-2-16 所示。

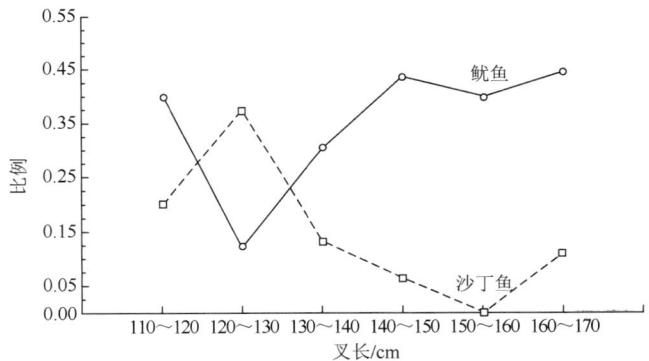

图 1-2-16　黄鳍金枪鱼各叉长组鱿鱼和沙丁鱼的出现频率

（2）分渔场

11 个航次中，航次 3、4 胃含物中鱿鱼的出现频率达到 50% 以上，而航次 2、6、7、8、10 的鱿鱼出现频率也较高，达到 28%~40%。具体如图 1-2-17 所示。

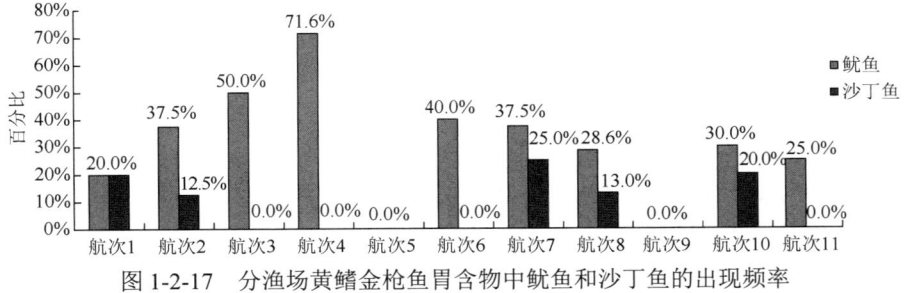

图 1-2-17　分渔场黄鳍金枪鱼胃含物中鱿鱼和沙丁鱼的出现频率

按区域划分的 4 个渔场中，西部渔场（航次 1）黄鳍金枪鱼胃含物中鱿鱼和沙丁鱼的出现频率相当；西南渔场（航次 2、3、10、11）1 月鱿鱼的出现频率最高（达 50%），5 月、6 月有所降低；西北渔场（航次 6～8）鱿鱼出现频率大于沙丁鱼的出现频率，鱿鱼的出现频率随时间推移有所下降，但下降幅度不大；东部渔场（航次 4）鱿鱼的出现频率达到 71.6%，而沙丁鱼的出现频率为 0。具体如图 1-2-17 所示。

2.1.2.5 死活状况

整个调查期间观察了 67 尾黄鳍金枪鱼捕捞到甲板上时的死活状况，不分性别、雌性和雄性的死活状况见表 1-2-4。

表 1-2-4　黄鳍金枪鱼不分性别、雌性和雄性的死活状况

性别	状态	尾数	百分比
不分性别	活	56	83.58%
	死	11	16.42%
雌性	活	26	86.67%
	死	4	13.33%
雄性	活	30	81.08%
	死	7	18.92%

从表 1-2-4 得出：不分性别、雌性和雄性的黄鳍金枪鱼捕捞到甲板上时以活鱼为主，占 81%～87%。

2.2　钓钩实际深度与理论深度的关系

调查期间对于部分航次、部分作业时间的部分钓钩的实际深度进行了测定，并对其相应的理论深度进行了计算，抽样调查的结果见表 1-2-5～表 1-2-9。

表 1-2-5～表 1-2-9 中，平均深度是指用微型温度深度计（TDR-2050）测定的这段时间内实际测得的深度的平均值，用 $\overline{D}$ 表示；变化幅度是指微型温度深度计测得的最深深度与最浅深度之差，用 ΔD 表示；平均水温是指用微型温度深度计测定的这段时间内实际测得的水温的平均值，用 $\overline{T}$ 表示；下沉速度是指微型温度深度计入水以后至一相对较为稳定的深度，这一时间段的下沉速度，用 V_s 表示；理论深度是指按式（1-1-1）～式（1-1-4）计算得出的深度，用 D_T 表示；平均深度占其理论深度的百分比，称作短浅率(R_d)；风速部分为风速仪测得的风的速度，部分为根据估计的风力等级换算得出的，用 V_w 表示；风向为用罗经测得的风吹来的方向，用 C_w 表示；漂移速度是指在风、流的合力作用下，钓具在海中的漂移速度，用 V_g 表示；漂移方向是指在风、流的合力作用下，钓具在海中的漂移方向，用 C_g 表示；风流合压角是指钓具在海中的漂移方向与投绳航向之间的夹角，用 γ 表示；风舷角是指风向与投绳航向之间的夹角，用 Q_w 表示。

航次 1～4 中各个航次比较典型的短浅率(R_d)、最小和最大的钓钩实际深度的变化情况见图 1-2-18～图 1-2-25，图中红色为水温、绿色为水深。

表 1-2-5 航次 1（2003 年 12 月 16～24 日）各钩号的平均深度、平均水温、理论深度及主要海洋环境数据等

日期	位置	钩号	平均深度/m	变化幅度/m	平均水温/℃	下沉速度/(m/s)	理论深度/m	短浅率/%	风速/(m/s)	风向/(°)	漂移速度/(m/s)	漂移方向/(°)	风流合压角/(°)	风舷角/(°)
12月16日	02°16′N, 70°07′E	5	86.396	22.79	22.880	0.059	150.807	57.29	6.94	30	0.195	0	43	60
12月16日	02°16′N, 70°07′E	7	94.539	24.56	21.535	0.067	188.646	50.11	6.94	30	0.195	0	43	60
12月16日	02°16′N, 70°07′E	8	98.115	24.12	21.292	0.069	202.630	48.42	6.94	30	0.195	0	43	60
12月17日	01°37′N, 69°36′E	3	53.281	9.87	26.702	0.114	110.427	48.25	6.94	30	0.051	0	0	40
12月17日	01°37′N, 69°36′E	2	46.831	8.02	26.872	0.102	82.496	56.77	6.94	30	0.051	0	0	40
12月17日	01°37′N, 69°36′E	1	40.011	5.04	27.449	0.077	53.202	75.21	6.94	30	0.051	0	0	40
12月18日	02°02′N, 69°29′E	2	65.013	7.82	26.455	0.071	90.822	71.58	9.77	90	0.072	315	75	30
12月18日	02°02′N, 69°30′E	3	73.193	10.79	25.669	0.068	123.331	59.35	9.77	90	0.072	315	75	30
12月18日	02°02′N, 69°30′E	4	125.892	24.13	19.722	0.070	154.435	81.52	9.77	90	0.072	315	75	30
12月19日	02°59′N, 69°47′E	10	200.433	42.99	14.572	0.079	281.151	71.29	9.77	90	0.067	145	35	90
12月19日	02°59′N, 69°47′E	11	201.291	44.18	14.424	0.080	292.670	68.78	9.77	90	0.067	145	35	90
12月19日	02°59′N, 69°47′E	12	202.204	52.29	14.437	0.065	299.792	67.45	9.77	90	0.067	145	35	90
12月20日	03°32′N, 70°12′E	14	93.894	65.52	21.374	0.054	232.886	40.32	9.77	50	0.041	135	37	12
12月20日	03°32′N, 70°12′E	15	92.323	63.42	21.247	0.054	231.591	39.86	9.77	50	0.041	135	37	12
12月20日	03°32′N, 70°12′E	16	93.133	62.37	21.310	0.044	227.724	40.90	9.77	50	0.041	135	37	12
12月21日	03°32′N, 70°03′E	17	187.504	65.41	14.463	0.076	293.311	63.93	6.94	80	0.139	315	75	50
12月21日	03°32′N, 70°03′E	18	177.546	61.27	14.907	0.071	280.036	63.40	6.94	80	0.139	315	75	50
12月21日	03°32′N, 70°03′E	19	169.376	57.15	15.528	0.064	263.561	64.26	6.94	80	0.139	315	75	50
12月22日	02°52′N, 69°46′E	8	183.771	73.53	15.383	0.045	269.380	68.22	9.77	60	0.149	310	40	30
12月22日	02°52′N, 69°46′E	9	200.648	65.39	14.106	0.059	293.512	68.36	9.77	60	0.149	310	40	30
12月22日	02°52′N, 69°46′E	7	163.664	65.37	16.476	0.056	242.952	67.36	9.77	60	0.149	310	40	30
12月23日	03°31′N, 70°27′E	4	124.443	34.05	18.895	0.069	144.199	86.30	6.94	60	0.093	295	55	60
12月23日	03°31′N, 70°27′E	5	137.716	35.82	17.626	0.083	171.568	80.27	6.94	60	0.093	295	55	60
12月23日	03°31′N, 70°27′E	6	161.117	31.33	15.839	0.085	197.337	81.65	6.94	60	0.093	295	55	60
12月24日	03°41′N, 70°54′E	27	44.817	7.58	28.537	*	53.301	84.08	6.94	60	0.062	70	40	30
12月24日	03°41′N, 70°54′E	1	46.717	14.10	28.543	0.057	53.301	87.65	6.94	60	0.062	70	40	30

*表示缺乏数据

表 1-2-6 航次 2（2003 年 12 月 30 日至 2004 年 1 月 11 日）各钩号的平均深度、平均水温、理论深度及主要海洋环境数据等

日期	位置	钩号	平均深度/m	变化幅度/m	平均水温/℃	下沉速度/(m/s)	理论深度/m	短浅率/%	风速/(m/s)	风向/(°)	漂移速度/(m/s)	漂移方向/(°)	风流合压角/(°)	风舷角/(°)
12月30日	01°05′N, 70°12′E	8	170.164	116.45	14.670	0.058	228.15	74.58	12.6	40	0.422	280	90	30
12月30日	01°05′N, 70°12′E	9	167.266	110.5	14.596	0.044	242.95	68.85	12.6	40	0.422	280	90	30
12月30日	01°05′N, 70°12′E	7	167.425	121.11	14.864	0.075	210.63	79.49	12.6	40	0.422	280	90	30
12月31日	00°23′N, 70°06′E	8	149.372	63.96	15.094	0.080	212.63	70.25	1.03	30	0.381	280	86	24
12月31日	00°23′N, 70°06′E	9	148.543	60.74	14.664	0.082	221.7	67.00	1.03	30	0.381	280	86	24
12月31日	00°23′N, 70°06′E	10	148.367	57.66	14.993	0.079	226.34	65.55	1.03	30	0.381	280	86	24
1月2日	01°00′S, 70°03′E	6	65.545	21.66	25.003	0.038	168	39.02	2.57	30	0.221	308	57.5	25
1月2日	01°00′S, 70°03′E	7	63.153	24.15	25.092	0.045	176.9	35.70	2.57	30	0.221	308	57.5	25
1月2日	01°00′S, 70°03′E	8	62.524	26.03	25.544	0.029	179.95	34.75	2.57	30	0.221	308	57.5	25
1月3日	01°03′N, 70°11′E	8	108.072	43.92	19.638	0.099	266.93	40.49	2.57	60	0.345	240	15	45
1月3日	01°03′N, 70°11′E	9	106.614	38.09	19.614	0.071	280.78	37.97	2.57	60	0.345	240	15	45
1月3日	01°03′N, 70°11′E	7	104.538	38.8	19.814	0.115	247.56	42.23	2.57	60	0.345	240	15	45
1月4日	01°45′N, 69°50′E	5	86.571	21.18	24.424	0.049	178.31	48.55	4.37	70	0.730	250	70	70
1月4日	01°45′N, 69°50′E	6	89.898	22.74	23.313	0.053	200.93	44.74	4.37	70	0.730	250	70	70
1月4日	01°45′N, 69°50′E	7	97.948	19.26	21.711	0.061	219.92	44.54	4.37	70	0.730	250	70	70
1月5日	01°27′N, 70°01′E	2	63.341	7.55	27.456	0.043	101.74	62.26	4.37	70	0.931	265	5	20
1月5日	01°27′N, 70°01′E	3	74.467	11.42	25.728	0.064	134.63	55.31	4.37	70	0.931	265	5	20
1月5日	01°27′N, 70°01′E	4	84.152	16.53	23.239	0.063	166	50.69	4.37	70	0.931	265	5	20
1月7日	01°00′N, 70°15′E	8	136.535	20.92	16.249	0.161	259.59	52.60	2.57	80	0.658	260	10	10
1月7日	01°00′N, 70°15′E	9	129.680	26.57	16.786	0.142	270.13	48.01	2.57	80	0.658	260	10	10
1月7日	01°00′N, 70°15′E	10	124.863	27.57	17.237	0.113	273.74	45.61	2.57	80	0.658	260	10	10
1月9日	02°58′N, 69°19′E	2	69.797	25.24	27.470	0.107	101.1	69.04	12.6	70	0.489	293	27.5	15
1月10日	03°11′N, 70°40′E	10	88.401	20.55	23.149	0.098	253.22	34.91	15.7	70	0.267	255	55	50
1月10日	03°11′N, 70°40′E	11	86.637	22.49	22.933	0.106	249.87	34.67	15.7	70	0.267	255	55	50
1月10日	03°11′N, 70°40′E	12	86.342	22.98	23.141	0.094	240.14	35.96	15.7	70	0.267	255	55	50

表 1-2-7 航次 3（2004 年 1 月 17～28 日）各钩号的平均深度、平均水温、理论深度及主要海洋环境数据等

日期	位置	钩号	平均深度/m	变化幅度/m	平均水温/℃	下沉速度/(m/s)	理论深度/m	短浅率/%	风速/(m/s)	风向/(°)	漂移速度/(m/s)	漂移方向/(°)	风流合压角/(°)	风舵角/(°)
1月17日	00°03′S, 71°10′E	13	120.741	26.98	16.937	0.080	335.56	35.98	0.26	90	0.355	210	30	90
1月17日	00°03′S, 71°10′E	14	114.356	27.03	17.290	0.077	337.97	33.84	0.26	90	0.355	210	30	90
1月17日	00°03′S, 71°10′E	15	109.947	24.74	17.926	0.075	335.56	32.77	0.26	90	0.355	210	30	90
1月18日	00°43′S, 70°42′E	3	62.759	65.18	24.265	0.058	130.27	48.17	0.26	90	0.453	230	30	70
1月18日	00°43′S, 70°42′E	2	49.697	48.66	25.858	0.047	95.19	52.21	0.26	90	0.453	230	30	70
1月18日	00°43′S, 70°42′E	1	37.353	24.58	26.946	0.000	59.33	62.96	0.26	20	0.453	230	0	70
1月20日	02°13′S, 72°30′E	12	149.664	102.81	16.268	0.086	386.44	38.73	6.94	20	0.309	270	0	70
1月20日	02°13′S, 72°30′E	11	140.649	91.29	16.738	0.082	370.14	38.00	6.94	20	0.309	270	0	70
1月20日	02°13′S, 72°30′E	10	133.448	90.99	17.346	0.062	348.95	38.24	6.94	70	0.309	270	54	54
1月22日	01°46′S, 70°05′E	4	122.987	71.7	18.201	0.119	166.70	73.78	1.03	70	0.206	280	54	54
1月22日	01°46′S, 70°05′E	9	157.680	93.9	15.840	0.118	318.28	49.54	1.03	70	0.206	280	54	54
1月22日	01°46′S, 70°05′E	14	139.939	76.14	16.806	0.108	386.47	36.21	1.03	70	0.206	280	54	40
1月23日	01°37′S, 69°43′E	5	88.276	47.76	22.113	0.089	202.94	43.50	4.37	70	0.262	310	20	40
1月23日	01°37′S, 69°43′E	8	111.574	81.88	19.161	0.094	296.38	37.64	4.37	70	0.262	310	20	40
1月23日	01°37′S, 69°43′E	13	126.950	110.81	18.059	0.098	389.86	32.56	4.37	30	0.262	310	20	20
1月26日	00°52′S, 70°20′E	6	70.277	26.7	25.409	0.089	202.02	34.79	4.37	30	0.478	270	80	20
1月26日	00°52′S, 70°20′E	2	45.115	12.62	27.793	0.054	86.79	51.99	6.94	30	0.478	270	80	16
1月27日	01°17′S, 69°23′E	7	113.818	76.48	19.051	0.085	222.83	51.08	6.94	30	0.499	330	76	16
1月27日	01°17′S, 69°23′E	12	116.675	67.83	18.886	0.050	293.96	39.69	4.37	40	0.499	330	76	50
1月28日	01°05′S, 69°42′E	5	49.799	21.06	28.009	*	176.81	28.17	4.37	40	0.504	280	10	50
1月28日	01°05′S, 69°42′E	13	64.819	22.96	26.555	*	283.28	22.88	4.37	40	0.504	280	10	50

*表示缺乏数据

表 1-2-8　航次 4（2004 年 2 月 3~13 日）各钩号的平均深度、平均水温、理论深度及主要海洋环境数据等

日期	位置	钩号	平均深度/m	变化幅度/m	平均水温/℃	下沉速度/(m/s)	理论深度/m	短浅率/%	风速/(m/s)	风向/(°)	漂移速度/(m/s)	漂移方向/(°)	风流合压角/(°)	风舷角/(°)
2月3日	03°27′N, 76°05′E	2	58.584	9.04	28.288	0.096	105.47	55.54	2.3	40	0.576	265	65	20
2月3日	03°27′N, 76°05′E	10	102.014	22.73	21.782	0.132	293.28	34.78	2.3	40	0.576	265	65	20
2月4日	04°03′N, 76°27′E	5	83.172	10.94	27.029	0.108	180.05	46.19	2.5	70	0.509	255	60	65
2月4日	04°03′N, 76°27′E	9	103.922	22.06	21.753	0.123	249.82	41.60	2.5	70	0.509	255	60	65
2月7日	01°50′N, 76°24′E	8	140.610	38.01	16.290	0.080	242.32	58.03	1.8	70	0.221	335	25	70
2月9日	04°14′N, 76°15′E	10	109.117	25.66	20.760	0.108	248.43	43.92	1.8	60	0.195	285	75	60
2月10日	04°51′N, 76°45′E	11	164.288	92.63	15.889	0.089	198.67	82.69	4	40	0.041	300	70	10
2月11日	05°08′N, 75°47′E	2	74.409	26.5	28.204	0.050	98.185	75.78	4.4	20	0.185	205	65	70
2月13日	03°42′N, 75°22′E	10	144.683	39.13	15.694	0.121	290.58	49.79	3.7	80	0.247	245	30	55

表 1-2-9　2004 年 5 月 18~28 日各钩号的平均深度、平均水温、理论深度及主要海洋环境数据等

日期	位置	钩号	平均深度/m	变化幅度/m	平均水温/℃	下沉速度/(m/s)	理论深度/m	短浅率/%	风速/(m/s)	风向/(°)	漂移速度/(m/s)	漂移方向/(°)	风流合压角/(°)	风舷角/(°)
5月18日	05°42′N, 70°30′E	4	173.520	20.68	14.636	0.066	191.66	90.54	4.3	250	0.129	70	20	20
5月19日	05°35′N, 70°47′E	14	315.618	55	11.978	0.098	396.16	79.67	5.4	240	0.062	35	55	30
5月20日	06°31′N, 70°46′E	10	276.792	80.33	12.451	0.067	363.75	76.09	6.1	240	0.087	15	35	10
5月28日	01°17′S, 69°12′E	11	110.986	13.03	20.363	0.069	335.91	33.04	3.6	310	0.345	90	0	40

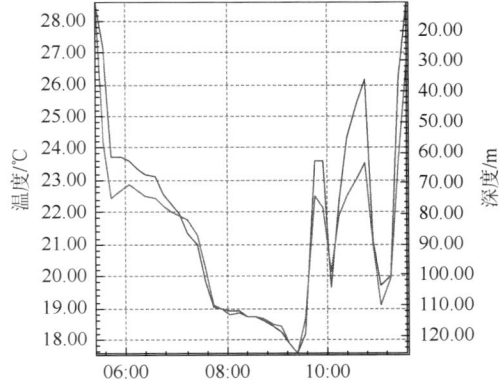

图 1-2-18 2003 年 12 月 20 日 03°32′N，70°12′E 第 15 枚钩的实际深度和温度（$R_d = 39.86\%$）

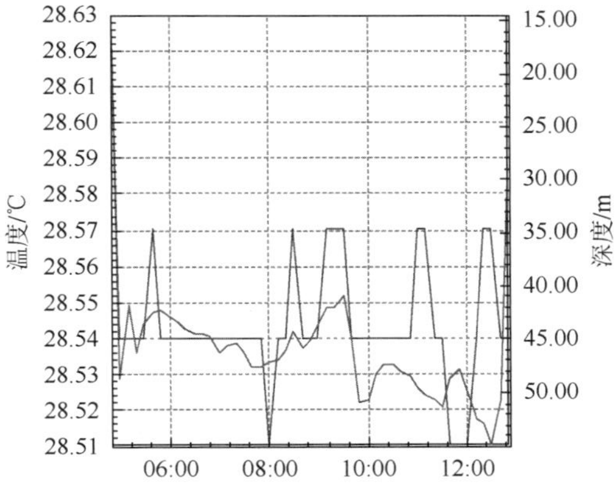

图 1-2-19 2003 年 12 月 24 日 03°41′N，70°54′E 第 1 枚钩的实际深度和温度（$R_d = 87.65\%$）

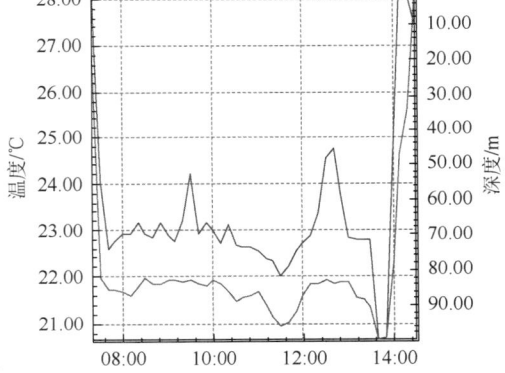
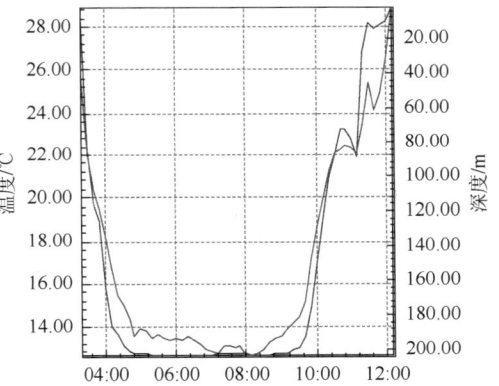

图 1-2-20 2004 年 1 月 10 日 03°11′N，70°40′E 第 11 枚钩的实际深度和温度（$R_d = 34.67\%$）

图 1-2-21 2003 年 12 月 30 日 01°05′N，70°12′E 第 7 枚钩的实际深度和温度（$R_d = 79.49\%$）

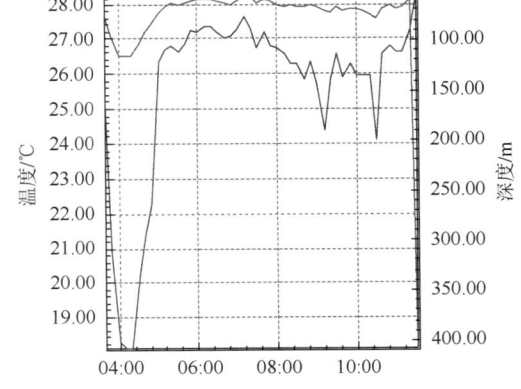
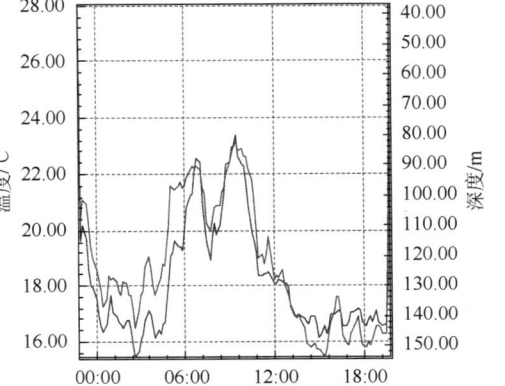

图 1-2-22 2004 年 1 月 28 日 01°05′S，69°42′E 第 13 枚钩的实际深度和温度（$R_d = 22.88\%$）

图 1-2-23 2004 年 1 月 22 日 01°46′S，70°05′E 第 4 枚钩的实际深度和温度（$R_d = 73.78\%$）

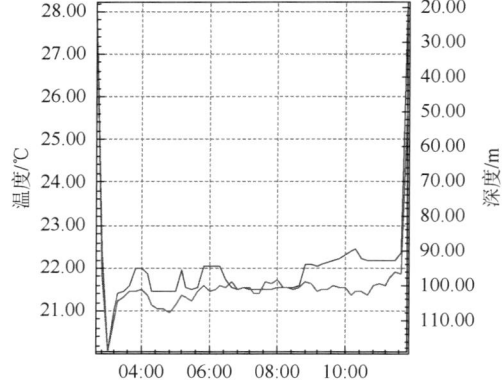
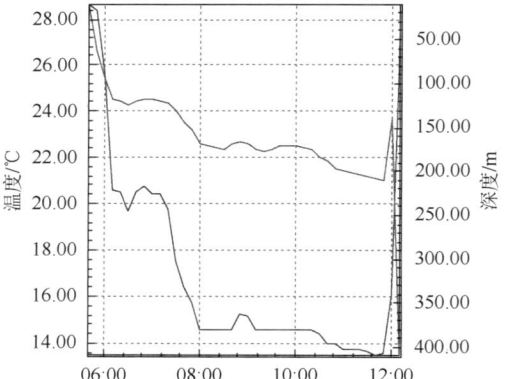

图 1-2-24　2004 年 2 月 3 日 03°27′N，76°05′E 第 10 枚钩的实际深度和温度（$R_d = 34.78\%$）

图 1-2-25　2004 年 2 月 10 日 04°51′N，76°45′E 第 11 枚钩的实际深度和温度（$R_d = 82.69\%$）

由表 1-2-5～表 1-2-9 得出，钓钩的实际深度与海洋环境，特别是风和流的关系较为密切，由于风和流的作用，钓钩的实际深度要比理论计算的深度浅，短浅率(R_d)为 23%～87%，随风、流的情况而变，平均为 60.0%。在西北渔场，由于钓具的漂移速度较低，R_d 较大（$R_d = 79.4\%$）；西南渔场（$R_d = 51.3\%$）、西部渔场（$R_d = 54.8\%$）和东部渔场（$R_d = 54.3\%$），由于钓具的漂移速度较高，R_d 较小。

通过多元线性回归得出：航次 1～4 的实际平均深度 ($\bar{D}$) 与理论深度 (D_T)、风速 (V_w)、风向 (C_w)、钓具漂移速度 (V_g)、钓具漂移方向 (C_g)、风流合压角 (γ)、风舷角 (Q_w) 之间的关系见表 1-2-10。

表 1-2-10　实际深度与理论深度的关系

航次	作业时间	作业范围	公式	备注
1	2003 年 12 月 16～24 日	02°07′N～03°12′N；69°58′E～70°41′E	$\bar{D} = 0.65D_T + 1605.3V_s^2 + 0.125V_w^2 + 278.156V_g^2 - 13.074\sin\gamma - 26.36\sin Q_w - 1.161$ 误差为 28.9m	西部渔场
2	2003 年 12 月 30 日至 2004 年 1 月 10 日	00°13′S～03°49′N；69°47′E～70°56′E	$\bar{D} = 0.669D_T - 735.041V_s^2 + 0.194V_w^2 + 116.224V_g^2 + 116.186\sin\gamma - 172.107\sin Q_w - 65.095$ 误差为 17.7m	西南渔场
3	2004 年 1 月 17～28 日	02°13′S～00°34′N；69°51′E～72°23′E	$\bar{D} = 0.173D_T + 3414.657V_s^2 - 0.026V_w^2 - 34.321V_g^2 + 47.886\sin\gamma - 1.423\sin Q_w + 15.633$ 误差为 6.5m	西南渔场
4	2004 年 2 月 3～13 日	02°08′N～04°39′N；75°29′E～76°36′E	$\bar{D} = 0.309D_T + 501.647V_s^2 - 32.077V_w^2 - 149.306V_g^2 + 34.052\sin\gamma - 150.592\sin Q_w + 201.971$ 误差为 28.8m	东部渔场

2.3　大眼金枪鱼渔场形成机制

马尔代夫海域横跨赤道，一年四季气温变化不大，早上气温为 28～29℃，中午达 35～

36℃，下暴雨时可降至 23～24℃，是典型的季风型气候。11月至来年的4月，为东北季风期（东北风和偏北风），大风天气较少；5～10月为西南季风期（西南风和偏西风），风力较大。马尔代夫海域大部分区域一年四季海流较急，为风海流，在 05°30′N 以北，受风海流的影响似乎不大，即使是7级甚至8级以上的大风，产生的风海流也不大。但在 05°30′N 以南，在东北季风期，风力时强时弱，受风生流和外海洋流的双重影响，表层流速和流向变化较大，但流向还是与此前几天的风向一致的为多。西南季风期，流向一般为向东，流速较大。

据海上调查得出，马尔代夫专属经济区内的作业渔场基本上可分为如下几个渔区，各渔场的海洋环境特点、渔获状况和渔场状况见表 1-2-11。

表 1-2-11　马尔代夫专属经济区内的渔场状况

项目	西北渔场	西部渔场	西南渔场	东部渔场
纬度范围	03°33′N～06°46′N	02°07′N～03°12′N	02°13′S～00°34′N	02°08′N～04°39′N
经度范围	69°10′E～71°10′E	69°58′E～70°41′E	69°14′E～72°23′E	75°29′E～76°36′E
作业时间	2004.2.17 至 2004.2.25 2004.3.1 至 2004.3.11 2004.3.16 至 2004.3.27 2004.3.31 至 2004.4.10 2004.4.16 至 2004.4.25	2003.12.16 至 2003.12.24	2003.12.30 至 2004.1.11 2004.1.17 至 2004.1.28 2004.5.4 至 2004.5.9 2004.5.28 至 2004.6.8	2004.2.3 至 2004.2.13
中心渔场位置	06°N～07°N，70°30′E 以东	01°00′S～04°00′N，69°12′E～70°00′E	专属经济区外的南部，专属经济区的西部	不明
钓具漂移速度/节	中-低，0.02～0.89	中-低，0.08～0.38	普遍较大，0.2～2.11	普遍中等，0.08～1.12
表温范围/℃	偏高，28.7～31.2	略低，28.6～28.9	中等，28.5～29.7	中等，28.7～29.6
栖息水深	较深	较浅（近表层）	较浅	不明
聚集程度	易集群	渔汛期较易集群	不易集群	不明
渔场稳定性	较好	渔汛期较稳定	不稳定	不明
渔场性质	索饵渔场	过路渔场	过路渔场	不明
渔获状况	个体偏小、尾数较多	北部个体较大，雄性较多	个体较大，雄性较多	不明
渔期	全年	10～12 月	5 月以后	不明

马尔代夫海域海水温度、盐度较高，11月赤道水域表温为28℃以上，以后逐渐升高，3月为30℃左右，4月最高，为30℃以上，最高为31.2℃。4月以后随着西南季风的来临，表温开始下降。表层混合层的深度为60m以深，温跃层的深度为60～200m。

本次调查期间大眼金枪鱼、黄鳍金枪鱼和箭鱼的总CPUE分布，以及大眼金枪鱼CPUE分布、黄鳍金枪鱼CPUE分布和箭鱼CPUE分布见图1-2-26～图1-2-29。

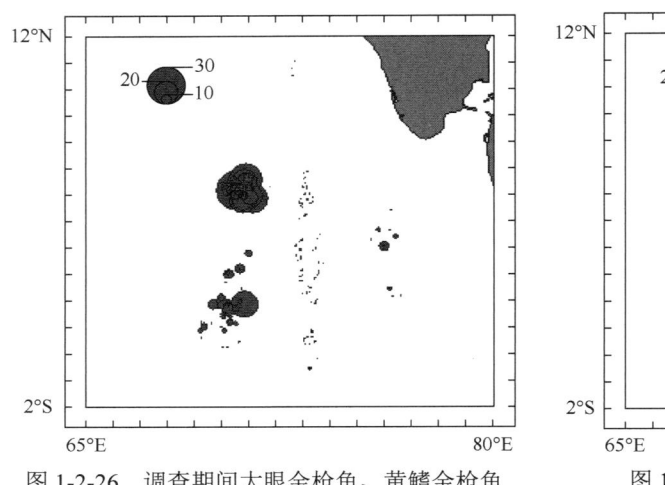

图 1-2-26 调查期间大眼金枪鱼、黄鳍金枪鱼和箭鱼的总 CPUE 分布

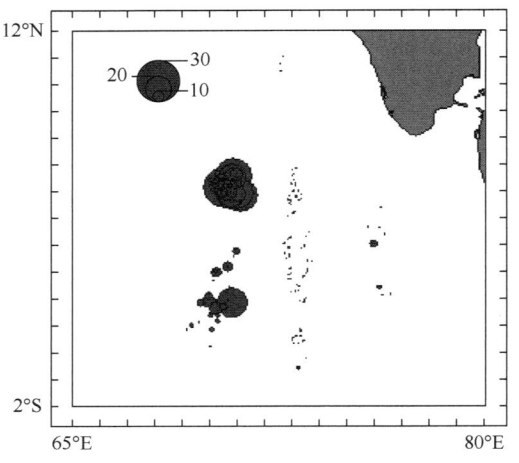

图 1-2-27 大眼金枪鱼 CPUE 分布

从图 1-2-26 得出,西北渔场大眼金枪鱼、黄鳍金枪鱼和箭鱼的总 CPUE 较高(但大眼金枪鱼的个体较小);西部和东部较低;西南渔场也较低(大眼金枪鱼的个体较大),但也出现高 CPUE 的情况。

渔场的形成原因较多,有生物的和非生物的因素;CPUE 的高低与渔船捕捞设备的性能、钓具、船员的技术水平、海豚的出没,以及所用饵料的种类、大小、鲜度、比例等有关。下面仅对渔场小范围的环境因子(温度、盐度)、风流合压角、钓具的漂移速度和漂移方向、风速、风向、风舷角与大眼金枪鱼 CPUE 的关系进行探讨。对每个渔场每天水深为 0~350m 的温度和盐度数据、风流合压角、钓具漂移速度和漂移方向、风速、风向、风舷角、大眼金枪鱼的渔获率进行测定,衡量 CPUE 与各指标间的相似程度,求出 CPUE 与各指标的相关系数。

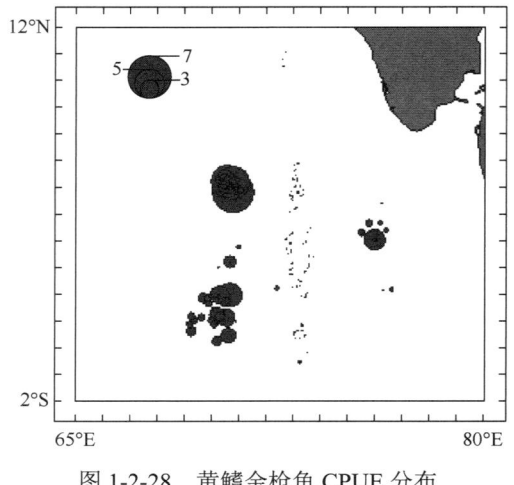

图 1-2-28 黄鳍金枪鱼 CPUE 分布

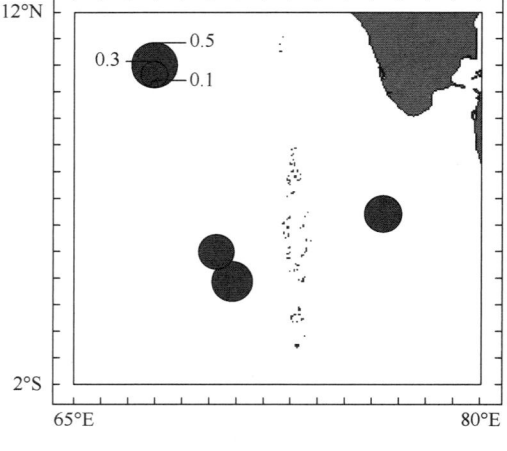

图 1-2-29 箭鱼 CPUE 分布

由于分析海洋环境与大眼金枪鱼 CPUE 的关系时，海洋环境数据相隔的时间跨度不宜太大，时间跨度在 10 天左右的海洋环境数据可以认为变化是不大的，可作为同一天不同站位的海洋环境数据。因此，按照表 1-1-1 中的 11 个航次来分析各个渔场大眼金枪鱼 CPUE 与表层、50m 水层、100m 水层、150m 水层、200m 水层、250m 水层的温度和盐度（水温分别记为 T_0、T_{50}、T_{100}、T_{150}、T_{200}、T_{250}，盐度分别记为 S_0、S_{50}、S_{100}、S_{150}、S_{200}、S_{250}），以及钓具的漂移速度、风流合压角、风速、风舷角的相关关系。

2.3.1 航次 1

由于本航次未能使用 CTD 测定水深 0~350m 的温度、盐度变化曲线，因此，只能分析大眼金枪鱼 CPUE 与表温、钓具的漂移速度和漂移方向、风流合压角、风速、风向、风舷角的相关关系。大眼金枪鱼 CPUE 与该 7 个指标间相关系数见表 1-2-12。

表 1-2-12 大眼金枪鱼 CPUE 与有关指标的相关系数值

指标	航次 1	航次 2	航次 3	航次 4	航次 5	航次 6	航次 7	航次 8	航次 9	航次 10	航次 11
风速	0.169	0.256	0.138	−0.214	0.754	−0.640	−0.109	−0.096	−0.047	0.352	0.306
风向	−0.327	0.376	−0.373	−0.139	−0.541	−0.517	−0.619	−0.424	−0.362	−0.085	0.544
漂移速度	−0.507	−0.064	0.242	0.374	−0.163	−0.707	−0.106	−0.163	0.095	−0.196	0.838
漂移方向	−0.351	−0.441	0.396	0.145	−0.252	−0.176	−0.648	0.791	−0.230	0.007	−0.682
风流合压角	−0.304	0.564	0.658	0.126	−0.211	0.189	−0.781	−0.020	0.388	−0.267	0.195
风舷角	−0.583	0.567	−0.524	−0.185	−0.496	−0.128	−0.051	−0.044	0.059	0.174	−0.164
T_0	−0.159	0.018	0.009	−0.053	−0.757	0.690	0.209	−0.041	0.343	−0.091	0.646
T_{50}	*	*	*	*	*	*	0.151	−0.067	−0.141	*	*
S_{50}	*	*	*	*	*	*	−0.189	0.168	0.736	*	*
T_{100}	*	*	*	*	*	*	0.416	0.058	0.322	*	*
S_{100}	*	*	*	*	*	*	−0.119	0.106	0.411	*	*
T_{150}	*	*	*	*	*	*	−0.229	−0.243	−0.463	*	*
S_{150}	*	*	*	*	*	*	−0.189	−0.355	0.630	*	*
T_{200}	*	*	*	*	*	*	−0.190	−0.241	−0.479	*	*
S_{200}	*	*	*	*	*	*	−0.176	−0.156	−0.030	*	*
T_{250}	*	*	*	*	*	*	*	−0.177	0.183	*	*
S_{250}	*	*	*	*	*	*	*	−0.057	−0.133	*	*

*表示缺乏数据

由表 1-2-12 得，本航次与 CPUE 关系最为密切的指标为风速，其次为表温。本航次该 7 个指标的值和大眼金枪鱼 CPUE 见表 1-2-13，表温分布见图 1-2-30。

表 1-2-13　航次 1 中 7 个指标的值和大眼金枪鱼 CPUE

日期（2003 年）	大眼金枪鱼 CPUE	表层水温/℃	风速/(m/s)	风向/(°)	漂移速度/(m/s)	漂移方向/(°)	风流合压角/(°)	风舷角/(°)
12 月 16 日	2.5735	28.7	6.94	30	0.196	0	43	60
12 月 17 日	5.9701	28.9	6.94	30	0.051	0	40	20
12 月 18 日	2.5180	28.8	9.77	90	0.072	315	75	30
12 月 19 日	3.0769	28.6	9.77	90	0.067	145	35	90
12 月 20 日	9.0623	28.6	9.77	50	0.041	135	37	12
12 月 21 日	4.1152	28.8	6.94	80	0.139	315	75	50
12 月 22 日	2.5543	28.9	9.77	60	0.149	310	40	30
12 月 23 日	1.7227	28.7	6.94	60	0.093	295	55	60
12 月 24 日	3.4453	28.6	6.94	60	0.062	70	40	30

2.3.2　航次 2

由于本航次未能使用 CTD 测定水深 0～350m 的温度、盐度变化曲线，因此只能分析大眼金枪鱼 CPUE 与表温、钓具的漂移速度和漂移方向、风流合压角、风速、风向、风舷角的相关关系。大眼金枪鱼 CPUE 与该 7 个指标间相关系数见表 1-2-12。

由表 1-2-12 得，本航次与 CPUE 关系最为密切的指标为风舷角，其次为风流合压角。本航次该 7 个指标的值和大眼金枪鱼 CPUE 见表 1-2-14，表温分布见图 1-2-31。

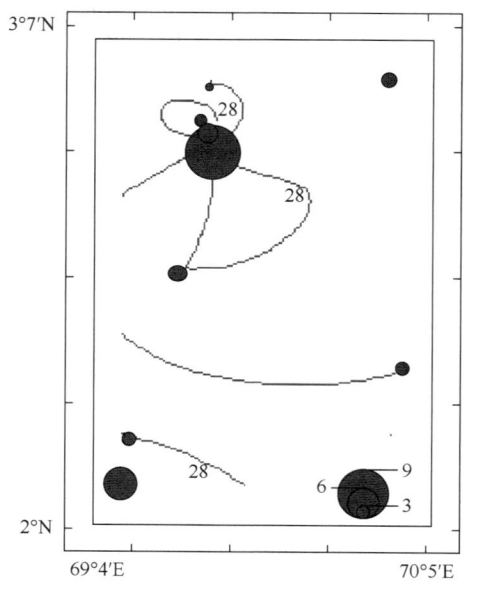
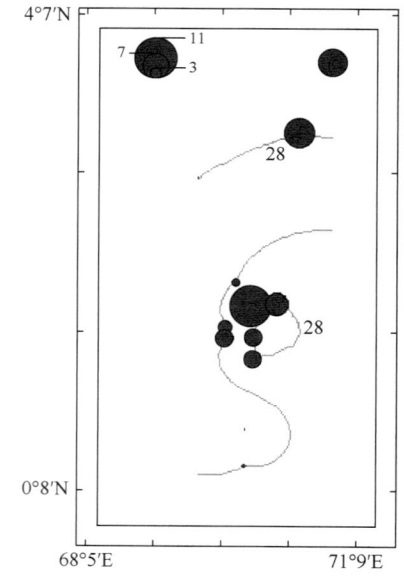

图 1-2-30　航次 1 大眼金枪鱼 CPUE 与表温的关系　　图 1-2-31　航次 2 大眼金枪鱼 CPUE 与表温的关系

表 1-2-14　航次 2 中 7 个指标的值和大眼金枪鱼 CPUE

日期（2003～2004 年）	大眼金枪鱼 CPUE	表层水温/℃	风速/(m/s)	风向/(°)	漂移速度/(m/s)	漂移方向/(°)	风流合压角/(°)	风舷角/(°)
12 月 30 日	5.9813	28.8	12.6	40	0.422	280	90	30
12 月 31 日	4.6980	28.8	1.0	30	0.381	280	86	24
1 月 1 日	1.7316	28.7	2.6	30	0.160	315	45	30
1 月 2 日	2.0619	28.9	2.6	30	0.221	308	57.5	25
1 月 3 日	1.2215	28.6	2.6	60	0.345	240	15	45
1 月 4 日	4.9123	28.7	4.4	70	0.730	250	70	70
1 月 5 日	3.4855	28.7	4.4	70	0.931	265	5	20
1 月 6 日	10.1365	28.8	2.6	90	0.622	266	66	70
1 月 7 日	4.1771	28.8	2.6	80	0.658	260	10	10
1 月 8 日	2.4594	28.7	9.8	70	1.085	278	23	5
1 月 9 日	1.0669	28.6	12.6	70	0.489	293	27.5	15
1 月 10 日	7.6023	28.6	15.7	70	0.268	255	55	50
1 月 11 日	7.1028	28.5	9.8	60	0.103	165	80	30

2.3.3　航次 3

由于本航次未能使用 CTD 测定水深 0～350m 的温度、盐度变化曲线，因此，只能分析大眼金枪鱼 CPUE 与表温、钓具的漂移速度和漂移方向、风流合压角、风速、风向、风舷角的相关关系。大眼金枪鱼 CPUE 与该 7 个指标间相关系数见表 1-2-12。

由表 1-2-12 得，本航次与 CPUE 关系最为密切的指标为风流合压角，其次为漂移方向。

本航次该 7 个指标的值和大眼金枪鱼 CPUE 见表 1-2-15，表温分布见图 1-2-32。

表 1-2-15　航次 3 中 7 个指标的值和大眼金枪鱼 CPUE

日期（2004 年）	大眼金枪鱼 CPUE	表层水温/℃	风速/(m/s)	风向/(°)	漂移速度/(m/s)	漂移方向/(°)	风流合压角/(°)	风舷角/(°)
1 月 17 日	0.4115	29.0	0.3	90	0.355	210	30	90
1 月 18 日	0.4357	28.8	0.3	90	0.453	230	30	70
1 月 20 日	0.4161	29.1	6.9	20	0.309	270	0	70
1 月 22 日	1.7637	29.1	1.0	70	0.206	280	54	54
1 月 23 日	0.0000	28.8	4.4	70	0.262	310	20	40
1 月 26 日	1.2000	29.0	4.4	30	0.478	270	80	20

续表

日期（2004年）	大眼金枪鱼CPUE	表层水温/℃	风速/(m/s)	风向/(°)	漂移速度/(m/s)	漂移方向/(°)	风流合压角/(°)	风舷角/(°)
1月27日	1.6885	28.7	6.9	30	0.499	330	76	16
1月28日	1.2039	28.8	4.4	40	0.504	280	10	50

2.3.4 航次4

由于本航次未能使用CTD测定水深0～350m的温度、盐度变化曲线，因此，只能分析大眼金枪鱼CPUE与表温、钓具的漂移速度和漂移方向、风流合压角、风速、风向、风舷角的相关关系。大眼金枪鱼CPUE与该7个指标间相关系数见表1-2-12。

由表1-2-12得，本航次与CPUE关系最为密切的指标为漂移速度，其次为漂移方向。本航次该7个指标的值和大眼金枪鱼CPUE见表1-2-16，表温分布见图1-2-33。

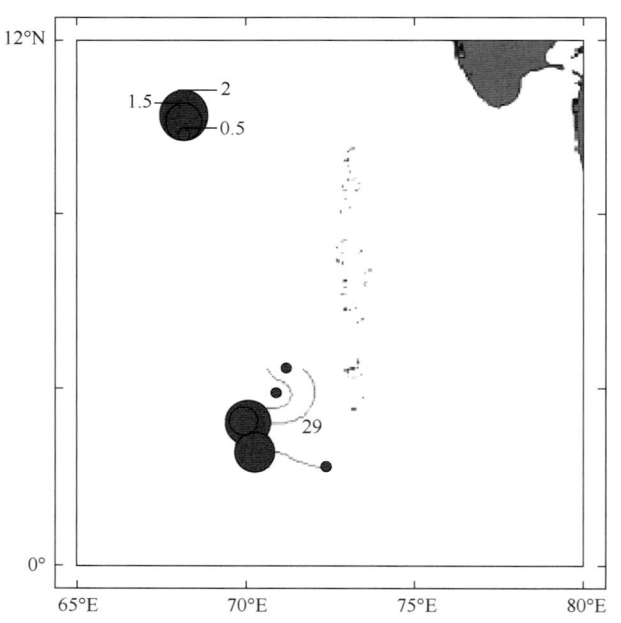

图1-2-32　航次3 大眼金枪鱼CPUE与表温的关系

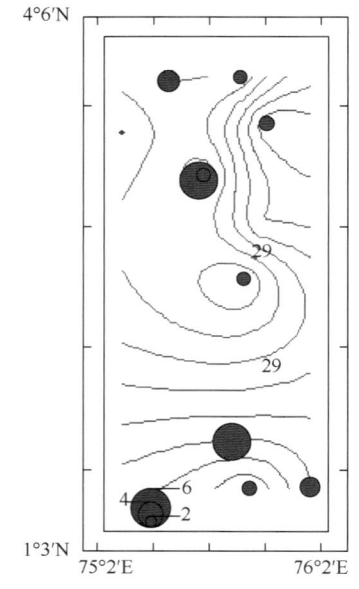

图1-2-33　航次4 大眼金枪鱼CPUE与表温的关系

表1-2-16　航次4中7个指标的值和大眼金枪鱼CPUE

日期（2004年）	大眼金枪鱼CPUE	表层水温/℃	风速/(m/s)	风向/(°)	漂移速度/(m/s)	漂移方向/(°)	风流合压角/(°)	风舷角/(°)
2月3日	5.8394	28.8	2.3	40	0.576	265	65	20
2月4日	2.1429	28.7	2.5	70	0.509	255	60	65

续表

日期（2004年）	大眼金枪鱼CPUE	表层水温/℃	风速/(m/s)	风向/(°)	漂移速度/(m/s)	漂移方向/(°)	风流合压角/(°)	风舷角/(°)
2月5日	2.2901	28.7	2.3	10	0.334	305	45	20
2月6日	5.4714	29.3	2.0	60	0.221	310	50	60
2月7日	2.2222	29.6	1.8	70	0.221	335	25	70
2月8日	2.9597	29.3	1.4	50	0.124	340	35	75
2月9日	0.5071	29.2	1.8	60	0.196	285	75	60
2月10日	2.5391	29.4	4.0	40	0.041	300	70	10
2月11日	2.2338	28.8	4.4	20	0.185	205	65	70
2月12日	3.2895	28.8	3.0	80	0.350	255	85	90
2月13日	0.8699	29.0	3.7	80	0.247	245	30	55

2.3.5 航次5

由于本航次未能使用CTD测定水深0～350m的温度、盐度变化曲线，因此，只能分析大眼金枪鱼CPUE与表温、钓具的漂移速度和漂移方向、风流合压角、风速、风向、风舷角的相关关系。大眼金枪鱼CPUE与该7个指标间相关系数见表1-2-12。

由表1-2-12得，本航次与CPUE关系最为密切的指标为风速，其次为漂移速度。

本航次该7个指标的值和大眼金枪鱼CPUE见表1-2-17，表温分布图见图1-2-34。

表1-2-17 航次5中7个指标的值和大眼金枪鱼CPUE

日期（2004年）	大眼金枪鱼CPUE	表层水温/℃	风速/(m/s)	风向/(°)	漂移速度/(m/s)	漂移方向/(°)	风流合压角/(°)	风舷角/(°)
2月17日	0.3982	29.2	0.1	50	0.113	190	65	75
2月18日	3.8760	29.2	0.8	40	0.432	20	20	40
2月19日	3.2922	29.6	0.0	60	0.329	5	5	60
2月20日	10.2881	29.0	0.1	50	0.283	5	5	50
2月21日	25.5066	28.7	4.4	10	0.304	20	20	10
2月22日	11.7688	28.9	4.0	0	0.365	10	10	20
2月23日	19.0377	29.1	2.4	40	0.458	30	30	40
2月24日	17.6532	28.9	3.7	40	0.216	35	35	40
2月25日	25.6144	28.9	2.4	30	0.051	75	15	60

2.3.6 航次6

由于本航次未能使用CTD测定水深0~350m的温度、盐度变化曲线，因此，只能分析大眼金枪鱼的CPUE与表温、钓具的漂移速度和漂移方向、风流合压角、风速、风向、风舷角的相关关系。大眼金枪鱼CPUE与该7个指标间相关系数见表1-2-12。

由表1-2-12得，本航次与CPUE关系最为密切的指标为表温，其次为风流合压角。

本航次该7个指标的值和大眼金枪鱼CPUE见表1-2-18，表温分布图见图1-2-35。

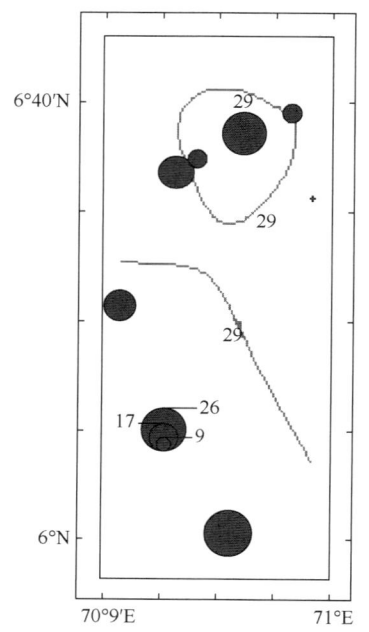

图1-2-34 航次5大眼金枪鱼CPUE与表温的关系

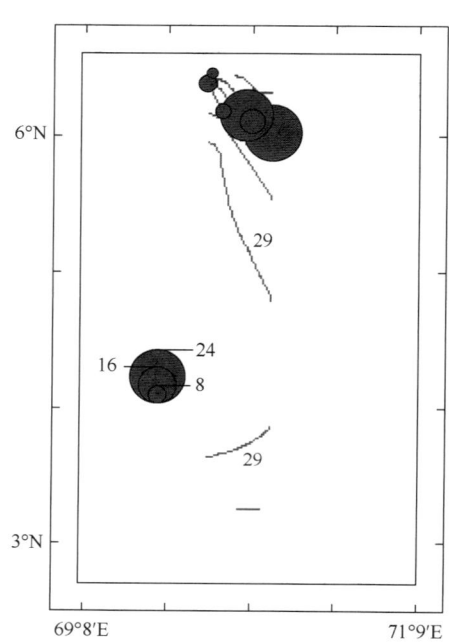

图1-2-35 航次6大眼金枪鱼CUPE与表温的关系

表1-2-18 航次6中7个指标的值和大眼金枪鱼CPUE

日期（2004年）	大眼金枪鱼CPUE	表层水温/℃	风速/(m/s)	风向/(°)	漂移速度/(m/s)	漂移方向/(°)	风流合压角/(°)	风舷角/(°)
3月1日	23.8017	29.3	1.6	20	0.077	310	50	20
3月2日	11.2397	29.3	2.0	10	0.118	10	10	10
3月3日	22.2447	29.5	1.4	10	0.010	90	90	10
3月4日	7.4149	29.2	4.3	80	0.139	275	72	62
3月5日	1.6807	29.1	1.2	70	0.396	330	90	10
3月6日	9.5109	29.2	0.6	70	0.247	195	15	70
3月7日	5.4776	29.5	3.0	30	0.160	175	15	30
3月8日	2.2684	29.0	4.2	30	0.124	190	60	80
3月9日	1.5385	28.9	4.8	40	0.396	220	10	10
3月10日	2.0541	29.1	2.6	60	0.304	150	60	30
3月11日	0.7576	29.1	4.5	60	0.232	220	5	25

2.3.7 航次7

CTD 测定的某一位置的水深 0～350m 的温度、盐度变化曲线数据图样见图 1-2-36。其中，盐度变化曲线图中，左侧线由仪器投放过程中测得数据所绘；右侧线由仪器绞收过程中测得数据所绘。

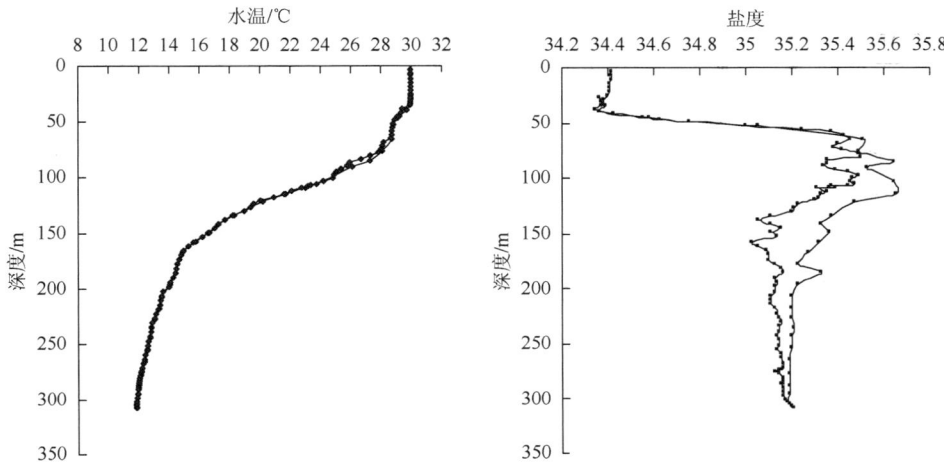

图 1-2-36　2004 年 3 月 22 日（6°23′N，70°03′E）水温、盐度垂直分布

本航次整体的水温、盐度的垂直变化基本上与图 1-2-36 的一致，即在水深 0～62m 为表层混合层（表温为 30℃左右，表层盐度为 34.4 左右，62m 水深处的水温为 28.7℃左右，62m 水深处的盐度为 35.4 左右），水深 62～165m 为温跃层（水温从 30℃左右下降到 14.9℃左右，盐度由于赤道潜流的影响从 35m 水深处的 34.4 左右上升到 100m 水深处的 35.6 左右，然后又开始下降，到 165m 水深处为 35.3 左右），水深 165～308m，水温从 14.9℃下降到 11.8℃，下降的幅度较小。

分析大眼金枪鱼 CPUE 与 0m、50m、100m、150m 和 200m 水深处的温度和盐度，以及钓具的漂移速度和漂移方向、风流合压角、风速、风向、风舷角的相关关系，这些指标与大眼金枪鱼 CPUE 的相关系数见表 1-2-12。

由表 1-2-12 得，本航次与大眼金枪鱼 CPUE 关系较密切的 6 个指标依次为 T_{100}、T_0、T_{50}、Q_w、V_g、V_w。

本航次与大眼金枪鱼 CPUE 有关的指标值和大眼金枪鱼 CPUE 见表 1-2-19，T_{100}、T_0、T_{150} 的分布见图 1-2-37～图 1-2-39。

2.3.8 航次8

CTD 测定的某一位置的水深 0～350m 的温度、盐度变化曲线数据图样见图 1-2-40。

本航次整体的水温、盐度的垂直变化基本上与图 1-2-40 的一致，即在水深 0～69m 为表层混合层（表温为 30.3℃左右，表层盐度为 34.4 左右，69m 水深处的水温为 27.9℃左右，69m 水深处的盐度为 35.4 左右），水深 69～173m 为温跃层（水温从 30.3℃左右下降到 14.2℃左右，盐度由于赤道潜流的影响从 35m 水深处的 34.5 左右上升到 100m 水

表 1-2-19 航次 7 与大眼金枪鱼 CPUE 有关的指标值和大眼金枪鱼 CPUE

日期 (2004年)	CPUE	T_0/℃	T_{50}/℃	S_{50}	T_{100}/℃	S_{100}	T_{150}/℃	S_{150}	T_{200}/℃	S_{200}	风速/(m/s)	风向/(°)	漂移速度/(m/s)	漂移方向/(°)	风流合压角/(°)	风舷角/(°)
3月16日	1.4245	29.9	29.06	35.24	23.74	35.70	15.95	35.24	13.71	35.16	0.4	330	0.2006	210	90	30
3月17日	13.8380	29.7	28.67	35.16	24.93	35.48	16.68	35.16	13.69	35.19	1.5	330	0.1749	155	30	25
3月18日	7.7778	29.8	28.60	35.21	24.69	35.50	17.05	35.21	14.26	35.22	2.0	320	0.1029	245	25	50
3月19日	10.3276	29.8	29.19	35.33	25.67	35.55	17.00	35.33	13.95	35.19	4.6	310	0.2778	240	30	40
3月20日	2.4929	29.8	28.74	35.28	25.22	35.47	16.98	35.28	13.99	35.23	3.4	300	0.2521	220	50	30
3月21日	3.5613	29.8	28.41	35.25	23.48	35.37	17.50	35.25	13.63	35.16	2.4	330	0.1080	130	80	90
3月22日	9.2593	29.7	28.89	35.20	24.61	35.50	16.46	35.20	13.75	35.13	3.2	240	0.1955	235	35	30
3月23日	13.5328	30.0	29.27	35.25	24.96	35.54	17.59	35.25	13.72	35.14	3.0	280	0.0617	60	30	10
3月24日	7.4786	29.8	28.46	35.18	23.84	35.56	16.86	35.18	13.54	35.20	3.2	270	0.2521	200	75	5
3月25日	1.7637	29.7	28.68	35.15	21.79	35.36	16.88	35.15	13.93	35.20	3.2	250	0.3755	225	55	20
3月26日	15.9299	29.8	28.53	35.19	24.26	35.35	15.48	35.19	13.78	35.18	2.0	10	0.1800	90	30	50
3月27日	16.3818	29.9	28.86	35.19	23.91	35.49	16.46	35.19	13.71	35.18	1.2	10	0.3601	55	10	45

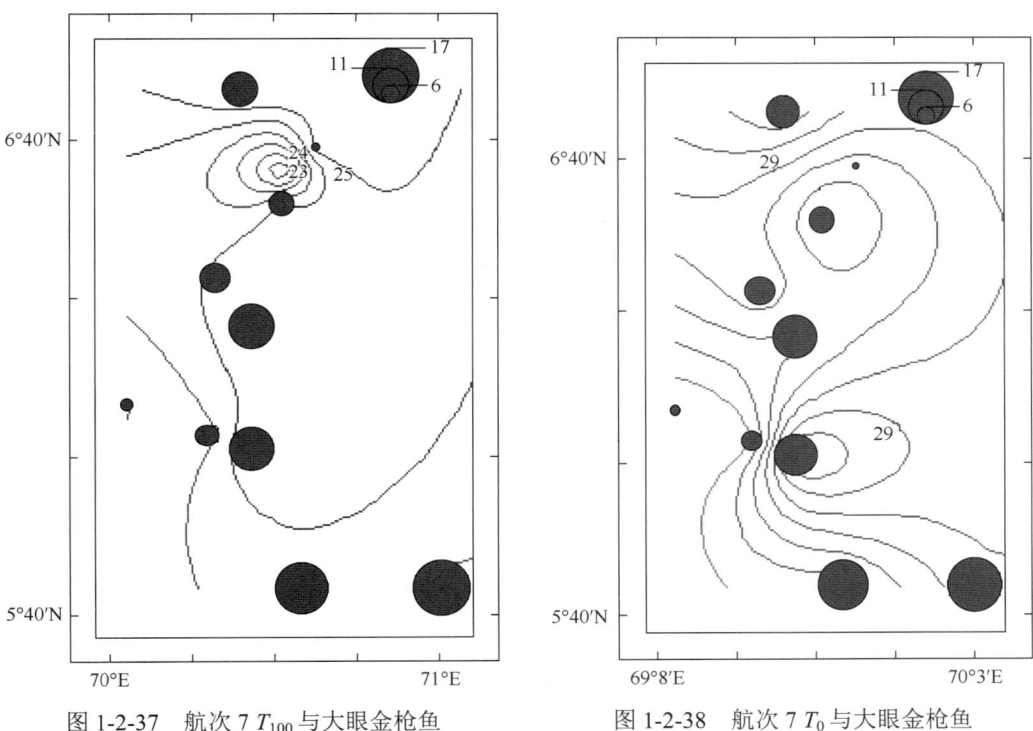

图 1-2-37　航次 7 T_{100} 与大眼金枪鱼 CPUE 的关系

图 1-2-38　航次 7 T_0 与大眼金枪鱼 CPUE 的关系

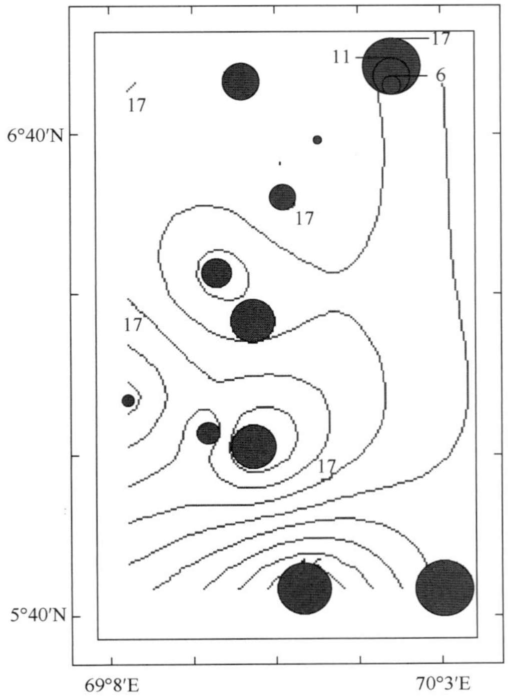

图 1-2-39　航次 7 T_{150} 与大眼金枪鱼 CPUE 的关系

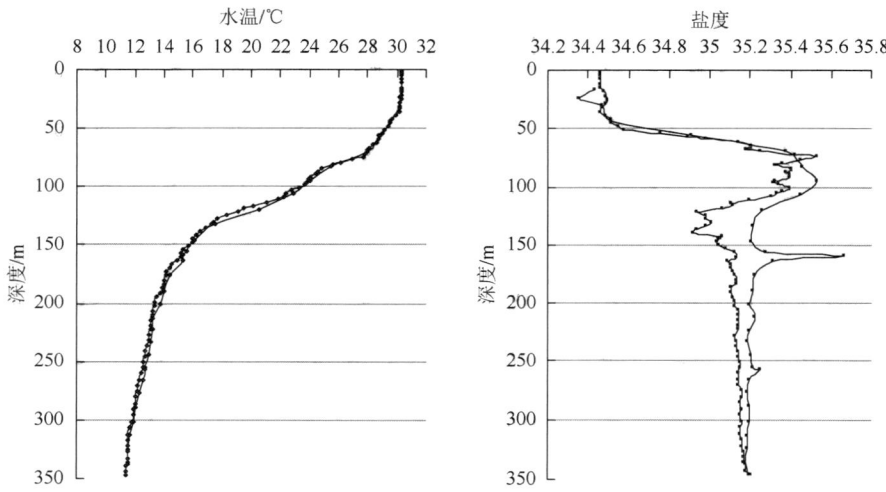

图 1-2-40　2004 年 4 月 1 日（6°19′N，69°53′E）水温、盐度垂直分布

深处的 35.5 左右，然后又开始下降，到 130m 水深处为 35.0 左右），水深 173～346m，水温从 14.2℃下降到 11.4℃，下降的幅度较小，盐度基本不变。

分析大眼金枪鱼 CPUE 与水深 0～250m 的温度和盐度数据、钓具的漂移速度和漂移方向、风流合压角、风速、风向、风舷角的相关关系，这些指标与大眼金枪鱼 CPUE 的相关系数见表 1-2-12。

由表 1-2-12 得，本航次与大眼金枪鱼 CPUE 关系较密切的 6 个指标依次为 C_g、S_{50}、S_{100}、T_{100}、γ、T_0。

本航次与大眼金枪鱼 CPUE 有关的指标值和大眼金枪鱼 CPUE 见表 1-2-20，S_{50}、S_{100}、T_{100} 和 T_0 的分布见图 1-2-41～图 1-2-44。

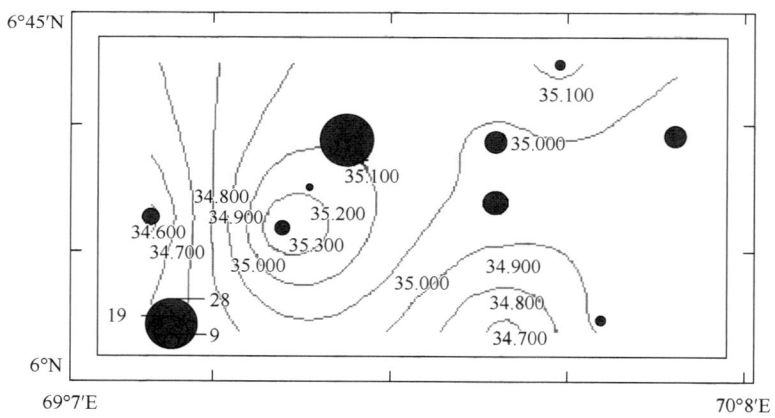

图 1-2-41　航次 8 S_{50} 与大眼金枪鱼 CPUE 的关系

2.3.9　航次 9

CTD 测定的某一位置的水深 0～350m 的温度、盐度变化曲线数据图样见图 1-2-45。

表 1-2-20　航次 8 与大眼金枪鱼 CPUE 有关的指标值和大眼金枪鱼 CPUE

日期(2004年)	CPUE	T_0/℃	T_{50}/℃	S_{50}	T_{100}/℃	S_{100}	T_{150}/℃	S_{150}	T_{200}/℃	S_{200}	T_{250}/℃	S_{250}	风速/(m/s)	风向/(°)	漂移速度/(m/s)	漂移方向/(°)	风流合压角/(°)	风舷角/(°)
3月31日	3.0508	29.8	28.91	34.66	22.89	35.41	16.08	35.21	13.86	35.20	12.51	35.18	0	170	0.262	40	10	60
4月1日	9.8305	30.0	29.26	34.56	23.28	35.38	15.64	35.05	13.41	35.15	12.67	35.18	4	100	0.051	155	55	0
4月2日	27.5630	30.2	28.49	35.08	22.65	35.45	15.83	35.13	13.46	35.16	12.44	35.18	0.4	40	0.139	280	10	50
4月3日	5.3782	30.5	27.76	35.18	20.69	35.23	15.76	35.16	13.42	35.14	12.45	35.18	1	320	0.154	0	0	40
4月4日	11.6239	30.5	29.06	34.93	22.29	35.30	15.41	35.16	13.40	35.19	12.38	35.19	0	310	0.149	30	10	70
4月5日	7.1795	30.8	29.38	34.93	24.59	35.68	15.83	35.19	13.18	35.18	12.34	35.18	0.8	320	0.309	10	80	50
4月7日	6.5979	30.3	29.12	35.13	22.55	35.23	16.07	35.17	14.41	35.15	12.86	35.16	3.4	70	0.262	15	15	70
4月8日	8.8889	30.1	28.34	35.31	19.90	35.42	15.83	35.21	13.10	35.17	12.17	35.18	5.1	20	0.087	50	55	85
4月9日	14.0171	30.1	29.04	34.97	22.50	35.29	15.45	35.15	13.36	35.17	12.19	35.16	3.4	20	0.304	20	70	70
4月10日	12.0690	30.2	29.06	34.96	22.01	35.38	14.83	35.19	13.41	35.15	12.62	35.18	3	60	0.360	25	65	30

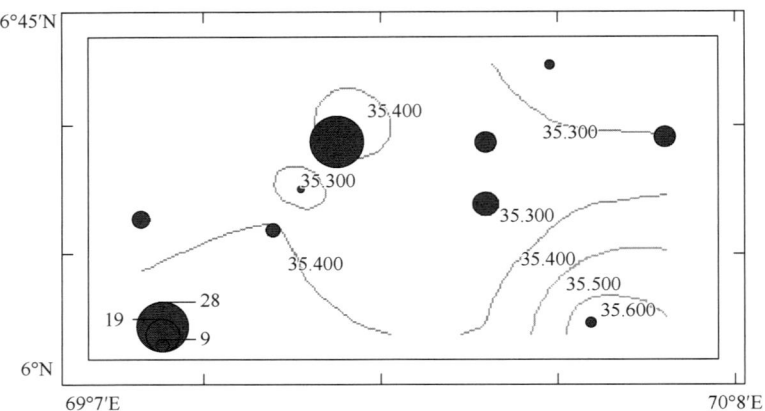

图 1-2-42　航次 8 S_{100} 与大眼金枪鱼 CPUE 的关系

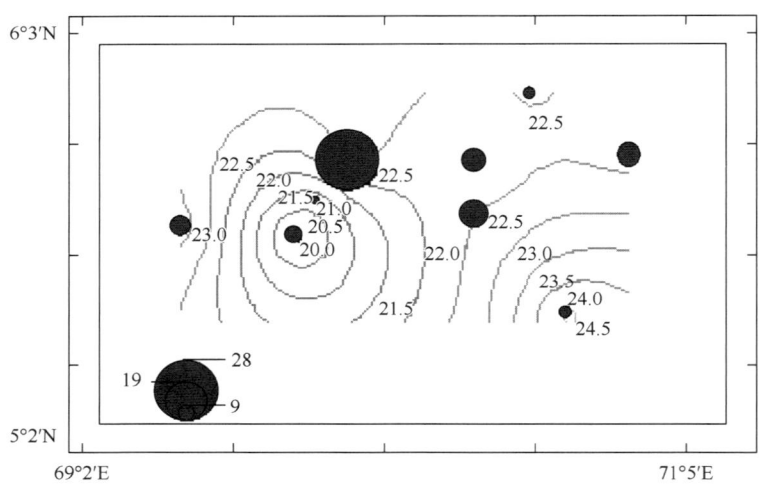

图 1-2-43　航次 8 T_{100} 与大眼金枪鱼 CPUE 的关系

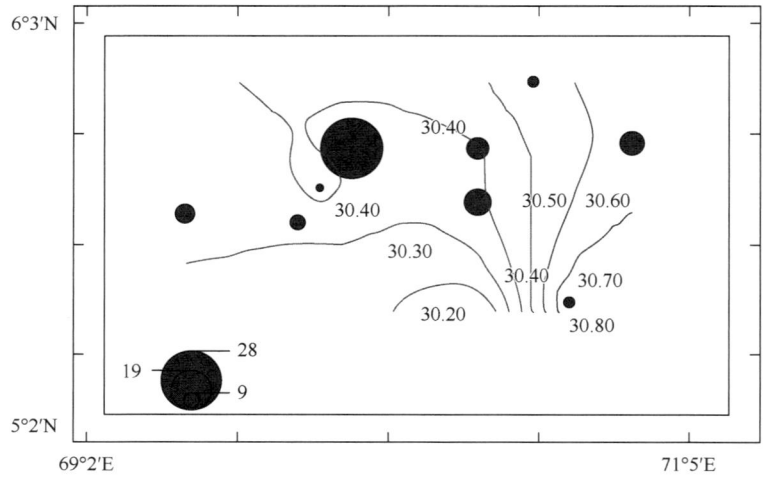

图 1-2-44　航次 8 T_0 与大眼金枪鱼 CPUE 的关系

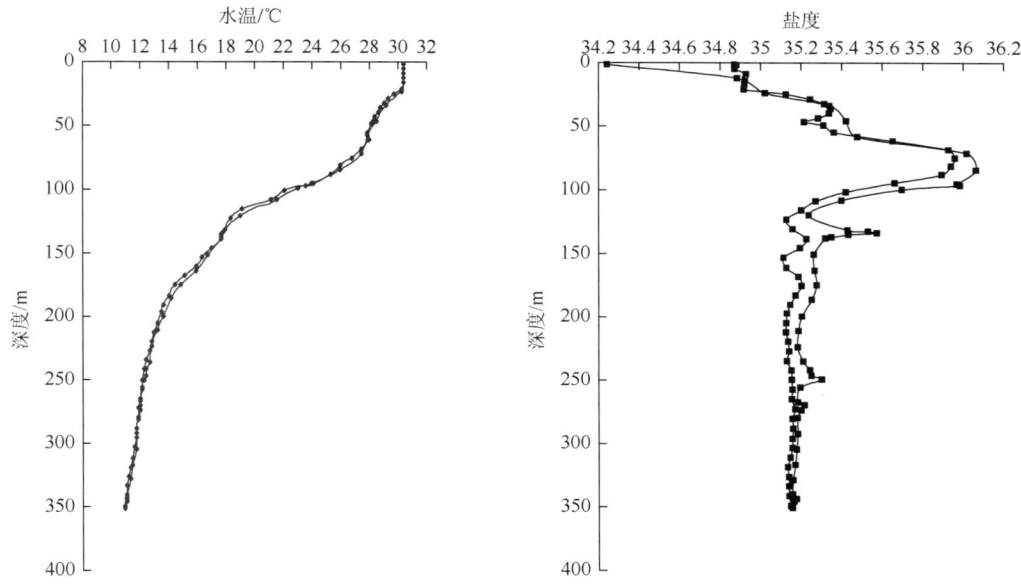

图 1-2-45 2004 年 4 月 20 日 (6°39′N, 69°17′E) 水温、盐度垂直分布

本航次整体的水温、盐度的垂直变化基本上与图 1-2-45 的一致,即在水深 0~62m 为表层混合层(表温为 30.3℃左右,表层盐度为 34.2 左右,62m 水深处的水温为 28.0℃ 左右,62m 水深处的盐度为 35.6 左右),水深 62~197m 为温跃层(水温从 30.3℃左右 下降到 13.5℃左右,盐度由于赤道潜流的影响从 35m 水深处的 35.3 左右上升到 84m 水深处的 36.1 左右,然后又开始下降,到 130m 水深处为 35.2 左右),水深 197~346m, 水温从 13.5℃下降到 11.4℃,下降的幅度较小,盐度基本不变。

分析大眼金枪鱼 CPUE 与水深 0~350m 的温度和盐度数据、钓具的漂移速度和漂移 方向、风流合压角、风速、风向、风舷角的相关关系,这些指标与大眼金枪鱼 CPUE 的相 关系数见表 1-2-12。

由表 1-2-12 得,与大眼金枪鱼 CPUE 关系较密切的 6 个指标依次为 S_{50}、S_{150}、S_{100}、 γ、T_0、T_{100}。

本航次与大眼金枪鱼 CPUE 有关的指标值和大眼金枪鱼 CPUE 见表 1-2-21,S_{50}、S_{100}、 T_0 和 T_{100} 的分布见图 1-2-46~图 1-2-49。

2.3.10 航次 10

CTD 测定的某一位置的水深 0~250m 的温度、盐度变化曲线数据图样见图 1-2-50。

本航次整体的水温、盐度的垂直变化基本上与图 1-2-50 的一致,即在水深 0~62m 为 表层混合层(表温为 29.5℃左右,表层盐度为 34.9 左右,62m 水深处的水温为 29.5℃左右, 62m 水深处的盐度为 35.1 左右),水深 62~200m 为温跃层(水温从 29.5℃下降到 13.5℃ 左右,盐度由于赤道潜流的影响从 39m 水深处的 34.9 左右上升到 112m 水深处的 35.6 左 右,然后又开始下降,到 240m 水深处为 35.1 左右),水深 200~250m,水温从 13.5℃左 右下降到 12.4℃左右,下降的幅度较小。

表 1-2-21　航次 9 与大眼金枪鱼 CPUE 有关的指标值和大眼金枪鱼的 CPUE

日期(2004年)	CPUE	T_0/℃	T_{50}/℃	S_{50}	T_{100}/℃	S_{100}	T_{150}/℃	S_{150}	T_{200}/℃	S_{200}	T_{250}/℃	S_{250}	风速/(m/s)	风向/(°)	漂移速度/(m/s)	漂移方向/(°)	风流合压角/(°)	风舷角/(°)
4月16日	4.2735	31.2	29.59	35.02	23.67	35.51	16.69	35.17	13.91	35.16	12.72	35.18	0.7	280	0.072	350	0	70
4月17日	12.5854	30.6	29.14	35.11	24.93	35.63	16.82	35.19	13.74	35.16	12.51	35.17	0.8	320	0.268	10	90	40
4月18日	6.4103	30.5	28.69	35.06	21.74	35.60	15.25	35.18	13.33	35.17	12.37	35.17	4.5	330	0.221	30	60	60
4月19日	5.0342	30.4	29.24	34.94	21.79	35.42	15.64	35.19	13.67	35.17	12.50	35.16	3.2	20	0.226	355	5	20
4月20日	5.3419	30.3	28.15	35.33	22.85	35.69	16.63	35.19	13.42	35.16	12.21	35.23	0.6	350	0.180	15	75	50
4月21日	5.3419	30.6	29.46	35.05	23.39	35.45	15.92	35.16	13.88	35.16	12.58	35.17	0.5	310	0.175	0	0	50
4月22日	4.9858	30.7	29.23	35.05	24.71	35.52	16.75	35.16	13.98	35.15	12.84	35.18	1.0	290	0.093	330	30	70
4月23日	3.8801	30.5	29.28	35.10	23.69	35.21	16.32	35.15	13.72	35.19	12.77	35.21	0.0	330	0.087	270	0	60
4月24日	9.5238	30.8	28.76	35.24	22.69	35.60	15.64	35.17	13.59	35.20	12.55	35.18	1.0	160	0.232	215	50	5
4月25日	16.9312	31.0	29.04	35.57	23.97	35.56	14.81	35.20	13.32	35.16	12.83	35.19	1.1	100	0.072	205	25	80

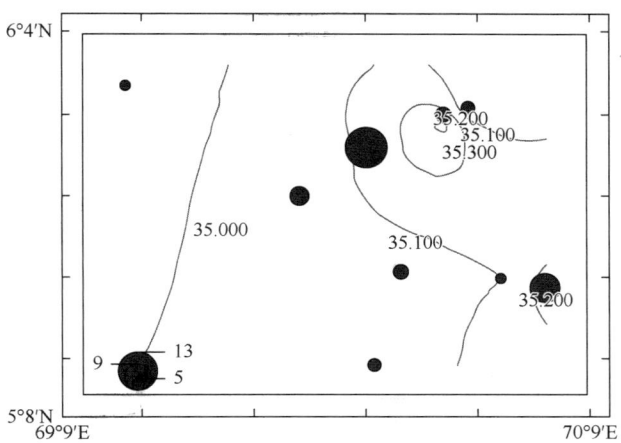

图 1-2-46　航次 9 S_{50} 与大眼金枪鱼 CPUE 的关系

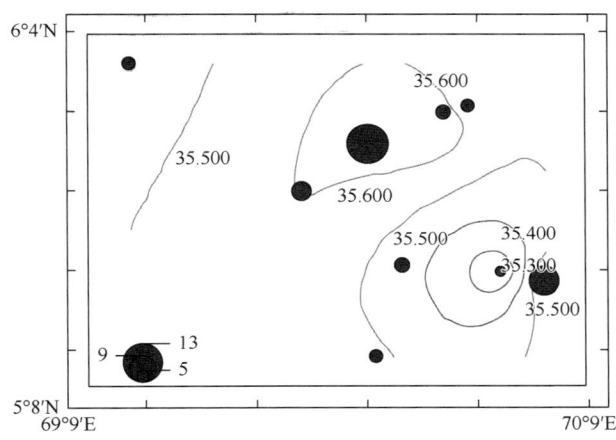

图 1-2-47　航次 9 S_{100} 与大眼金枪鱼 CPUE 的关系

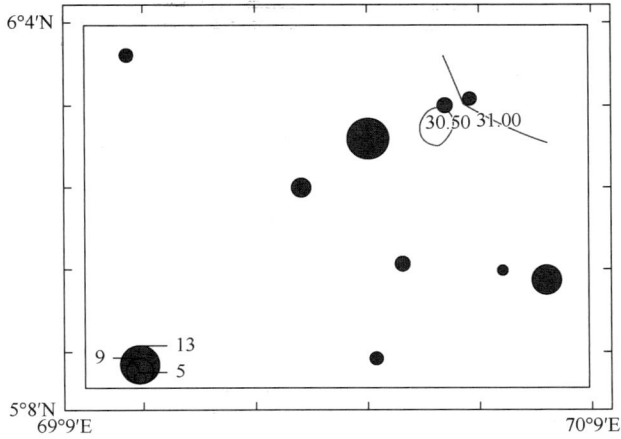

图 1-2-48　航次 9 T_0 与大眼金枪鱼 CPUE 的关系

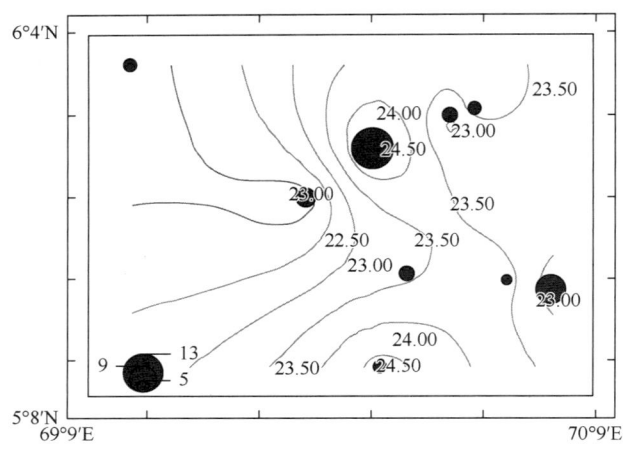

图 1-2-49 航次 9 T_{100} 与大眼金枪鱼 CPUE 的关系

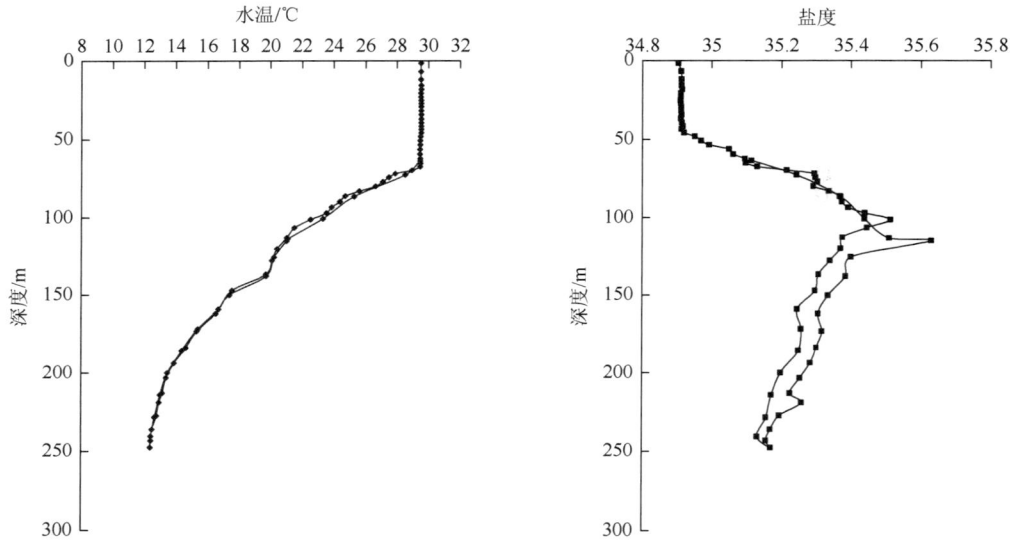

图 1-2-50 2004 年 5 月 12 日（1°18′N，70°16′E）水温、盐度垂直分布

分析大眼金枪鱼 CPUE 与表温、钓具的漂移速度和漂移方向、风流合压角、风速、风向、风舷角的相关关系。大眼金枪鱼 CPUE 与该 7 个指标间相关系数见表 1-2-12。

由表 1-2-12 得，本航次与 CPUE 关系最为密切的指标为风速，其次为风舷角。

本航次该 7 个指标的值和大眼金枪鱼 CPUE 见表 1-2-22，表温分布图见图 1-2-51。

表 1-2-22 航次 10 中 7 个指标的值和大眼金枪鱼 CPUE

日期（2004年）	大眼金枪鱼 CPUE	表层水温/℃	风速/(m/s)	风向/(°)	漂移速度/(m/s)	漂移方向/(°)	风流合压角/(°)	风舷角/(°)
5月3日	0.0000	29.7	7.4	280	0.823	90	80	90
5月4日	0.0000	29.5	9.0	220	0.895	70	65	35
5月6日	1.6722	29.3	10.1	250	0.730	80	80	70

续表

日期 （2004年）	大眼金枪鱼 CPUE	表层 水温/℃	风速/(m/s)	风向/(°)	漂移 速度/(m/s)	漂移 方向/(°)	风流合 压角/(°)	风舷角/(°)
5月7日	6.7810	29.6	5.2	240	0.648	85	15	40
5月8日	10.2767	29.4	12.0	270	0.607	80	80	90
5月9日	3.3445	29.4	6.1	250	0.689	85	65	50
5月10日	0.8610	29.3	4.2	280	0.550	85	85	80
5月12日	3.9526	29.6	5.0	320	0.484	95	85	40
5月13日	1.1881	29.6	4.0	350	0.304	90	60	20

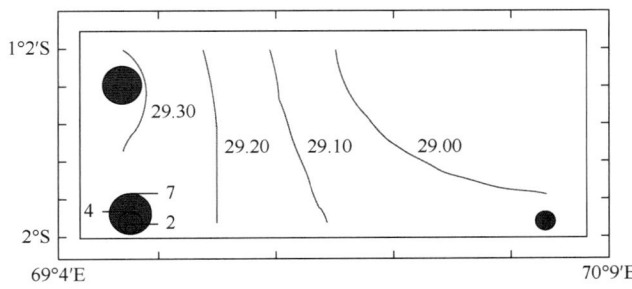

图 1-2-51 航次 10 大眼金枪鱼 CPUE 与表温的关系

2.3.11 航次 11

CTD 测定的某一位置水深 0～250m 的温度、盐度变化曲线数据图样见图 1-2-52。

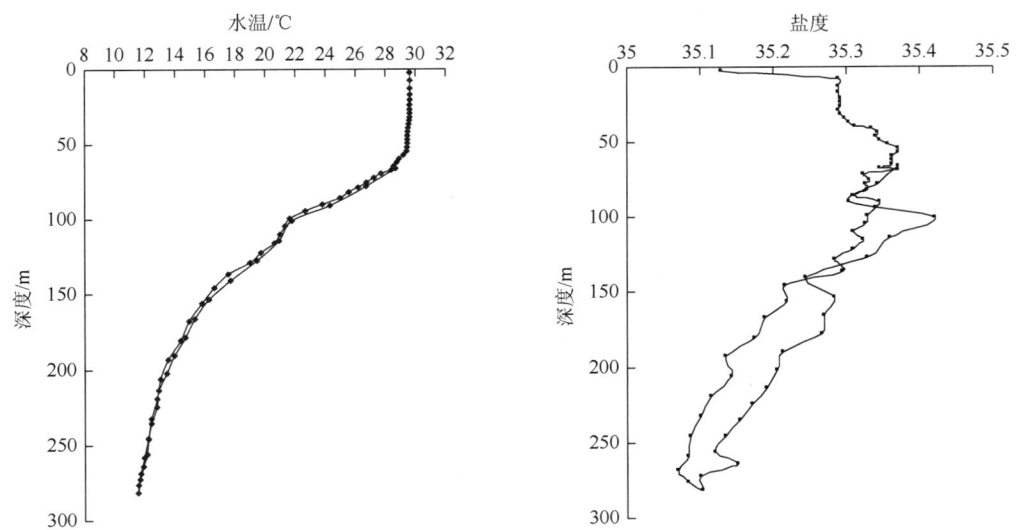

图 1-2-52 2004 年 5 月 28 日（01°17′S，69°14′E）水温、盐度垂直分布

本航次整体水温、盐度的垂直变化基本上与图 1-2-52 的一致，即在水深 0～55m 为表层混合层（表温为 29.5℃左右，表层盐度为 35.1 左右，55m 水深处的水温为 29.5℃左右，

55m 水深处的盐度为 35.3），水深 55～193m 为温跃层（水温从 29.5℃左右下降到 13.5℃左右，盐度由于赤道潜流的影响从 30m 水深处的 35.3 左右上升到 101m 水深处的 35.4 左右，然后又开始下降，到 240m 水深处为 35.1 左右），水深 193～250m，水温从 13.5℃左右下降到 12.4℃左右，下降的幅度较小。

分析大眼金枪鱼 CPUE 与表温、钓具的漂移速度和漂移方向、风流合压角、风速、风向、风舷角的相关关系。大眼金枪鱼 CPUE 与该 7 个指标间相关系数见表 1-2-12。

由表 1-2-12 得，本航次与 CPUE 关系最为密切的指标为漂移速度，其次为表温。

本航次该 7 个指标的值和大眼金枪鱼 CPUE 见表 1-2-23，表温分布图见图 1-2-53。

表 1-2-23　航次 11 中 7 个指标的值和大眼金枪鱼 CPUE

日期（2004 年）	大眼金枪鱼 CPUE	表层水温/℃	风速/(m/s)	风向/(°)	漂移速度/(m/s)	漂移方向/(°)	风流合压角/(°)	风舷角/(°)
5 月 28 日	1.2744	29.6	3.6	310	0.345	90	90	50
5 月 29 日	1.2068	29.7	4.0	260	0.360	100	80	80
5 月 31 日	2.9240	29.7	2.5	300	0.504	100	80	60
6 月 1 日	4.5948	29.6	2.0	320	0.622	115	35	60
6 月 2 日	2.4955	29.7	2.3	340	0.484	105	75	20
6 月 3 日	2.0450	29.6	3.5	230	0.376	100	10	40
6 月 4 日	2.0325	29.6	6.9	310	0.530	100	40	70
6 月 5 日	0.7077	29.6	1.9	290	0.499	90	54	74
6 月 6 日	0.8418	29.7	2.1	220	0.545	95	85	40
6 月 7 日	0.0000	29.4	2.6	260	0.021	205	0	55
6 月 8 日	0.0000	29.4	3.0	230	0.149	210	50	70

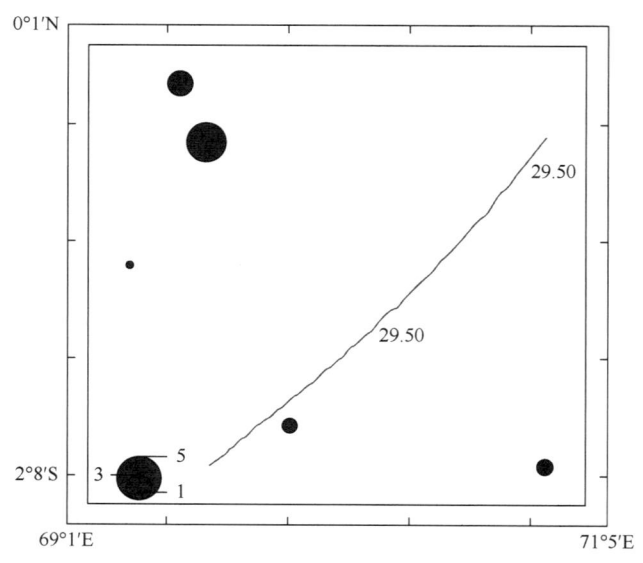

图 1-2-53　航次 11 大眼金枪鱼 CPUE 与表温的关系

2.3.12 与大眼金枪鱼 CPUE 关系密切的指标的出现频率

航次 1～6、航次 10～11 与大眼金枪鱼 CPUE 关系密切的前两个指标出现的频率见表 1-2-24。航次 7～9 与大眼金枪鱼 CPUE 关系密切的前 6 个指标分别有 T_0、T_{50}、S_{50}、T_{100}、S_{100}、S_{150}、γ、C_g、Q_w、V_g、V_w，这些指标出现的频率见表 1-2-25。

表 1-2-24　航次 1～6、航次 10～11 与大眼金枪鱼 CPUE 关系密切的前两个指标的出现频率

航次	指标						
	T_0	V_w	C_w	V_g	C_g	γ	Q_w
1	×	×					
2						×	×
3				×	×		
4				×	×		
5		×		×			
6	×					×	
10		×					×
11	×			×			
出现频率	3	3	0	3	2	3	2

表 1-2-25　航次 7～9 与大眼金枪鱼 CPUE 关系密切的前 6 个指标的出现频率

航次	指标										
	T_0	T_{50}	S_{50}	T_{100}	S_{100}	S_{150}	γ	C_g	Q_w	V_g	V_w
7	×	×		×					×	×	×
8	×		×	×	×		×	×			
9	×		×	×	×	×	×				
出现频率	3	1	2	3	2	1	2	1	1	1	1

2.3.13 航次 7～11 温跃层范围、温跃层的水深范围和盐跃层范围

航次 7～11 温跃层范围、温跃层的水深范围和盐跃层范围见表 1-2-26。

表 1-2-26　航次 7～11 温跃层范围、温跃层的水深范围和盐跃层范围

航次	温跃层范围/℃	温跃层的水深范围/m	盐跃层范围
7	14.9～30.0	62～165	34.4～35.6～35.3
8	14.2～30.3	69～173	34.5～35.5～35.0
9	13.5～30.3	62～197	35.3～36.1～35.2
10	13.5～29.5	62～200	34.9～35.6～35.1
11	13.5～29.5	55～193	35.3～35.6～35.1
总的范围	13.5～30.3	55～200	34.4～36.1

2.4 大眼（黄鳍）金枪鱼的栖息水层、水温、盐度

2.4.1 大眼金枪鱼的理论栖息水层、水温、盐度

调查期间，共记录了295尾大眼金枪鱼的上钩钩号（分析整个调查期间大眼金枪鱼的CPUE与理论深度的关系时，用该295尾鱼；分析西北渔场大眼金枪鱼CPUE与理论深度的关系时，用到其中的131尾；分析西南渔场大眼金枪鱼CPUE与理论深度的关系时，用到其中的96尾），用CTD测定了47个站位的温度、盐度随水深变化的曲线，分析47个站位所对应的大眼金枪鱼CPUE与水温（理论）和盐度（理论）的关系时，用到126尾。47个站位中，有35个站位是在西北渔场（在此期间，记录上钩钩号的大眼金枪鱼的尾数为99尾）、12个站位在西南渔场（其中7个站位的数据用于分析，在此期间，记录上钩钩号的大眼金枪鱼的尾数为27尾）。

2.4.1.1 大眼金枪鱼CPUE与理论深度的关系

整个调查期间大眼金枪鱼CPUE与理论深度的关系见表1-2-27。

表1-2-27 整个调查期间大眼金枪鱼CPUE与理论深度的关系

水层/m	N_{S1j}/尾	N_S/尾	N/尾	N_{1j}/尾	H_{S1j}/枚	H_S/枚	H/枚	H_{1j}/枚	$CPUE_{1j}$/(尾/千钩)
60～79.9	11	295	1 991	74.241	172	2 829	325 835	19 810.399	3.748
80～99.9	6	295	1 991	40.495	86	2 829	325 835	9 905.200	4.088
100～119.9	30	295	1 991	202.475	208	2 829	325 835	23 956.762	8.452
120～139.9	13	295	1 991	87.739	118	2 829	325 835	13 590.855	6.456
140～159.9	21	295	1 991	141.732	160	2 829	325 835	18 428.279	7.691
160～179.9	23	295	1 991	155.231	171	2 829	325 835	19 695.223	7.882
180～199.9	21	295	1 991	141.732	163	2 829	325 835	18 773.809	7.549
200～219.9	32	295	1 991	215.973	201	2 829	325 835	23 150.525	9.329
220～239.9	21	295	1 991	141.732	164	2 829	325 835	18 888.986	7.503
240～259.9	28	295	1 991	188.976	201	2 829	325 835	23 150.525	8.163
260～279.9	12	295	1 991	80.990	202	2 829	325 835	23 265.702	3.481
280～299.9	14	295	1 991	94.488	179	2 829	325 835	20 616.637	4.583
300～319.9	16	295	1 991	107.986	193	2 829	325 835	22 229.111	4.858
320～339.9	11	295	1 991	74.241	156	2 829	325 835	17 967.572	4.132
340～359.9	9	295	1 991	60.742	147	2 829	325 835	16 930.981	3.588
360～379.9	12	295	1 991	80.990	123	2 829	325 835	14 166.739	5.717
380～399.9	9	295	1 991	60.742	125	2 829	325 835	14 397.093	4.219
400～419.5	6	295	1 991	40.495	60	2 829	325 835	6 910.604	5.860

从表1-2-27中可得出，大眼金枪鱼CPUE较高（6.456尾/千钩以上）的水层（理论）

为 100~259.9m，大眼金枪鱼 CPUE 最高（9.329 尾/千钩）的水层（理论）为 200~219.9m。

西北渔场大眼金枪鱼 CPUE 与理论深度的关系见表 1-2-28。

表 1-2-28 西北渔场大眼金枪鱼 CPUE 与理论深度的关系

水层/m	N_{S1j}/尾	N_S/尾	N/尾	N_{1j}/尾	H_{S1j}/枚	H_S/枚	H/枚	H_{1j}/枚	$CPUE_{1j}$/(尾/千钩)
60~79.9	5	131	1 442	55.038	106	1 390	151 801	11 576.191	4.754
80~99.9	0	131	1 442	0.000	0	1 390	151 801	0.000	0.000
100~119.9	14	131	1 442	154.107	106	1 390	151 801	11 576.191	13.312
120~139.9	6	131	1 442	66.046	42	1 390	151 801	4 586.793	14.399
140~159.9	6	131	1 442	66.046	64	1 390	151 801	6 989.399	9.449
160~179.9	13	131	1 442	143.099	78	1 390	151 801	8 518.329	16.799
180~199.9	4	131	1 442	44.031	50	1 390	151 801	5 460.468	8.064
200~219.9	15	131	1 442	165.115	84	1 390	151 801	9 173.586	17.999
220~239.9	5	131	1 442	55.038	54	1 390	151 801	5 897.305	9.333
240~259.9	13	131	1 442	143.099	84	1 390	151 801	9 173.586	15.599
260~279.9	6	131	1 442	66.046	94	1 390	151 801	10 265.679	6.434
280~299.9	4	131	1 442	44.031	70	1 390	151 801	7 644.655	5.760
300~319.9	12	131	1 442	132.092	106	1 390	151 801	11 576.191	11.411
320~339.9	8	131	1 442	88.061	113	1 390	151 801	12 340.657	7.136
340~359.9	9	131	1 442	99.069	94	1 390	151 801	10 265.679	9.650
360~379.9	5	131	1 442	55.038	86	1 390	151 801	9 392.004	5.860
380~399.9	4	131	1 442	44.031	97	1 390	151 801	10 593.307	4.156
400~419.9	2	131	1 442	22.015	35	1 390	151 801	3 822.327	5.760
420~439.9	0	131	1 442	0.000	8	1 390	151 801	873.675	0.000

由表 1-2-28 可得，西北渔场大眼金枪鱼 CPUE 较高（5.760 尾/千钩以上）的水层（理论）为 100~379.9m，大眼金枪鱼 CPUE 最高（17.999 尾/千钩）的水层（理论）为 200~219.9m。

西南渔场大眼金枪鱼 CPUE 与理论深度的关系见表 1-2-29。

表 1-2-29 西南渔场大眼金枪鱼 CPUE 与理论深度的关系

水层/m	N_{S1j}/尾	N_S/尾	N/尾	N_{1j}/尾	H_{S1j}/枚	H_S/枚	H/枚	H_{1j}/枚	$CPUE_{1j}$/(尾/千钩)
60~79.9	3	96	316	9.875	36	965	112 698	4 204.278	2.349
80~99.9	3	96	316	9.875	54	965	112 698	6 306.417	1.566
100~119.9	9	96	316	29.625	60	965	112 698	7 007.130	4.228
120~139.9	1	96	316	3.292	50	965	112 698	5 839.275	0.564
140~159.9	8	96	316	26.333	52	965	112 698	6 072.846	4.336
160~179.9	5	96	316	16.458	58	965	112 698	6 773.559	2.430

续表

水层/m	N_{S1j}/尾	N_S/尾	N/尾	N_{1j}/尾	H_{S1j}/枚	H_S/枚	H/枚	H_{1j}/枚	$CPUE_{1j}$/(尾/千钩)
180~199.9	11	96	316	36.208	69	965	112 698	8 058.199	4.493
200~219.9	8	96	316	26.333	71	965	112 698	8 291.770	3.176
220~239.9	8	96	316	26.333	57	965	112 698	6 656.773	3.956
240~259.9	12	96	316	39.500	72	965	112 698	8 408.555	4.698
260~279.9	3	96	316	9.875	70	965	112 698	8 174.984	1.208
280~299.9	8	96	316	26.333	74	965	112 698	8 642.126	3.047
300~319.9	0	96	316	0.000	51	965	112 698	5 956.060	0.000
320~339.9	1	96	316	3.292	37	965	112 698	4 321.063	0.762
340~359.9	0	96	316	0.000	51	965	112 698	5 956.060	0.000
360~379.9	7	96	316	23.042	38	965	112 698	4 437.849	5.192
380~399.9	5	96	316	16.458	24	965	112 698	2 802.852	5.872
400~419.9	3	96	316	9.875	25	965	112 698	2 919.637	3.382
420~439.9	1	96	316	3.292	16	965	112 698	1 868.568	1.762

由表 1-2-29 可得,西南渔场大眼金枪鱼 CPUE 较高的水层(理论)有两个,即 100~259.9m 和 360~419.9m,大眼金枪鱼 CPUE 最高(5.872 尾/千钩)的水层(理论)为 380~399.9m。

2.4.1.2　大眼金枪鱼 CPUE 与水温(理论)的关系

西北、西南两个渔场大眼金枪鱼 CPUE 与水温(理论)的关系见表 1-2-30。

表 1-2-30　西北、西南两个渔场大眼金枪鱼 CPUE 与水温(理论)的关系

水温段/℃	N_{S2j}/尾	N_S/尾	N/尾	N_{2j}/尾	H_{S2j}/枚	H_S/枚	H/枚	H_{2j}/枚	$CPUE_{2j}$/(尾/千钩)
10.00~10.99	21	126	883	147.167	155	1 052	115 395	17 002.115	8.656
11.00~11.99	29	126	883	203.230	297	1 052	115 395	32 578.246	6.238
12.00~12.99	20	126	883	140.159	174	1 052	115 395	19 086.245	7.343
13.00~13.99	18	126	883	126.143	92	1 052	115 395	10 091.578	12.500
14.00~14.99	10	126	883	70.079	70	1 052	115 395	7 678.375	9.127
15.00~15.99	5	126	883	35.040	26	1 052	115 395	2 851.968	12.286
16.00~16.99	3	126	883	21.024	32	1 052	115 395	3 510.114	5.989
17.00~17.99	5	126	883	35.040	26	1 052	115 395	2 851.968	12.286
18.00~18.99	0	126	883	0.000	2	1 052	115 395	219.382	0.000
19.00~19.99	1	126	883	7.008	14	1 052	115 395	1 535.675	4.563
20.00~20.99	1	126	883	7.008	12	1 052	115 395	1 316.293	5.324
21.00~21.99	8	126	883	56.063	32	1 052	115 395	3 510.114	15.972
22.00~22.99	0	126	883	0.000	32	1 052	115 395	3 510.114	0.000
23.00~23.99	2	126	883	14.016	8	1 052	115 395	877.529	15.972

续表

水温段/℃	N_{S2j}/尾	N_S/尾	N/尾	N_{2j}/尾	H_{S2j}/枚	H_S/枚	H/枚	H_{2j}/枚	$CPUE_{2j}$/(尾/千钩)
24.00~24.99	0	126	883	0.000	6	1 052	115 395	658.146	0.000
25.00~25.99	0	126	883	0.000	6	1 052	115 395	658.146	0.000
26.00~26.99	0	126	883	0.000	8	1 052	115 395	877.529	0.000
27.00~27.99	3	126	883	21.024	34	1 052	115 395	3 729.496	5.637
28.00~28.99	0	126	883	0.000	26	1 052	115 395	2 851.968	0.000

由表1-2-30可得，西北和西南两个渔场大眼金枪鱼CPUE较高（5.324尾/千钩以上）的水温段（理论）有两个，即10~17.99℃和20~23.99℃，大眼金枪鱼CPUE最高（15.972尾/千钩）的水温段（理论）为21~21.99℃或23~23.99℃。

西北渔场大眼金枪鱼CPUE与水温（理论）的关系见表1-2-31。

表1-2-31　西北渔场大眼金枪鱼CPUE与水温（理论）的关系

水温段/℃	N_{S2j}/尾	N_S/尾	N/尾	N_{2j}/尾	H_{S2j}/枚	H_S/枚	H/枚	H_{2j}/枚	$CPUE_{2j}$/(尾/千钩)
10.00~10.99	12	99	834	101.091	121	897	98 351	13 266.969	7.620
11.00~11.99	24	99	834	202.182	275	897	98 351	30 152.202	6.705
12.00~12.99	16	99	834	134.788	154	897	98 351	16 885.233	7.983
13.00~13.99	14	99	834	117.939	77	897	98 351	8 442.616	13.970
14.00~14.99	8	99	834	67.394	62	897	98 351	6 797.951	9.914
15.00~15.99	2	99	834	16.848	14	897	98 351	1 535.021	10.976
16.00~16.99	3	99	834	25.273	34	897	98 351	3 727.909	6.779
17.00~17.99	5	99	834	42.121	26	897	98 351	2 850.754	14.775
18.00~18.99	0	99	834	0.000	2	897	98 351	219.289	0.000
19.00~19.99	1	99	834	8.424	4	897	98 351	438.577	19.208
20.00~20.99	1	99	834	8.424	8	897	98 351	877.155	9.604
21.00~21.99	8	99	834	67.394	30	897	98 351	3 289.331	20.489
22.00~22.99	0	99	834	0.000	20	897	98 351	2 192.887	0.000
23.00~23.99	2	99	834	16.848	4	897	98 351	438.577	38.416
24.00~24.99	0	99	834	0.000	0	897	98 351	0.000	0.000
25.00~25.99	0	99	834	0.000	2	897	98 351	219.289	0.000
26.00~26.99	0	99	834	0.000	4	897	98 351	438.577	0.000
27.00~27.99	3	99	834	25.273	34	897	98 351	3 727.909	6.779
28.00~28.99	0	99	834	0.000	26	897	98 351	2 850.754	0.000

由表1-2-31可得，西北渔场大眼金枪鱼CPUE较高（6.705尾/千钩以上）的水温段（理论）有两个，即10~17.99℃和19~23.99℃，大眼金枪鱼CPUE最高（38.416尾/千钩）的水温段（理论）为23~23.99℃。

西南渔场大眼金枪鱼CPUE与水温（理论）的关系见表1-2-32。

表 1-2-32　西南渔场大眼金枪鱼 CPUE 与水温（理论）的关系

水温段/℃	N_{S2}/尾	N_S/尾	N/尾	N_{2j}/尾	H_{S2j}/枚	H_S/枚	H/枚	H_{2j}/枚	$CPUE_{2j}$/(尾/千钩)
10.00~10.99	9	27	49	16.333	30	155	17 044	3 298.839	4.951
11.00~11.99	5	27	49	9.074	38	155	17 044	4 178.529	2.172
12.00~12.99	4	27	49	7.259	23	155	17 044	2 529.110	2.870
13.00~13.99	4	27	49	7.259	16	155	17 044	1 759.381	4.126
14.00~14.99	2	27	49	3.630	6	155	17 044	659.768	5.501
15.00~15.99	3	27	49	5.444	12	155	17 044	1 319.535	4.126
16.00~16.99	0	27	49	0.000	0	155	17 044	0.000	0.000
17.00~17.99	0	27	49	0.000	0	155	17 044	0.000	0.000
18.00~18.99	0	27	49	0.000	0	155	17 044	0.000	0.000
19.00~19.99	0	27	49	0.000	10	155	17 044	1 099.613	0.000
20.00~20.99	0	27	49	0.000	4	155	17 044	439.845	0.000
21.00~21.99	0	27	49	0.000	2	155	17 044	219.923	0.000
22.00~22.99	0	27	49	0.000	2	155	17 044	219.923	0.000
23.00~23.99	0	27	49	0.000	0	155	17 044	0.000	0.000
24.00~24.99	0	27	49	0.000	6	155	17 044	659.768	0.000
25.00~25.99	0	27	49	0.000	2	155	17 044	219.923	0.000
26.00~26.99	0	27	49	0.000	4	155	17 044	439.845	0.000

由表 1-2-32 可得，西南渔场大眼金枪鱼 CPUE 较高（2.172 尾/千钩以上）的水温段（理论），为 10~15.99℃，大眼金枪鱼 CPUE 最高（5.501 尾/千钩）的水温段（理论）为 14~14.99℃。

2.4.1.3　大眼金枪鱼 CPUE 与盐度（理论）的关系

西北、西南两个渔场综合的、各自的大眼金枪鱼 CPUE 与盐度（理论）的关系分别见表 1-2-33~表 1-2-35。

表 1-2-33　西北、西南两个渔场大眼金枪鱼 CPUE 与盐度（理论）的关系

盐度段	N_{S3}/尾	N_S/尾	N/尾	N_{3j}/尾	H_{S3j}/枚	H_S/枚	H/枚	H_{3j}/枚	$CPUE_{3j}$/(尾/千钩)
35.00~35.09	10	126	883	70.079	78	1 052	115 395	8 555.903	8.191
35.10~35.19	82	126	883	574.651	685	1 052	115 395	75 138.379	7.648
35.20~35.29	18	126	883	126.143	144	1 052	115 395	15 795.513	7.986
35.30~35.39	6	126	883	42.048	55	1 052	115 395	6 033.009	6.970
35.40~35.49	8	126	883	56.063	40	1 052	115 395	4 387.643	12.778
35.50~35.59	1	126	883	7.008	30	1 052	115 395	3 290.732	2.130
35.60~35.69	0	126	883	0.000	10	1 052	115 395	1 096.911	0.000
35.70~35.79	1	126	883	7.008	4	1 052	115 395	438.764	15.972
35.80~35.89	0	126	883	0.000	4	1 052	115 395	438.764	0.000
35.90~35.99	0	126	883	0.000	2	1 052	115 395	219.382	0.000

由表 1-2-33 可得,西北、西南渔场大眼金枪鱼 CPUE 较高（6.970 尾/千钩以上）的盐度段（理论）为 35.00~35.49,大眼金枪鱼 CPUE 最高（12.778 尾/千钩）的盐度段（理论）为 35.40~35.49。因 35.70~35.79 取样得到的尾数只有 1 尾,有较大的特殊性,故对于这一尾鱼不作进一步的分析。

表 1-2-34　西北渔场大眼金枪鱼 CPUE 与盐度（理论）的关系

盐度段	N_{S3j}/尾	N_S/尾	N/尾	N_{3j}/尾	H_{S3j}/枚	H_S/枚	H/枚	H_{3j}/枚	$CPUE_{3j}$/(尾/千钩)
35.00~35.09	0	99	834	0.000	2	906	98 351	217.110	0.000
35.10~35.19	71	99	834	598.121	651	906	98 351	70 669.427	8.464
35.20~35.29	14	99	834	117.939	128	906	98 351	13 895.064	8.488
35.30~35.39	4	99	834	33.697	39	906	98 351	4 233.652	7.959
35.40~35.49	8	99	834	67.394	37	906	98 351	4 016.542	16.779
35.50~35.59	1	99	834	8.424	29	906	98 351	3 148.100	2.676
35.60~35.69	0	99	834	0.000	10	906	98 351	1 085.552	0.000
35.70~35.79	1	99	834	8.424	4	906	98 351	434.221	19.401
35.80~35.89	0	99	834	0.000	4	906	98 351	434.221	0.000
35.90~35.99	0	99	834	0.000	2	906	98 351	217.110	0.000

由表 1-2-34 可得,西北渔场大眼金枪鱼 CPUE 较高（7.959 尾/千钩以上）的盐度段（理论）为 35.10~35.49,大眼金枪鱼 CPUE 最高（16.779 尾/千钩）的盐度段（理论）为 35.40~35.49。因 35.70~35.79 取样得到的尾数只有 1 尾,有较大的特殊性,故对于这一尾鱼不作进一步的分析。

表 1-2-35　西南渔场大眼金枪鱼 CPUE 与盐度（理论）的关系

盐度段	N_{S3j}/尾	N_S/尾	N/尾	N_{3j}/尾	H_{S3j}/枚	H_S/枚	H/枚	H_{3j}/枚	$CPUE_{3j}$/(尾/千钩)
35.00~35.09	10	27	49	18.148	74	146	17 044	8 638.740	2.101
35.10~35.19	11	27	49	19.963	37	146	17 044	4 319.370	4.622
35.20~35.29	4	27	49	7.259	16	146	17 044	1 867.836	3.886
35.30~35.39	2	27	49	3.630	15	146	17 044	1 751.096	2.073
35.40~35.49	0	27	49	0.000	4	146	17 044	466.959	0.000

由表 1-2-35 可得,西南渔场大眼金枪鱼 CPUE 较高（2.073 尾/千钩以上）的盐度段（理论）为 35.00~35.39,大眼金枪鱼 CPUE 最高（4.622 尾/千钩）的盐度段（理论）为 35.10~35.19。

2.4.2　用实测的大眼金枪鱼（死鱼）的体温估计其钓获时所处的深度、盐度和水温

用实测的大眼金枪鱼（死鱼）的体温估计其钓获时所处的深度、盐度和水温的（共 34 尾）结果见图 1-2-54 和图 1-2-55。

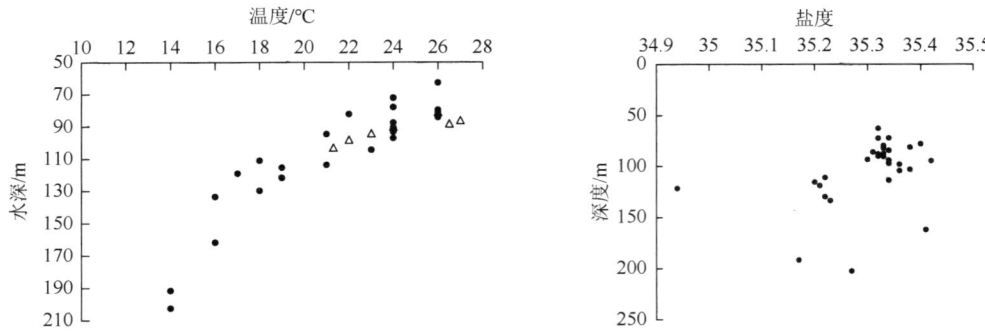

图 1-2-54 大眼金枪鱼钓获时所处的深度和水温　　图 1-2-55 大眼金枪鱼钓获时所处的深度和盐度

从图 1-2-54 和图 1-2-55 得出，大眼金枪鱼钓获时所处的水深为 63~203m，主要集中在 63~134m；钓获时所处的水温为 14~27℃，主要集中在 16~27℃；钓获时所处的盐度为 34.94~35.42，主要集中在 35.3~35.42。

2.4.3 黄鳍金枪鱼的理论栖息水深、水温和盐度

调查期间，共记录了 62 尾黄鳍金枪鱼的上钩钩号，因此分析黄鳍金枪鱼 CPUE 与水层的关系时，只能使用这 62 尾记录上钩钩号的黄鳍金枪鱼。

整个调查期间黄鳍金枪鱼 CPUE 与水深的关系见表 1-2-36。

表 1-2-36　整个调查期间黄鳍金枪鱼 CPUE 与水深的关系

水层/m	N_{S1j}/尾	N_S/尾	N/尾	N_{1j}/尾	H_{S1j}/枚	H_S/枚	H/枚	H_{1j}/枚	$CPUE_{1j}$/(尾/千钩)
60~79.9	9	62	335	48.629	172	2 829	325 835	19 810.399	2.455
80~99.9	3	62	335	16.210	86	2 829	325 835	9 905.200	1.636
100~119.9	10	62	335	54.032	208	2 829	325 835	23 956.762	2.255
120~139.9	6	62	335	32.419	118	2 829	325 835	13 590.855	2.385
140~159.9	7	62	335	37.823	160	2 829	325 835	18 428.279	2.052
160~179.9	4	62	335	21.613	171	2 829	325 835	19 695.223	1.097
180~199.9	4	62	335	21.613	163	2 829	325 835	18 773.809	1.151
200~219.9	5	62	335	27.016	201	2 829	325 835	23 150.525	1.167
220~239.9	2	62	335	10.806	164	2 829	325 835	18 888.986	0.572
240~259.9	5	62	335	27.016	201	2 829	325 835	23 150.525	1.167
260~279.9	2	62	335	10.806	202	2 829	325 835	23 265.702	0.464
280~299.9	0	62	335	0.000	179	2 829	325 835	20 616.637	0.000
300~319.9	2	62	335	10.806	193	2 829	325 835	22 229.111	0.486
320~339.9	3	62	335	16.210	156	2 829	325 835	17 967.572	0.902
340~359.9	0	62	335	0.000	147	2 829	325 835	16 930.981	0.000
360~379.9	0	62	335	0.000	123	2 829	325 835	14 166.739	0.000
380~399.9	0	62	335	0.000	125	2 829	325 835	14 397.093	0.000
400~419.5	0	62	335	0.000	60	2 829	325 835	6 910.604	0.000

从表 1-2-36 中可得出，黄鳍金枪鱼 CPUE 较高（1.636 尾/千钩以上）的水层为 60～159.9m，黄鳍金枪鱼 CPUE 最高（2.455 尾/千钩）的水层为 60～79.9m。

西北渔场黄鳍金枪鱼 CPUE 与水深的关系见表 1-2-37。

表 1-2-37　西北渔场黄鳍金枪鱼 CPUE 与水深的关系

水层/m	N_{S1j}/尾	N_S/尾	N/尾	N_{1j}/尾	H_{S1j}/枚	H_S/枚	H/枚	H_{1j}/枚	$CPUE_{1j}$/(尾/千钩)
60～79.9	6	15	155	62.000	106	1 390	151 801	11 576.191	5.356
80～99.9	0	15	155	0.000	0	1 390	151 801	0.000	0.000
100～119.9	2	15	155	20.667	106	1 390	151 801	11 576.191	1.785
120～139.9	1	15	155	10.333	42	1 390	151 801	4 586.793	2.253
140～159.9	2	15	155	20.667	64	1 390	151 801	6 989.399	2.957
160～179.9	0	15	155	0.000	78	1 390	151 801	8 518.329	0.000
180～199.9	2	15	155	20.667	50	1 390	151 801	5 460.468	3.785
200～219.9	0	15	155	0.000	84	1 390	151 801	9 173.586	0.000
220～239.9	0	15	155	0.000	54	1 390	151 801	5 897.305	0.000
240～259.9	0	15	155	0.000	84	1 390	151 801	9 173.586	0.000
260～279.9	0	15	155	0.000	94	1 390	151 801	10 265.679	0.000
280～299.9	0	15	155	0.000	70	1 390	151 801	7 644.655	0.000
300～319.9	1	15	155	10.333	106	1 390	151 801	11 576.191	0.893
320～339.9	1	15	155	10.333	113	1 390	151 801	12 340.657	0.837
340～359.9	0	15	155	0.000	94	1 390	151 801	10 265.679	0.000
360～379.9	0	15	155	0.000	86	1 390	151 801	9 392.004	0.000
380～399.9	0	15	155	0.000	97	1 390	151 801	10 593.307	0.000
400～419.5	0	15	155	0.000	35	1 390	151 801	3 822.327	0.000
420～439.5	0	15	155	0.000	8	1 390	151 801	873.675	0.000

从表 1-2-37 中可得出，西北渔场黄鳍金枪鱼 CPUE 较高（1.785 尾/千钩以上）的水层为 60～199.9m，黄鳍金枪鱼 CPUE 最高（5.356 尾/千钩）的水层为 60～79.9m。

西南渔场黄鳍金枪鱼 CPUE 与水深的关系见表 1-2-38。

表 1-2-38　西南渔场黄鳍金枪鱼 CPUE 与水深的关系

水层/m	N_{S1j}/尾	N_S/尾	N/尾	N_{1j}/尾	H_{S1j}/枚	H_S/枚	H/枚	H_{1j}/枚	$CPUE_{1j}$/(尾/千钩)
60～79.9	2	28	127	9.071	36	965	112 698	4 204.278	2.158
80～99.9	1	28	127	4.536	54	965	112 698	6 306.417	0.719
100～119.9	4	28	127	18.143	60	965	112 698	7 007.130	2.589
120～139.9	4	28	127	18.143	50	965	112 698	5 839.275	3.107
140～159.9	2	28	127	9.071	52	965	112 698	6 072.846	1.494
160～179.9	2	28	127	9.071	58	965	112 698	6 773.559	1.339

续表

水层/m	N_{S1j}/尾	N_S/尾	N/尾	N_{1j}/尾	H_{S1j}/枚	H_S/枚	H/枚	H_{1j}/枚	$CPUE_{1j}$/(尾/千钩)
180~199.9	1	28	127	4.536	69	965	112 698	8 058.199	0.563
200~219.9	3	28	127	13.607	71	965	112 698	8 291.770	1.641
220~239.9	2	28	127	9.071	57	965	112 698	6 656.773	1.363
240~259.9	5	28	127	22.679	72	965	112 698	8 408.555	2.697
260~279.9	1	28	127	4.536	70	965	112 698	8 174.984	0.555
280~299.9	0	28	127	0.000	74	965	112 698	8 642.126	0.000
300~319.9	1	28	127	4.536	51	965	112 698	5 956.060	0.762
320~339.9	0	28	127	0.000	37	965	112 698	4 321.063	0.000
340~359.9	0	28	127	0.000	51	965	112 698	5 956.060	0.000
360~379.9	0	28	127	0.000	38	965	112 698	4 437.849	0.000
380~399.9	0	28	127	0.000	24	965	112 698	2 802.852	0.000
400~419.5	0	28	127	0.000	25	965	112 698	2 919.637	0.000
420~439.5	0	28	127	0.000	16	965	112 698	1 868.568	0.000

从表 1-2-38 中可得出，西南渔场黄鳍金枪鱼 CPUE 较高（0.563 尾/千钩以上）的水层为 60~259.9m，黄鳍金枪鱼 CPUE 最高（3.107 尾/千钩）的水层为 120~139.9m。

2.4.4 用实测的黄鳍金枪鱼（死鱼）的体温估计其钓获时所处的深度、盐度和水温

用实测的黄鳍金枪鱼（死鱼）的体温估计其钓获时所处的深度、盐度和水温（共 7 尾）的结果见图 1-2-56 和图 1-2-57。

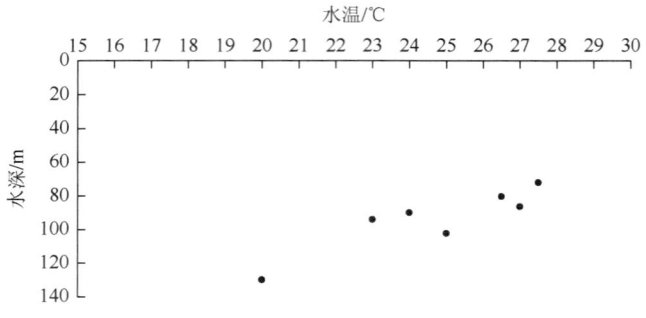

图 1-2-56　黄鳍金枪鱼钓获时的水深和水温

从图 1-2-56 和图 1-2-57 得出，黄鳍金枪鱼钓获时所处的水深为 72~130m，主要集中在 72~102m；钓获时所处的水温为 20~27.5℃，主要集中在 23~27.5℃；钓获时所处的盐度为 35.3~35.55，主要集中在 35.3~35.36。

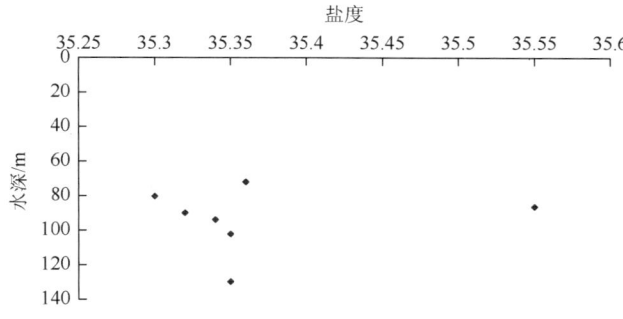

图 1-2-57　黄鳍金枪鱼钓获时的水深和盐度

3　结论与讨论

3.1　生物学

3.1.1　大眼金枪鱼

通过上述有关大眼金枪鱼的叉长分布、成熟度、摄食种类、摄食等级等生物学的研究得出如下结论。

1）西北渔场（航次5~9）2~4月估计是一索饵育肥场；西部渔场（包括航次1）和东部渔场（航次4）12月、2月，以及西南渔场（包括航次2、3、10、11）5~6月估计为向产卵场洄游的过路渔场。

2）大眼金枪鱼胃含物中鱿鱼的出现频率大于沙丁鱼的出现频率，且随着叉长的增加，鱿鱼的出现频率也有增加的趋势，沙丁鱼的出现频率变化不大，趋势不明显。由此可见，马尔代夫海域渔场多使用鱿鱼可提高大眼金枪鱼上钩率，因为渔场环境中本身的鱿鱼较多，隐蔽性更好，更容易钓获大眼金枪鱼。

3）大眼金枪鱼捕捞到甲板上时以活鱼为主，占83%~85%，且从观察结果来看，这些活鱼大部分是刚上钩不久被捕获的，是在钓具的绞动过程中，在钓具抖动时上钩的。这一方面说明了投绳的时间和起绳的时间存在一定的问题，主要是目前的作息时间，21：00~03：00投绳，错过了大眼金枪鱼在进食时（06：00~08：00）钓具抖动引诱上钩的机会，而在18：00~20：00大眼金枪鱼大量进食时，大部分的钓具已起到甲板上了（具体调整见本篇"3.5.2 渔法的改进"）；另一方面也反映出本次调查所用的钓具有利于保证渔获物的鲜度，提高其售价。

3.1.2　黄鳍金枪鱼

通过上述有关黄鳍金枪鱼的叉长分布、成熟度、摄食种类、摄食等级等生物学的研究得出如下内容。

1）西部渔场（包括航次1）12月估计为向产卵场洄游的过路渔场；西南渔场（包括航次2、3、10、11）1月和5月估计为向产卵场洄游的过路渔场；西北渔场（航次5~9）随着时间的推移高成熟度个体所占比例越来越高，估计是一索饵育肥场。

2）黄鳍金枪鱼胃含物中鱿鱼的出现频率大于沙丁鱼的出现频率，叉长较小的鱼，沙丁鱼的出现频率相对较高，且随着叉长的增加，鱿鱼的出现频率有增加的趋势，沙丁鱼的出现频率有下降的趋势。由此可见，马尔代夫海域渔场多使用鱿鱼可提高黄鳍金枪鱼上钩率，因为渔场环境中本身的鱿鱼较多，隐蔽性更好，更容易钓获黄鳍金枪鱼。

3）黄鳍金枪鱼捕捞到甲板上时以活鱼为主，占81%～87%。并从观察结果来看，这些鱼大部分是刚上钩不久被捕获的，是在钓具的绞动过程中，在钓具抖动时上钩的。这一方面说明了投绳的时间和起绳的时间存在一定的问题；另一方面也反映出本次调查所用的钓具有利于保证渔获物的鲜度，提高其售价。

3.2 钓钩实际深度与理论深度的关系

由于测定的钓钩实际深度与钓具的结构和重量有非常密切的关系，因此，本次回归得出的 4 个渔场的实际平均深度($\bar{D}$)与理论深度(D_T)、风速、风向、钓具漂移速度、钓具漂移方向、风流合压角、风舷角之间的关系，只适用于本次调查所用的钓具，钓具的结构和重量如发生变化，其关系也会发生变化，这有待今后进一步调查研究。

3.3 大眼金枪鱼渔场形成机制

由于用 CTD 测定的时间仅为 2004 年 3 月 16 日至 6 月 6 日，因此，分析大眼金枪鱼渔场形成机制时，只能使用这段时间的水深 0～350m 的水温和盐度数据并结合其他测定的环境数据进行，其他时间也只能分析渔场形成与表温、钓具的漂移速度和漂移方向、风流合压角、风速、风向、风舷角间的关系。

从大眼金枪鱼渔场形成机制的研究结果可得出：在没有 CTD 数据的情况下，8 个航次（航次 1～6；航次 10～11）与大眼金枪鱼 CPUE 关系最密切的前 2 个因子中（共 7 个因子），风向没有出现过；风舷角、钓具漂移方向各出现 2 次；而其他 4 个因子各出现 3 次，由此，大眼金枪鱼渔场的形成与表温、风速、风流合压角有较大的关系。

对于利用 CTD 数据进行分析的航次（航次 7～9），与大眼金枪鱼 CPUE 关系最密切的前 6 个因子中，T_0、T_{100} 各出现 3 次，S_{50}、S_{100}、γ 各出现 2 次，S_{150}、C_g、Q_w、V_g、V_w、T_{50} 各出现 1 次。由此，大眼金枪鱼渔场的形成与 T_0、T_{100} 关系最大，其次与 S_{50}、S_{100}、γ 有较大的关系。

大眼金枪鱼渔场的形成涉及的因素较多，有生物的和非生物的，每个渔场都有自己的特点，并随时间的变化而发生变化，这里得出的结论是初步的，有待今后进一步研究和验证。

3.4 大眼（黄鳍）金枪鱼的栖息水层、水温、盐度

3.4.1 大眼金枪鱼

整个调查期间，大眼金枪鱼 CPUE 较高（6.456 尾/千钩以上）的水层（理论）为 100～

259.9m，大眼金枪鱼 CPUE 最高（9.329 尾/千钩）的水层（理论）为 200～219.9m。

西北和西南两个渔场大眼金枪鱼 CPUE 较高（5.324 尾/千钩以上）的水温段（理论）有两个，即 10～17.9℃和 20～23.9℃，大眼金枪鱼 CPUE 最高（15.972 尾/千钩）的水温段（理论）为 21～21.9℃或 23～23.9℃。

西北、西南渔场大眼金枪鱼 CPUE 较高（6.970 尾/千钩以上）的盐度段（理论），为 35.00～35.49，大眼金枪鱼 CPUE 最高（12.778 尾/千钩）的盐度段（理论）为 35.40～35.49。

用实测的大眼金枪鱼（死鱼）的体温估计其钓获时所处的深度、盐度和水温的结果表明：大眼金枪鱼捕获时所处的水深为 63～203m（温跃层的水深范围为 55～200m），主要集中在 63～134m，即大部分是在温跃层中捕获的；捕获时所处的水温为 14～27℃（温跃层的范围为 13.5～30.3℃），主要集中在 16～27℃，即大部分是在温跃层中捕获的；捕获时所处的盐度为 34.94～35.42（盐跃层范围为 34.4～35.6），主要集中在 35.3～35.42，即大部分是在盐跃层中捕获的。

今后在实际生产中应尽可能把钓钩投放到大眼金枪鱼 CPUE 较高的水层（理论，即 100～259.9m）、水温段（理论，即 10～17.9℃和 20～23.9℃）、盐度段（理论，即 35.00～35.49）。

用实测的大眼金枪鱼（死鱼）的体温估计其钓获时所处的深度、盐度和水温所得到的结果能反映大眼金枪鱼捕获时的实际深度、盐度和水温，因为，本次调查中，所用的渔具较轻，在风和流的影响下，钓钩的实际深度较理论深度要浅得多（60.0%），把大眼金枪鱼 CPUE 最高的水层（理论）按照 60.0%的短浅率进行换算，得出的结论（大眼金枪鱼 CPUE 最高的水层为 120～132m）基本与用实测的大眼金枪鱼（死鱼）的体温估计得出的其钓获时所处的深度（63～134m）一致。

上述结论是在本次调查的基础上得出的，符合调查期间的条件时才适用。实测的死鱼的尾数较少（34 尾），今后应进一步研究其他条件下的情况，特别是钓具改进以后，更应作进一步的研究。

3.4.2 黄鳍金枪鱼

黄鳍金枪鱼 CPUE 较高（1.636 尾/千钩以上）的水层为 60～159.9m，黄鳍金枪鱼 CPUE 最高（2.45 尾/千钩）的水层为 60～79.9m。

用实测的黄鳍金枪鱼（死鱼）的体温估计其钓获时所处的深度、盐度和水温的结果表明：黄鳍金枪鱼捕获时所处的水深为 72～130m（温跃层的水深范围为 55～200m），主要集中在 72～102m，即大部分是在温跃层中的上部捕获的；捕获时所处的水温为 20～27.5℃（温跃层的范围为 13.5～30.3℃），主要集中在 23～27.5℃，即大部分是在温跃层中的上部捕获的；捕获时所处的盐度为 35.3～35.55（盐跃层范围为 34.4～35.6），主要集中在 35.3～35.36，即大部分是在盐跃层中捕获的。

同样，用实测的黄鳍金枪鱼（死鱼）的体温估计其钓获时所处的深度、盐度和水温所得到的结果能反映黄鳍金枪鱼捕获时的实际深度、盐度和水温，把黄鳍金枪鱼 CPUE 最高的水层（理论）按照 60.0%的短浅率进行换算，得出的结论（黄鳍金枪鱼 CPUE 最高的水层为 72～84m）基本与用实测的黄鳍金枪鱼（死鱼）的体温估计得出的其钓获时所处的深度（72～102m）一致。

上述结论是在本次调查的基础上得出的，符合调查期间的条件时才适用。实测的死鱼的尾数较少（7 尾），今后应进一步研究其他条件下的情况，特别是钓具改进以后，更应作进一步的研究。

3.5 渔具渔法的改进

通过本次调查得出，短浅率(R_d)普遍较小，一般情况下（钓具漂移速度不是太大），R_d 为 50%～60%，即钓钩深度的损失在 40%～50%；实际生产中，上钩率不是太理想；综合分析在海上调查期间得到的他船的渔具及与在马绍尔群岛基地生产的"华远渔 11"和"华远渔 12"的钓具、海况和生产情况进行比较，在马尔代夫海域渔场由于钓具受海流和风的影响比马绍尔海域的要大得多，认为本次调查所用的渔具太轻，是钓钩深度变浅、影响上钩率的主要原因之一，因此，有必要对渔具进行改进。

3.5.1 渔具的改进

3.5.1.1 浮子绳加重

在浮子绳与干线连接的两个挂扣的上方 0.5m 处加上一重量为 300g 左右的铅块，以减少由风的作用而使浮子绳的深度变浅。

3.5.1.2 支线改进

1）支线加长到 20～21m（马绍尔群岛生产最好的一艘大滚筒渔船所用的支线长为 21m），即在原来支线的第一段（长 1m）与第二段（长 16m，180$^\#$尼龙单丝）间加上一根直径为 2.7mm，长为 2～3m 的尼龙编织包铅绳（俗称包芯线），最后一段为 1m 长的钢丝（如不在鲨鱼多的海区作业，可不用该钢丝，钓钩直接装在单丝上），新的支线按顺序分为 4 段。

2）支线与干线连接的挂扣采用带有铅转环的挂扣。

3）支线与干线连接的挂扣绳上穿上一重量为 150g 的铅块或采用日本产的直径在 10mm 左右的尼龙编织包铅绳（粗包芯绳，目前日本船都在用）作为支线的第一段（长 1m）。

4）新支线的第一段与第二段间用一 2$^\#$或 3$^\#$的箱型双转环。

5）新支线的第二段与第三段间用一 75g 的包铅双转环。

6）钓钩上面挂一 7.5g 的铅块，并用 L 形橡胶荧光套管将其套起来。

3.5.2 渔法的改进

渔法的改进包括作息时间的调整及作业参数的调整。

3.5.2.1 作息时间的调整

马绍尔群岛基地所有的渔船，从 2004 年 4 月开始，作业时间都做了如下的调整，即当地时间 04：00 左右开始投绳，一直持续到 10：00 左右，16：00 左右开始起绳，一直持续到 03：00 左右。作业时间调整以后，所有的渔船产量都有明显的提高，一般的水泥船一个航次（11~13天）平均产量为4t左右（能够空运至日本的为3~3.5t）；而最好的大滚筒船一个航次（11~13天）平均产量为6.5~7t（最高达8.5t），"华远渔11"和"华远渔12"的一个航次（11~13天）平均产量为6.5t左右（能够空运至日本的为6t左右），因此建议对于马尔代夫海域渔场的作业时间也应作相应的调整，即早上投绳，下午起绳。

作业时间进行调整的根据是生产作业要根据金枪鱼的行为：金枪鱼在早上（05：00~08：00）和晚上（17：00~20：00）捕食非常积极，这是由于浮游生物随着光照强度的变化，相应做垂直运动，小鱼吃浮游生物，鱿鱼（沙丁鱼）吃小鱼，金枪鱼吃鱿鱼（沙丁鱼），早上投绳，饵料下沉，诱引的效果较好；下午起绳，部分饵料也在作相应的抖动，同样，诱引的效果较好。金枪鱼白天在水深100~400m处停留的时间较长，而夜里在表层至水深100m之间停留的时间较长，大滚筒为深水作业，因此，白天应尽量使钓钩停留在100~400m。如果按照目前的作息时间（20：00~02：00投绳，08：00~19：00起绳），一方面错过了金枪鱼的二次捕食高峰，而且钓钩停留在水深100~400m处的时间也较短；另一方面鱼在浅水时，钓钩却在深水处，当鱼游到深水时，又开始起绳了。

据上述分析，目前马尔代夫海域船队的作息时间是影响上钩率（CPUE）的原因之一。

3.5.2.2 作业参数的调整

在钓具和作息时间做了上述调整的基础上，作业参数按照如下设计。

（1）西北和西部渔场

浮子绳长32m、船速8节、出绳速度11节、两钓钩间的时间间隔为7s、两浮子间的钓钩数为25枚。共投放钓钩3000~3100枚。

1~13号钓钩的理论深度见表1-3-1。

表1-3-1 1~13号钓钩的理论深度及考虑风、流影响后的深度

钩号	1	2	3	4	5	6	7	8	9	10	11	12	13
理论深度/m	88	122	156	188	220	249	277	302	325	343	357	366	369
$R_d = 80\%$的深度/m	70	98	125	150	176	199	222	242	260	274	286	293	295

对大眼金枪鱼CPUE与水深的关系的分析可以得出：西北渔场大眼金枪鱼CPUE较高（5.760尾/千钩以上）的水层为100~379.9m，大眼金枪鱼CPUE最高（17.999尾/千钩）的水层为200~219.9m。

本研究认为表1-3-1的深度（最大理论深度为369m，接近较高大眼金枪鱼CPUE的最深水层380m，$R_d = 80\%$时，最深的钓钩深度为295m）较为合理。

（2）西南渔场

浮子绳长32m、船速7.5节、出绳速度11节、两钓钩间的时间间隔为7.5s、两浮子间的钓钩数为25枚。共投放钓钩2800~2900枚。

1~13号钓钩的理论深度见表1-3-2。

表 1-3-2　1～13 号钓钩的理论深度及考虑风、流影响后的深度

钩号	1	2	3	4	5	6	7	8	9	10	11	12	13
理论深度/m	92	130	167	204	239	273	305	335	361	384	401	412	416
$R_d = 70\%$的深度/m	64	91	117	143	167	191	214	235	253	269	281	288	291

对大眼金枪鱼 CPUE 与水深的关系的分析可以得出：西南渔场大眼金枪鱼 CPUE 较高的水层有两个，即 100～259.9m 和 360～419.9m，大眼金枪鱼 CPUE 最高（5.872 尾/千钩）的水层为 380～399.9m。

本研究认为表 1-3-2 的深度（最大理论深度为 416m，接近较高大眼金枪鱼 CPUE 的最深水层 420m，$R_d = 70\%$时，最深的钓钩深度为 291m）较为合理。

参 考 文 献

[1]　齊藤昭二. マグロの遊泳層と延縄漁法. 東京：成山堂書屋，1992：9～10.
[2]　苏敏邦，徐夕水，翁广河，等. 大型统计分析软件 STATISTICA For Windows 专家案例.《计算机与农业》编辑部，1999：41～46.

第二篇

印度洋中部公海水域冷海水金枪鱼延绳钓渔船捕捞技术研究

广东省广远渔业集团有限公司和上海海洋大学联合组成的项目调查小组根据农业部（现称农业农村部）渔业局（现称渔业渔政管理局）远洋渔业处批准的《印度洋中部公海水域金枪鱼资源探捕 项目实施方案》，于2005年9月3日正式开始对印度洋中部公海水域金枪鱼资源进行海上探捕调查，于2005年12月14日结束海上探捕调查，历时105天（5个航次），共对90个站点的不同水深的水温、盐度、叶绿素浓度和溶解氧含量、三维海流和浮游生物等渔场环境参数进行了测定；通过微型温度深度计（TDR-2050）测定钓钩的实际深度；进行了渔具渔法的交叉比较试验；对主要鱼种的生物学参数进行了测定；开展了不同饵料对上钩率的影响的对比试验；对于生产数据进行了统计等。现总结如下，供今后生产中参考。

1 材料与方法

1.1 材料

1.1.1 调查船

执行本次海上调查任务的渔船为玻璃钢大滚筒冷海水金枪鱼延绳钓渔船"华远渔18"和"华远渔19"，两艘船主要的船舶参数如下：总长26.12m；型宽6.05m；型深2.70m；总吨150.00t；净吨45.00t；主机功率407.00kW。

1.1.2 调查时间、调查海区

两艘探捕船5个航次探捕调查的时间、探捕范围、探捕站点等见表2-1-1和图2-1-1。

表 2-1-1 两艘探捕船的探捕时间和范围

船号	航次	探捕时间（2005年）	探捕范围	
18	1	9.15～25	0°47′N～3°07′N	62°03′E～69°05′E
	2	10.5～13	6°47′N～9°03′N	63°53′E～70°23′E
	3	10.23 至 11.6	2°58′N～5°14′N	62°01′E～68°53′E
	4	11.19～27	6°37′N～7°01′N	62°01′E～69°42′E
	5	12.6～12	5°02′N～6°36′N	68°08′E～69°05′E

续表

船号	航次	探捕时间（2005年）	探捕范围	
19	1	9.13~23	1°34′N~4°20′N	61°53′E~68°59′E
	2	10.5~13	6°32′N~10°16′N	62°59′E~70°40′E
	3	10.22 至 11.8	3°48′N~6°37′N	61°40′E~69°29′E
	4	11.19~26	7°51′N~8°06′N	61°58′E~69°00′E
	5	12.6~12	5°26′N~6°58′N	68°38′E~70°29′E

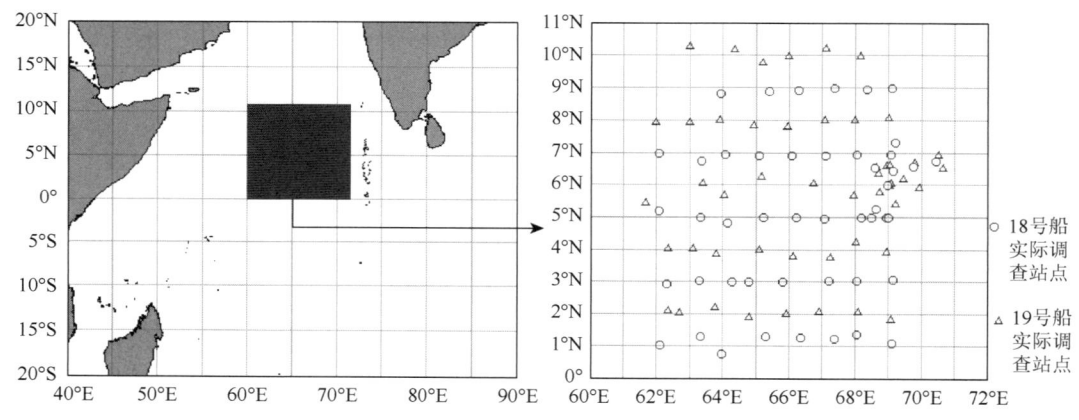

图 2-1-1　2005 年探捕调查区域和站点

1.1.3　调查的渔具与渔法

1.1.3.1　调查的渔具

本次调查船上所用的钓具结构为：浮子直径为 360mm；浮子绳直径为 6mm，长 22m；干线直径为 3.6mm；支线第一段为直径 3mm 的硬质聚丙烯，长 0.8m（加上夹子长 1m）左右；第二段为 180$^{\#}$（直径为 1.8mm）的尼龙单丝，长 14m；第三段为直径 1.2mm 的钢丝，长 1m；第一段直接与第二段连接，无转环；第二段与第三段间用一较大的转环相连接；第三段直接与钓钩连接，不用猫眼。

两艘船试验用的钓具按照表 2-1-2 所列的 16 种组合进行装配，第一段与第二段用 4 种带铅转环连接，在钓钩上方加两种重量的沉铅，部分在钓钩上方装配塑料荧光管。

表 2-1-2　两艘船 16 种组合试验用钓具

试验号	重锤	带铅转环	沉铅	荧光管
1	1kg	75g	18.75g	有
2	1kg	60g	18.75g	有
3	1kg	45g	11.25g	无
4	1kg	10g	11.25g	无
5	2kg	75g	18.75g	无

续表

试验号	重锤	带铅转环	沉铅	荧光管
6	2kg	60g	18.75g	无
7	2kg	45g	11.25g	有
8	2kg	10g	11.25g	有
9	3kg	75g	11.25g	有
10	3kg	60g	11.25g	有
11	3kg	45g	18.75g	无
12	3kg	10g	18.75g	无
13	5kg	75g	11.25g	无
14	5kg	60g	11.25g	无
15	5kg	45g	18.75g	有
16	5kg	10g	18.75g	有

1.1.3.2 调查的渔法

调查期间，一般情况下，05:00～09:00 投绳，持续时间为 4h 左右；14:00～22:00 起绳，持续时间为 8h 左右；船长根据探捕调查站点位置决定当天投绳的位置。

投放船用钓具（正常作业，见图 2-1-2A）时，船速一般为 8～8.5 节、出绳速度一般为 11～11.5 节、两浮子间的钓钩数为 25 枚、两钓钩间的时间间隔为 8s。一般情况下，每船每天投放原船用钓钩 1000 枚左右。

投放试验钓具（试验作业，见图 2-1-2B）时，靠近浮子的第 1 枚钓钩空缺，第 2 枚钓钩换成 4 种不同重量的重锤，其他参数不变，试验钓钩每种 50 枚，每船 400 枚（18 号

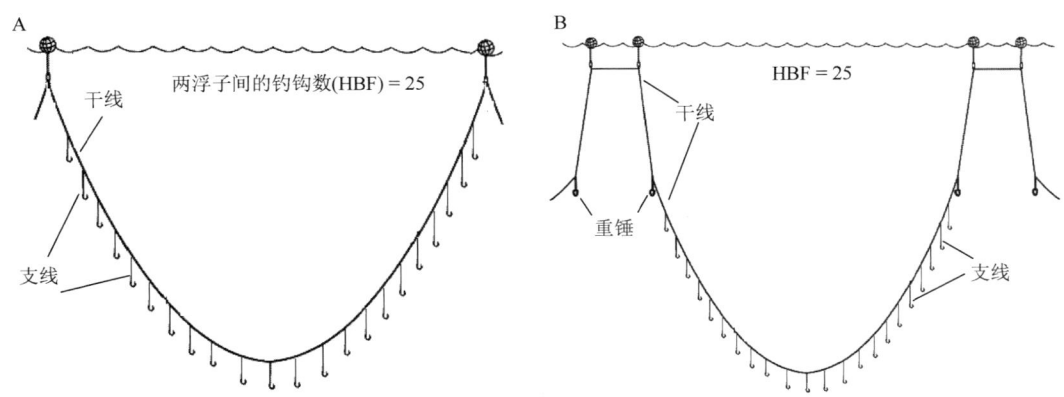

图 2-1-2 钓具结构及投放后在海水中的状态
A. 正常作业；B. 试验作业，以浮子间钓钩数 25 枚为例

船进行 1~8 组组合的试验、19 号船进行 9~16 组组合的试验）。另外，每船每天投放 100 枚防海龟误捕的圆形钩（以下简称防海龟钩）。

1.2　方法

1.2.1　调查方法

本次调查对设定的调查站点进行调查，记录了每天的投绳位置、投绳开始时间、起绳开始时间、投放的钓钩数、投绳时的船速和出绳速度、两钓钩间的时间间隔、两浮子间的钓钩数、大眼金枪鱼和黄鳍金枪鱼的渔获尾数，抽样记录了大眼金枪鱼和黄鳍金枪鱼的上钩的钩号、死活状态、上钩时的位置，抽样鉴定了其性别、性腺成熟度（根据我国海洋调查规范分为 1~6 级），鉴定了其摄食种类、摄食等级（根据我国海洋调查规范分为 0~4 级），用皮尺测定了主要金枪鱼鱼种（大眼金枪鱼和黄鳍金枪鱼）的叉长，用磅秤测定了主要金枪鱼鱼种（大眼金枪鱼和黄鳍金枪鱼）的加工后重（去鳃、去内脏重），用小的台秤测定了胃含物重（各摄食种类的重量），用微型温度深度计（TDR-2050）测定了部分钓钩在海水中的实际深度及其变化，用多功能水质仪（XR-620）、温盐深仪（SBE37SM）测定了部分调查站点的水深 0~350m 处的温度、盐度、溶解氧含量、叶绿素浓度的垂直变化曲线、用三维海流计（Aquadopp-2000）测定了部分调查站点的水深 0~350m 处的海流数据。

温度（T）、盐度（S）、溶解氧含量（DO）、叶绿素浓度（FIC）数据的测定方法：

通过计算机及其应用软件将利用多功能水质仪、温盐深仪测定的数据读出，存入计算机，记录好相应的测定位置，并取各所要分析的深度处的±5m 内的数据的算术平均值作为其数据。

风流合压角（γ）、钓具的漂移速度（V_g）的测定方法：

利用船上的 GPS 记录同一浮子投出和收进的位置，计算得出这一天的漂移方向、钓具漂移速度，再计算投绳时航程较长的航向与钓具漂移方向之间的夹角（小于 90°）——风流合压角。

三维海流 V_U、V_N、V_E 的测量方法：

用三维海流计测定，通过计算机把测得的数据读出，存入计算机，记录好相应的测定位置，并取各所要分析的深度处的±5m 内的数据的算术平均值作为对应深度的数据。

大眼金枪鱼的渔获率［CPUE（尾/千钩）］的测定方法：

观测每天的大眼金枪鱼的渔获尾数（N）及当天的实际下钩数（H），利用式（2-1-1）计算得出。

$$\text{CPUE} = \frac{N}{H} \times 1000 \tag{2-1-1}$$

1.2.2　数据处理方法

1.2.2.1　海洋环境研究

采用频率统计的方法，得出有关海洋环境的频度数据。

1.2.2.2 主要鱼种渔获量和上钩率分析

采用分航次频率统计的方法分析。

1.2.2.3 生物学研究

对于金枪鱼的生物学的研究采用统计与回归的方法，研究叉长（FL）与加工后重（W）的关系采用幂函数回归的方法，即 $W = a\mathrm{FL}^b$；研究加工后重（Y）与原条鱼重（X）的关系采用线性回归的方法，即 $Y = aX$。

性别、性腺成熟度、摄食种类、摄食等级等采用频率统计的方法，得出有关的频度数据。

1.2.2.4 钓钩实际深度与理论深度的关系

实际深度为微型温度深度计测定的部分钓钩在海水中的实际深度及其变化。

正常作业时，理论深度按照日本吉原有吉的深度计算公式[1]进行计算，根据钩号，按照理论深度计算方法计算得出该钩号的理论深度。即

$$D_j = h_a + h_b + l\left[\sqrt{1+\cot^2\varphi_0} - \sqrt{\left(1-\frac{2j}{n}\right)^2 + \cot^2\varphi_0}\right] \quad (2\text{-}1\text{-}2)$$

$$L = V_2 \times n \times t \quad (2\text{-}1\text{-}3)$$

$$l = \frac{V_1 \times n \times t}{2} \quad (2\text{-}1\text{-}4)$$

$$k = \frac{L}{2l} = \frac{V_2}{V_1} = \cot\varphi_0 \mathrm{sh}^{-1}(\tan\varphi_0) \quad (2\text{-}1\text{-}5)$$

式（2-1-2）~式（2-1-5）中，D_j 为理论深度；h_a 为支线长；h_b 为浮子绳长；l 为干线弧长的一半；φ_0 为干线支承点上切线与水平面的夹角，与短缩率（k）有关，作业中很难实测 φ_0，采用 k 来推出 φ_0；j 为两浮子之间自一侧计的钓钩编号，即钩号；n 为两浮子之间干线的分段数，即支线数加 1；L 为两浮子之间的海面上的距离；V_2 为船速；t 为投绳时前后两支线之间相隔的时间间隔；V_1 为投绳机出绳速度。

试验作业中，重锤的重量改变了干线在水中的形状（图 2-1-2B），由于未能测定挂重锤处的干线所在的深度，因此把浮子绳与干线连接处至重锤与干线连接处的干线长度（d_w）加上浮子绳长作为重锤与干线连接处所在的深度。

本次调查中，挂了 1kg、2kg、3kg、5kg 的重锤（空气中重），假定这些重锤所到达的深度与重量无关，则钓钩深度计算公式可表达为

$$D'_j = h_a + h_b + d_w + l\left[\sqrt{1+\cot^2\varphi_0} - \sqrt{\left(1-\frac{2j}{m}\right)^2 + \cot^2\varphi_0}\right] \quad (2\text{-}1\text{-}6)$$

L、l 和 k 的计算同式（2-1-3）~式（2-1-5）。其中，D'_j 表示试验作业时钓钩的深度（m），其他同式（2-1-2）~式（2-1-5）。

实际深度与理论深度的关系采用线性回归的方法，即把海流分为 3 个等级（0~0.3 节、0.4~0.7 节、0.8~1.5 节），重锤（水中重量）分为 5 种（0、0.5kg、1.0kg、1.5kg、2.5kg）情况进行分析，以利于渔民掌握。

实际深度与理论深度、海洋环境等的关系运用 SPSS 软件[2]，采用多元线性逐步回归的方法，得出拟合钓钩深度计算模型。由于实际深度与理论深度的关系与受到的海流的切变力和风力有关，而这两个力分别与钓具在海中的漂移速度的平方、风速的平方、漂移方向与投绳方向间夹角的正弦值和风向与投绳方向间夹角的正弦值有关，因此把实际深度与理论深度、漂移速度的平方、风速的平方、流向与投绳方向间夹角的正弦值和风向与投绳方向间夹角的正弦值进行多元回归。由于调查期间只有一艘渔船使用了三维海流计，因此，在拟合深度计算模型时，仅使用该船的有关数据，并把漂移速度、漂移方向与投绳方向间夹角换算成水深 0~300m 处的三维海流数据进行多元回归。

1.2.2.5 渔具渔法的比较试验

对调查期间船用钓钩、试验钓钩、防海龟钩的大眼金枪鱼和黄鳍金枪鱼及两种鱼合计的上钩率分海流等级（0~0.3 节、0.4~0.7 节、0.8~1.5 节），在不同的重锤下，采用统计的方法比较其上钩率情况。对于 16 种组合，哪种组合对提高大眼金枪鱼和黄鳍金枪鱼及两种鱼合计的上钩率效果最明显，采用正交试验的方法证明。分别统计两种饵料大眼金枪鱼和黄鳍金枪鱼的上钩率，进行对比研究。

1.2.2.6 大眼（黄鳍）金枪鱼的栖息环境

大眼（黄鳍）金枪鱼的栖息环境（包括栖息水层、水温、盐度、叶绿素浓度、溶解氧含量）的研究采用研究大眼（黄鳍）金枪鱼的渔获率（CPUE）与拟合深度、水温、盐度、叶绿素浓度、溶解氧含量的关系进行，具体方法如下。

水层：从 40.00m 到 400m，每 20m 为一层，分 18 层（仅使用 18 号船的数据及三维海流数据时，20m 到 460m，每 20m 为一层，分为 22 层）。

水温：从 10.00℃到 29℃，每 1℃为一段，分为 19 段。

盐度：从 34.80 到 36.80，每 0.10 为一段，分为 20 段（仅使用 18 号船的数据及三维海流数据时，从 35 到 36.5，每 0.10 为一段，分为 15 段）。

叶绿素浓度：0~0.1μg/L，每 0.01μg/L 为一段，分为 10 段，0.1μg/L 以上为一段，共 11 段。

溶解氧含量：0.5~4.0mg/L，每 0.5mg/L 为一段，共 7 段（仅使用 18 号船的数据及三维海流数据时，0.5~6.5mg/L，每 0.5mg/L 为一段，共 12 段）。

X 向海流：–0.9~0.5m/s，每 0.1m/s 为一段，共 14 段（仅使用 18 号船的数据及三维海流数据时）。

Y 向海流：–0.5~0.6m/s，每 0.1m/s 为一段，共 11 段（仅使用 18 号船的数据及三维海流数据时）。

Z 向海流：–0.05~0.08m/s，每 0.01m/s 为一段，共 13 段（仅使用 18 号船的数据及三维海流数据时)。

水平向海流：0~0.9m/s，每0.1m/s为一段，分9段（仅使用18号船的数据及三维海流数据时)。

各水层、水温、盐度、溶解氧含量、叶绿素浓度和三维海流范围的渔获率根据如下的方法确定。

统计该渔场各水层、水温、盐度、溶解氧含量、叶绿素浓度和三维海流范围及水平海流范围的大眼（黄鳍）金枪鱼的渔获尾数（分别记作 N_{S1j}、N_{S2j}、N_{S3j}、N_{S4j}、N_{S5j}、N_{S6j}、N_{S7j}、N_{S8j}、N_{S9j})、钩数（H_{S1j}、H_{S2j}、H_{S3j}、H_{S4j}、H_{S5j}、H_{S6j}、H_{S7j}、H_{S8j}、H_{S9j}）及占该渔场取样总尾数（记作 N_S）的百分比（分别记作 P_{1j}、P_{2j}、P_{3j}、P_{4j}、P_{5j}、P_{6j}、P_{7j}、P_{8j}、P_{9j}，见式2-1-7)、占该渔场该天取样总钩数（分为船用钩和试验钩，分别记作 H_S、H'_S）的百分比（船用钩为 P_{H1j}、P_{H2j}、P_{H3j}、P_{H4j}、P_{H5j}、P_{H6j}、P_{H7j}、P_{H8j}、P_{H9j}，见式2-1-8；试验钩为 P'_{H1j}、P'_{H2j}、P'_{H3j}、P'_{H4j}、P'_{H5j}、P'_{H6j}、P'_{H7j}、P'_{H8j}、P'_{H9j}，见式2-1-9)，根据取样数据推算出该渔场的实际总渔获尾数（记作 N)、该天的总钩数（船用钩记作 H、试验钩记作 H')，以及在各水层、各水温段、各盐度段、各溶解氧含量范围、各叶绿素含量范围和三维海流范围的渔获尾数（分别记作 N_{1j}、N_{2j}、N_{3j}、N_{4j}、N_{5j}、N_{6j}、N_{7j}、N_{8j}、N_{9j}，见式2-1-10)、钩数（船用钩分别记作 H_{1j}、H_{2j}、H_{3j}、H_{4j}、H_{5j}、H_{6j}、H_{7j}、H_{8j}、H_{9j}，见式2-1-11；试验钩分别记作 H'_{1j}、H'_{2j}、H'_{3j}、H'_{4j}、H'_{5j}、H'_{6j}、H'_{7j}、H'_{8j}、H'_{9j}，见式2-1-12；H_{2j}、H_{3j}、H_{4j}、H_{5j}、H_{6j}、H_{7j}、H_{8j}、H'_{2j}、H'_{3j}、H'_{4j}、H'_{5j}、H'_{6j}、H'_{7j}、H'_{8j}、H'_{9j} 根据各水温、盐度、溶解氧含量、叶绿素浓度和三维海流范围及水平海流范围相对应的水层计算出在该水层船用钩和试验钩的钩数而推算得出)，该渔场在各水层、各水温段、各盐度段、各溶解氧含量范围、各叶绿素浓度范围和三维海流范围及水平海流范围的钩数（记作 H_{Tij}）为相应的每天的船用钩与试验钩的和[式（2-1-13)]，大眼（黄鳍）金枪鱼各水层、水温、盐度、溶解氧含量、叶绿素浓度和三维海流范围及水平海流范围的渔获率（分别记作 $CPUE_{1j}$、$CPUE_{2j}$、$CPUE_{3j}$、$CPUE_{4j}$、$CPUE_{5j}$、$CPUE_{6j}$、$CPUE_{7j}$、$CPUE_{8j}$、$CPUE_{9j}$，见式2-1-14)，其表达式分别为

$$P_{ij} = \frac{N_{Sij}}{N_S} \tag{2-1-7}$$

$$P_{Hij} = \frac{H_{Sij}}{H_S} \tag{2-1-8}$$

$$P'_{Hij} = \frac{H'_{Sij}}{H'_S} \tag{2-1-9}$$

$$N_{ij} = P_{ij} \times N \tag{2-1-10}$$

$$H_{ij} = P_{Hij} \times H \tag{2-1-11}$$

$$H'_{ij} = P'_{Hij} \times H' \tag{2-1-12}$$

$$H_{Tij} = \sum_{a=1}^{n} H_{ij} + \sum_{a=1}^{m} H'_{ij} \tag{2-1-13}$$

$$\text{CPUE}_{ij} = \frac{N_{ij}}{H_{Tij}} \tag{2-1-14}$$

式（2-1-7）～式（2-1-14）中，a 为作业天数（船用钩为 n 天，试验钩为 m 天）；$i=1,2,3,4,\cdots,9$；统计各水层的数据时，$j=1,2,3,\cdots,18$（22——仅用 18 号船的数据时）；统计各水温范围数据时，$j=1,2,3,\cdots,19$；统计各盐度范围的数据时，$j=1,2,3,\cdots,20$（15——仅用 18 号船的数据时）；统计各溶解氧含量范围的数据时，$j=1,2,3,\cdots,7$（12——仅用 18 号船的数据时）；统计各叶绿素浓度范围数据时，$j=1,2,3,\cdots,11$；统计 Z 向海流范围的数据时，$j=1,2,3,\cdots,13$；统计 X 向海流范围的数据时，$j=1,2,3,\cdots,14$；统计 Y 向海流范围数据时，$j=1,2,3,\cdots,11$；统计水平海流范围的数据时，$j=1,2,3,\cdots,9$。

1.2.2.7 大眼（黄鳍）金枪鱼渔场形成机制

把每个渔场每天的各水层的温度、盐度、三维海流和水平海流数据、钓具漂移速度（V_g）、钓具漂移方向（C_g）、风速（V_w）、风向（C_w）、风舷角（Q_w）、风流合压角（γ）、大眼（黄鳍）金枪鱼的渔获率（CPUE）数据录入 SPSS 统计分析[2]软件中，先将这些数据进行标准化处理，使其成为无量纲的变量，求出各指标与大眼金枪鱼（CPUE）和黄鳍金枪鱼（CPUE）的 Pearson 相关系数，此相关系数反映两指标间的相关关系，再通过两指标间的显著性水平（显著性系数取 5%），确定显著相关指标。

利用海洋数据处理软件 Marine Explorer，把有关渔场与 CPUE 相关系数较大的具有代表性的指标，与大眼金枪鱼和黄鳍金枪鱼 CPUE 进行叠图。

2 渔场环境因子

2.1 海流

调查中，第一航次在 61°53′E～69°05′E，0°47′N～4°20′N 海域，表层海流总体往东南方向，流速大小为 0.2～1.5 节；第二航次在 62°59′E～70°40′E，6°32′N～10°16′N 海域，表层海流总体往西南方向，流速大小为 0～1.0 节；第三航次在 61°40′E～69°29′E，2°58′N～6°37′N 海域，表层海流总体往东南方向，流速大小为 0.1～1.3 节；第四航次在 61°58′E～69°29′E，6°37′N～8°06′N 海域，表层海流总体向西，流速大小为 0.05～1.3 节；第五航次在 68°08′E～70°29′E，5°02′N～6°58′N 海域，表层海流总体往东北方向，流速大小为 0.05～1.25 节（表 2-2-1），5 个航次流速的波动范围相近。5 个航次的经度范围基本相近，但第一、第三航次相对整个调查区域来说比较靠近南部区域，第二、第四航次比较靠近北部区域，第五航次处于中部区域。

表 2-2-1　调查海域的海流状况

指标	第一航次	第二航次	第三航次	第四航次	第五航次
主要流向	东南	西南	东南	西	东北
流速	0.2～1.5 节	0～1.0 节	0.1～1.3 节	0.05～1.3 节	0.05～1.25 节

2.2　气温

探捕海域 9～12 月的气温在 26～33℃波动，平均为 29.7℃。第一航次的平均气温比其他几个航次要高，最高温度也要高。这可能是第一航次比其他航次更靠近赤道导致的。详见表 2-2-2。

表 2-2-2　调查海域的气温状况（℃）

指标	第一航次	第二航次	第三航次	第四航次	第五航次
最高	32.8	31.0	30.9	30.5	31.6
最低	28.7	28.2	28.2	26.5	27.2
平均	30.5	29.6	29.7	28.7	29.7

2.3　风速风向

调查海域的风速以 0.6～5.2m/s 为主，第一航次出现的频率占 65%，第二航次占 87.5%，第三航次占 83.87%，第四航次占 76.46%，第五航次占 64.28%。其中第二航次中出现 3.4～5.2m/s 风速的频率就达到 56.25%。调查过程中 0～0.5m/s 风速只有在第四航次中未出现，其他航次中出现频率也较高，其中在第五、第一航次中出现的频率分别为 35.71%、25.00%。7.5～9.8m/s 风速只在第四航次中出现，其出现频率较低，为 5.88%。超过 9.9m/s 的风速在该 5 个航次中均未出现。第一航次中的主导风向为东南南，第二航次中的主导风向为西北北，第三航次中的主导风向为西北西，第四航次中的风向变化不定，第五航次中的主导风为西北风。详见表 2-2-3。

表 2-2-3　调查海域的风速频率

风速	第一航次	第二航次	第三航次	第四航次	第五航次
0～0.5m/s	25.00%	6.25%	6.45%	0.00%	35.71%
0.6～1.7m/s	15.00%	0.00%	35.48%	35.29%	28.57%
1.8～3.3m/s	30.00%	31.25%	25.81%	35.29%	7.14%
3.4～5.2m/s	20.00%	56.25%	22.58%	5.88%	28.57%
5.3～7.4m/s	10.00%	6.25%	9.68%	17.65%	0.00%

续表

风速	第一航次	第二航次	第三航次	第四航次	第五航次
7.5~9.8m/s	0.00%	0.00%	0.00%	5.88%	0.00%
9.9~12.4m/s	0.00%	0.00%	0.00%	0.00%	0.00%
>12.4m/s	0.00%	0.00%	0.00%	0.00%	0.00%
主导风向	东南南	西北北	西北西	不定	西北风

2.4 海面波浪

调查海域波浪浪高以 0~1.0m 为主，第一、二、四、五航次出现这一段浪高的频率分别占到 65%、62.5%、58.53% 和 100%。第三航次出现的频率稍低一点，只占 29.03%。但其中第三航次中出现 1.0~2.0m 浪高的频率超过一半，占到了 54.84%，第四航次中出现 1.0~2.0m 浪高的频率也不低，为 29.41%。整个调查过程中出现超过 4.0m 的海浪只有在第二航次中出现，出现频率不高，为 6.25%。详见图 2-2-1 浪高频率分布图。

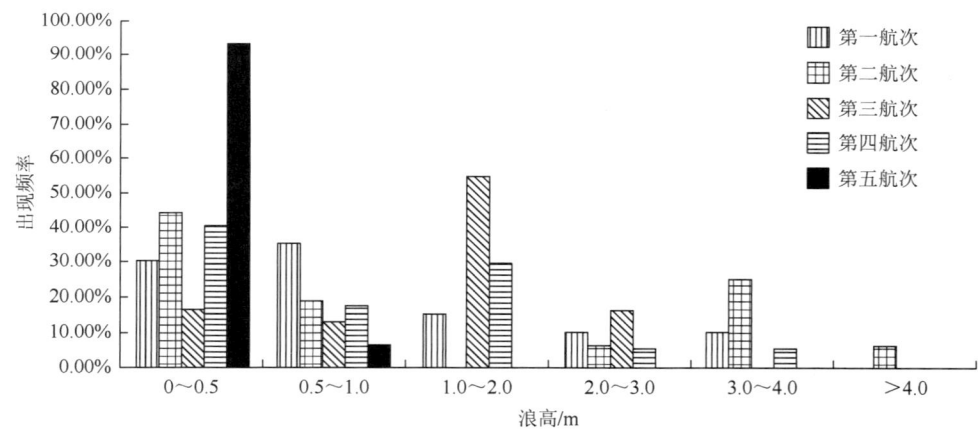

图 2-2-1 探捕海域各航次浪高频率分布图

2.5 表层水温

本报告中取深度为水下(25±5)m 水层作为表层，因为考虑到海面有时为晴天，有时为雨天，有时也会遇到大风天气，为了数据之间的可比性，所以本报告统一取此水层作为表层。然后计算这一水层水温的算术平均值。调查海域的表层水温在 27.4~29.3℃ 波动，平均为 28.4℃。和该海域的气温相同，第一航次的平均水温比其他几个航次要高，其最高、最低水温值也比其他航次的相应值要高。详见表 2-2-4 和图 2-2-2。

表 2-2-4 调查海域的表层水温情况（℃）

指标	第一航次	第二航次	第三航次	第四航次	第五航次
最高	29.3	29.0	28.5	28.8	28.4
最低	28.8	27.4	28.0	28.3	27.8
平均	29.1	28.5	28.3	28.6	28.1

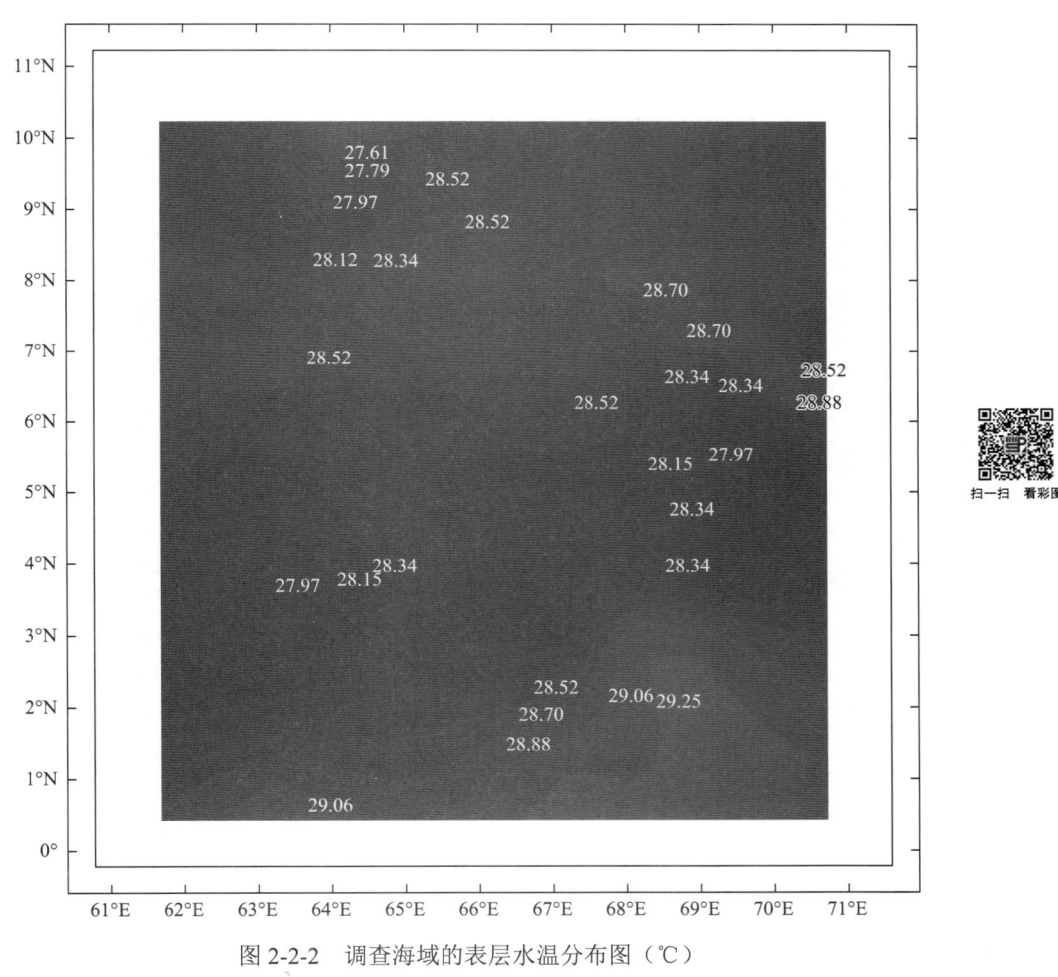

图 2-2-2 调查海域的表层水温分布图（℃）

2.6 表层盐度

水层深度同上述。计算该水层盐度的算术平均值。调查海域的表层盐度在 35.3～36.9 波动，平均为 36.4。第二航次表层盐度的最高、最低及平均值都比其他航次的相应值要高，其平均盐度比第一航次的平均盐度高 1.1。可以看出，该海域南部（靠近赤道）的盐度比北部的盐度要低。详见表 2-2-5 和图 2-2-3。

表 2-2-5　调查海域的表层盐度情况

指标	第一航次	第二航次	第三航次	第四航次	第五航次
最高	36.0	36.9	36.7	36.7	36.4
最低	35.3	36.2	35.8	36.0	36.1
平均	35.5	36.6	36.4	36.5	36.3

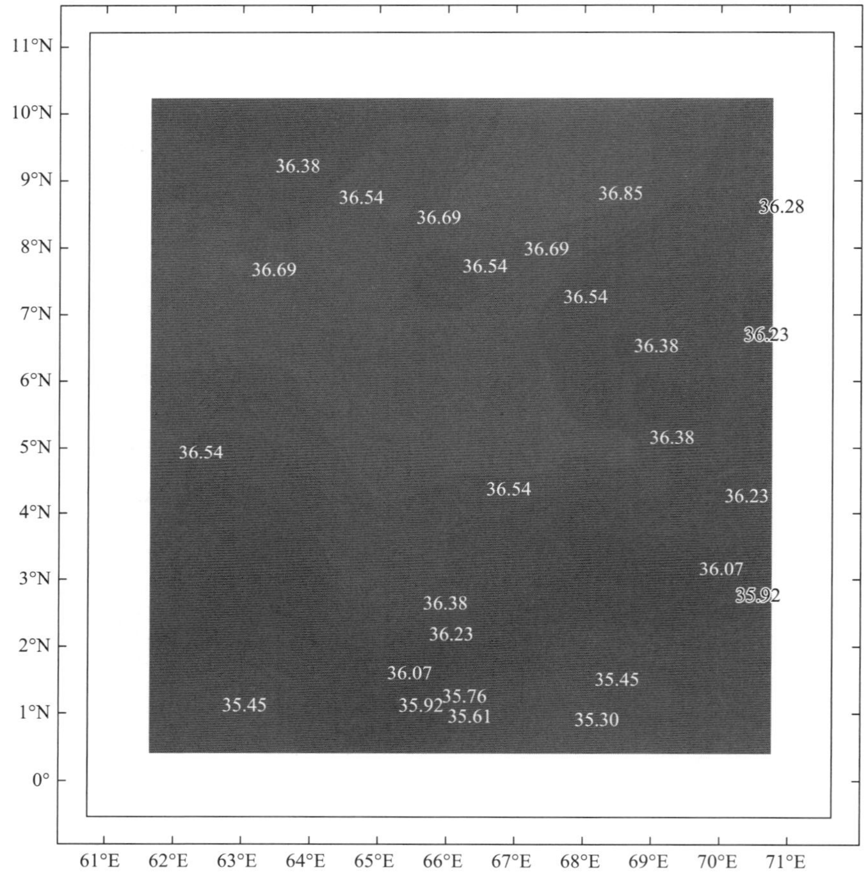

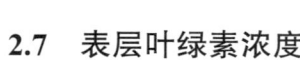

图 2-2-3　调查海域的表层盐度分布图

2.7　表层叶绿素浓度

水层深度同上述。计算该水层叶绿素浓度的算术平均值。调查海域的表层叶绿素浓度波动范围很大，在 0.000 31～1.415 31μg/L 波动，平均为 0.286 51μg/L。第三航次表层叶绿素浓度的最高、最低及平均值都比其他航次的相应值高，第三航次表层叶绿素浓度的平均值是第一航次平均值的约 5 倍，是第二航次平均值的约 2.5 倍。可以看出，该海域中部区域的浮游植物生产力比较高。详见表 2-2-6 和图 2-2-4。

表 2-2-6 调查海域的表层叶绿素浓度情况（μg/L）

指标	第一航次	第二航次	第三航次
最高	0.11783	0.53948	1.41531
最低	0.00032	0.10852	0.17849
平均	0.09062	0.18391	0.45876

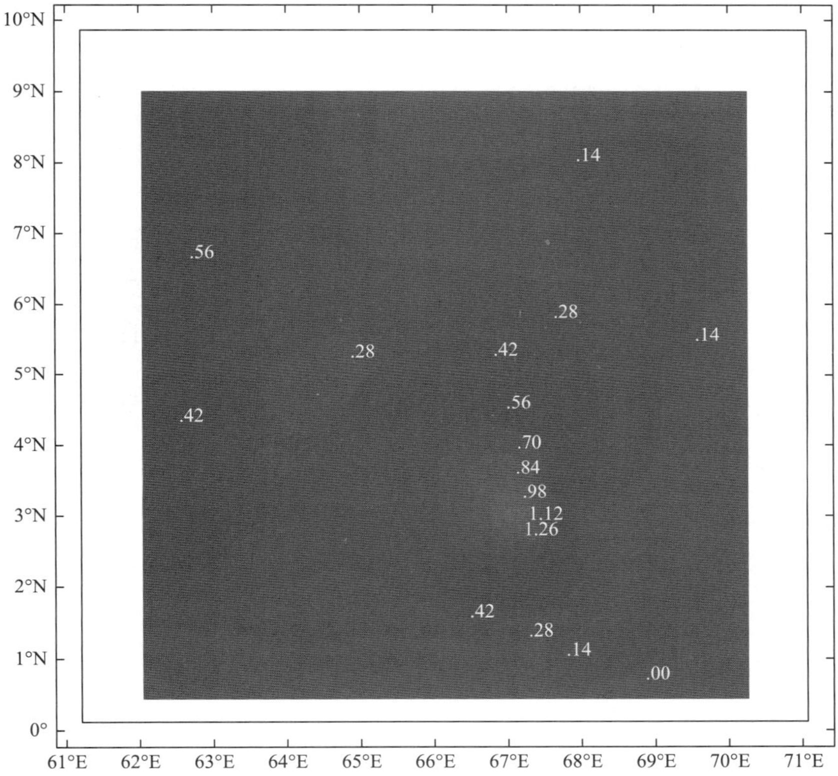

图 2-2-4 调查海域的表层叶绿素浓度分布图（μg/L）

2.8 表层溶解氧含量

水层深度同上述。计算该水层溶解氧含量的算术平均值。调查海域的表层溶解氧含量在 6.10～6.58mg/L 波动，平均为 6.24mg/L。第二航次表层溶解氧含量的最高、最低及平均值都比其他航次的相应值高出一点。详见表 2-2-7 和图 2-2-5。

表 2-2-7 调查海域的表层溶解氧含量情况（mg/L）

指标	第一航次	第二航次	第三航次
最高	6.23	6.58	6.41
最低	6.10	6.22	6.11
平均	6.18	6.30	6.24

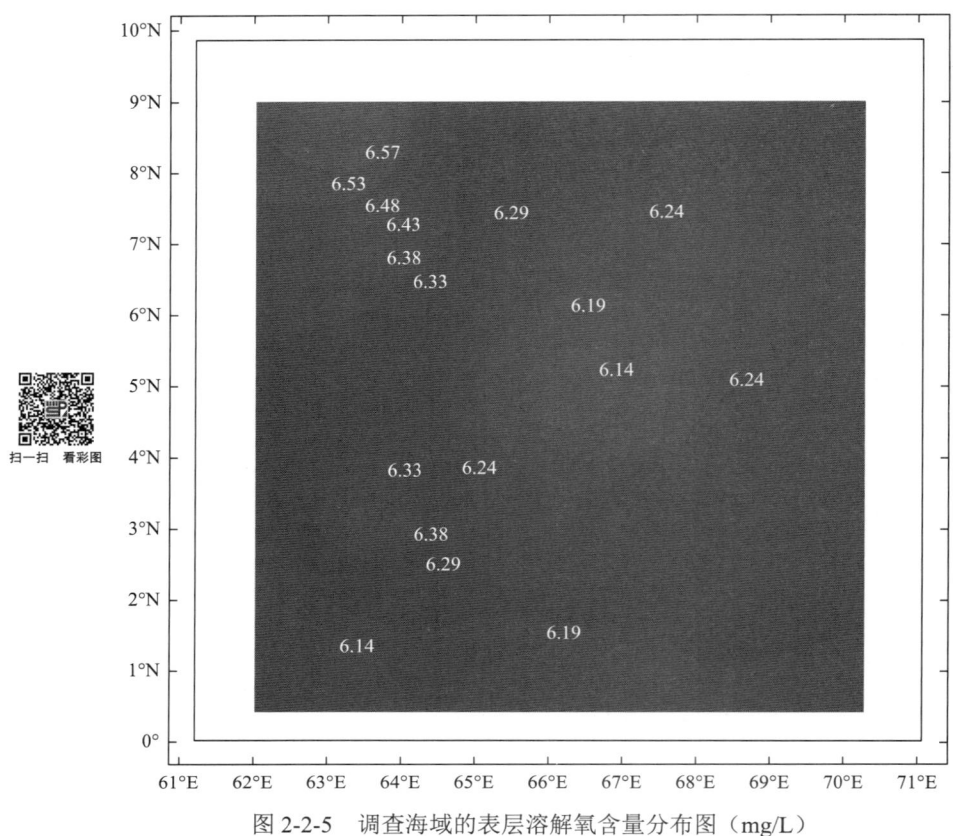

图 2-2-5 调查海域的表层溶解氧含量分布图（mg/L）

3　主要金枪鱼鱼种渔获量及上钩率情况

3.1　整个调查期间的总体情况

3.1.1　渔获量状况

从 2005 年 9 月 13 日至 12 月 12 日，5 个航次共捕获大眼金枪鱼、黄鳍金枪鱼 1140 尾，总渔获量 33 280kg，其中大眼金枪鱼 624 尾，21 140.5kg，平均净重为 33.88kg；黄鳍金枪鱼 516 尾，12 139.5kg，平均净重为 23.53kg。第一航次的渔获质量较高；第二航次只有 2 天时间有渔获产量；第三航次作业时间较长，共作业 15 次，取得了较高的产量；第四航次产量较低；第五航次共作业 7 次，每次作业的平均产量较高，具体见表 2-3-1。

表 2-3-1　调查期间两艘船的产量情况

航次	船号	作业次数	大眼金枪鱼		黄鳍金枪鱼		两种鱼混合	
			尾数	重量/kg	尾数	重量/kg	尾数	重量/kg
1	18	10	59	2 337.5	17	526.5	76	2 864
	19	10	53	2 102	40	1 024.5	93	3 126.5

续表

航次	船号	作业次数	大眼金枪鱼		黄鳍金枪鱼		混合	
			尾数	重量/kg	尾数	重量/kg	尾数	重量/kg
2	18	8	16	460	0	0	16	460
	19	8	12	256	6	175	18	431
3	18	15	89	3 015	266	5 998	355	9 013
	19	15	186	5 377	80	2 002.5	266	7 379.5
4	18	8	60	2 212	32	705	92	2 917
	19	8	10	457	9	218	19	675
5	18	7	79	2 932	34	721	113	3 653
	19	7	60	1 992	32	769	92	2 761
小计	18	48	303	10 956.5	349	7 950.5	652	18 907
	19	48	321	10 184	167	4 189	488	14 373
总计		96	624	21 140.5	516	12 139.5	1 140	33 280

调查期间大眼金枪鱼和黄鳍金枪鱼日渔获量分布分别见图 2-3-1～图 2-3-3。

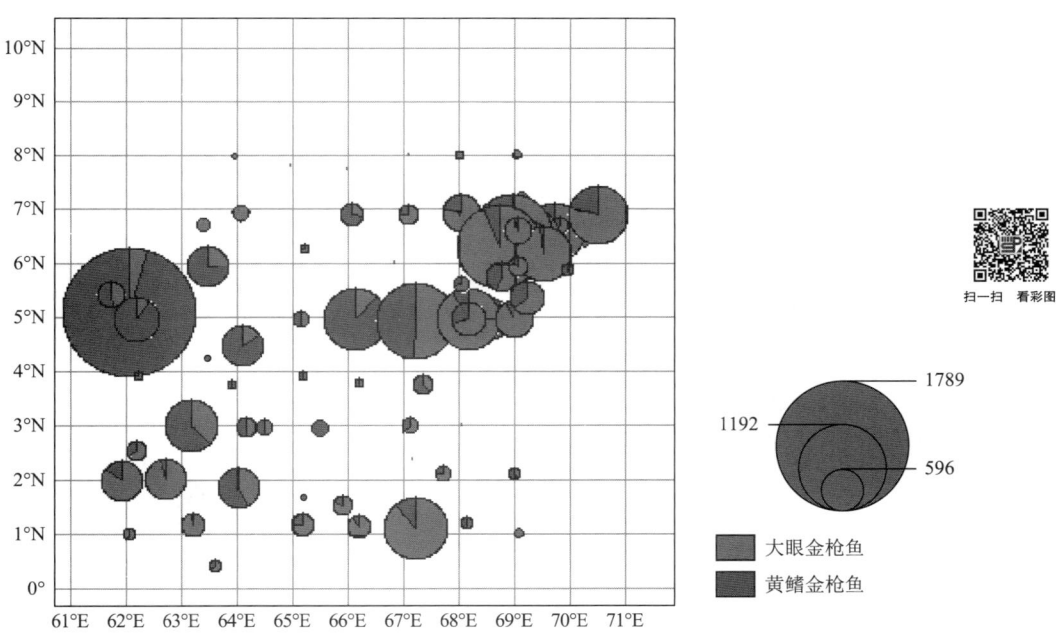

图 2-3-1 调查期间大眼金枪鱼、黄鳍金枪鱼日渔获量（kg）分布

对 5 个航次大眼金枪鱼和黄鳍金枪鱼的日渔获量（kg）、上钩率（尾/千钩，以下相同）进行了统计，日渔获量按照 0～100kg、100～200kg、200～300kg 等，间隔为 100kg 的步程统计其出现的次数。

整个调查期间，不分鱼种（大眼金枪鱼和黄鳍金枪鱼）、大眼金枪鱼和黄鳍金枪鱼的日渔获量等级出现频率见图 2-3-4～图 2-3-6。

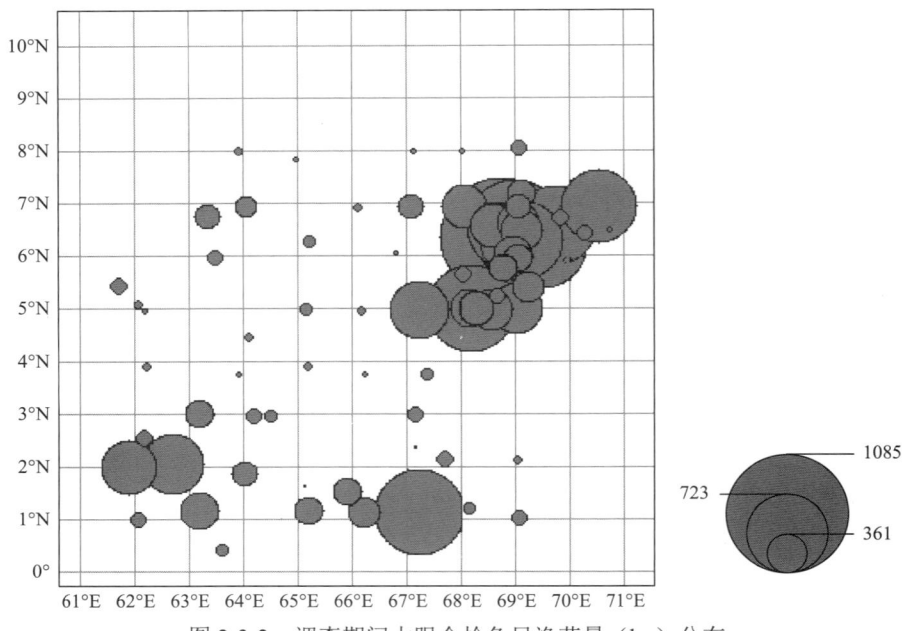

图 2-3-2 调查期间大眼金枪鱼日渔获量（kg）分布

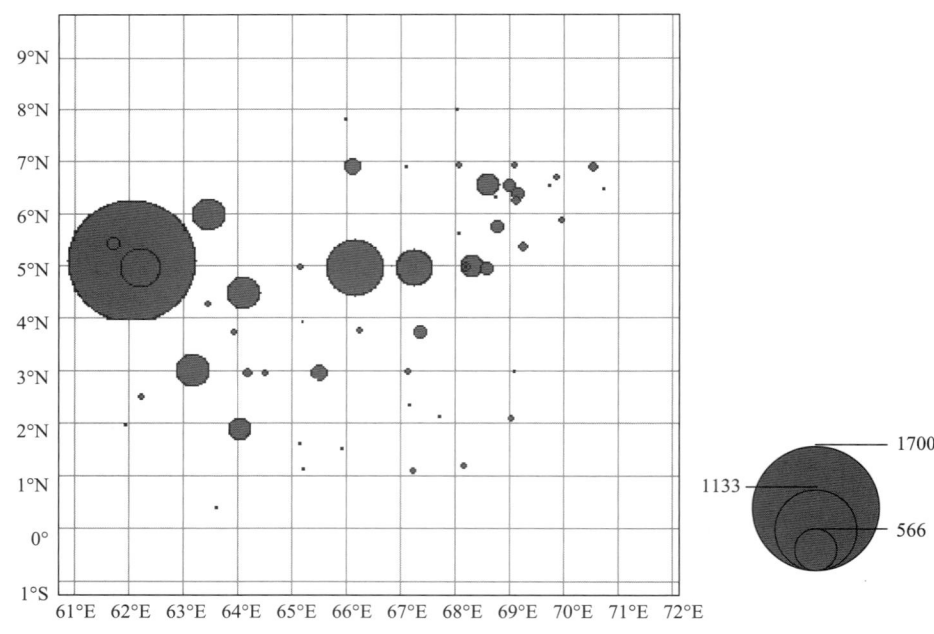

图 2-3-3 调查期间黄鳍金枪鱼日渔获量（kg）分布

（1）不分鱼种

整个调查期间平均日渔获量为 332.8kg，最小日渔获量为 0，最大日渔获量为 1789kg（出现在第三航次）。日渔获量等级分布见图 2-3-4。

从图 2-3-4 得出：日渔获量 0~100kg 等级的出现频率较高，29 次，占 29%；没有 900~1000kg 等级，出现频率最低的为 700~800kg，占 2%。

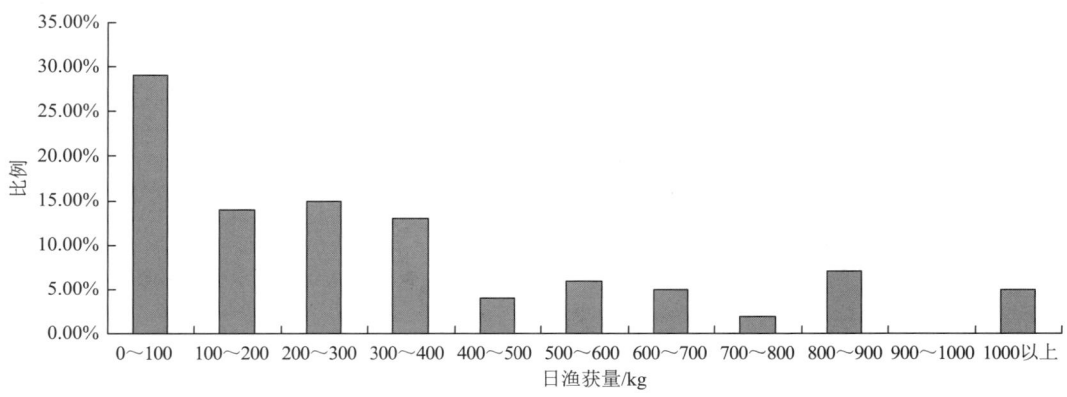

图 2-3-4 总的日渔获量等级分布

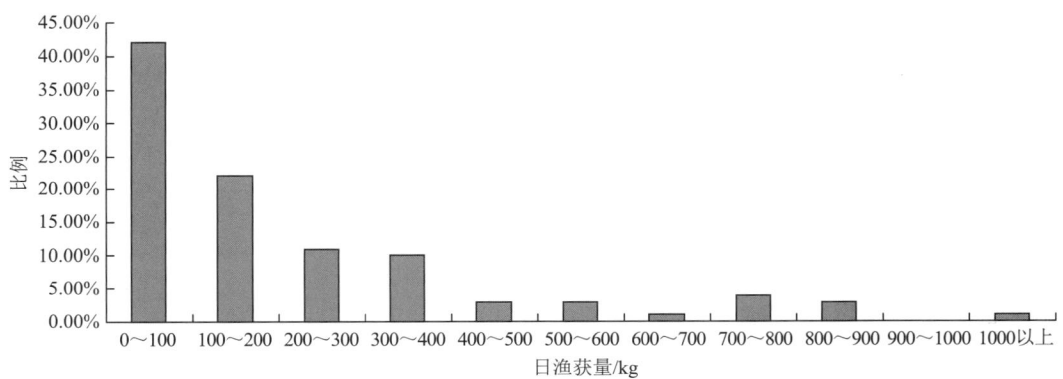

图 2-3-5 大眼金枪鱼日渔获量等级分布

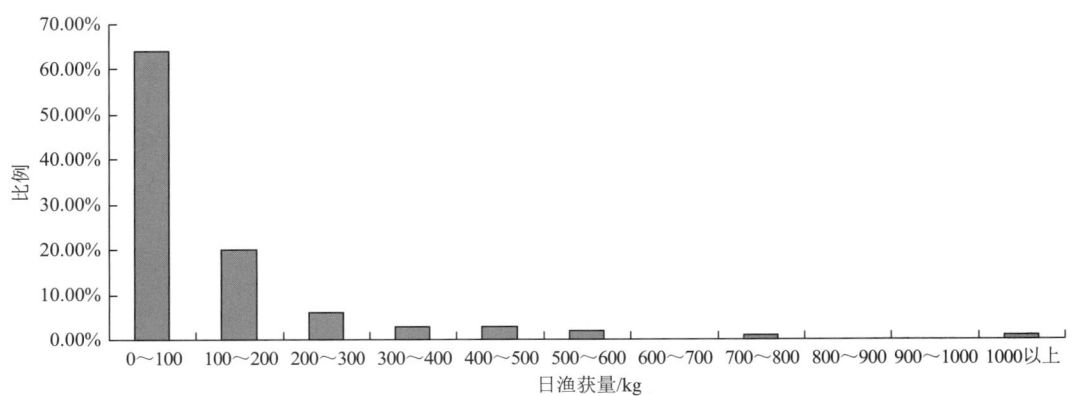

图 2-3-6 黄鳍金枪鱼日渔获量等级分布

在整个调查时期有 17 天的日渔获量为 0，大部分出现在第二航次。

（2）大眼金枪鱼

整个调查期间，其平均日渔获量为 211.41kg，最小日渔获量为 0，最大日渔获量为 1085kg（出现在第三航次）。具体的日渔获量等级分布见图 2-3-5。

从图 2-3-5 得出：日渔获量 0～100kg 的出现频率最高，42 次，占 42%，没有出现 900～1000kg 的日渔获量，最低的为 600～700kg 和 1000kg 以上的日渔获量，各 1 次，各占 1%。

在整个调查时期有 23 天的大眼金枪鱼日渔获量为 0，大部分出现在第二航次。

（3）黄鳍金枪鱼

整个调查期间，其平均日渔获量为 121.4kg，最小日渔获量为 0，最大日渔获量为 1700kg（出现在第三航次）。具体的日渔获量等级分布见图 2-3-6。

从图 2-3-6 得出：日渔获量 0～100kg 出现频率最高，64 次，占 64%。没有发现 3 个等级的分布：600～700kg、800～900kg 和 900～1000kg。

在整个调查时期有 23 天的黄鳍金枪鱼日渔获量为 0，大部分出现在第二航次。

3.1.2 上钩率状况

5 个航次共投钩 162 310 枚，大眼金枪鱼和黄鳍金枪鱼的上钩率、两种鱼总上钩率分别为 3.85 尾/千钩、3.22 尾/千钩、7.07 尾/千钩。调查期间两艘船的上钩率情况见表 2-3-2。调查期间大眼金枪鱼和黄鳍金枪鱼上钩率分布分别见图 2-3-7～图 2-3-9。

表 2-3-2 调查期间两艘船的上钩率（尾/千钩）情况

航次	船号	钩数（枚）	大眼金枪鱼		黄鳍金枪鱼		两种鱼混合	
			尾数	上钩率	尾数	上钩率	尾数	上钩率
1	18	16 900	59	3.49	17	1.01	76	4.50
	19	16 000	53	3.31	40	2.50	93	5.81
2	18	13 100	16	1.22	0	0.00	16	1.22
	19	11 850	12	1.01	6	0.51	18	1.52
3	18	21 960	89	4.05	266	12.11	355	16.17
	19	28 500	186	6.53	80	2.81	266	9.33
4	18	12 000	60	5.00	32	2.67	92	7.67
	19	10 800	10	0.93	9	0.83	19	1.76
5	18	14 600	79	5.41	34	2.33	113	7.74
	19	16 600	60	3.61	32	1.93	92	5.54
平均	18	15 712	60.6	3.86	69.8	4.44	130.4	8.30
	19	16 750	64.2	3.83	33.4	1.99	97.6	5.83
总平均		16 231	62.4	3.85	51.6	3.22	114	7.07

对 5 个航次大眼金枪鱼和黄鳍金枪鱼的上钩率（尾/千钩，以下相同）进行了统计，按照 0～2 尾/千钩、2～4 尾/千钩、4～6 尾/千钩、6～8 尾/千钩、8～10 尾/千钩和 10 尾/千钩以上分为 6 个等级统计其出现的次数。

整个调查期间，不分鱼种（大眼金枪鱼和黄鳍金枪鱼）、大眼金枪鱼和黄鳍金枪鱼的上钩率等级出现频率见图 2-3-10～图 2-3-12。

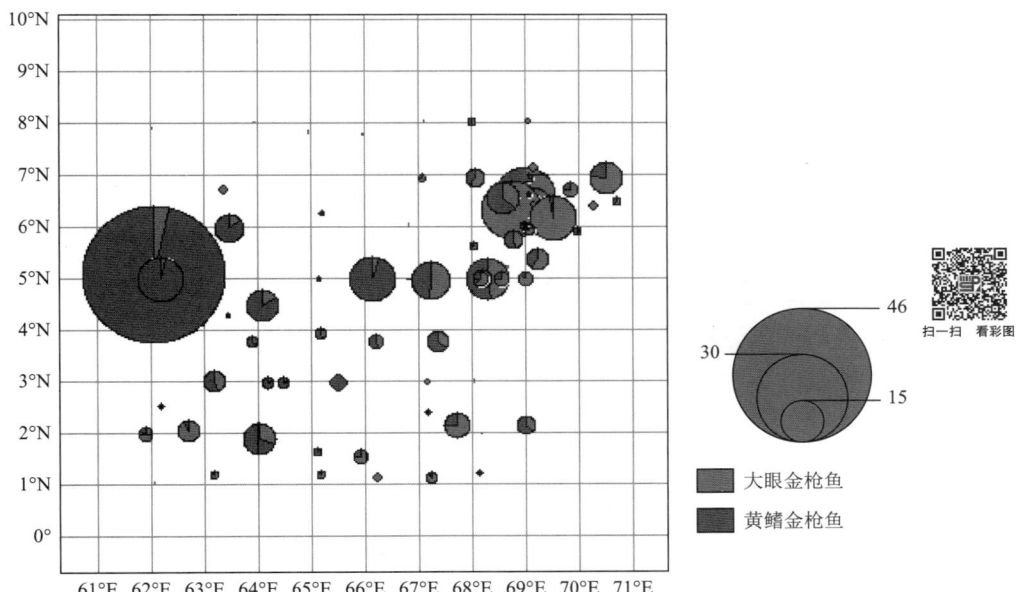

图 2-3-7 调查期间的大眼金枪鱼和黄鳍金枪鱼日上钩率（尾/千钩）分布

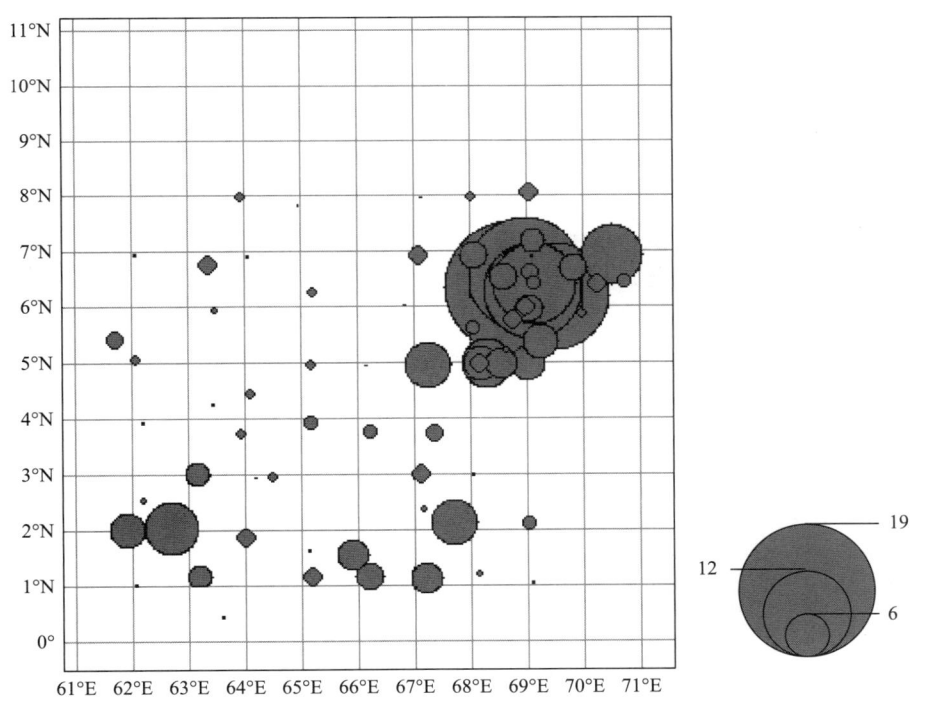

图 2-3-8 调查期间的大眼金枪鱼日上钩率（尾/千钩）分布

（1）不分鱼种

整个调查期间平均上钩率为 7.02 尾/千钩，最小上钩率为 0，最大上钩率为 48.24 尾/千钩（出现在第三航次）。上钩率等级分布见图 2-3-10。

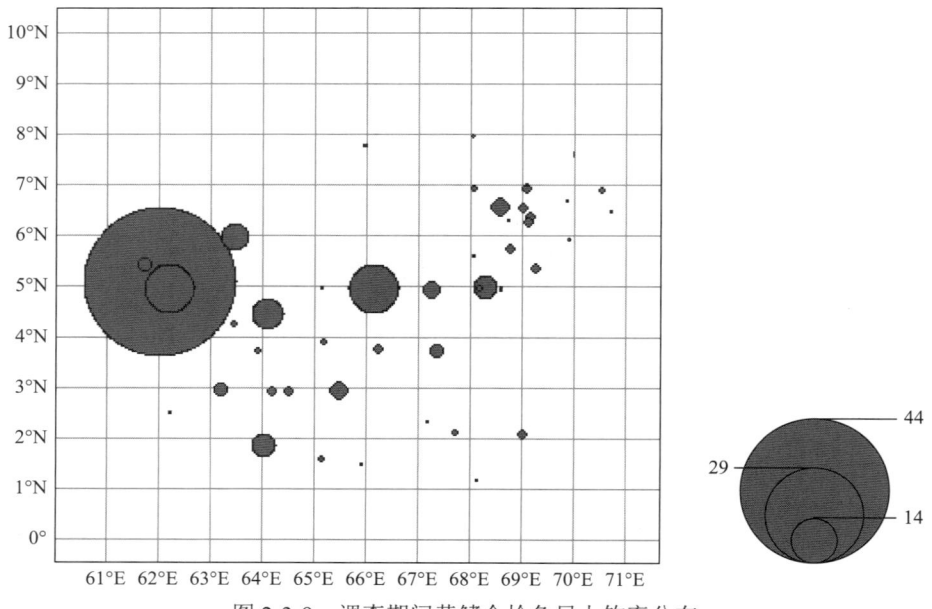

图 2-3-9　调查期间黄鳍金枪鱼日上钩率分布

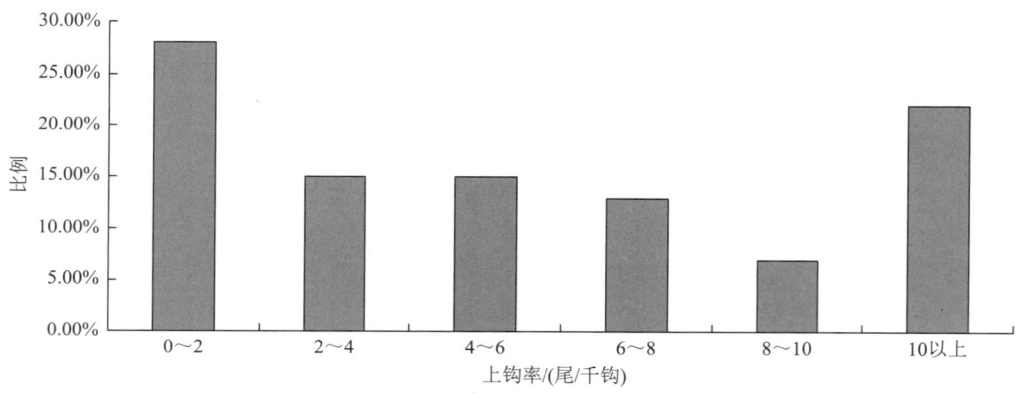

图 2-3-10　总的上钩率分布图

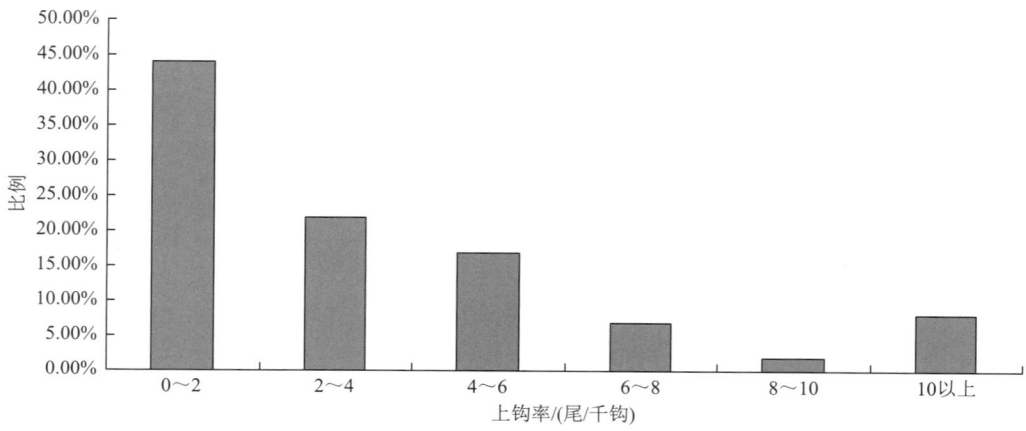

图 2-3-11　大眼金枪鱼的上钩率分布图

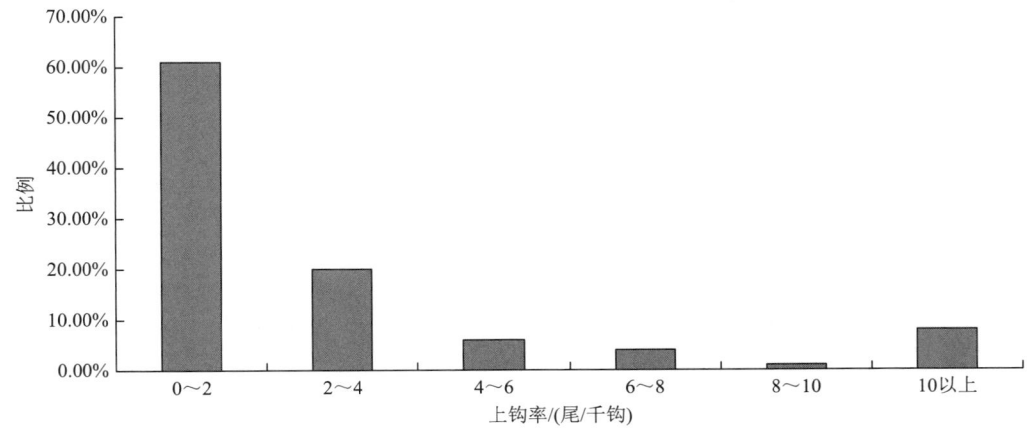

图 2-3-12 黄鳍金枪鱼的上钩率分布

从图 2-3-10 得出：上钩率 0~2 尾/千钩等级的出现频率较高，28 次，占 28%，出现频率最低的为 8~10 尾/千钩，7 次，占 7%。

在整个调查时期出现 17 次上钩率为 0，大部分出现在第二航次。

（2）大眼金枪鱼

整个调查期间，其平均上钩率为 3.84 尾/千钩，最小上钩率为 0，最大上钩率为 19 尾/千钩（出现在第三航次）。具体的上钩率分布见图 2-3-11。

从图 2-3-11 得出：上钩率 0~2 尾/千钩的出现频率最高，44 次，占 44%，出现频率最低的为 8~10 尾/千钩，2 次，占 2%。

在整个调查时期出现 23 次上钩率为 0，大部分出现在第二航次。

（3）黄鳍金枪鱼

整个调查期间，其平均上钩率为 3.18 尾/千钩。最小上钩率为 0，最大上钩率为 46.47 尾/千钩（出现在第三航次）。具体的上钩率分布见图 2-3-12。

从图 2-3-12 得出：上钩率 0~2 尾/千钩出现频率最高，61 次，占 61%，出现频率最低的为 8~10 尾/千钩，1 次，占 1%。

在整个调查时期有 23 次的上钩率为 0，大部分出现在第二航次。

3.2 分航次情况

3.2.1 第一航次

第一航次调查时间为 2005 年 9 月 13~25 日，调查海域为北纬 0°47′~4°20′，东经 61°53′~69°05′，共 20 个站点。

3.2.1.1 渔获情况

（1）大眼金枪鱼、黄鳍金枪鱼总计

大眼金枪鱼、黄鳍金枪鱼总计日渔获量等级分布见图 2-3-13。

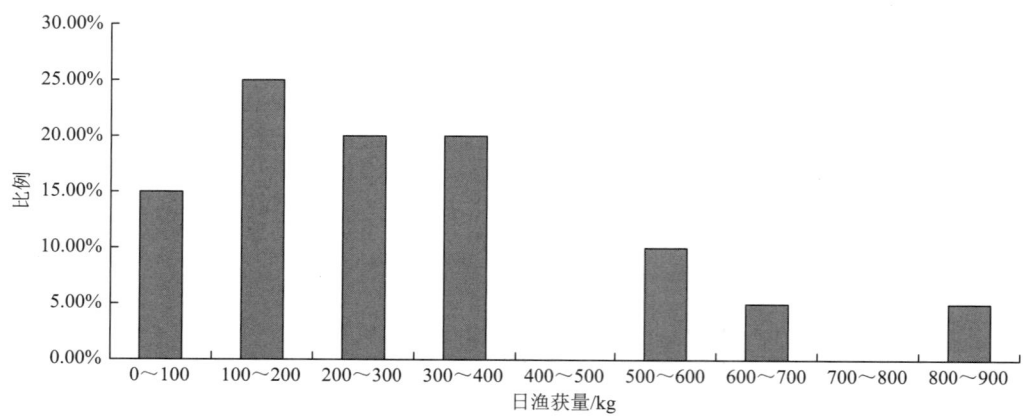

图 2-3-13　第一航次总计的日渔获量分布

第一航次的平均日渔获量为 299.53kg，从图 2-3-13 可看出，日产量（即日渔获量）分布在 7 个区间，日产量在 100~200kg 出现次数最多，5 次，占 25%，其次是 200~300kg 和 300~400kg，各出现 4 次，各占 20%，没有出现 400~500kg 和 700~800kg 的等级。

（2）大眼金枪鱼

本航次单船日均产量为 222.68kg，平均净重 39.41kg，日均渔获尾数 5.65 尾。日产量在 0~100kg 的有 6 次，占 30%；日产量在 100~200kg 的有 6 次，占 30%；日产量在 200~300kg 的有 3 次，占 15%；日产量在 300~400kg 的有 2 次，占 10%；日产量在 500~600kg 的有 2 次，占 10%；日产量在 700~800kg 的有 1 次，占 5%。日产量以在 0~100kg、100~200kg 为主（图 2-3-14A）。

（3）黄鳍金枪鱼

本航次单船日均产量为 77.55kg，平均净重 27.21kg，日均渔获尾数 2.85 尾。日产量在 0~100kg 的有 16 次，占 80%；日产量在 100~200kg 的有 3 次，占 15%；日产量在 300~400kg 的有 1 次，占 5%。日产量以在 0~100kg 为主（图 2-3-14B）。

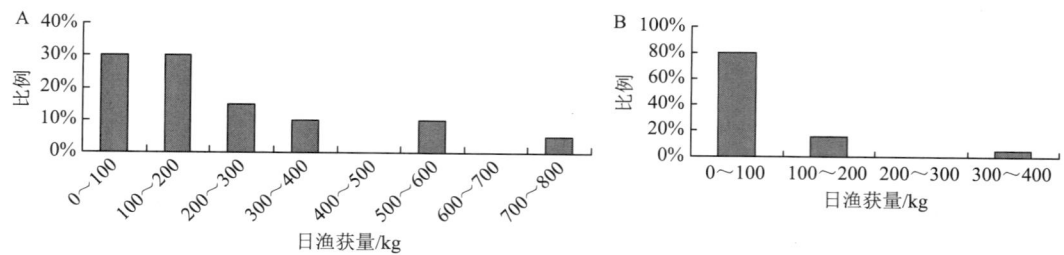

图 2-3-14　大眼金枪鱼（A）和黄鳍金枪鱼（B）日渔获量分布

3.2.1.2　上钩率情况

各个航次不分鱼种（眼金枪鱼和黄鳍金枪鱼）、大眼金枪鱼和黄鳍金枪鱼的上钩率出现的频率分别见表 2-3-3~表 2-3-5。

表 2-3-3 分航次不分鱼种的上钩率（尾/千钩）情况

上钩率	第一航次		第二航次		第三航次		第四航次		第五航次	
	频率	比例/%	频率	比例/%	频率	比例/%	频率	比例/%	频率	比例/%
0~2	2	10	12	75	2	6.67	7	43.75	1	7.14
2~4	7	35	3	18.75	1	3.33	2	12.5	2	14.29
4~6	4	20	0	0	3	10	2	12.5	4	28.57
6~8	3	15	1	6.25	6	20	1	6.25	3	21.43
8~10	2	10	0	0	4	13.3	0	0	1	7.14
10 以上	2	10	0	0	14	46.7	4	25	3	21.43

表 2-3-4 分航次大眼金枪鱼的上钩率（尾/千钩）情况

上钩率	第一航次		第二航次		第三航次		第四航次		第五航次	
	频率	比例/%	频率	比例/%	频率	比例/%	频率	比例/%	频率	比例/%
0~2	8	40	12	75	8	26.67	9	56.25	2	14.29
2~4	4	20	4	25	9	30	1	6.25	4	28.57
4~6	5	25	0	0	3	10	3	18.75	6	42.86
6~8	2	10	0	0	4	13.33	2	12.50	0	0
8~10	0	0	0	0	0	0	0	0	2	14.29
10 以上	1	5	0	0	6	20	1	6.25	0	0

表 2-3-5 分航次黄鳍金枪鱼的上钩率（尾/千钩）情况

上钩率	第一航次		第二航次		第三航次		第四航次		第五航次	
	频率	比例/%	频率	比例/%	频率	比例/%	频率	比例/%	频率	比例/%
0~2	15	75	16	100	7	23.33	10	58.82	9	64.29
2~4	3	15	0	0	8	26.67	4	23.53	4	28.57
4~6	1	5	0	0	5	16.67	0	0	0	0
6~8	1	5	0	0	1	3.33	1	5.88	1	7.14
8~10	0	0	0	0	2	6.67	0	0	0	0
10 以上	0	0	0	0	7	23.33	1	5.88	0	0

（1）大眼金枪鱼、黄鳍金枪鱼总计

第一航次两艘船各作业 10 次。平均上钩率 5.14 尾/千钩。上钩率 2~4 尾/千钩的出现频率最高，7 次，占 35%（表 2-3-3）。

（2）大眼金枪鱼

第一航次，平均上钩率 3.40 尾/千钩。上钩率在 0~2 尾/千钩的出现频率最高，8 次，占 40%（表 2-3-4）。

（3）黄鳍金枪鱼

第一航次，平均上钩率 1.75 尾/千钩。上钩率在 0~2 尾/千钩的出现频率最高，15 次，占 75%（表 2-3-5）。

3.2.2 第二航次

第二航次调查时间为 2005 年 10 月 5~13 日，调查海域北纬 6°32′~10°16′，东经 62°59′~70°40′，共 16 个站点。

3.2.2.1 渔获量情况

（1）大眼金枪鱼、黄鳍金枪鱼总计

大眼金枪鱼、黄鳍金枪鱼总计日渔获量等级分布见图 2-3-15。

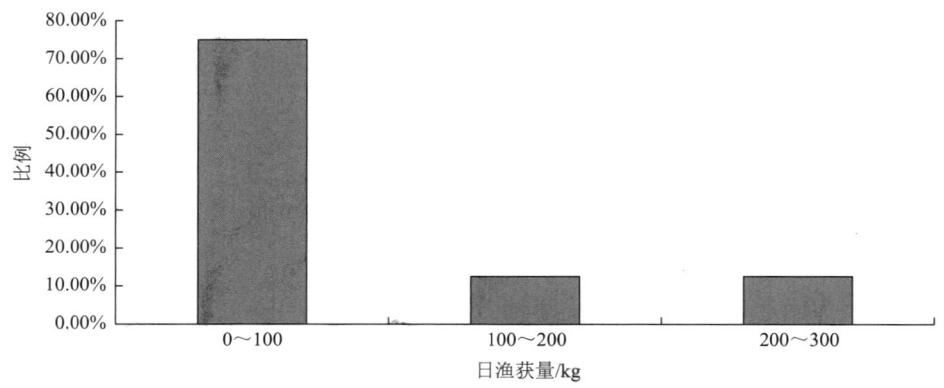

图 2-3-15　第二航次总计日渔获量分布

第二航次由于 6 天没有渔获物，所以平均日渔获量只有 55.69kg。从图 2-3-15 可以看出，渔获量只分布在三个区间，其中 0~100kg 的渔获量出现 12 次，占 75%，100~200kg 和 200~300kg 各出现 2 次，各占 12.5%。

（2）大眼金枪鱼

本航次在北纬 8°~10°的 12 个站点大眼金枪鱼的渔获量为 0kg，余下 4 个站点总渔获量为 716kg，共 28 尾，平均净重 25.57kg。日产量为 0~100kg 的有 13 次，占 81.25%；日产量在 100~200kg 的有 2 次，占 12.5%；日产量在 200~300kg 的有 1 次，占 6.25%。日产量以 0~100kg 为主（图 2-3-16A）。

（3）黄鳍金枪鱼

本航次在北纬 8°~10°的 12 个站点黄鳍金枪鱼的渔获量为 1 尾，22kg；余下 4 个站点总渔获量为 286kg，共 10 尾，平均净重 28.6kg。日产量为 0~100kg 的有 15 次，占 93.75%；日产量在 100~200kg 的有 1 次，占 6.25%。日产量以 0~100kg 为主（图 2-3-16B）。

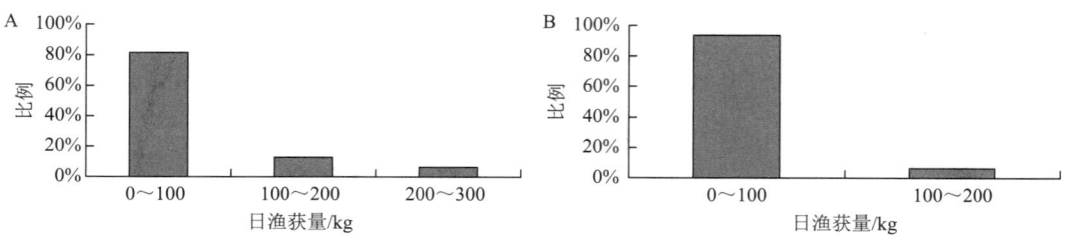

图 2-3-16　大眼金枪鱼（A）和黄鳍金枪鱼（B）日渔获量分布

3.2.2.2 上钩率情况

（1）大眼金枪鱼、黄鳍金枪鱼总计

第二航次两艘船各作业 8 次，平均上钩率为 1.36 尾/千钩，其中只有 2 天有渔获物，前 6 天的上钩率都为 0。上钩率 0～2 尾/千钩的出现频率最高，12 次，占 75%（表 2-3-3）。

（2）大眼金枪鱼

第二航次，平均上钩率为 1.12 尾/千钩，只有 2 天有渔获物，前 6 天的上钩率都为 0。上钩率 0～2 尾/千钩的出现频率最高，12 次，占 75%（表 2-3-4）。

（3）黄鳍金枪鱼

第二航次，平均上钩率为 0.25 尾/千钩，只有 2 天有渔获物，前 6 天的上钩率都为 0。上钩率 0～2 尾/千钩的出现频率为 16 次，占 100%（表 2-3-5）。

3.2.3 第三航次

第三航次调查时间 2005 年 10 月 23 日至 11 月 6 日，调查海域北纬 2°58′～6°37′，东经 61°40′～69°29′，共 31 个站点。

3.2.3.1 渔获量情况

（1）大眼金枪鱼、黄鳍金枪鱼总计

大眼金枪鱼、黄鳍金枪鱼总计日渔获量等级分布见图 2-3-17。

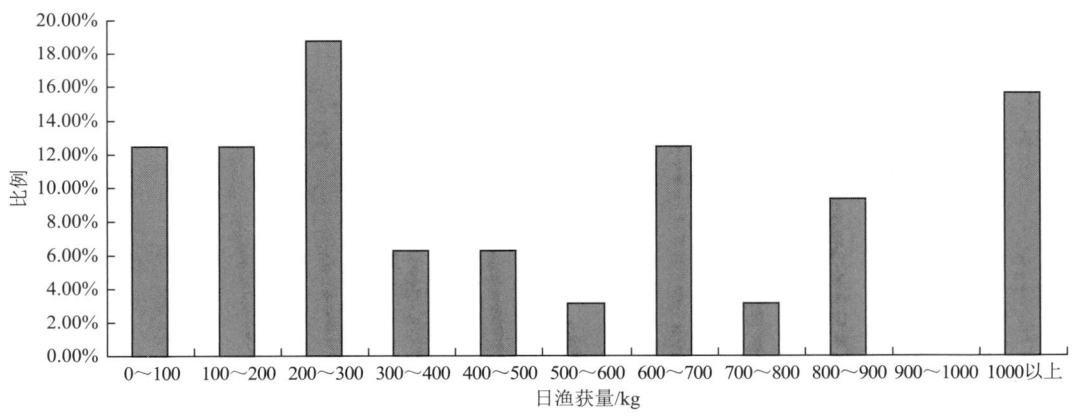

图 2-3-17　第三航次总计日渔获量分布

第三航次的渔获物较多，平均日产量为 512.27kg，分布也比较广，除了 900～1000kg 没有出现之外，其余的区间都有分布，其中 200～300kg 出现次数最多，6 次，占 18.75%。其次是 1000kg 以上的，5 次，占 15.63%。最少的是 500～600kg 和 700～800kg，各出现 1 次，各占 3.13%。

（2）大眼金枪鱼

本航次单船日均产量为 273.94kg，平均净重 30.66kg，日均渔获尾数 8.93 尾。日产量在 0～100kg 的有 10 次，占 32.2%；日产量在 100～200kg 的有 11 次，占 35.5%；日产量在 200~300kg 的有 1 次，占 3.2%；日产量在 300~400kg 的有 3 次，占 9.7%；日产量在 600~700kg 的有 1 次，占 3.2%；日产量在 700~800kg 的有 2 次，占 6.5%；日产量在 800~900kg 的有 2 次，占 6.5%；日产量在 1000~1100kg 的有 1 次，占 3.2%。日产量以在 100~200kg 为主（图 2-3-18A）。

（3）黄鳍金枪鱼

本航次单船日均产量为 256.82kg，平均净重 22.55kg，日均渔获尾数 11.39 尾。日产量在 0~100kg 的有 9 次，占 29.0%；日产量在 100~200kg 的有 10 次，占 32.2%；日产量在 200~300kg 的有 4 次，占 12.9%；日产量在 300~400kg 的有 1 次，占 3.2%；日产量在 400~500kg 的有 4 次，占 12.9%；日产量在 500~600kg 的有 1 次，占 3.2%；日产量在 800~900kg 的有 1 次，占 3.2%；日产量在 1700~1800kg 的有 1 次，占 3.2%。日产量以在 100~200kg 为主（图 2-3-18B）。

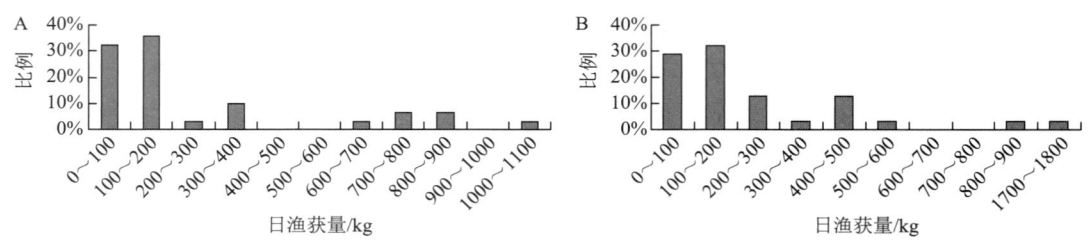

图 2-3-18　大眼金枪鱼（A）和黄鳍金枪鱼（B）日渔获量分布

3.2.3.2　上钩率情况

（1）大眼金枪鱼、黄鳍金枪鱼总计

第三航次两艘船只各作业 15 次，平均上钩率 12.31 尾/千钩。上钩率在 10 尾/千钩以上的出现频率最高，14 次，占 46.7%（表 2-3-3）。

（2）大眼金枪鱼

第三航次，平均上钩率 5.29 尾/千钩。上钩率在 2~4 尾/千钩的出现频率最高，9 次，占 30%（表 2-3-4）。

（3）黄鳍金枪鱼

第三航次，平均上钩率 7.46 尾/千钩。上钩率在 2~4 尾/千钩的出现频率最高，8 次，占 26.67%（表 2-3-5）。

3.2.4　第四航次

第四航次调查时间 2005 年 11 月 19~27 日，调查海域北纬 6°37′~8°06′，东经 61°58′~69°42′，共 17 个站点。

3.2.4.1　渔获量情况

（1）大眼金枪鱼、黄鳍金枪鱼总计

大眼金枪鱼、黄鳍金枪鱼总计日渔获量等级分布见图 2-3-19。

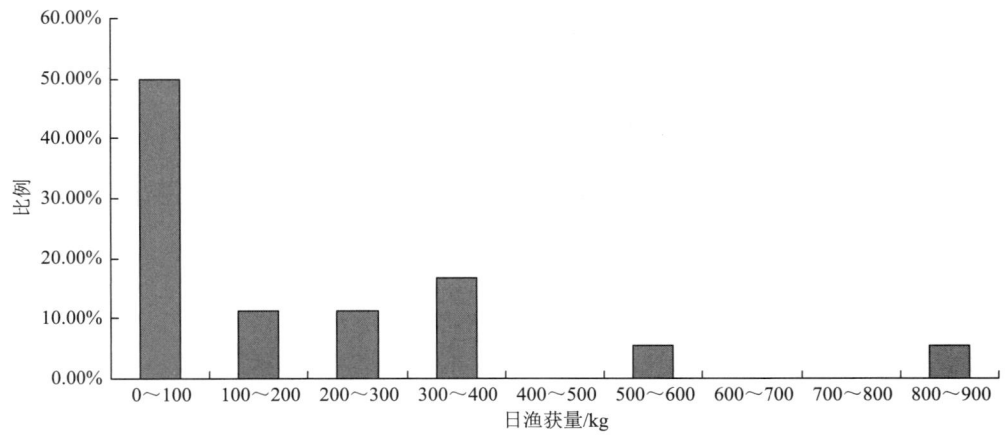

图 2-3-19　第四航次总计日渔获量分布

第四航次的平均日渔获量 199.56kg。从图 2-3-19 可以看出：只有 6 个区间有分布，出现频率最高的是 0～100kg，9 次，占 50%，其次是 300～400kg，3 次，占 16.67%，最少的是日渔获量在 500～600kg 和 800～900kg 的，各出现 1 次，各占 5.56%。

（2）大眼金枪鱼

本航次单船日均产量为 157kg，平均净重 38.13kg，日均渔获尾数 4.12 尾。日产量在 0～100kg 的有 10 次，占 58.8%；日产量在 100～200kg 的有 1 次，占 5.9%；日产量在 200～300kg 的有 4 次，占 23.5%；日产量在 400～500kg 的有 1 次，占 5.9%；日产量在 700～800kg 的有 1 次，占 5.9%。日产量以 0～100kg 为主（图 2-3-20A）。

（3）黄鳍金枪鱼

本航次单船日均产量为 54.29kg，平均净重 22.51kg，日均渔获尾数 2.41 尾。日产量在 0～100kg 的有 14 次，占 82.4%；日产量在 100～200kg 的有 2 次，占 11.8%；日产量在 200～300kg 的有 1 次，占 5.9%。日产量以 0～100kg 为主（图 2-3-20B）。

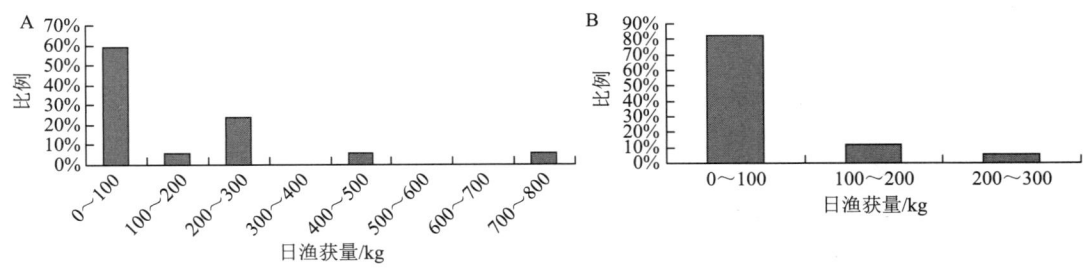

图 2-3-20　大眼金枪鱼（A）和黄鳍金枪鱼（B）日渔获量分布

3.2.4.2　上钩率情况

（1）大眼金枪鱼、黄鳍金枪鱼总计

第四航次两艘船各作业 8 次，平均上钩率 4.87 尾/千钩。上钩率在 0～2 尾/千钩的出现频率最高，7 次，占 43.75%（表 2-3-3）。

(2) 大眼金枪鱼

第四航次，平均上钩率 2.96 尾/千钩。上钩率在 0～2 尾/千钩的出现频率最高，11 次，占 61.11%。最低上钩率为 0，最高上钩率为 16.67 尾/千钩（表 2-3-4）。

(3) 黄鳍金枪鱼

第四航次，平均上钩率 1.75 尾/千钩。上钩率在 0～2 尾/千钩的出现频率最高，12 次，占 66.67%。最低上钩率为 0，最高上钩率为 10.53 尾/千钩（表 2-3-5）。

3.2.5 第五航次

第五航次调查时间 2005 年 12 月 6～12 日，调查海域北纬 5°02′～6°58′，东经 68°08′～70°29′，共 14 个站点。

3.2.5.1 渔获量情况

(1) 大眼金枪鱼、黄鳍金枪鱼总计

大眼金枪鱼、黄鳍金枪鱼总计日渔获量等级分布见图 2-3-21。

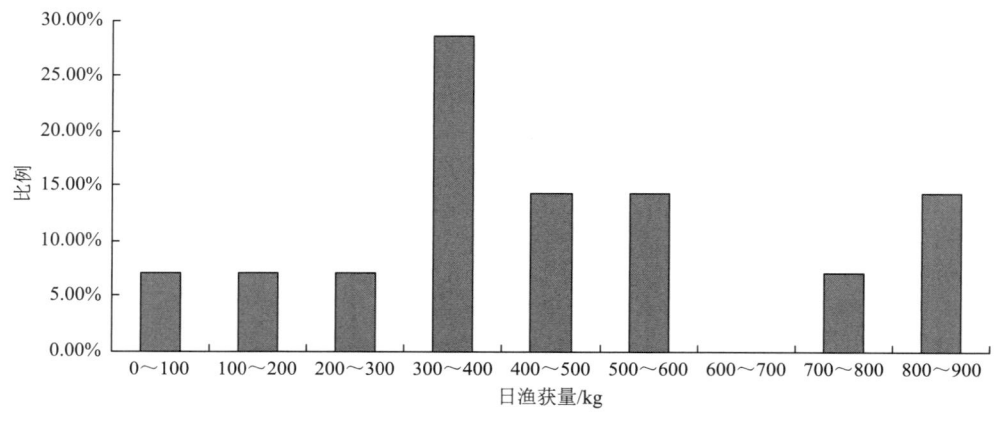

图 2-3-21 第五航次渔获量分布

第五航次的平均日渔获量为 458.14kg。从图 2-3-21 可以看出，出现频率最高的是 300～400kg，4 次，占 28.57%，没有出现 600～700kg。

(2) 大眼金枪鱼

本航次单船日均产量为 351.71kg，平均净重 35.42kg，日均渔获尾数 9.93 尾。日产量在 0～100kg 的有 1 次，占 7.1%；日产量在 100～200kg 的有 2 次，占 14.3%；日产量在 200～300kg 的有 2 次，占 14.3%；日产量在 300～400kg 的有 5 次，占 35.7%；日产量在 400～500kg 的有 2 次，占 14.3%。日产量在 600～700kg 的有 1 次，占 7.1%；日产量在 800～900kg 的有 1 次，占 7.1%。日产量以在 300～400kg 为主（图 2-3-22A）。

(3) 黄鳍金枪鱼

本航次单船日均产量为 106.43kg，平均净重 22.58kg，日均渔获尾数 4.71 尾。日产量在 0～100kg 的有 8 次，占 57.1%；日产量在 100～200kg 的有 4 次，占 28.6%；日产量在

200～300kg 的有 1 次，占 7.1%；日产量在 300～400kg 的有 1 次，占 7.1%。日产量以在 0～100kg 为主（图 2-3-22B）。

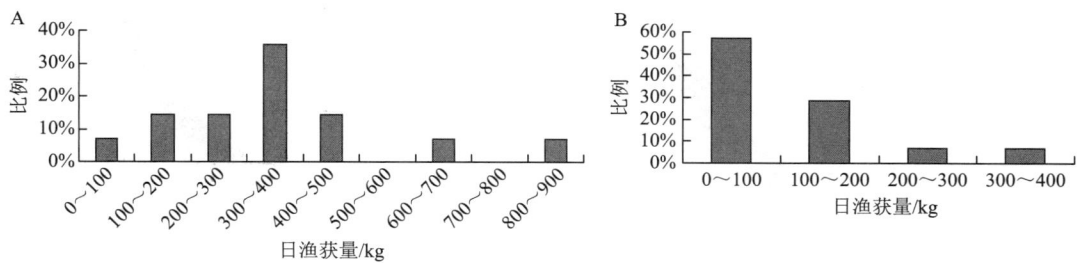

图 2-3-22 大眼金枪鱼（A）和黄鳍金枪鱼（B）日渔获量分布

3.2.5.2 上钩率情况

（1）大眼金枪鱼、黄鳍金枪鱼总计

第五航次两艘船只各作业 7 次，平均上钩率 6.57 尾/千钩。上钩率在 4～6 尾/千钩的出现频率最高，4 次，占 28.57%，出现频率最低为 8～10 尾/千钩，1 次，占 7.14%（表 2-3-3）。

（2）大眼金枪鱼

第五航次，平均上钩率 4.51 尾/千钩。上钩率在 4～6 尾/千钩的出现频率最高，6 次，占 42.86%（表 2-3-4）。

（3）黄鳍金枪鱼

第五航次，平均上钩率 2.13 尾/千钩。上钩率在 0～2 尾/千钩的出现频率最高，9 次，占 64.29%（表 2-3-5）。

4 主要金枪鱼种类生物学特性

4.1 大眼金枪鱼

调查期间对所捕获的 428 尾大眼金枪鱼的叉长、加工后重（去鳃、去内脏重）、性别等数据进行了测定，其中雄性 245 尾、雌性 147 尾，雄性与雌性的性别比例约为 1.67∶1，另有 36 尾未作鉴定。雄性样本叉长范围为 0.97～1.90m，加工后重范围为 14～124kg；雌性样本叉长范围为 0.88～1.81m，加工后重范围为 12～98kg。样本总加工后重为 21 254.5kg，样本平均加工后重为 33.9kg/尾。调查期间大眼金枪鱼渔获物的总尾数为 627 尾，取样（尾数）覆盖率为 68.26% 左右，由于记录的数据不全，因此对于不同的研究项目分析时所用到的尾数不同。

4.1.1 叉长、加工后重、原条鱼重之间的关系

整个调查期间，不分性别的大眼金枪鱼叉长与加工后重的关系（使用 413 尾数据）和叉长与原条鱼重的关系（使用 318 尾数据）通过幂函数回归得图 2-4-1。

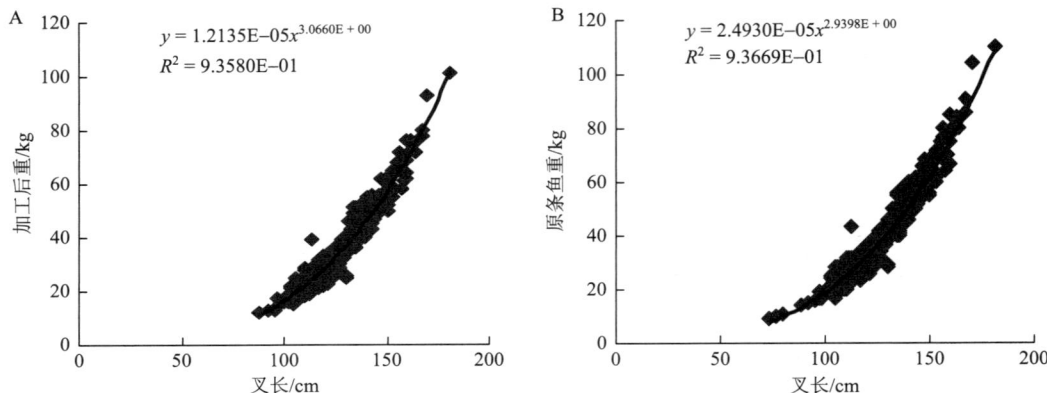

图 2-4-1　不分性别的大眼金枪鱼叉长与加工后重的关系（A）和叉长与原条鱼重的关系（B）

由图 2-4-1 得，印度洋不分性别的大眼金枪鱼叉长与加工后重的关系、叉长与原条鱼重的关系分别为

$$y = 1.2135 \times 10^{-5} x^{3.0660} \quad R^2 = 0.9358 \quad (2\text{-}4\text{-}1)$$

式中，y 表示加工后重，x 表示叉长。

$$y = 2.493 \times 10^{-5} x^{2.9398} \quad R^2 = 0.9367 \quad (2\text{-}4\text{-}2)$$

式中，y 表示原条鱼重，x 表示叉长。

雌性（使用 143 尾数据）、雄性（使用 243 尾数据）叉长与加工后重的关系通过幂函数回归得图 2-4-2。

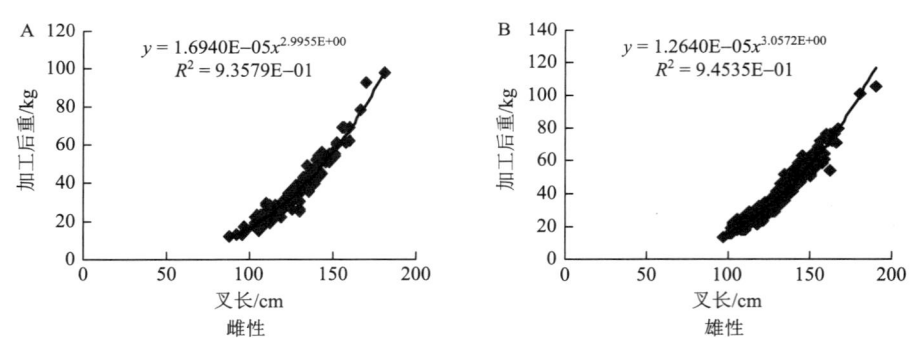

图 2-4-2　分性别叉长与加工后重的关系

雄性：
$$y = 1.264 \times 10^{-5} x^{3.0572} \quad R^2 = 0.9454 \quad (2\text{-}4\text{-}3)$$

雌性：
$$y = 1.694 \times 10^{-5} x^{2.9955} \quad R^2 = 0.9358 \quad (2\text{-}4\text{-}4)$$

大眼金枪鱼不分性别原条鱼重与加工后重的关系通过线性回归得图 2-4-3。

从图 2-4-3 可以得出，两者的关系为

$$y = 0.9029x \quad R^2 = 0.9949 \quad (2\text{-}4\text{-}5)$$

式中，y 为加工后重，x 为原条鱼重，下同。

雌性（123 尾）、雄性（192 尾）的原条鱼重与加工后重的关系通过线性回归得图 2-4-4。

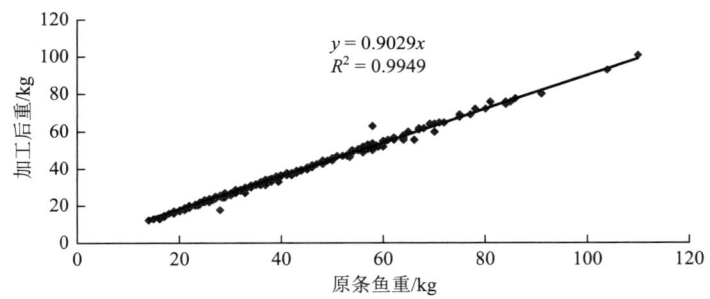

图 2-4-3 大眼金枪鱼原条鱼重与加工后重的关系

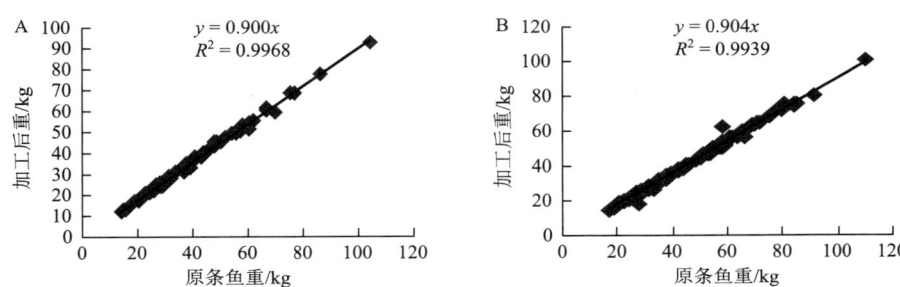

图 2-4-4 大眼金枪鱼雌性（A）、雄性（B）原条鱼重与加工后重的关系

由图 2-4-4 得出：

雄性： $y = 0.904x$　　$R^2 = 0.9939$　　　　　　　　　（2-4-6）

雌性： $y = 0.900x$　　$R^2 = 0.9968$　　　　　　　　　（2-4-7）

4.1.2 叉长分布

（1）整个调查期间

调查期间，共测定了 421 尾大眼金枪鱼的叉长，最小叉长为 0.73m，最大叉长为 2.06m，平均叉长为 1.25m。整个调查期间的大眼金枪鱼的叉长分布见图 2-4-5，其中 1.10～1.25m 为优势叉长，占 43.26%。

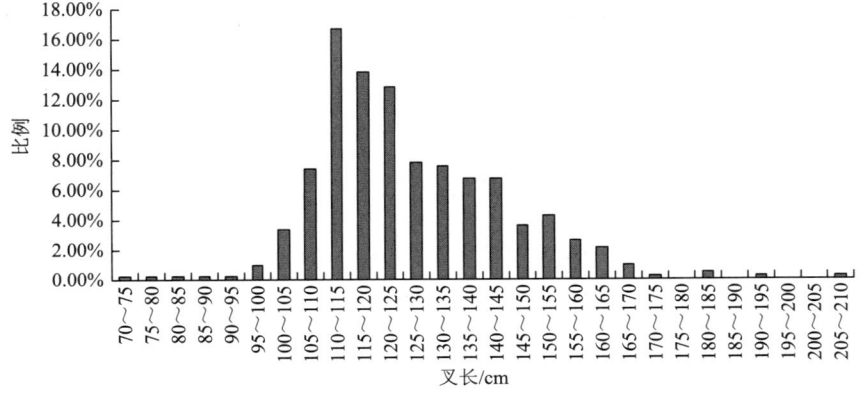

图 2-4-5 调查期间大眼金枪鱼叉长分布

（2）雌性（使用 148 尾数据）、雄性（使用 243 尾数据）叉长分布

雌性最小叉长为 0.88m，最大叉长为 1.81m；雄性最小叉长为 0.97m，最大叉长为 2.06m，如图 2-4-6 所示。

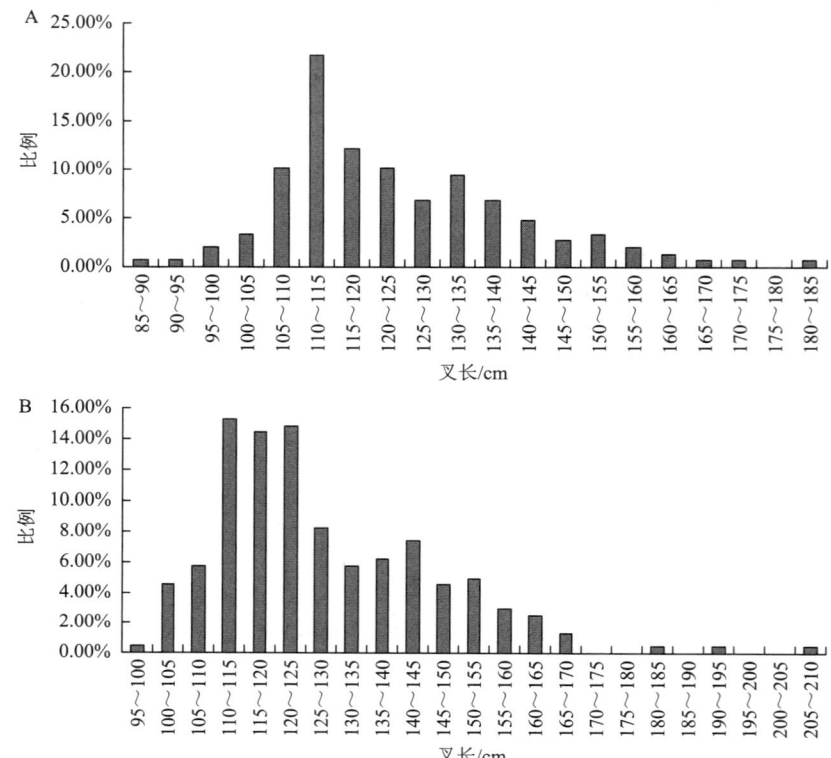

图 2-4-6　大眼金枪鱼雌性（A）和雄性（B）叉长分布

由图 2-4-6 得，雌性的优势叉长为 1.05～1.25m，占 54.05%。雄性的优势叉长为 1.10～1.30m，占 52.26%。

（3）分航次

按航次划分的大眼金枪鱼渔获物叉长分布情况见表 2-4-1。

表 2-4-1　5 个航次大眼金枪鱼渔获物叉长分布情况

叉长/cm	第一航次		第二航次		第三航次		第四航次		第五航次	
	尾数	比例/%	尾数	比例/%	尾数	比例/%	尾数	比例/%	尾数	比例/%
70～75	0	0	0	0	0	0	0	0	1	0.82
75～80	0	0	0	0	0	0	0	0	1	0.82
80～85	0	0	0	0	0	0	0	0	1	0.82
85～90	1	1.08	0	0	0	0	0	0	0	0
90～95	0	0	0	0	1	0.85	0	0	0	0
95～100	2	2.15	0	0	1	0.85	0	0	1	0.82

续表

叉长/cm	第一航次		第二航次		第三航次		第四航次		第五航次	
	尾数	比例/%	尾数	比例/%	尾数	比例/%	尾数	比例/%	尾数	比例/%
100~105	4	4.30	1	4.35	8	6.84	3	4.55	0	0
105~110	3	3.23	6	26.08	9	7.70	3	4.55	10	8.2
110~115	17	18.28	9	39.13	23	19.66	5	7.58	16	13.11
115~120	10	10.75	3	13.04	20	17.09	8	12.12	12	9.84
120~125	12	12.90	0	0	11	9.41	15	22.72	8	6.56
125~130	7	7.53	2	8.7	9	7.96	3	4.55	12	9.84
130~135	5	5.40	2	8.7	14	11.97	3	4.55	6	4.92
135~140	6	6.45	0	0	4	3.42	6	9.10	2	1.64
140~145	11	11.83	0	0	2	1.71	9	13.63	8	6.56
145~150	7	7.49	0	0	6	5.13	0	0	5	4.09
150~155	2	2.15	0	0	4	3.42	4	6.06	3	2.46
155~160	2	2.15	0	0	1	0.85	3	4.55	1	0.82
160~165	2	2.15	0	0	3	2.56	1	1.51	0	0
165~170	1	1.08	0	0	1	0.85	1	1.51	0	0
170~175	1	1.08	0	0	0	0	0	0	1	0.82
175~180	0	0	0	0	0	0	0	0	0	0
180~185	0	0	0	0	0	0	1	1.51	0	0
185~190	0	0	0	0	0	0	0	0	0	0
190~195	0	0	0	0	0	0	1	1.51	0	0
195~200	0	0	0	0	0	0	0	0	0	0
200~205	0	0	0	0	0	0	0	0	0	0
205~210	0	0	0	0	0	0	0	0	1	0.82

第一航次：作业时间为 2005 年 9 月 13~25 日，样本平均叉长为 1.27m。

第二航次：作业时间为 2005 年 10 月 5~13 日，样本平均叉长为 1.14m。

第三航次：作业时间为 2005 年 10 月 23 日至 11 月 6 日，样本平均叉长为 1.22m。

第四航次：作业时间为 2005 年 11 月 19~27 日，样本平均叉长为 1.30m。

第五航次：作业时间为 2005 年 12 月 6~12 日，样本平均叉长为 1.27m。

由此可知，第四航次所得的渔获物的平均叉长最大，第二航次渔获物叉长最小（尾数较少），而其他 3 个航次的平均叉长相差不大。

4.1.3 成熟度

（1）整个调查期间

共测定了 362 尾大眼金枪鱼的性腺成熟度，雌性 139 尾，雄性 223 尾，1~6 级的性腺成熟度都有分布。对于整个调查期间，成熟度 2 级的比例较高，占 61.88%。其他依次为 3 级、4 级、5 级、1 级、6 级；对于不同的航次来说，2 级所占比例都很大。具体如图 2-4-7 所示。

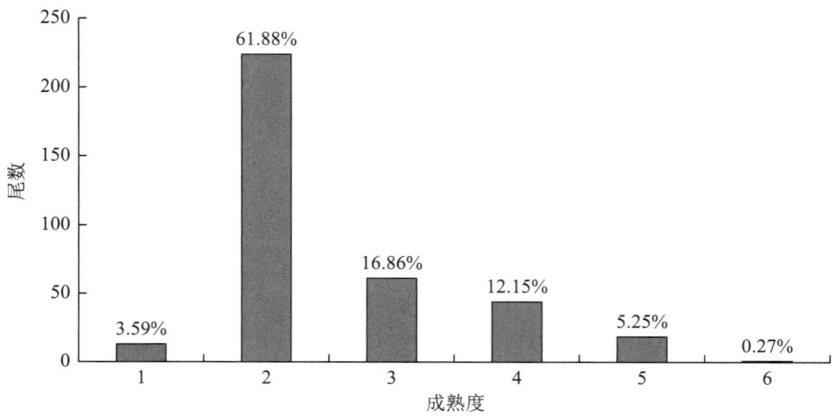

图 2-4-7　整个调查期间大眼金枪鱼成熟度分布

对于雌性大眼金枪鱼，2 级所占的比例很大，约 55.40%，其次是 3 级、4 级。具体如表 2-4-2 所示。对于雄性大眼金枪鱼，依然是 2 级所占比例较大，约 65.91%，其次是 3 级、4 级。具体如表 2-4-2 所示。

表 2-4-2　雌雄大眼金枪鱼的成熟度分布

等级	雌性		雄性	
	尾数	占雌性比例/%	尾数	占雄性比例/%
1	4	2.88	9	4.04
2	77	55.40	147	65.91
3	28	20.14	33	14.80
4	18	12.95	26	11.66
5	12	8.63	7	3.14
6	0	0	1	0.45
总计	139	100	223	100

（2）分航次

此次调查共计 5 个航次，在每个航次中，大眼金枪鱼成熟度所占比例最多的是 2 级，分别占 68.81%、86.96%、63.79%、41.18%和 54.16%。第二航次由于捕捞的金枪鱼数量较少，记录的成熟度也少，因此只有三个等级，但是有一尾雄性为 6 级，其余的两个等级是 1 级和 2 级。其余的几个航次只有成熟度为 1~5 级的金枪鱼，具体分布见表 2-4-3。

表 2-4-3　大眼金枪鱼分航次成熟度分布

航次	成熟度											
	1		2		3		4		5		6	
	尾数	比例/%	尾数	比例/%	尾数	比例/%	尾数	比例/%	尾数	比例/%	尾数	比例/%
1	3	3.23	64	68.81	13	13.98	9	9.68%	4	4.3%	0	0
2	2	8.7	20	86.96	0	0	0	0	0	0	1	4.34
3	8	6.9%	74	63.79	17	14.66	12	10.34	5	4.31	0	0

续表

航次	成熟度											
	1		2		3		4		5		6	
	尾数	比例/%	尾数	比例/%	尾数	比例/%	尾数	比例/%	尾数	比例/%	尾数	比例/%
4	0	0	14	41.18	10	29.41	7	20.59	3	8.82	0	0
5	0	0	52	54.16	21	21.88	16	16.67	7	7.29	0	0
总计	13	3.59	224	61.88	61	16.86	44	12.15	19	5.25	1	0.27

4.1.4 成熟系数

整个调查期间对大眼金枪鱼进行了不分性别和分雌雄的成熟系数的比较，其中不分性别共有362尾，雌性、雄性分别为139尾和223尾。成熟系数 = 性腺重÷纯重（加工后重量）×100，具体见表2-4-4。

表2-4-4 大眼金枪鱼不分性别和分雌雄的成熟系数

性别	尾数	成熟系数（平均数）
不分性别	362	0.4403
雌性	139	0.7536
雄性	223	0.2451

从表2-4-4可知，大眼金枪鱼的成熟系数不是很高，性腺还没有发育成熟，而雌性的成熟系数明显大于雄性的，高达0.7536。

4.1.5 摄食

（1）整个调查期间

观察333尾大眼金枪鱼，大部分的摄食等级为2级和1级（分别占38.14%和23.72%）。0级、3级、4级相对较少（分别占19.22%、13.51%和5.41%）。具体如图2-4-8所示。

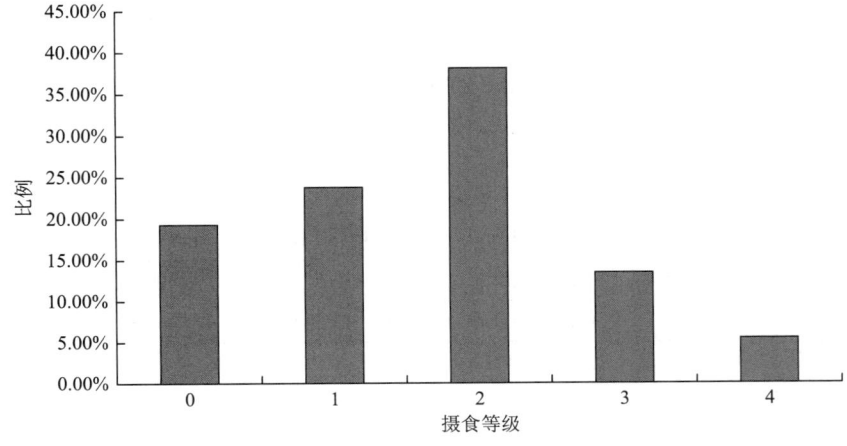

图2-4-8 大眼金枪鱼摄食等级分布

大眼金枪鱼摄食种类非常广泛，但以虾类、鱿鱼、蟹类和杂鱼等为主。胃含物中虾类的出现频率最高，所占比例为 25.19%。其他依次为鱿鱼、杂鱼和帆蜥，所占的比例分别为 20.78%、20.52% 和 16.62%。具体如图 2-4-9 所示。

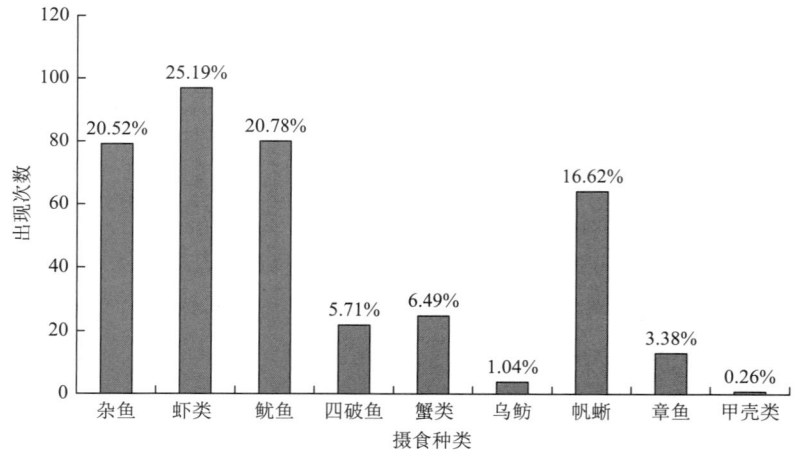

图 2-4-9　整个调查期间大眼金枪鱼胃含物中各摄食种类的出现频率

（2）分航次

从 5 个航次的渔获物胃含物来看：

第一航次中虾类的比例最高，达 35.29%，其次是杂鱼和鱿鱼，分别为 27.73% 和 15.97%。没有发现章鱼和其他甲壳类。

第二航次中杂鱼的比例最高，达 35.22%，其次是鱿鱼和虾类，分别为 29.41% 和 23.53%。没有发现四破鱼、乌鲂和其他甲壳类。

第三航次中仍然是虾类比例较高，达到 25.81%，其次是鱿鱼和帆蜥，分别为 21.77% 和 18.55%。发现了其他甲壳类（也只有在这个航次中出现），但是出现频率很低，只有 0.81%。

第四航次中帆蜥的出现频率最高，达 38.46%。其次是鱿鱼，为 34.62%。没有发现蟹类、乌鲂和其他甲壳类。

第五航次中帆蜥出现的频率最高，达 26.83%，其次是鱿鱼和虾类，分别为 18.29% 和 15.85%。没有发现乌鲂和其他甲壳类。

每个航次的具体分布如表 2-4-5 所示。

表 2-4-5　分航次各摄食种类的出现频率

种类	第一航次		第二航次		第三航次		第四航次		第五航次	
	尾数	比例/%	尾数	比例/%	尾数	比例/%	尾数	比例/%	尾数	比例/%
杂鱼	33	27.73	12	35.22	21	16.94	2	7.69	11	13.41
虾类	42	35.29	8	23.53	32	25.81	2	7.69	13	15.85
鱿鱼	19	15.97	10	29.41	27	21.77	9	34.62	15	18.29

续表

种类	第一航次		第二航次		第三航次		第四航次		第五航次	
	尾数	比例/%	尾数	比例/%	尾数	比例/%	尾数	比例/%	尾数	比例/%
四破鱼	7	5.88	0	0	9	7.26	1	3.85	5	6.10
蟹类	9	7.56	1	2.94	3	2.42	0	0	12	14.63
乌鲂	2	1.68	0	0	2	1.61	0	0	0	0
帆蜥	7	5.88	2	5.88	23	18.55	10	38.46	22	26.83
章鱼	0	0	1	2.94	6	4.84	2	7.69	4	4.88
其他甲壳类	0	0	0	0	1	0.81	0	0	0	0

5 个航次大眼金枪鱼的摄食等级具体数据见表 2-4-6。

表 2-4-6 大眼金枪鱼分航次的摄食等级分布

航次	摄食等级									
	0		1		2		3		4	
	尾数	比例/%	尾数	比例/%	尾数	比例/%	尾数	比例/%	尾数	比例/%
1	8	8.79	27	29.67	32	35.16	18	19.78	6	6.59
2	2	10	5	25	7	35	6	30	0	0
3	20	20.62	15	15.46	42	43.3	15	15.46	5	5.15
4	10	31.25	9	28.13	9	28.13	0	0	4	12.5
5	24	25.81	23	24.73	37	39.78	6	6.45	3	3.23

这里的比例是占每个航次的比例。前三个航次和第五个航次比例最高的摄食等级为 2 级，分别为 35.16%、35%、43.3% 和 39.78%。第四航次比例最高的摄食等级为 0 级，占 31.25%。

4.1.6 死活状况

整个调查期间观测了 425 尾大眼金枪鱼捕捞到甲板上时的死活状况，但同时记录性别的只有 392 尾，见表 2-4-7。

表 2-4-7 大眼金枪鱼不分性别、雌性和雄性的死活状况

性别	状况	尾数	百分比
不分性别	活	245	57.65%
	死	180	42.35%
雌性	活	91	61.49%
	死	57	38.51%
雄性	活	140	57.38%
	死	104	42.62%

从表 2-4-7 得出：不分性别、雌性和雄性的大眼金枪鱼捕捞到甲板上时以活鱼较多，占 57%～62%。

4.2 黄鳍金枪鱼

调查期间对所捕获的 377 尾黄鳍金枪鱼的叉长、加工后重（去鳃、去内脏重）、性别等数据进行了测定，其中雄性 212 尾、雌性 135 尾，雄性与雌性的性别比例约为 1.57∶1，另有 30 尾未作鉴定。雄性样本叉长范围为 0.94～1.50m，加工后重范围为 12～60kg；雌性样本叉长范围为 0.96～1.42m，加工后重范围为 10～45kg。样本总加工后重为 8801kg，样本平均加工后重为 23.34kg/尾。调查期间黄鳍金枪鱼渔获物的总尾数为 516 尾，总重 12139.5kg，平均重量为 23.53kg/尾。由于记录的数据不全，因此对于不同的研究项目分析时所用到的尾数不同。

4.2.1 叉长、加工后重、原条鱼重之间的关系

整个调查期间，不分性别黄鳍金枪鱼叉长与加工后重的关系和叉长与原条鱼重的关系通过幂函数回归得图 2-4-10。前者用了 364 尾的数据，后者用了 258 尾的数据。

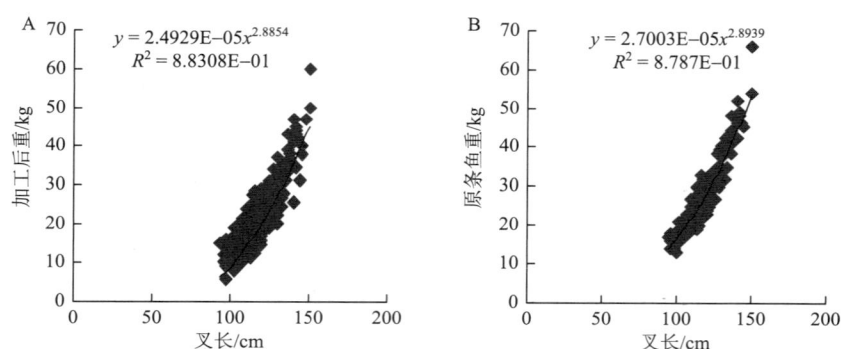

图 2-4-10　黄鳍金枪鱼叉长与加工后重的关系（A）和叉长与原条鱼重的关系（B）

由图 2-4-10 得不分性别黄鳍金枪鱼叉长与加工后重的关系：

$$y = 2.4929 \times 10^{-5} x^{2.8854} \quad R^2 = 0.8831 \quad (2\text{-}4\text{-}8)$$

式中，y 表示加工后重，x 表示叉长。

不分性别黄鳍金枪鱼叉长与原条鱼重的关系：

$$y = 2.7003 \times 10^{-5} x^{2.8939} \quad R^2 = 0.8787 \quad (2\text{-}4\text{-}9)$$

式中，y 表示原条鱼重，x 表示叉长。

雌性（134 尾）、雄性（212 尾）叉长与加工后重量的关系通过幂函数回归得图 2-4-11。

雄性：
$$y = 2.0471 \times 10^{-5} x^{2.9279} \quad R^2 = 0.8979 \quad (2\text{-}4\text{-}10)$$

雌性：
$$y = 2.4826 \times 10^{-5} x^{2.8869} \quad R^2 = 0.8682 \quad (2\text{-}4\text{-}11)$$

黄鳍金枪鱼不分性别原条鱼重和加工后重的关系通过线性回归得图 2-4-12。

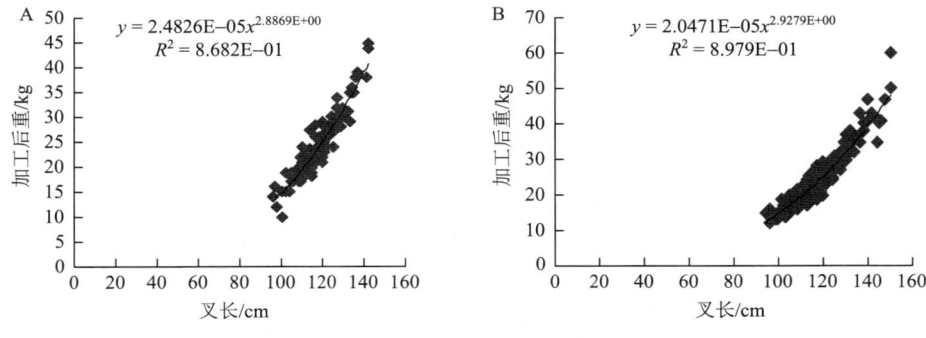

图 2-4-11 雌性（A）、雄性（B）叉长与加工后重的关系

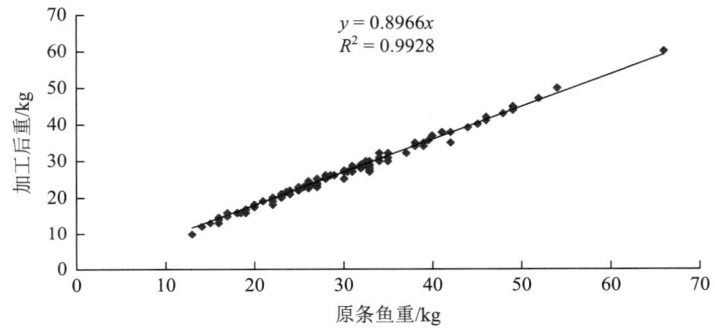

图 2-4-12 黄鳍金枪鱼原条鱼重和加工后重的关系

由图 2-4-12 得 $y = 0.8966x$ $R^2 = 0.9928$ （2-4-12）

雌性（92 尾）、雄性（162 尾）原条鱼重与加工后重的关系通过线性回归得图 2-4-13。

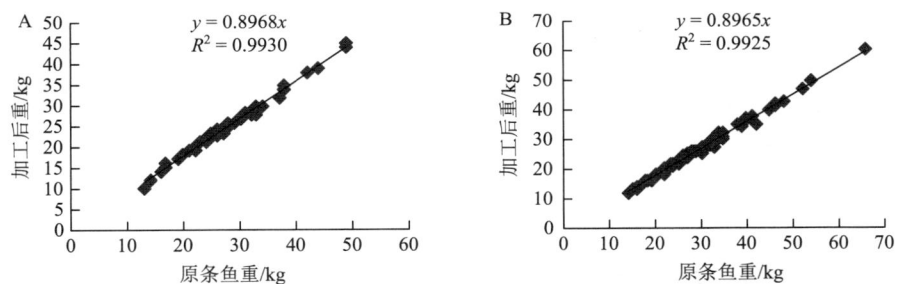

图 2-4-13 黄鳍金枪鱼雌性（A）、雄性（B）原条鱼重与加工后重的关系

由图 2-4-13 得

雄性： $y = 0.8965x$ $R^2 = 0.9925$ （2-4-13）

雌性： $y = 0.8968x$ $R^2 = 0.9930$ （2-4-14）

4.2.2 叉长分布

（1）整个调查期间

调查期间，共测定了 366 尾黄鳍金枪鱼的叉长，最小叉长为 0.94m，最大叉长为 1.50m，

平均叉长为 1.17m。其中 1.00~1.20m 为优势叉长，占 71.86%。整个调查期间的大眼金枪鱼的叉长分布见图 2-4-14。

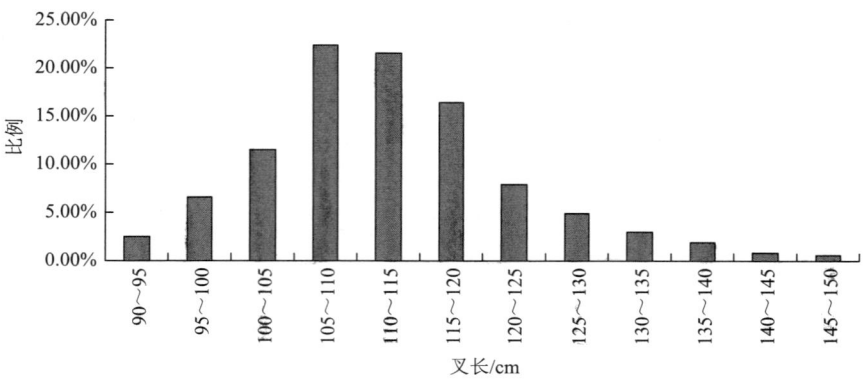

图 2-4-14　调查期间黄鳍金枪鱼的叉长分布

（2）雌性（134）、雄性（212）叉长分布见图 2-4-15

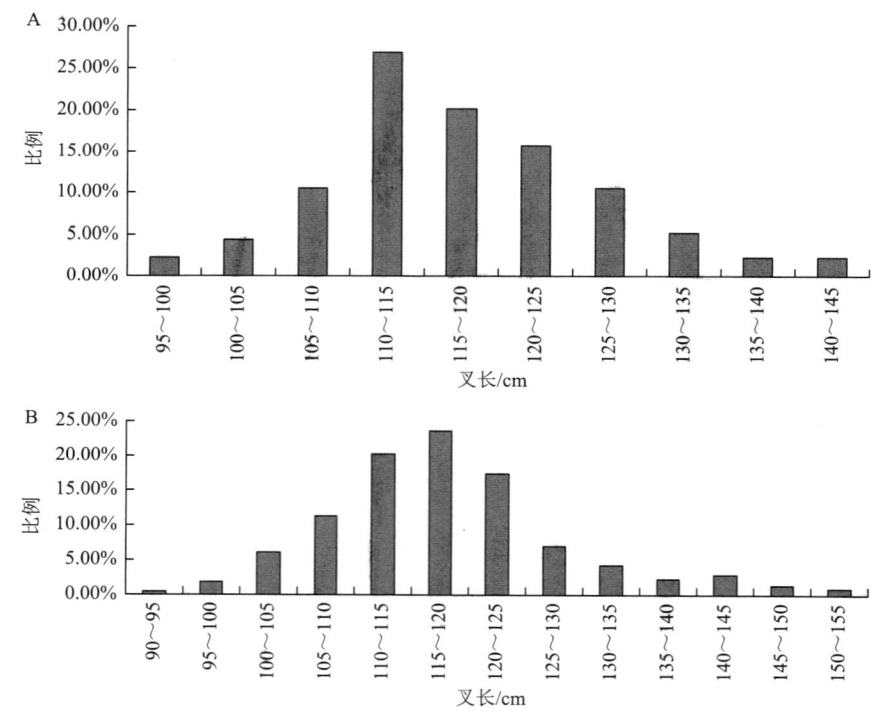

图 2-4-15　黄鳍金枪鱼雌性（A）和雄性（B）叉长分布

（3）分航次叉长分布情况

第一航次：作业时间为 2005 年 9 月 13~25 日。样本平均叉长为 1.23m；第二航次：作业时间为 2005 年 10 月 5~13 日，样本平均叉长为 1.26m；第三航次：作业时间为 2005 年 10 月 23 日至 11 月 6 日，样本平均叉长为 1.16m；第四航次：作业时间为 2005 年 11

月 19～27 日，样本平均叉长为 1.17m；第五航次：作业时间为 2005 年 12 月 6～12 日，样本平均叉长为 1.17m。由于第二航次所得的渔获物很少，代表性差，从其他几个航次来看，第一航次的平均叉长最大为 1.23m，而其他 3 个航次的平均叉长基本相同，为 1.16m 左右。按航次划分的黄鳍金枪鱼渔获物叉长分布情况见表 2-4-8。

表 2-4-8　5 个航次黄鳍金枪鱼渔获物叉长分布情况

叉长/cm	第一航次		第二航次		第三航次		第四航次		第五航次	
	尾数	比例/%	尾数	比例/%	尾数	比例/%	尾数	比例/%	尾数	比例/%
90～95	0	0	0	0	1	0.47	0	0	0	0
95～100	2	4.55	0	0	5	2.36	0	0	1	1.56
100～105	4	9.09	0	0	16	7.55	1	2.44	3	4.69
105～110	1	2.27	1	16.67	30	14.15	5	12.2	5	7.81
110～115	4	9.09	0	0	49	23.11	11	26.83	18	28.13
115～120	7	15.91	1	16.67	46	21.17	8	19.51	17	26.56
120～125	14	31.82	1	16.67	26	12.26	8	19.51	12	18.75
125～130	5	11.36	1	16.67	17	8.02	5	12.2	1	1.56
130～135	4	9.09	0	0	8	3.77	1	2.44	5	7.81
135～140	0	0	1	16.67	7	3.3	0	0	0	0
140～145	1	2.27	1	16.67	5	2.36	1	2.44	2	3.13
145～150	0	0	0	0	2	0.94	1	2.44	0	0
150～155	2	4.55	0	0	0	0	0	0	0	0

4.2.3　成熟度

（1）整个调查期间

共测定了 330 尾黄鳍金枪鱼的性腺成熟度，雌性 127 尾，雄性 203 尾，1～4 级、6 级的性腺成熟度都有分布。对于整个调查期间，成熟度 2 级的比例较高，占 89.09%。其他依次为 3 级、1 级、4 级、6 级；对于不同的航次来说，2 级所占比例都很大。具体如图 2-4-16 所示。

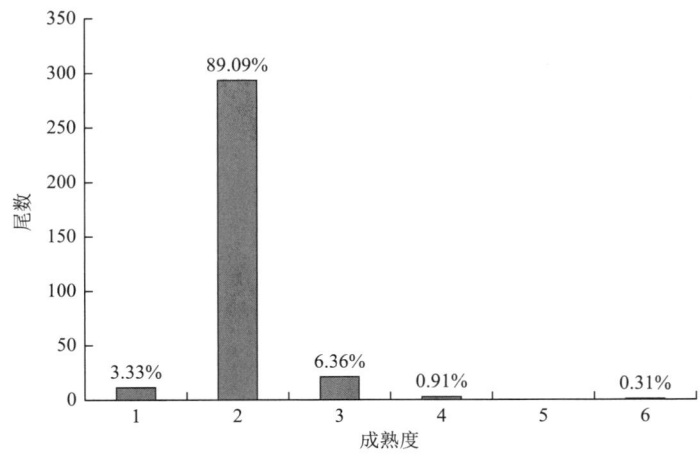

图 2-4-16　黄鳍金枪鱼整个调查期间成熟度分布

对于雌性黄鳍金枪鱼，2 级所占比例很大，约 88.98%，其次是 3 级。具体如表 2-4-9 所示。对于雄性黄鳍金枪鱼，依然是 2 级所占比例大，约 89.16%，其次是 3 级、1 级。具体如表 2-4-9 所示。

表 2-4-9 黄鳍金枪鱼性腺成熟度分布

等级	雌性		雄性	
	尾数	占雌性比例/%	尾数	占雄性比例/%
1	2	1.57	9	4.43
2	113	88.98	181	89.16
3	9	7.09	12	5.91
4	2	1.57	1	0.5
5	0	0	0	0
6	1	0.79	0	0
总计	127	100	203	100

（2）分航次

此次调查共计 5 个航次，在第一、三、四和五航次中，黄鳍金枪鱼成熟度比例最多的是 2 级，分别为 88.1%、87.82%、80% 和 98.18%。第二航次由于捕捞的金枪鱼数量较少，记录的 6 尾金枪鱼全部为 2 级，其余的都没有分布。第三航次出现了 1 尾 6 级的。其余的都没有 5 级和 6 级。具体分布见表 2-4-10。

表 2-4-10 黄鳍金枪鱼分航次成熟度分布

航次	成熟度											
	1		2		3		4		5		6	
	尾数	比例/%	尾数	比例/%	尾数	比例/%	尾数	比例/%	尾数	比例/%	尾数	比例/%
1	3	7.14	37	88.1	2	4.76	0	0	0	0	0	0
2	0	0	6	100	0	0	0	0	0	0	0	0
3	8	4.06	173	87.82	14	7.12	1	0.5	0	0	1	0.5
4	0	0	24	80	4	13.33	2	6.67	0	0	0	0
5	0	0	54	98.18	1	1.82	0	0	0	0	0	0
总计	11	3.33	294	89.09	21	6.36	3	0.91	0	0	1	0.30

4.2.4 成熟系数

整个调查期间对黄鳍金枪鱼进行了不分性别、雌性、雄性成熟系数的比较，其中不分性别总共有 331 尾，雌、雄分别是 127 尾和 203 尾。具体见表 2-4-11。

表 2-4-11　大眼金枪鱼不分性别、雌性、雄性的成熟系数

性别	尾数	成熟系数（平均数）
不分性别	331	0.1922
雌性	127	0.2576
雄性	203	0.1522

从表 2-4-11 可知，黄鳍金枪鱼的成熟系数不是很高，比大眼金枪鱼低很多，性腺还没有发育成熟，而雌性的成熟系数大于雄性，达到 0.2576。

4.2.5　摄食

（1）整个调查期间

观察 313 尾黄鳍金枪鱼，大部分的摄食等级为 2 级和 1 级（分别为 35.14%和 28.75%）。3、0、4 级相对较少（分别占 17.89%、12.46%和 5.75%）。具体如图 2-4-17 所示。摄食种类非常广泛，但以鱿鱼、蟹类、杂鱼和帆蜥等为主，没有发现沙丁鱼。胃含物中鱿鱼的出现频率最高，所占的比例为 32.82%，随后依次为蟹类、杂鱼和帆蜥，所占比例分别为 21.78%、17.18%和 13.8%。具体如图 2-4-18 所示。

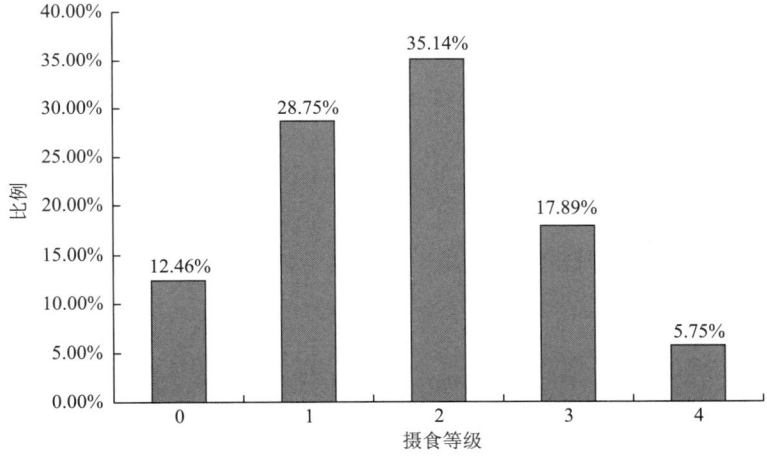

图 2-4-17　黄鳍金枪鱼摄食等级分布

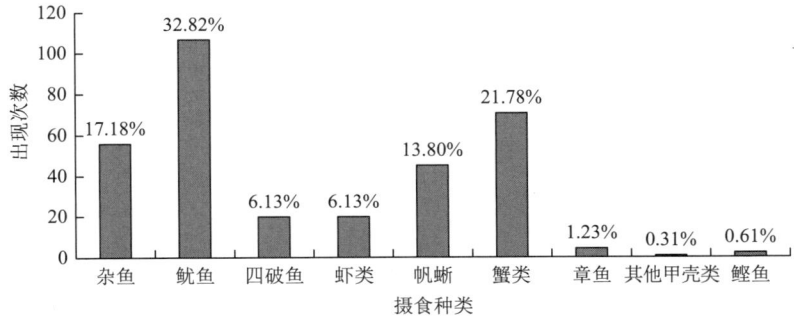

图 2-4-18　整个调查期间黄鳍金枪鱼胃含物中各摄食种类的出现频率

（2）分航次

从 5 个航次的黄鳍金枪鱼渔获物的胃含物来看：

第一航次中杂鱼的比例最高，达 44%，其次是鱿鱼和虾类，分别为 20%和 16%。没有发现章鱼、鲣鱼和其他甲壳类。

第二航次中由于得到的渔获物很少，只有 9 尾检查了胃含物，出现了杂鱼、鱿鱼、四破鱼、虾类、蟹类和其他甲壳类。在这个航次中发现了其他甲壳类，也只有在这个航次中出现了其他甲壳类。由于渔获物数量很少，所以不再详细分析。

第三航次中鱿鱼的比例较高，达 39.13%，其次是蟹类和杂鱼，分别占 18.48%和 15.76%。没有发现其他甲壳类，但发现了鲣鱼，也只有这个航次发现了鲣鱼，占 1.09%，同时也发现了章鱼，只有在这个航次中出现，占 2.17%。

第四航次中仍然是鱿鱼的出现频率最高，达 37.04%。其次是帆蜥和四破鱼，分别占 29.63%和 14.81%。没有发现章鱼、其他甲壳类和鲣鱼。

第五航次中蟹类出现的频率最高，达 51.79%，其次是鱿鱼和帆蜥，分别占 25%和 14.29%。每个航次的具体分布如表 2-4-12 所示。

表 2-4-12　分航次各摄食种类的出现频率

种类	第一航次		第二航次		第三航次		第四航次		第五航次	
	尾数	比例/%	尾数	比例/%	尾数	比例/%	尾数	比例/%	尾数	比例/%
杂鱼	22	44	3	33.33	29	15.76	2	7.41	1	1.79
鱿鱼	10	20	2	22.22	72	39.13	10	37.04	14	25
四破鱼	4	8	1	11.11	9	4.89	4	14.81	2	3.57
虾类	8	16	1	11.11	8	4.35	1	3.7	2	3.57
帆蜥	1	2	0	0	26	14.13	8	29.63	8	14.29
蟹类	5	10	1	11.11	34	18.48	2	7.41	29	51.79
章鱼	0	0	0	0	4	2.17	0	0	0	0
其他甲壳类	0	0	1	11.11	0	0	0	0	0	0
鲣鱼	0	0	0	0	2	1.09	0	0	0	0

5 个航次的黄鳍金枪鱼的摄食等级具体数据见表 2-4-13。

表 2-4-13　黄鳍金枪鱼分航次的摄食等级分布

航次	摄食等级									
	0		1		2		3		4	
	尾数	比例/%	尾数	比例/%	尾数	比例/%	尾数	比例/%	尾数	比例/%
1	3	7.32	25	60.98	8	19.51	4	9.76	1	2.44
3	24	13.19	37	20.33	69	37.91	38	20.88	14	7.69
4	5	17.24	11	37.93	9	31.03	4	13.79	0	0
5	7	12.73	14	25.45	21	38.18	10	18.18	3	5.45

这里的比例是每个航次的比例。第一航次和第四航次比例最高的摄食等级为 1 级，分别为 60.89% 和 37.93%。第三航次和第五航次比例最高的摄食等级为 2 级，分别为 37.91% 和 38.18%。

4.2.6 死活状况

整个调查期间观察了 373 尾黄鳍金枪鱼捕捞到甲板上时的死活状况，但是同时记录性别的只有 347 尾，具体情况见表 2-4-14。

表 2-4-14 黄鳍金枪鱼不分性别、雌性和雄性的死活状况

性别	状况	尾数	百分比
不分性别	活	153	41.02%
	死	220	58.98%
雌性	活	62	45.93%
	死	73	54.07%
雄性	活	81	38.21%
	死	131	61.79%

从表 2-4-14 得出：不分性别、雌性和雄性的黄鳍金枪鱼捕捞到甲板上时死鱼较多，占 54%~62%，与大眼金枪鱼相反。

5 钓钩实际深度与理论深度的关系

5.1 不同海流下船用渔具

海流分为 3 个等级：0~0.3 节、0.4~0.7 节和 0.8~1.5 节。

1）0~0.3 节。

$$y = 0.8501x \quad R^2 = 0.7980 \tag{2-5-1}$$

式中，y 为钓钩实际深度，x 为钓钩理论深度，下同，见图 2-5-1。

2）0.4~0.7 节。

$$y = 0.8284x \quad R^2 = 0.7059 \tag{2-5-2}$$

见图 2-5-2。

3）0.8~1.5 节。

$$y = 0.8189x \quad R^2 = 0.7319 \tag{2-5-3}$$

见图 2-5-3。

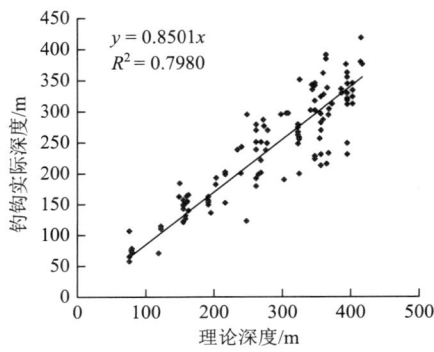
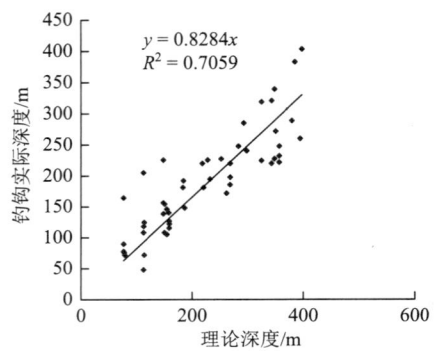

图 2-5-1　船用钩理论深度与实际深度的关系（0~0.3 节）　　图 2-5-2　船用钩理论深度与实际深度的关系（0.4~0.7 节）

5.2　不同海流下试验渔具

海流分为 3 个等级：0~0.3 节、0.4~0.7 节和 0.8 节以上。
试验渔具按照沉子的重量分为 4 种：1kg、2kg、3kg、5kg。
（1）0~0.3 节
1）1kg 沉子。

$$y = 0.9925x \quad R^2 = 0.5707 \quad (2\text{-}5\text{-}4)$$

见图 2-5-4（沉子重量轻，理论深度偏低）。

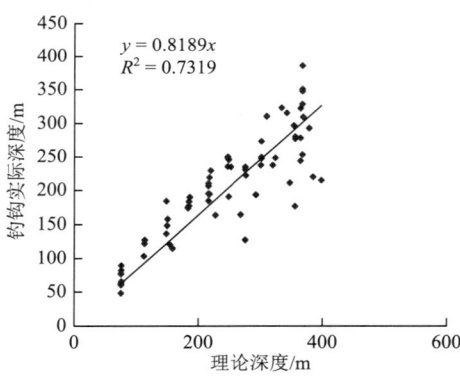

图 2-5-3　船用钩理论深度与实际深度的关系（0.8~1.5 节）　　图 2-5-4　试验钩理论深度与实际深度的关系（0~0.3 节，1kg）

2）2kg 沉子。

$$y = 1.1266x \quad R^2 = 0.959 \quad (2\text{-}5\text{-}5)$$

见图 2-5-5（沉子重量轻，理论深度偏低；数据较少，可信度差）。
3）3kg 沉子。

$$y = 0.8996x \quad R^2 = 0.8282 \quad (2\text{-}5\text{-}6)$$

见图 2-5-6。

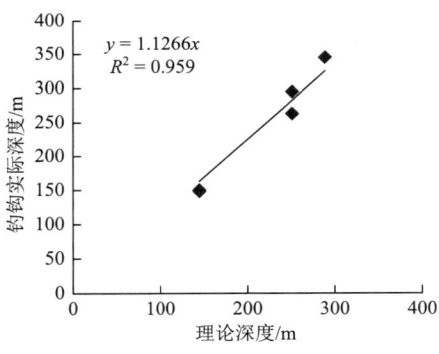
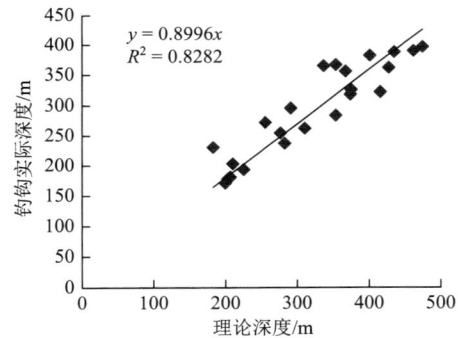

图 2-5-5　试验钩理论深度与实际深度的关系（0～0.3 节，2kg）

图 2-5-6　试验钩理论深度与实际深度的关系（0～0.3 节，3kg）

4）5kg 沉子。

$$y = 0.9298x \quad R^2 = 0.7665 \quad (2\text{-}5\text{-}7)$$

见图 2-5-7。

流速较低时，1kg、2kg 沉子重量较轻，理论深度按照传统的方法计算可提高精度，挂 3kg、5kg 沉子时，实际深度从理论深度的 90% 增加到 93%。

（2）0.4～0.7 节

1）1kg 沉子。

$$y = 0.9983x \quad R^2 = 0.361 \quad (2\text{-}5\text{-}8)$$

沉子重量轻，理论深度偏低，见图 2-5-8。

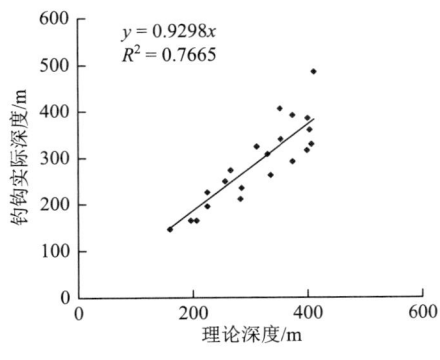
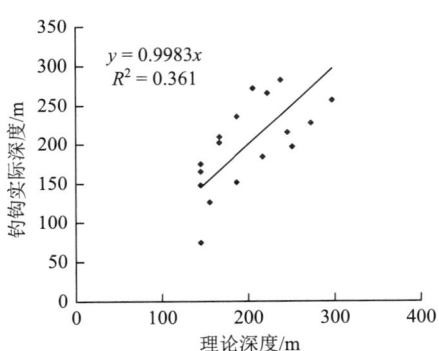

图 2-5-7　试验钩理论深度与实际深度的关系（0～0.3 节，5kg）

图 2-5-8　试验钩理论深度与实际深度的关系（0.4～0.7 节，1kg）

2）2kg 沉子。

$$y = 0.8879x \quad R^2 = 0.2444 \quad (2\text{-}5\text{-}9)$$

沉子重量轻，理论深度偏低，见图 2-5-9。

3）3kg 沉子。

$$y = 0.8441x \quad R^2 = 0.6334 \quad (2\text{-}5\text{-}10)$$

见图 2-5-10。

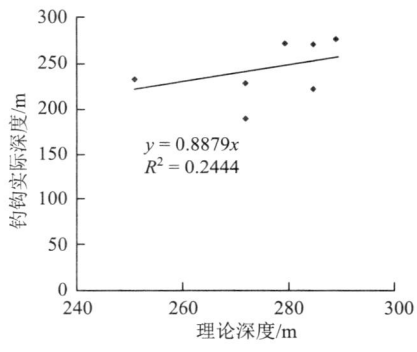 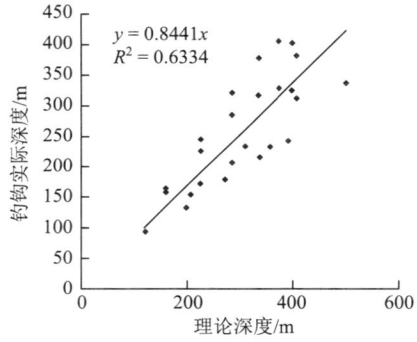

图 2-5-9　试验钩理论深度与实际深度的关系（0.4～0.7 节，2kg）　　图 2-5-10　试验钩理论深度与实际深度的关系（0.4～0.7 节，3kg）

4）5kg 沉子。

$$y = 0.8176x \quad R^2 = 0.9070 \quad (2\text{-}5\text{-}11)$$

见图 2-5-11。

中等流速时，1kg、2kg、3kg 的相关系数较低，使用 1kg、2kg 沉子时，理论深度按照传统的方法计算可提高精度，可能 5kg 时的公式较准。

（3）0.8～1.5 节

1）1kg 沉子。

$$y = 0.9014x \quad R^2 = 0.6157 \quad (2\text{-}5\text{-}12)$$

沉子重量轻，理论深度偏低，见图 2-5-12。

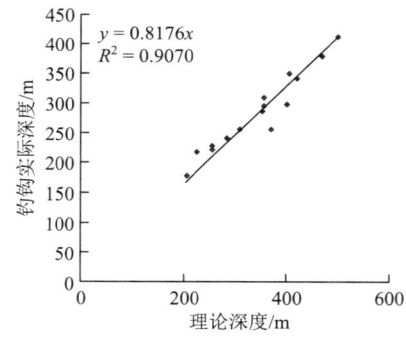 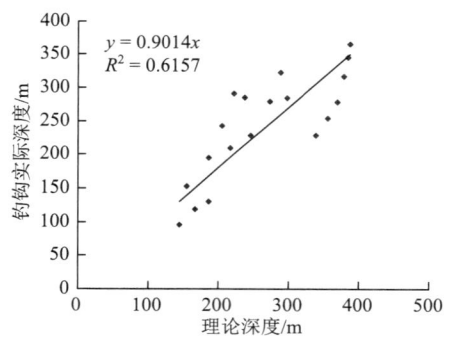

图 2-5-11　试验钩理论深度与实际深度的关系（0.4～0.7 节，5kg）　　图 2-5-12　试验钩理论深度与实际深度的关系（0.8～1.5 节，1kg）

2）2kg 沉子。

$$y = 0.9595x \quad R^2 = 0.6687 \quad (2\text{-}5\text{-}13)$$

沉子重量轻，理论深度偏低，见图 2-5-13。

3）3kg 沉子。

$$y = 0.7111x \quad R^2 = 0.7571 \quad (2\text{-}5\text{-}14)$$

见图 2-5-14。

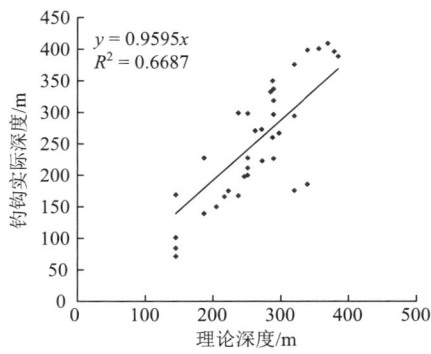

图 2-5-13 试验钩理论深度与实际深度的关系（0.8~1.5 节，2kg）

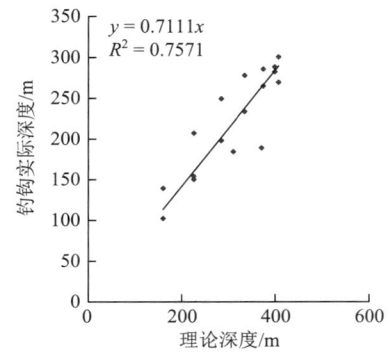

图 2-5-14 试验钩理论深度与实际深度的关系（0.8~1.5 节，3kg）

4）5kg 沉子。

$$y = 0.9674x \quad R^2 = 0.8478 \quad (2\text{-}5\text{-}15)$$

见图 2-5-15。

流速较大时，使用 1kg、2kg 沉子时，理论深度按照传统的方法计算可提高精度，随着重量的加大，实际深度越接近理论深度。

5.3 拟合钓钩深度计算模型

5.3.1 两艘船的数据

运用 SPSS 软件[2]，采用多元线性逐步回归的方法建立 2005 年 9 月 13 日至 12 月 12 日两艘船测定的 519 枚钓钩的实际平均深度（$\bar{D}$）与理论深度（D_T）的关系模型。模型分为船用钩作业（根据 248 枚钩拟合）和试验钩作业（根据 271 枚钩拟合）两种。本研

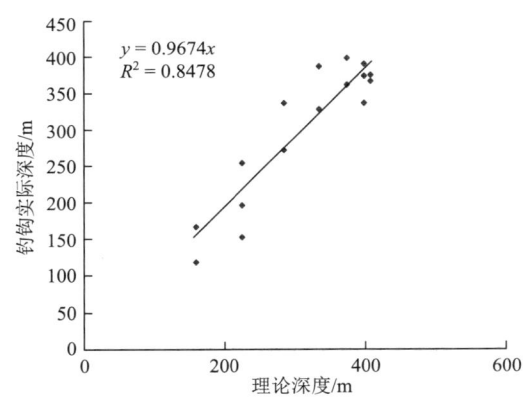

图 2-5-15 试验钩理论深度与实际深度的关系（0.8~1.5 节，5kg）

究认为，钓钩所能达到的实际平均深度主要受到钓具漂移速度（V_g）、风速（V_w）、风向（C_w）、风流合压角（γ）、风舷角（Q_w）、沉子重量的影响，且钓钩的深度是在不断变化的，在一定的范围内波动。其中，钓具漂移速度是指钓具在风、流的合力作用下，钓具在海中的对地漂移的速度；风速指风速仪测得的风的速度；风向为用罗经测得的风吹来的方向；风流合压角是指钓具在海中的漂移方向与投绳航向之间的夹角；风舷角是指风向与投绳航向之间的夹角。

（1）对于船用钩

设：
$$Y = b_0 + b_1X_1 + b_2X_2 + b_3X_3 + b_4X_4 + b_5X_5 \quad (2\text{-}5\text{-}16)$$

式中，Y 为拟合钩深；X_1 为理论深度；X_2 为风速平方；X_3 为钓具漂移速度（单位为节）平方；X_4 为风流合压角正弦值；X_5 为风舷角正弦值，得回归模型为

$$Y = 0.30 + 0.67X_1 + 1.03X_2 + 47.21X_5 \tag{2-5-17}$$

相关系数 $R = 0.83485$；F 值 = 187.0649；显著水平 $P = 0$；剩余标准差 $S = 47.14376$。使用该模型计算船用钩的深度。

(2) 对于试验钩

试验钩为在浮子附近挂沉子来增加钓具的重量，因此沉子作为一个因子。

设：
$$Y = b_0 + b_1X_1 + b_2X_2 + b_3X_3 + b_4X_4 + b_5X_5 + b_6X_6 \tag{2-5-18}$$

式中，Y 为拟合深度；X_1 为理论深度；X_2 为沉子在水中的重量（kg）；X_3 为风速平方；X_4 为钓具漂移速度（节）平方；X_5 为风流合压角正弦值；X_6 为风弦角正弦值，得回归模型为

$$Y = 96.53 + 0.69X_1 - 17.03X_2 - 19.73X_4 \tag{2-5-19}$$

相关系数 $R = 0.6593$；F 值 = 68.4305；显著水平 $P = 0$；剩余标准差 $S = 67.65036$。使用该模型计算试验钩的深度。

5.3.2 使用"华远渔18"船的三维海流数据

运用 SPSS 软件[2]，采用多元线性逐步回归的方法建立 2005 年 10 月 23 日至 12 月 12 日测定的 197 枚钓钩的实际平均深度（$\bar{D}$）与理论深度（D_T）的关系模型。模型分为船用钩和试验钩两部分。在本研究中，认为钓钩所能达到的实际平均深度主要受到风速（V_w）、风向（C_w）、风流合压角（γ）、风弦角（Q_w）、不同深度的海流等因素的影响，且钓钩的深度是在不断地变化的，在一定的范围内波动。不同深度的海流是指用海流计测到的不同深度的三维海流，共包括 50m、100m、150m、200m、250m、300m 六层的海流数据，每层按照 X、Y、Z 三个方向划分，其中 X 为东西向海流，向东为正；Y 为南北向海流，向北为正；Z 为垂直海流，向上为正。

(1) 对于船用钩

设：
$$\begin{aligned}Y = &b_0 + b_1X_1 + b_2X_2 + b_3X_3 + b_4X_4 + b_5X_5 + b_6X_6 + b_7X_7 + b_8X_8 + b_9X_9 + b_{10}X_{10} \\ &+ b_{11}X_{11} + b_{12}X_{12} + b_{13}X_{13} + b_{14}X_{14} + b_{15}X_{15} + b_{16}X_{16} + b_{17}X_{17} + b_{18}X_{18} + b_{19}X_{19} + b_{20}X_{20} \\ &+ b_{21}X_{21} + b_{22}X_{22}\end{aligned} \tag{2-5-20}$$

式中，Y 为实际平均深度；X_1 为理论深度；X_2 为风速平方；X_3 为风流合压角正弦值；X_4 为风弦角正弦值；$X_5 \sim X_{22}$ 表示 50m、100m、150m、200m、250m、300m 水层 X、Y、Z 方向的海流，得回归模型为

$$Y = -4.27 + 0.75X_1 + 52.55X_4 - 139.03X_6 + 86.15X_{12} \tag{2-5-21}$$

式中，X_6 为 50m 水深处的北向流速；X_{12} 为 150m 水深处的北向流速。

相关系数 $R = 0.92229$；F 值 = 155.1601；显著水平 $P = 0$；剩余标准差 $S = 33.97388$。

(2) 对于试验钩

在浮子附近挂沉子来增加钓具的重量，因此沉子作为一个因子。设：

$$\begin{aligned}Y = &b_0 + b_1X_1 + b_2X_2 + b_3X_3 + b_4X_4 + b_5X_5 + b_6X_6 + b_7X_7 + b_8X_8 + b_9X_9 + b_{10}X_{10} + b_{11}X_{11} \\ &+ b_{12}X_{12} + b_{13}X_{13} + b_{14}X_{14} + b_{15}X_{15} + b_{16}X_{16} + b_{17}X_{17} + b_{18}X_{18} + b_{19}X_{19} + b_{20}X_{20} + b_{21}X_{21} \\ &+ b_{22}X_{22} + b_{23}X_{23}\end{aligned} \tag{2-5-22}$$

式中，Y 为实际平均深度；X_1 为理论深度；X_2 为沉子（水泥块）在水中的重量；X_3 为风速平方；X_4 为风流合压角正弦值；X_5 为风弦角正弦值；$X_6 \sim X_{23}$ 表示 50m、100m、150m、200m、250m、300m 水层 X、Y、Z 方向的海流，得回归模型为

$$Y = 69.32 + 0.69X_1 - 1059.11X_{11} + 830.01X_{14} + 78.28X_{19} + 80.80X_{21} - 943.60X_{23} \quad (2\text{-}5\text{-}23)$$

式中，X_{11} 为 100m 水深处的垂直流速；X_{14} 为 150m 水深处的垂直流速；X_{19} 为 250m 水深处的北向流速；X_{21} 为 300m 水深处的东向流速；X_{23} 为 300m 水深处的垂直流速。

相关系数 $R = 0.897\,93$；F 值 $= 52.721\,9$；显著水平 $P = 0$；剩余标准差 $S = 34.397\,92$。

6 渔具渔法的比较试验

6.1 调查期间各种钓钩的上钩率比较

调查期间船用钩、试验钩和防海龟钩的大眼金枪鱼、黄鳍金枪鱼及两种鱼合计的总体平均上钩率（尾/千钩）分别为 3.828、2.976、6.805，4.096、2.066、6.162，2.421、3.765、6.186，大眼金枪鱼、黄鳍金枪鱼和两种鱼合计的上钩率最高的渔具分别为试验钩、防海龟钩和船用钩（表 2-6-1）。但每个航次因海流的大小不同而不同，特别是第一航次由于在南部作业，海流较大，试验钩大眼金枪鱼的上钩率具有明显的优势，两艘船船用钩大眼金枪鱼的平均上钩率为 2.685 尾/千钩，而试验钩为 4.575 尾/千钩，为船用钩的 1.7 倍；第三航次由于在北部作业，海流较小，船用钩的上钩率明显高于试验钩，但防海龟钩的上钩率却是最高的。第四、第五航次由于海流时大时小，因此，试验钩大眼金枪鱼的上钩率（4.035 尾/钩）略高于船用钩（3.79 尾/钩），而防海龟钩大眼金枪鱼的上钩率为 3.135 尾/钩，具体见表 2-6-2。

表 2-6-1 调查期间两艘船 3 种钓钩的平均上钩率（尾/千钩）

船用钩			试验钩			防海龟钩		
BET	YFT	MIX	BET	YFT	MIX	BET	YFT	MIX
3.828	2.976	6.805	4.096	2.066	6.162	2.421	3.765	6.186

注：BET 表示大眼金枪鱼；YFT 表示黄鳍金枪鱼；MIX 表示两种鱼混合

表 2-6-2 调查期间船用钩、试验钩和防海龟钩的上钩率（尾/千钩）比较

航次	鱼种	18 号船			19 号船		
		船用钩	试验钩	防海龟钩	船用钩	试验钩	防海龟钩
1	BET	2.81	4.75	7	2.56	4.4	0
	YFT	0.73	1.25	3	2.44	0.75	3
	MIX	3.54	6	10	5	5.15	3
2	BET	4.56	0	0	0.77	6.25	0
	YFT	0	0	0	2.31	0	0
	MIX	4.56	0	0	3.08	6.25	0
3	BET	4.37	3	4.67	8.05	6.42	0
	YFT	13.00	4.25	24.67	3.5	2.86	1.43
	MIX	17.38	7.25	29.34	11.55	9.28	1.43

续表

航次	鱼种	18号船			19号船		
		船用钩	试验钩	防海龟钩	船用钩	试验钩	防海龟钩
4	BET	4.69	5	7.78	1.39	0.31	0
	YFT	1.7	5.28	2.22	1.12	0.62	0
	MIX	6.39	10.28	10	2.51	0.93	0
5	BET	5	8.33	3.33	4.08	2.5	1.43
	YFT	3.28	2.08	3.33	1.68	3.57	0
	MIX	8.28	10.41	6.66	5.76	6.07	1.43

注：BET 表示大眼金枪鱼；YFT 表示黄鳍金枪鱼；MIX 表示两种鱼混合

6.2 不同海流下各种钓钩的上钩率比较

海流分为 3 个等级：0～0.3 节、0.4～0.7 节和 0.8～1.5 节。

试验渔具按照沉子的重量分为 4 种：1kg、2kg、3kg、5kg。

上钩率按照大眼金枪鱼、黄鳍金枪鱼和两种鱼合计 3 种情况。

（1）沉子为 1kg 时

1）漂移速度为 0～0.3 节时。

大眼金枪鱼、黄鳍金枪鱼和两种鱼合计的 CPUE 情况见图 2-6-1～图 2-6-3，由此得出：船用钩（正常钩，下同）大眼金枪鱼（4.711 尾/千钩）、黄鳍金枪鱼（2.149 尾/千钩）的上钩率均比试验钩（大眼 2.0 尾/千钩、黄鳍 0.5 尾/千钩）（$x$kg 水泥块，下同）为高，防海龟钩（海龟钩，下同）的上钩率最低（大眼金枪鱼为 1.111 尾/千钩，黄鳍金枪鱼为 0），流速较低时可不用沉子。

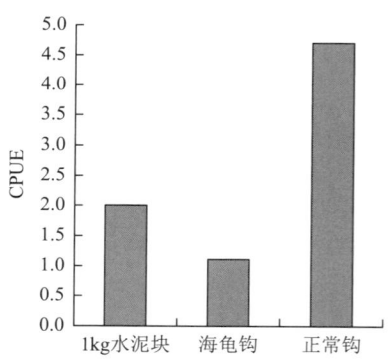 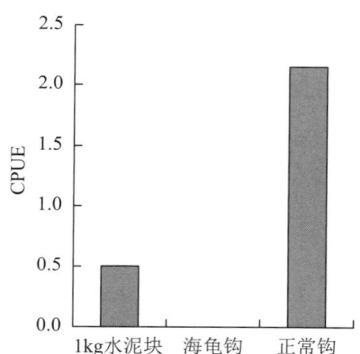

图 2-6-1 0～0.3 节 3 种渔具大眼金枪鱼 CPUE　　图 2-6-2 0～0.3 节 3 种渔具黄鳍金枪鱼 CPUE

2）漂移速度为 0.4～0.7 节时。

大眼金枪鱼、黄鳍金枪鱼和两种鱼合计的 CPUE 情况见图 2-6-4～图 2-6-6，由此得出：船用钩大眼金枪鱼上钩率（3.483 尾/千钩）比试验钩（2.500 尾/千钩）为高，防海龟钩的上钩率最低（0）；黄鳍金枪鱼的上钩率（3.880 尾/千钩）比试验钩（5.00 尾/千钩）为低，防海龟钩的上钩率中等（4.444 尾/千钩），流速中等、渔场黄鳍金枪鱼较多时可用沉子。

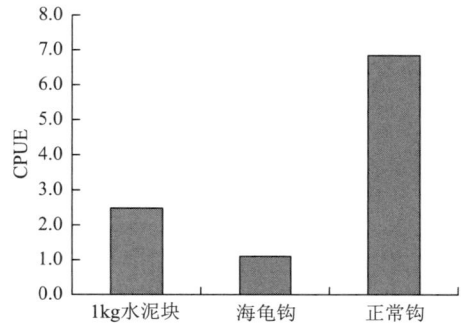
图 2-6-3 0～0.3 节 3 种渔具两种金枪鱼 CPUE

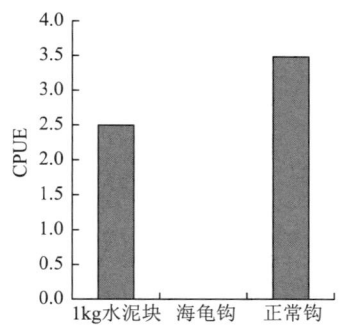
图 2-6-4 0.4～0.7 节大眼金枪鱼 CPUE

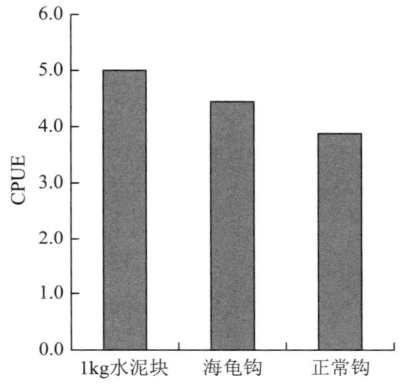
图 2-6-5 0.4～0.7 节黄鳍金枪鱼 CPUE

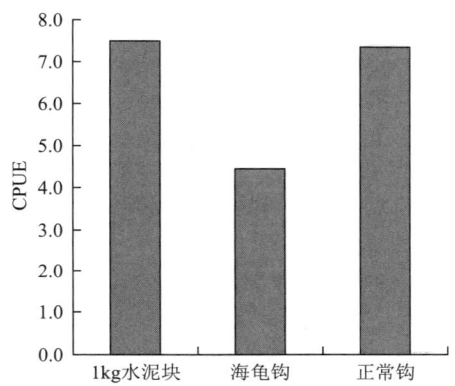
图 2-6-6 0.4～0.7 节两种金枪鱼 CPUE

3）漂移速度为 0.8～1.5 节时。

大眼金枪鱼、黄鳍金枪鱼和两种鱼合计的 CPUE 情况见图 2-6-7～图 2-6-9，由此得出：船用钩大眼金枪鱼上钩率（5.557 尾/千钩）比试验钩（3.261 尾/千钩）为高，防海龟钩的上钩率最低（0）；黄鳍金枪鱼的上钩率（2.063 尾/千钩）比试验钩（1.522 尾/千钩）为高，防海龟钩的上钩率最低（0.417 尾/千钩），流速较大时可不用沉子。

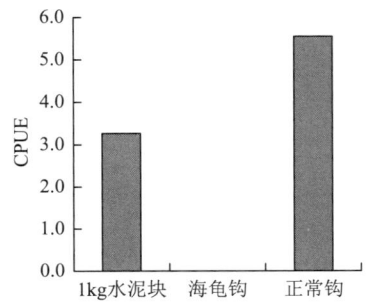
图 2-6-7 0.8～1.5 节大眼金枪鱼 CPUE

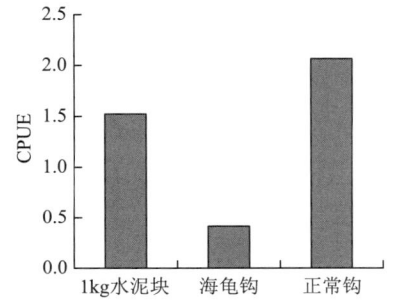
图 2-6-8 0.8～1.5 节黄鳍金枪鱼 CPUE

（2）沉子为 2kg 时

1）漂移速度为 0～0.3 节时。

大眼金枪鱼、黄鳍金枪鱼和两种鱼合计的 CPUE 情况见图 2-6-10～图 2-6-12，由此得出：船用钩大眼金枪鱼上钩率（4.711 尾/千钩）比试验钩（7.500 尾/千钩）为低，防海龟钩的上钩率最低（1.111 尾/千钩）；黄鳍金枪鱼的上钩率（2.149 尾/千钩）比试验钩（2.000 尾/千钩）略高，防海龟钩的上钩率最低（0），流速较小时可用沉子。

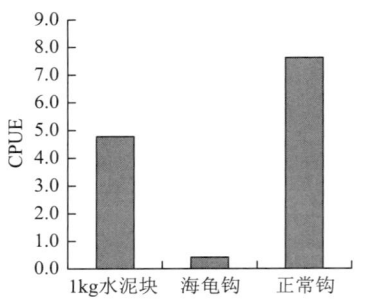
图 2-6-9　0.8～1.5 节两种金枪鱼 CPUE

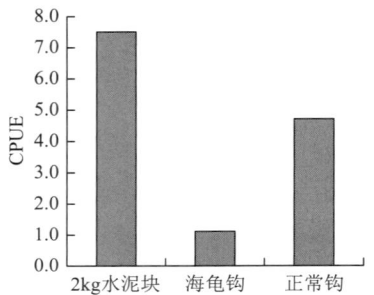
图 2-6-10　0～0.3 节大眼金枪鱼 CPUE

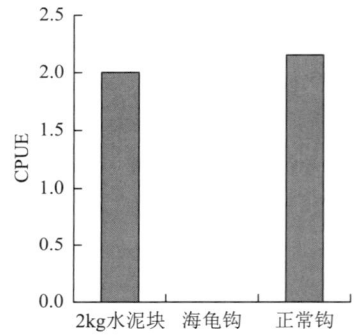
图 2-6-11　0～0.3 节黄鳍金枪鱼 CPUE

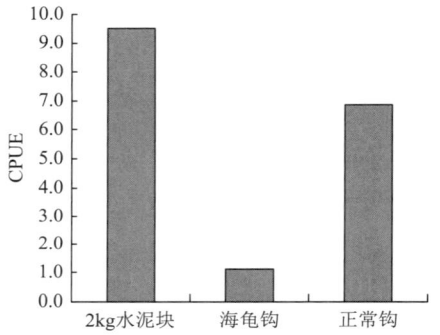
图 2-6-12　0～0.3 节两种金枪鱼 CPUE

2）漂移速度为 0.4～0.7 节时。

大眼金枪鱼、黄鳍金枪鱼和两种鱼合计的 CPUE 情况见图 2-6-13～图 2-6-15，由此得出：船用钩大眼金枪鱼上钩率（3.483 尾/千钩）比试验钩（3.5 尾/千钩）略低，防海龟钩的上钩率最低（0）；黄鳍金枪鱼的上钩率（3.881 尾/千钩）比试验钩（2.5 尾/千钩）为高，防海龟钩的上钩率最高（4.444 尾/千钩），流速中等时、黄鳍金枪鱼较多时可不用沉子。

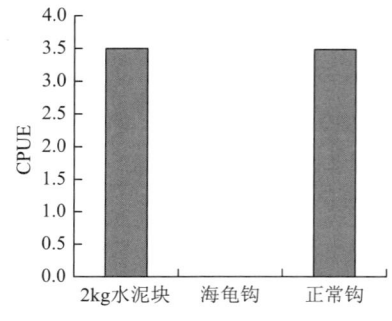
图 2-6-13　0.4～0.7 节大眼金枪鱼 CPUE

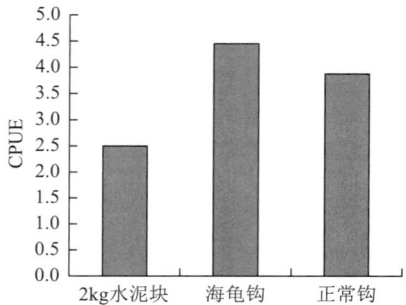
图 2-6-14　0.4～0.7 节黄鳍金枪鱼 CPUE

3）漂移速度为 0.8～1.5 节时。

大眼金枪鱼、黄鳍金枪鱼和两种鱼合计的 CPUE 情况见图 2-6-16～图 2-6-18，由此得出：船用钩大眼金枪鱼上钩率（5.557 尾/千钩）比试验钩（5.55 尾/千钩）略高，防海龟钩的上钩率最低（0）；黄鳍金枪鱼的上钩率（2.063 尾/千钩）比试验钩（1.739 尾/千钩）为高，防海龟钩的上钩率最低（0.417 尾/千钩），流速较大时可不用沉子。

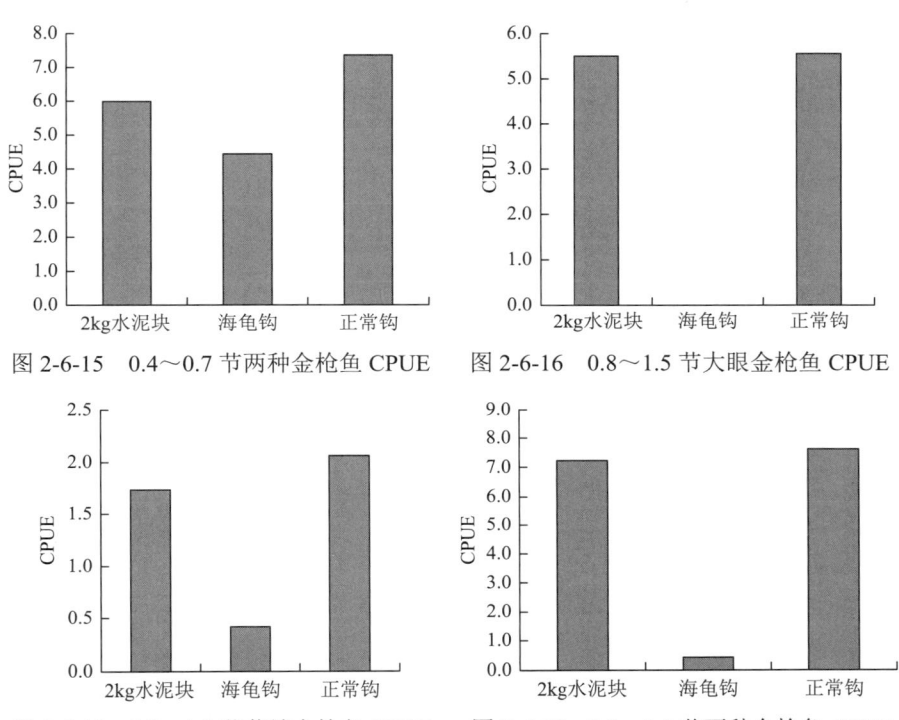

图 2-6-15　0.4～0.7 节两种金枪鱼 CPUE　　图 2-6-16　0.8～1.5 节大眼金枪鱼 CPUE

图 2-6-17　0.8～1.5 节黄鳍金枪鱼 CPUE　　图 2-6-18　0.8～1.5 节两种金枪鱼 CPUE

（3）沉子为 3kg 时

1）漂移速度为 0～0.3 节时。

大眼金枪鱼、黄鳍金枪鱼和两种鱼合计的 CPUE 情况见图 2-6-19～图 2-6-21，由此得出：试验钩大眼金枪鱼上钩率（3.696 尾/千钩）比船用钩（3.393 尾/千钩）略高，防海龟

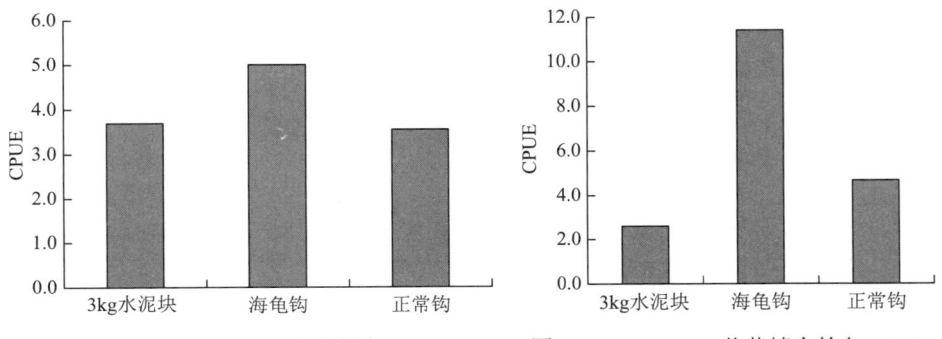

图 2-6-19　0～0.3 节大眼金枪鱼 CPUE　　图 2-6-20　0～0.3 节黄鳍金枪鱼 CPUE

钩的上钩率是最高的（5 尾/千钩）；黄鳍金枪鱼试验钩的上钩率（2.609 尾/千钩）比船用钩（4.676 尾/千钩）低，同样，防海龟钩的上钩率是最高的（11.429 尾/千钩），流速较小时，可不用沉子。

2）漂移速度为 0.4～0.7 节时。

大眼金枪鱼、黄鳍金枪鱼和两种鱼合计的 CPUE 情况见图 2-6-22～图 2-6-24，由此得出：船用钩大眼金枪鱼上钩率（4.468 尾/千钩）比试验钩（6.250 尾/千钩）低，防海龟钩的上钩率中等（5 尾/千钩）；黄鳍金枪鱼的上钩率（7.660 尾/千钩）比试验钩（2.917 尾/千钩）高，防海龟钩的上钩率中等（5 尾/千钩），流速中等时大眼金枪鱼较多时可用沉子、黄鳍金枪鱼较多时可不用沉子。

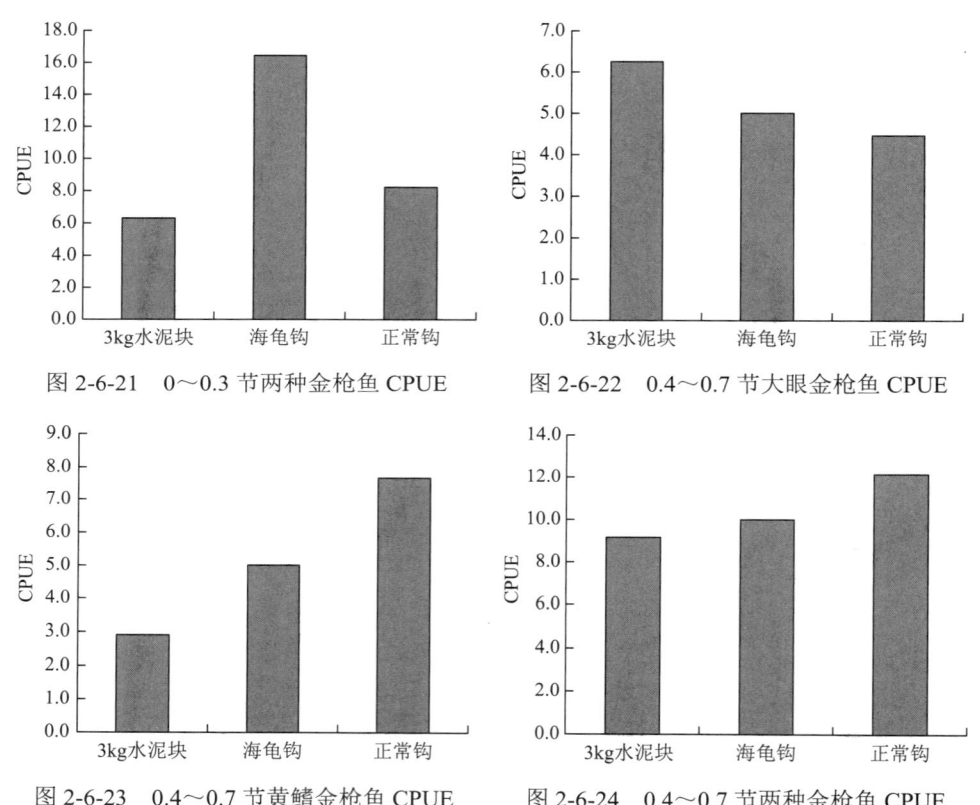

图 2-6-21　0～0.3 节两种金枪鱼 CPUE　　图 2-6-22　0.4～0.7 节大眼金枪鱼 CPUE

图 2-6-23　0.4～0.7 节黄鳍金枪鱼 CPUE　　图 2-6-24　0.4～0.7 节两种金枪鱼 CPUE

3）漂移速度为 0.8～1.5 节时。

大眼金枪鱼、黄鳍金枪鱼和两种鱼合计的 CPUE 情况见图 2-6-25～图 2-6-27，由此得出：船用钩大眼金枪鱼上钩率（2.056 尾/千钩）比试验钩（3.889 尾/千钩）低，防海龟钩的上钩率是最高的（6.667 尾/千钩）；黄鳍金枪鱼的上钩率（1.840 尾/千钩）比试验钩（2.222 尾/千钩）略低，防海龟钩的上钩率与试验钩的相同（2.222 尾/千钩），流速较高时可用沉子。

（4）沉子为 5kg 时

1）漂移速度为 0～0.3 节时。

大眼金枪鱼、黄鳍金枪鱼和两种鱼合计的 CPUE 情况见图 2-6-28～图 2-6-30，由此得

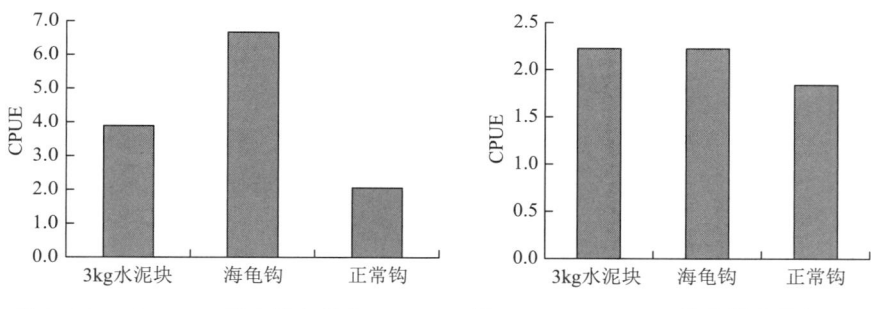

图 2-6-25　0.8~1.5 节大眼金枪鱼 CPUE　　图 2-6-26　0.8~1.5 节黄鳍金枪鱼 CPUE

出：船用钩大眼金枪鱼上钩率（3.555 尾/千钩）比试验钩（3.686 尾/千钩）略低，防海龟钩的上钩率是最高的（5 尾/千钩）；黄鳍金枪鱼的上钩率（4.676 尾/千钩）比试验钩（2.609 尾/千钩）高，防海龟钩的上钩率是最高的（11.429 尾/千钩），流速较低时，可不用沉子。

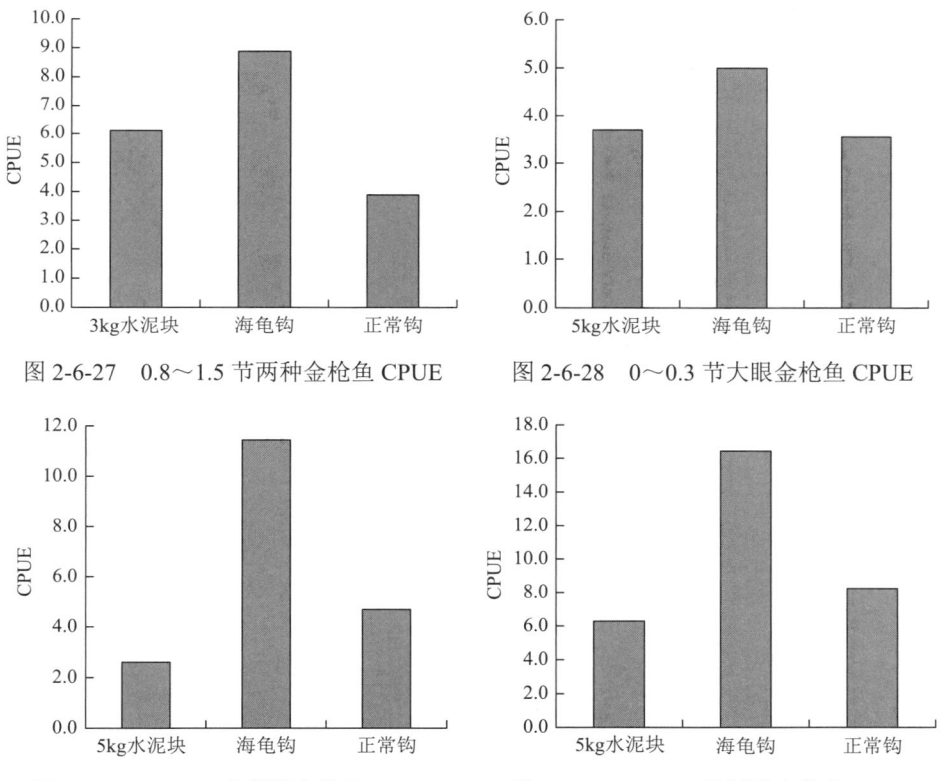

图 2-6-27　0.8~1.5 节两种金枪鱼 CPUE　　图 2-6-28　0~0.3 节大眼金枪鱼 CPUE

图 2-6-29　0~0.3 节黄鳍金枪鱼 CPUE　　图 2-6-30　0~0.3 节两种金枪鱼 CPUE

2）漂移速度为 0.4~0.7 节时。

大眼金枪鱼、黄鳍金枪鱼和两种鱼合计的 CPUE 情况见图 2-6-31~图 2-6-33，由此得出：船用钩大眼金枪鱼上钩率（4.468 尾/千钩）比试验钩（4.167 尾/千钩）略高，防海龟钩的上钩率是最高的（5 尾/千钩）；黄鳍金枪鱼的上钩率（7.660 尾/千钩）比试验钩（2.917 尾/千钩）高，防海龟钩的上钩率中等（5 尾/千钩），流速中等时可不用沉子。

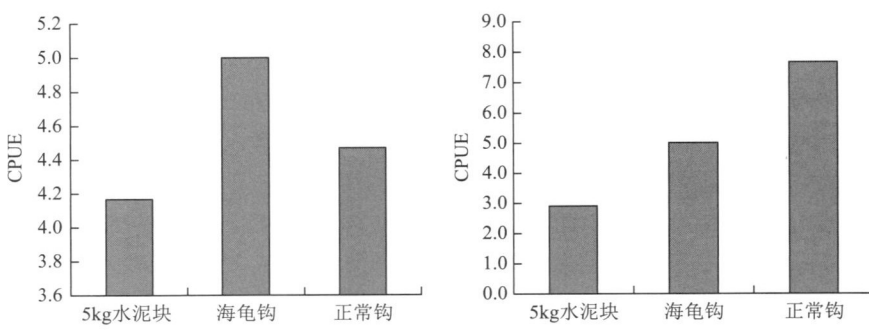

图 2-6-31　0.4～0.7 节大眼金枪鱼 CPUE　　图 2-6-32　0.4～0.7 节黄鳍金枪鱼 CPUE

3）漂移速度为 0.8～1.5 节时。

大眼金枪鱼、黄鳍金枪鱼和两种鱼合计的 CPUE 情况见图 2-6-34～图 2-6-36，由此得出：船用钩大眼金枪鱼上钩率（2.056 尾/千钩）比试验钩（12.778 尾/千钩）低得多，防海龟钩的上钩率中等（6.667 尾/千钩）；黄鳍金枪鱼的上钩率（1.840 尾/千钩）比试验钩（1.111 尾/千钩）略高，防海龟钩的上钩率是最高的（2.222 尾/千钩），流速较大时、渔场大眼金枪鱼较多时可用沉子。

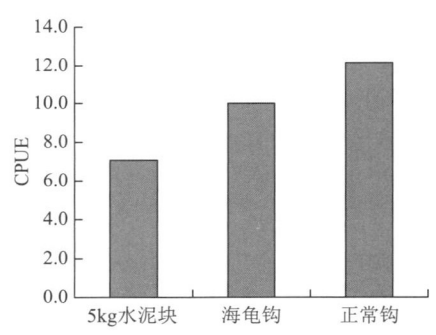

图 2-6-33　0.4～0.7 节两种金枪鱼 CPUE

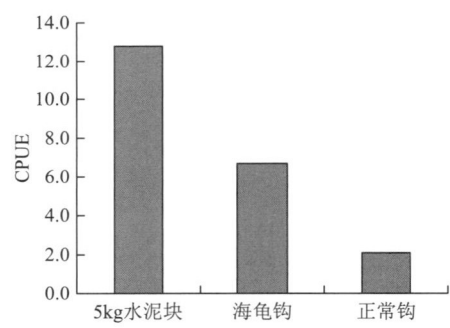

图 2-6-34　0.8～1.5 节大眼金枪鱼 CPUE

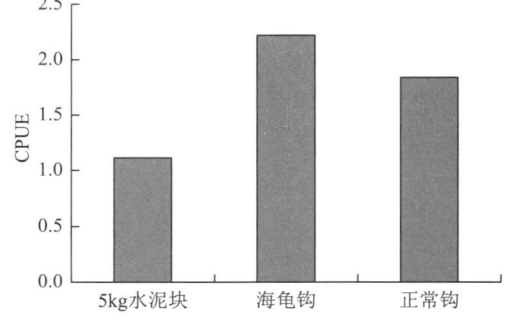

图 2-6-35　0.8～1.5 节黄鳍金枪鱼 CPUE

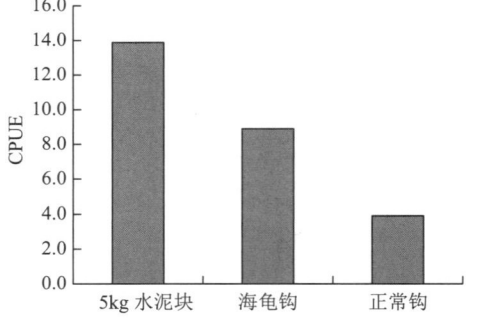

图 2-6-36　0.8～1.5 节两种金枪鱼 CPUE

总之，通过以上比较对于各种沉子在不同海流下是否使用的情况见表 2-6-3。

表 2-6-3　不同情况下沉子的配备情况

海流状况/节	沉子重量/kg	大眼金枪鱼较多时	黄鳍金枪鱼较多时	建议使用
0~0.3	1	不用	不用	船用钩
0~0.3	2	用（7.500）*	不用	试验钩
0~0.3	3	不用	不用	防海龟钩
0~0.3	5	不用	不用	防海龟钩
0.4~0.7	1	不用	用（5.000）*	试验钩
0.4~0.7	2	用（3.500）*	不用	船用钩
0.4~0.7	3	用（6.250）*	不用	试验钩
0.4~0.7	5	不用	不用	船用钩
0.8~1.5	1	不用	不用	船用钩
0.8~1.5	2	不用	不用	船用钩
0.8~1.5	3	用（3.889）*	用（2.222）*	防海龟钩
0.8~1.5	5	用（12.778）*	不用	试验钩

*表中括号中为上钩率数据（尾/千钩）

从表 2-6-3 中可得出，流速较低（0~0.3 节）且大眼金枪鱼较多时，用 2kg 的沉子效果最好。中等流速（0.4~0.7 节）且黄鳍金枪鱼较多时，使用 1kg 的沉子效果较好；大眼金枪鱼较多时，使用 3kg 沉子可取得良好的效果。流速较大时（0.8~1.5 节）且大眼金枪鱼较多时，使用 5kg 沉子效果最好；黄鳍金枪鱼较多时，使用 3kg 沉子。

6.3　不同海流下试验渔具的上钩率比较

海流分为 3 个等级：0~0.3 节、0.4~0.7 节和 0.8~1.5 节；上钩率分为大眼金枪鱼、黄鳍金枪鱼和两种鱼合计 3 种情况。试验渔具按照 16 种组合。采用正交试验方法。

6.3.1　不分海流等级情况下

（1）两种金枪鱼合计 CPUE（尾/千钩）

16 种不同组合的钓具对应的 CPUE 见表 2-6-4，方差分析、试验结果见表 2-6-5。

表 2-6-4　不分海流等级情况下两种金枪鱼 16 种不同组合的钓具对应的 CPUE

试验号	A	B	C	D	大眼金枪鱼 CPUE	黄鳍金枪鱼 CPUE	两种鱼合计 CPUE
1	1kg	75g	18.75g	有	4.65	3.72	8.37
2	1kg	60g	18.75g	有	1.40	0.47	1.86
3	1kg	45g	11.25g	无	4.19	0.93	5.12
4	1kg	10g	11.25g	无	0.93	3.26	4.19
5	2kg	75g	18.75g	无	4.19	1.40	5.58
6	2kg	60g	18.75g	无	4.65	1.86	6.51

续表

试验号	A	B	C	D	大眼金枪鱼 CPUE	黄鳍金枪鱼 CPUE	两种鱼合计 CPUE
7	2kg	45g	11.25g	有	5.12	4.19	9.30
8	2kg	10g	11.25g	有	1.40	0.47	1.86
9	3kg	75g	11.25g	有	5.45	5.91	11.36
10	3kg	60g	11.25g	有	3.64	1.36	5.00
11	3kg	45g	18.75g	无	4.55	1.82	6.36
12	3kg	10g	18.75g	无	4.09	1.36	5.45
13	5kg	75g	11.25g	无	7.73	3.64	11.36
14	5kg	60g	11.25g	无	5.91	1.82	7.73
15	5kg	45g	18.75g	有	5.00	2.27	7.27
16	5kg	10g	18.75g	有	4.09	1.82	5.91

注：A 代表重锤；B 代表带铅转环；C 代表沉铅；D 代表荧光管

表 2-6-5　方差分析表

方差来源	偏差平方和	自由度	平均偏差平方和	F 比	显著性
A	$S_A = 23.32$	3	7.77	1.62	不显著
B	$S_B = 53.99$	3	18.00	3.75	有一定影响
C	$S_C = 4.62$	1	4.62	0.96	不显著
D	$S_D = 0.12$	1	0.12	0.02	不显著
误差	$S_e = 33.56$	7	4.79		
$F_{0.01}(1,7) = 12.2$		$F_{0.05}(1,7) = 5.59$		$F_{0.1}(1,7) = 3.59$	
$F_{0.01}(3,7) = 8.45$		$F_{0.05}(3,7) = 4.35$		$F_{0.1}(3,7) = 3.07$	
最优	$A_4B_1C_2D_2$				

注：A 代表重锤；B 代表带铅转环；C 代表沉铅；D 代表荧光管

即不分海流等级情况下，带铅转环对两种金枪鱼合计上钩率具有一定的影响，其他指标的影响不显著，但最优的组合为 5kg 重锤、75g 带铅转环、11.25g 的沉铅、无荧光管。

（2）大眼金枪鱼

大眼金枪鱼 16 种不同组合的钓具对应的 CPUE 见表 2-6-4，方差分析、试验结果见表 2-6-6。

表 2-6-6　方差分析表

方差来源	偏差平方和	自由度	平均偏差平方和	F 比	显著性
A	$S_A = 17.47$	3	5.82	5.06	显著
B	$S_B = 18.12$	3	6.04	5.25	显著
C	$S_C = 0.19$	1	0.19	0.17	不显著
D	$S_D = 1.88$	1	1.88	1.64	不显著
误差	$S_e = 8.05$	7	1.15		
$F_{0.01}(1,7) = 12.2$		$F_{0.05}(1,7) = 5.59$		$F_{0.1}(1,7) = 3.59$	
$F_{0.01}(3,7) = 8.45$		$F_{0.05}(3,7) = 4.35$		$F_{0.1}(3,7) = 3.07$	
最优	$A_4B_1C_2D_2$				

注：A 代表重锤；B 代表带铅转环；C 代表沉铅；D 代表荧光管

即不分海流等级情况下，重锤、带铅转环对大眼金枪鱼上钩率具有显著的影响，其他指标的影响不显著，但最优的组合为 5kg 重锤、75g 带铅转环、11.25g 的沉铅、无荧光管。

（3）黄鳍金枪鱼

黄鳍金枪鱼 16 种不同组合的钓具对应的 CPUE 见表 2-6-4，方差分析、试验结果见表 2-6-7。

表 2-6-7 方差分析表

方差来源	偏差平方和	自由度	平均偏差平方和	F 比	显著性
A	$S_A = 1.00$	3	0.33	0.14	不显著
B	$S_B = 12.17$	3	4.06	1.75	不显著
C	$S_C = 2.93$	1	2.93	1.27	不显著
D	$S_D = 1.06$	1	1.06	0.46	不显著
误差	$S_e = 16.20$	7	2.31		
	$F_{0.01}(1,7) = 12.2$	$F_{0.05}(1,7) = 5.59$	$F_{0.1}(1,7) = 3.59$		
	$F_{0.01}(3,7) = 8.45$	$F_{0.05}(3,7) = 4.35$	$F_{0.1}(3,7) = 3.07$		
最优	$A_3B_1C_2D_1$				

注：A 代表重锤；B 代表带铅转环；C 代表沉铅；D 代表荧光管

即不分海流等级情况下，4 个因子对黄鳍金枪鱼上钩率的影响都不显著，但最优的组合为 3kg 重锤、75g 带铅转环、11.25g 的沉铅、有荧光管。

6.3.2 0～0.3 节海流下

（1）两种金枪鱼合计 CPUE（尾/千钩）

16 种不同组合的钓具对应的 CPUE 见表 2-6-8，方差分析、试验结果见表 2-6-9。

表 2-6-8 0～0.3 节海流情况下两种金枪鱼 16 种不同组合的钓具对应的 CPUE

试验号	A	B	C	D	0～0.3 节海流金枪鱼 CPUE		
					大眼	黄鳍	合计
1	1kg	75g	18.75g	有	0.00	0.00	0.00
2	1kg	60g	18.75g	有	6.00	0.00	6.00
3	1kg	45g	11.25g	无	2.00	0.00	2.00
4	1kg	10g	11.25g	无	0.00	2.00	2.00
5	2kg	75g	18.75g	无	10.00	2.00	12.00
6	2kg	60g	18.75g	无	14.00	0.00	14.00
7	2kg	45g	11.25g	有	6.00	6.00	12.00
8	2kg	10g	11.25g	有	0.00	0.00	0.00
9	3kg	75g	11.25g	有	4.29	3.57	7.86
10	3kg	60g	11.25g	有	1.43	2.14	3.57
11	3kg	45g	18.75g	无	2.14	2.14	4.29

续表

试验号	A	B	C	D	0～0.3 节海流金枪鱼 CPUE		
					大眼	黄鳍	合计
12	3kg	10g	18.75g	无	4.29	0.71	5.00
13	5kg	75g	11.25g	无	2.86	4.29	7.14
14	5kg	60g	11.25g	无	2.14	0.71	2.86
15	5kg	45g	18.75g	有	3.57	1.43	5.00
16	5kg	10g	18.75g	有	3.57	2.14	5.71

注：A 代表重锤；B 代表带铅转环；C 代表沉铅；D 代表荧光管

表 2-6-9　方差分析表

方差来源	偏差平方和	自由度	平均偏差平方和	F 比	显著性
A	$S_A = 100.70$	3	33.57	2.12	不显著
B	$S_B = 32.99$	3	11.00	0.70	不显著
C	$S_C = 13.27$	1	13.27	0.84	不显著
D	$S_D = 5.22$	1	5.22	0.33	不显著
误差	$S_e = 110.66$	7	15.81		
$F_{0.01}(1,7) = 12.2$		$F_{0.05}(1,7) = 5.59$		$F_{0.1}(1,7) = 3.59$	
$F_{0.01}(3,7) = 8.45$		$F_{0.05}(3,7) = 4.35$		$F_{0.1}(3,7) = 3.07$	
最优	$A_2B_1C_1D_2$				

注：A 代表重锤；B 代表带铅转环；C 代表沉铅；D 代表荧光管

即 0～0.3 节海流情况下，4 个因子对两种金枪鱼总上钩率的影响都不显著，但最优的组合为 2kg 重锤、75g 带铅转环、18.75g 的沉铅、无荧光管。

（2）大眼金枪鱼

大眼金枪鱼 16 种不同组合的钓具对应的 CPUE 见表 2-6-8，方差分析、试验结果见表 2-6-10。

表 2-6-10　方差分析表

方差来源	偏差平方和	自由度	平均偏差平方和	F 比	显著性
A	$S_A = 72.26$	3	24.09	2.90	不显著
B	$S_B = 32.36$	3	10.79	1.30	不显著
C	$S_C = 38.62$	1	38.62	4.66	有一定影响
D	$S_D = 9.88$	1	9.88	1.19	不显著
误差	$S_e = 58.06$	7	8.29		
$F_{0.01}(1,7) = 12.2$		$F_{0.05}(1,7) = 5.59$		$F_{0.1}(1,7) = 3.59$	
$F_{0.01}(3,7) = 8.45$		$F_{0.05}(3,7) = 4.35$		$F_{0.1}(3,7) = 3.07$	
最优	$A_2B_2C_1D_2$				

注：A 代表重锤；B 代表带铅转环；C 代表沉铅；D 代表荧光管

即 0～0.3 节海流情况下，沉铅对大眼金枪鱼上钩率有一定的影响，其他 3 个因子都不显著，但最优的组合为 2kg 重锤、60g 带铅转环、18.75g 的沉铅、无荧光管。

（3）黄鳍金枪鱼

黄鳍金枪鱼 16 种不同组合的钓具对应的 CPUE 见表 2-6-8，方差分析、试验结果见表 2-6-11。

表 2-6-11 方差分析表

方差来源	偏差平方和	自由度	平均偏差平方和	F 比	显著性
A	$S_A = 7.69$	3	2.56	0.82	不显著
B	$S_B = 9.09$	3	3.03	0.97	不显著
C	$S_C = 6.61$	1	6.61	2.12	不显著
D	$S_D = 0.73$	1	0.73	0.24	不显著
误差	$S_e = 21.79$	7	3.11		
	$F_{0.01}(1,7) = 12.2$	$F_{0.05}(1,7) = 5.59$	$F_{0.1}(1,7) = 3.59$		
	$F_{0.01}(3,7) = 8.45$	$F_{0.05}(3,7) = 4.35$	$F_{0.1}(3,7) = 3.07$		
最优	$A_3B_1C_2D_1$	$A_4B_1C_2D_1$			

注：A 代表重锤；B 代表带铅转环；C 代表沉铅；D 代表荧光管

即 0～0.3 节海流情况下，4 个因子对黄鳍金枪鱼上钩率的影响都不显著，但最优的组合为 3kg（或 5kg）重锤、75g 带铅转环、11.25g 的沉铅、有荧光管。

6.3.3 0.4～0.7 节海流下

（1）两种金枪鱼合计 CPUE

16 种不同组合的钓具两种金枪鱼对应的 CPUE 见表 2-6-12，方差分析、试验结果见表 2-6-13。

表 2-6-12 0.4～0.7 节海流情况下两种金枪鱼 16 种不同组合的钓具对应的 CPUE

试验号	A	B	C	D	0.4～0.7 节海流金枪鱼 CPUE		
					大眼	黄鳍	合计
1	1kg	75g	18.75g	有	2.00	14.00	16.00
2	1kg	60g	18.75g	有	0.00	2.00	2.00
3	1kg	45g	11.25g	无	6.00	2.00	8.00
4	1kg	10g	11.25g	无	2.00	2.00	4.00
5	2kg	75g	18.75g	无	2.00	4.00	6.00
6	2kg	60g	18.75g	无	0.00	0.00	0.00
7	2kg	45g	11.25g	有	6.00	4.00	10.00
8	2kg	10g	11.25g	有	6.00	2.00	8.00
9	3kg	75g	11.25g	有	3.33	10.00	13.33
10	3kg	60g	11.25g	有	8.33	0.00	8.33
11	3kg	45g	18.75g	无	10.00	1.67	11.67

续表

试验号	A	B	C	D	0.4～0.7 节海流金枪鱼 CPUE		
					大眼	黄鳍	合计
12	3kg	10g	18.75g	无	3.33	0.00	3.33
13	5kg	75g	11.25g	无	6.67	3.33	10.00
14	5kg	60g	11.25g	无	5.00	5.00	10.00
15	5kg	45g	18.75g	有	1.67	1.67	3.33
16	5kg	10g	18.75g	有	3.33	1.67	5.00

注：A 代表重锤；B 代表带铅转环；C 代表沉铅；D 代表荧光管

表 2-6-13　方差分析表

方差来源	偏差平方和	自由度	平均偏差平方和	F 比	显著性
A	$S_A = 20.74$	3	6.91	0.44	不显著
B	$S_B = 107.69$	3	35.90	2.29	不显著
C	$S_C = 37.01$	1	37.01	2.37	不显著
D	$S_D = 10.56$	1	10.56	0.68	不显著
误差	$S_e = 109.49$	7	15.64		
$F_{0.01}(1,7) = 12.2$		$F_{0.05}(1,7) = 5.59$		$F_{0.1}(1,7) = 3.59$	
$F_{0.01}(3,7) = 8.45$		$F_{0.05}(3,7) = 4.35$		$F_{0.1}(3,7) = 3.07$	
最优	$A_3B_1C_2D_1$				

注：A 代表重锤；B 代表带铅转环；C 代表沉铅；D 代表荧光管

即 0.4～0.7 节海流情况下，4 个因子对两种金枪鱼上钩率的影响都不显著，但最优的组合为 3kg 重锤、75g 带铅转环、11.25g 的沉铅、有荧光管。

（2）大眼金枪鱼

大眼金枪鱼 16 种不同组合的钓具对应的 CPUE 见表 2-6-12，方差分析、试验结果见表 2-6-14。

表 2-6-14　方差分析表

方差来源	偏差平方和	自由度	平均偏差平方和	F 比	显著性
A	$S_A = 30.19$	3	10.06	1.44	不显著
B	$S_B = 17.74$	3	5.91	0.85	不显著
C	$S_C = 27.56$	1	27.56	3.95	有一定影响
D	$S_D = 1.17$	1	1.17	0.17	不显著
误差	$S_e = 48.83$	7	6.98		
$F_{0.01}(1,7) = 12.2$		$F_{0.05}(1,7) = 5.59$		$F_{0.1}(1,7) = 3.59$	
$F_{0.01}(3,7) = 8.45$		$F_{0.05}(3,7) = 4.35$		$F_{0.1}(3,7) = 3.07$	
最优	$A_3B_3C_2D_2$				

注：A 代表重锤；B 代表带铅转环；C 代表沉铅；D 代表荧光管

即 0.4～0.7 节海流情况下，沉铅对大眼金枪鱼上钩率有一定的影响，其他 3 个因子都不显著，但最优的组合为 3kg 重锤、45g 带铅转环、11.25g 的沉铅、无荧光管。

（3）黄鳍金枪鱼

黄鳍金枪鱼 16 种不同组合的钓具对应的 CPUE 见表 2-6-12，方差分析、试验结果见表 2-6-15。

表 2-6-15　方差分析表

方差来源	偏差平方和	自由度	平均偏差平方和	F 比	显著性
A	$S_A = 15.28$	3	5.09	0.54	不显著
B	$S_B = 109.72$	3	36.57	3.87	有一定影响
C	$S_C = 0.69$	1	0.69	0.07	不显著
D	$S_D = 18.78$	1	18.78	1.99	不显著
误差	$S_e = 66.19$	7	9.46		
	$F_{0.01}(1,7) = 12.2$		$F_{0.05}(1,7) = 5.59$	$F_{0.1}(1,7) = 3.59$	
	$F_{0.01}(3,7) = 8.45$		$F_{0.05}(3,7) = 4.35$	$F_{0.1}(3,7) = 3.07$	
最优	$A_1B_1C_2D_1$				

注：A 代表重锤；B 代表带铅转环；C 代表沉铅；D 代表荧光管

即 0.4～0.7 节海流情况下，带铅转环对黄鳍金枪鱼上钩率有一定影响，其他 3 个因子都不显著，但最优的组合为 1kg 重锤、75g 带铅转环、11.25g 的沉铅、有荧光管。

6.3.4　0.8～1.5 节海流下

（1）两种金枪鱼合计 CPUE（尾/千钩）

16 种不同组合的钓具两种金枪鱼对应的 CPUE 见表 2-6-16，方差分析、试验结果见表 2-6-17。

表 2-6-16　0.8～1.5 节海流情况下两种金枪鱼 16 种不同组合的钓具对应的 CPUE

试验号	A	B	C	D	0.8～1.5 节海流金枪鱼 CPUE		
					大眼	黄鳍	合计
1	1kg	75g	18.75g	有	7.83	0.87	8.70
2	1kg	60g	18.75g	有	0.00	0.00	0.00
3	1kg	45g	11.25g	无	4.35	0.87	5.22
4	1kg	10g	11.25g	无	0.87	4.35	5.22
5	2kg	75g	18.75g	无	2.61	0.00	2.61
6	2kg	60g	18.75g	无	2.61	3.48	6.09
7	2kg	45g	11.25g	有	4.35	3.48	7.83
8	2kg	10g	11.25g	有	0.00	0.00	0.00
9	3kg	75g	11.25g	有	8.89	4.44	13.33
10	3kg	60g	11.25g	有	2.22	0.00	2.22

试验号	A	B	C	D	0.8~1.5 节海流金枪鱼 CPUE		
					大眼	黄鳍	合计
11	3kg	45g	18.75g	无	2.22	0.00	2.22
12	3kg	10g	18.75g	无	2.22	4.44	6.67
13	5kg	75g	11.25g	无	20.00	0.00	20.00
14	5kg	60g	11.25g	无	15.56	0.00	15.56
15	5kg	45g	18.75g	有	11.11	4.44	15.56
16	5kg	10g	18.75g	有	4.44	0.00	4.44

注：A 代表重锤；B 代表带铅转环；C 代表沉铅；D 代表荧光管

表 2-6-17 方差分析表

方差来源	偏差平方和	自由度	平均偏差平方和	F 比	显著性
A	$S_A = 244.76$	3	81.59	4.08	有一定影响
B	$S_B = 108.69$	3	36.23	1.81	不显著
C	$S_C = 33.33$	1	33.33	1.67	不显著
D	$S_D = 8.26$	1	8.26	0.41	不显著
误差	$S_e = 139.96$	7	19.99		
	$F_{0.01}(1,7) = 12.2$		$F_{0.05}(1,7) = 5.59$	$F_{0.1}(1,7) = 3.59$	
	$F_{0.01}(3,7) = 8.45$		$F_{0.05}(3,7) = 4.35$	$F_{0.1}(3,7) = 3.07$	
最优	$A_4B_1C_2D_2$				

注：A 代表重锤；B 代表带铅转环；C 代表沉铅；D 代表荧光管

即 0.8~1.5 节海流情况下，重锤对两种金枪鱼上钩率有一定的影响，其他 3 个因子都不显著，但最优的组合为 5kg 重锤、75g 带铅转环、11.25g 的沉铅、无荧光管。

（2）大眼金枪鱼

大眼金枪鱼 16 不同组合的钓具对应的 CPUE 见表 2-6-16，方差分析、试验结果见表 2-6-18。

表 2-6-18 方差分析表

方差来源	偏差平方和	自由度	平均偏差平方和	F 比	显著性
A	$S_A = 280.86$	3	93.62	15.04	非常显著
B	$S_B = 127.88$	3	42.63	6.85	显著
C	$S_C = 33.61$	1	33.61	5.40	有一定影响
D	$S_D = 8.40$	1	8.40	1.35	不显著
误差	$S_e = 43.56$	7	6.22		
	$F_{0.01}(1,7) = 12.2$		$F_{0.05}(1,7) = 5.59$	$F_{0.1}(1,7) = 3.59$	
	$F_{0.01}(3,7) = 8.45$		$F_{0.05}(3,7) = 4.35$	$F_{0.1}(3,7) = 3.07$	
最优	$A_4B_1C_2D_2$				

注：A 代表重锤；B 代表带铅转环；C 代表沉铅；D 代表荧光管

即 0.8～1.5 节海流情况下，重锤对大眼金枪鱼上钩率的影响非常显著，带铅转环影响显著，沉铅有一定影响，荧光管的影响不显著，最优的组合为 5kg 重锤、75g 带铅转环、11.25g 的沉铅、无荧光管。

（3）黄鳍金枪鱼

黄鳍金枪鱼 16 种不同组合的钓具对应的 CPUE 见表 2-6-16，方差分析、试验结果见表 2-6-19。

表 2-6-19　方差分析表

方差来源	偏差平方和	自由度	平均偏差平方和	F 比	显著性
A	$S_A = 2.57$	3	0.86	0.11	不显著
B	$S_B = 5.25$	3	1.75	0.23	不显著
C	$S_C = 0.00$	1	0.00	0.00	不显著
D	$S_D = 0.00$	1	0.00	0.00	不显著
误差	$S_e = 52.57$	7	7.51		
$F_{0.01}(1,7) = 12.2$		$F_{0.05}(1,7) = 5.59$		$F_{0.1}(1,7) = 3.59$	
$F_{0.01}(3,7) = 8.45$		$F_{0.05}(3,7) = 4.35$		$F_{0.1}(3,7) = 3.07$	
最优	$A_3B_3C_1D_1$	$A_3B_4C_1D_1$			

注：A 代表重锤；B 代表带铅转环；C 代表沉铅；D 代表荧光管。

即 0.8～1.5 节海流情况下，4 个因子对黄鳍金枪鱼上钩率的影响都不显著，但最优的组合为 3kg 重锤、45g（或 10g）带铅转环、18.75g 的沉铅、有荧光管。

6.4　饵料对比试验

调查期间两艘船不同程度地开展了四破鱼与鱿鱼饵料对上钩率影响的对比试验，从两艘船的试验情况来看四破鱼的平均上钩率为 6.81 尾/千钩，鱿鱼的平均上钩率为 3.13 尾/千钩，四破鱼的上钩率要高于鱿鱼的上钩率（表 2-6-20），但在渔场环境中、胃含物中发现有许多鱿鱼，因此，上述结论是初步的，还需要进一步试验验证。

表 2-6-20　第四、第五航次的饵料对比试验

船号	航次	饵料种类	钩数	上钩尾数	上钩率/(尾/千钩)
18	4	四破鱼	8 890	85	9.56
		鱿鱼	2 860	7	2.45
	5	四破鱼	12 500	103	8.24
		鱿鱼	2 100	12	5.71
19	4	四破鱼	8 400	15	1.79
		鱿鱼	2 400	4	1.67
	平均	四破鱼	9930	67.67	6.81
		鱿鱼	2453	7.67	3.13

7 大眼金枪鱼和黄鳍金枪鱼的栖息环境

本部分内容根据测定的数据分为两部分,7.1 部分为两艘船 5 个航次的数据,但没有利用三维海流计的数据进行分析,仅使用了钓具在海中的漂移速度和漂移方向数据。7.2 部分为 18 号船的数据,利用了三维海流计测定的数据,因只有 18 号船具有该数据,没有使用钓具在海中的漂移速度和漂移方向数据。

7.1 使用两艘船的数据拟合钓钩深度计算模型分析大眼(黄鳍)金枪鱼的栖息环境

运用 SPSS 软件[2],采用多元线性逐步回归的方法建立 2005 年 9 月 13 日至 12 月 12 日测定的 519 枚钓钩的实际平均深度($\bar{D}$)与理论深度(D_T)的关系模型。模型分为正常作业(根据 248 枚船用钩数据拟合)和试验作业(根据 271 枚试验钩数据拟合)两部分。

正常作业回归模型为

$$Y = 0.30 + 0.67X_1 + 1.03X_2 + 47.21X_5 \qquad (2\text{-}7\text{-}1)$$

相关系数 $R = 0.83485$;F 值 $= 187.0649$;显著水平 $P = 0$;剩余标准差 $S = 47.14376$。

试验作业回归模型为

$$Y = 96.53 + 0.69X_1 - 17.03X_2 - 19.73X_4 \qquad (2\text{-}7\text{-}2)$$

相关系数 $R = 0.6593$;F 值 $= 68.4305$;显著水平 $P = 0$;剩余标准差 $S = 67.65036$,具体各字母含义见"5.3.2"部分。

7.1.1 大眼金枪鱼的栖息环境

7.1.1.1 大眼金枪鱼的栖息水层

根据调查期间用微型温度深度计测定的 66 个站点(18 号船 26 个,19 号船 40 个)的钓钩深度数据,以及和这些站点相对应的记录钩号的大眼金枪鱼 244 尾(18 号船 164 尾,19 号船 80 尾),分析的大眼金枪鱼 CPUE(尾/千钩)与钓钩拟合深度的关系见图 2-7-1。

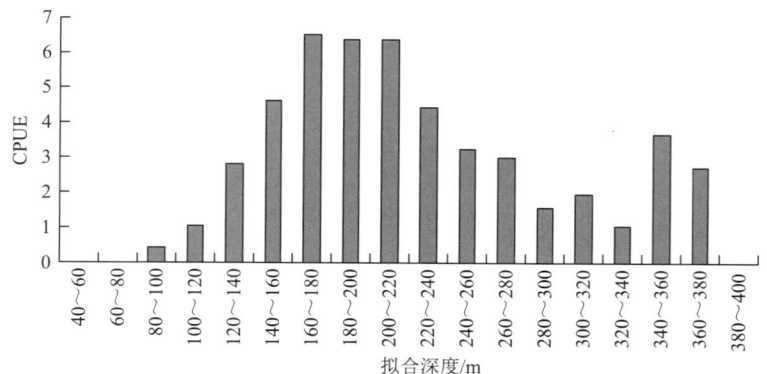

图 2-7-1 调查期间大眼金枪鱼 CPUE 与拟合深度的关系

由图 2-7-1 得，大眼金枪鱼 CPUE 较高的水层为 140～240m，CPUE 更高的水层为 160～220m。

7.1.1.2 大眼金枪鱼的栖息水温

根据调查期间用温盐深仪（CTD）测定的 66 个站点（18 号船 26 个，19 号船 40 个）的水温数据，以及和这些站点相对应的记录钩号的大眼金枪鱼 242 尾（18 号船 164 尾，19 号船 78 尾），分析的大眼金枪鱼 CPUE（尾/千钩）与水温的关系见图 2-7-2。

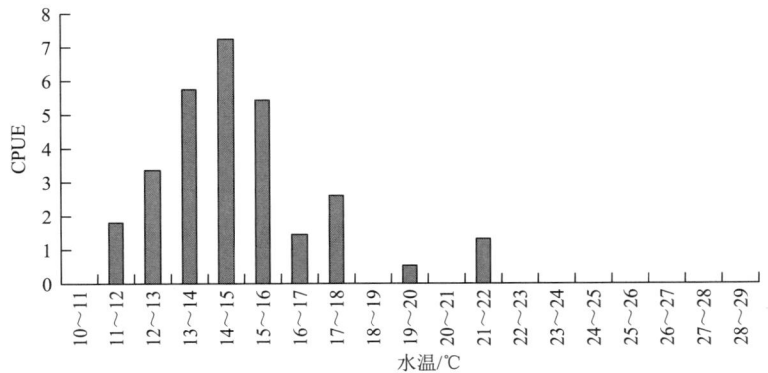

图 2-7-2 调查期间大眼金枪鱼 CPUE 与水温的关系

由图 2-7-2 可得，大眼金枪鱼 CPUE 较高（5.440 尾/千钩以上）的水温段为 13～16℃，最高（7.262 尾/千钩）的水温段为 14～15℃。

7.1.1.3 大眼金枪鱼的栖息盐度

根据调查期间用 CTD 测定的 52 个站点（18 号船 13 个，19 号船 39 个）的盐度数据，以及和这些站点相对应的记录钩号的大眼金枪鱼 147 尾（18 号船 77 尾，19 号船 70 尾），分析的大眼金枪鱼 CPUE（尾/千钩）与盐度的关系见图 2-7-3。

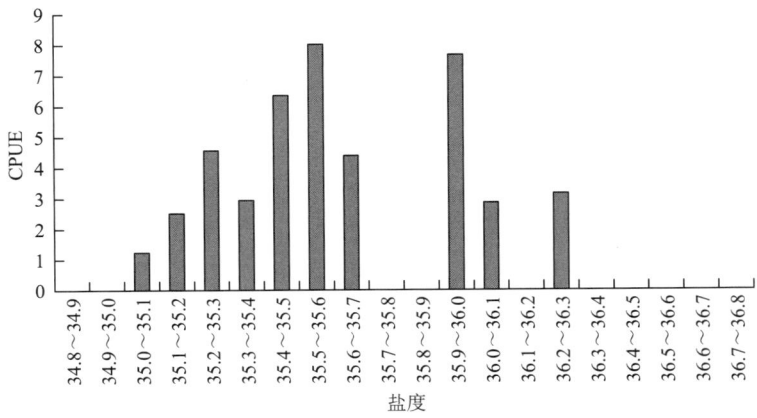

图 2-7-3 调查期间大眼金枪鱼 CPUE 与盐度的关系

由图 2-7-3 可得,大眼金枪鱼 CPUE 较高的盐度段为 35.2～35.7,最高(8.019 尾/千钩)的盐度段为 35.5～35.6。由于 35.9～36.0 取样尾数只有 1 尾,特殊性较大,不作进一步的分析。

7.1.1.4 大眼金枪鱼的栖息叶绿素浓度

根据调查期间用 CTD 测定的 13 个站点(18 号船)的叶绿素浓度数据,以及和这些站点相对应的记录钩号的大眼金枪鱼 77 尾(18 号船),分析的大眼金枪鱼 CPUE(尾/千钩)与叶绿素浓度的关系见图 2-7-4。

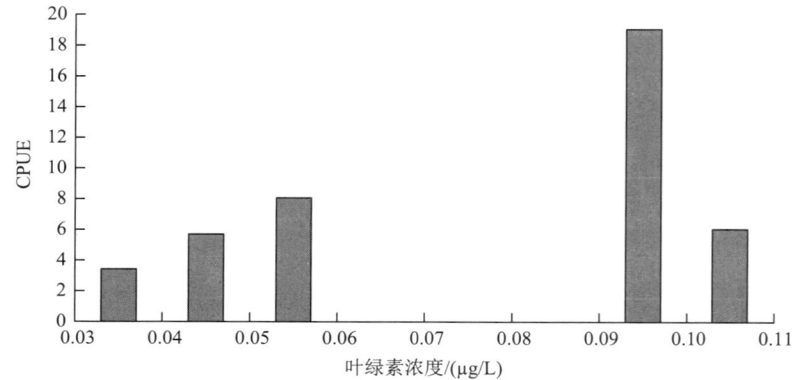

图 2-7-4　调查期间大眼金枪鱼 CPUE 与叶绿素浓度的关系

由图 2-7-4 得,大眼金枪鱼 CPUE 较高(5.698 尾/千钩以上)的叶绿素浓度为 0.04～0.06μg/L 和 0.09μg/L 以上。由于 0.09～0.10μg/L 取样尾数只有 1 尾,特殊性较大,不作进一步的分析,一般情况下 0.05～0.06μg/L 时 CPUE 较高。

7.1.1.5 大眼金枪鱼的理论栖息含氧量(深解氧含量)

根据调查期间用 CTD 测定的 13 个站点(18 号船)的含氧量数据,以及和这些站点相对应的记录钩号的大眼金枪鱼 77 尾(18 号船),分析的大眼金枪鱼 CPUE(尾/千钩)与含氧量的关系见图 2-7-5。

由图 2-7-5 可得,大眼金枪鱼 CPUE 较高的含氧量为 1.0～3.5mg/L,大眼金枪鱼 CPUE 最高的含氧量为 1.0～2.0mg/L。

7.1.2　黄鳍金枪鱼的栖息环境

7.1.2.1　黄鳍金枪鱼的栖息水层

根据调查期间用微型温度深度计测定的 66 个站点(18 号船 26 个,19 号船 40 个)的钓钩深度数据,以及和这些站点相对应的记录钩号的黄鳍金枪鱼 293 尾(18 号船 238 尾,19 号船 55 尾),分析的黄鳍金枪鱼 CPUE(尾/千钩)与拟合深度的关系见图 2-7-6。

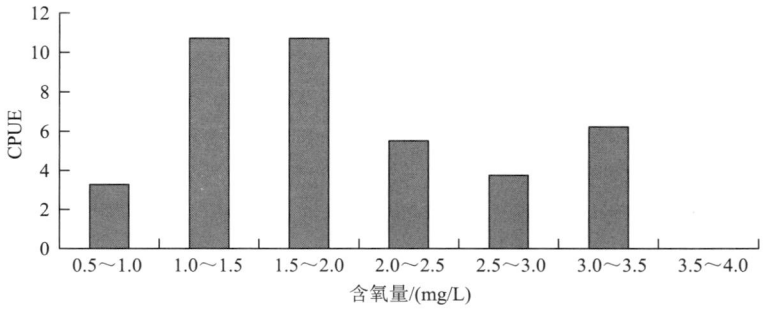

图 2-7-5　调查期间大眼金枪鱼 CPUE 与含氧量的关系

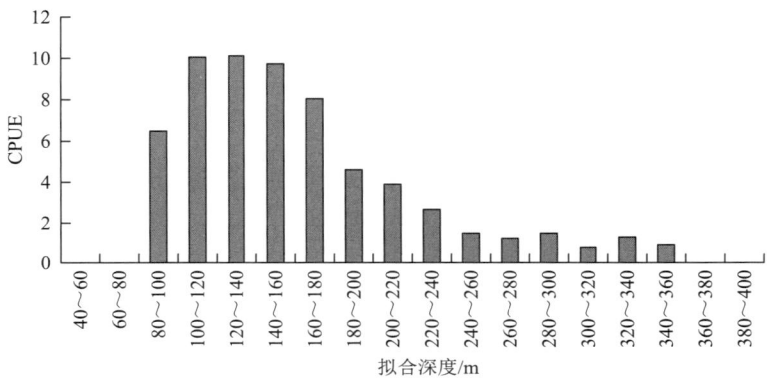

图 2-7-6　调查期间黄鳍金枪鱼 CPUE 与拟合深度的关系

由图 2-7-6 可得，黄鳍金枪鱼 CPUE 较高（6.514 尾/千钩以上）的水层为 80～180m，一般情况下 100～160m 水层 CPUE 较高。

7.1.2.2　黄鳍金枪鱼的栖息水温

根据调查期间用 CTD 测定的 66 个站点（18 号船 26 个，19 号船 40 个）的水温数据，以及和这些站点相对应的记录钩号的黄鳍金枪鱼 293 尾（18 号船 238 尾，19 号船 55 尾），分析的黄鳍金枪鱼 CPUE（尾/千钩）与水温的关系见图 2-7-7。

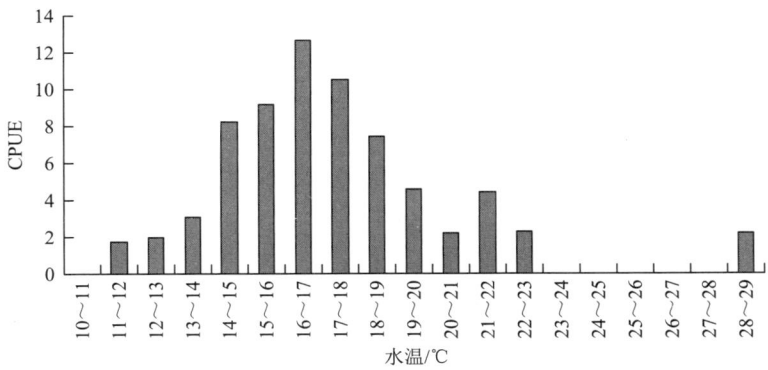

图 2-7-7　调查期间黄鳍金枪鱼 CPUE 与水温的关系

由图 2-7-7 可得，黄鳍金枪鱼 CPUE 较高（7.415 尾/千钩以上）的水温段为 14～19℃，其中最高（12.685 尾/千钩）的水温段为 16～17℃，一般情况下 15～18℃黄鳍金枪鱼 CPUE 较高。

7.1.2.3 黄鳍金枪鱼的栖息盐度

根据调查期间用 CTD 测定的 52 个站点（18 号船 13 个，19 号船 39 个）的盐度数据，以及和这些站点相对应的记录钩号的黄鳍金枪鱼 231 尾（18 号船 181 尾，19 号船 50 尾），分析的黄鳍金枪鱼 CPUE（尾/千钩）与盐度的关系见图 2-7-8。

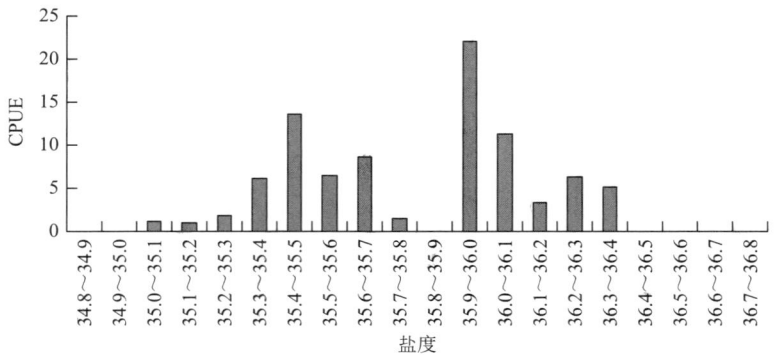

图 2-7-8　调查期间黄鳍金枪鱼 CPUE 与盐度的关系

由图 2-7-8 可得，黄鳍金枪鱼 CPUE 较高（6.076 尾/千钩以上）的盐度段为 35.3～35.7、35.9～36.1 和 36.2～36.3，最高（22.001 尾/千钩）的盐度段为 35.9～36.0，黄鳍金枪鱼在盐跃层中的 CPUE 较高。

7.1.2.4 黄鳍金枪鱼的栖息叶绿素浓度

根据调查期间用 CTD 测定的 13 个站点（18 号船）的叶绿素浓度数据，以及和这些站点相对应的记录钩号的黄鳍金枪鱼 181 尾（18 号船），分析的黄鳍金枪鱼 CPUE（尾/千钩）与叶绿素浓度的关系见图 2-7-9。

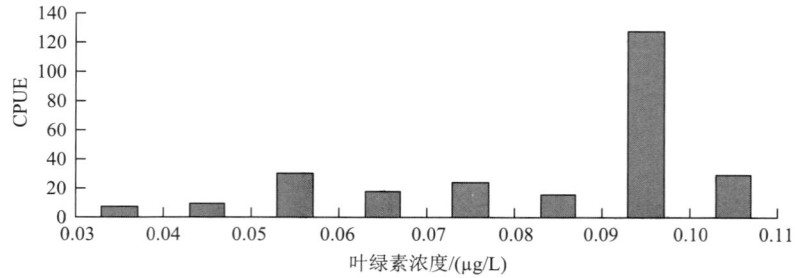

图 2-7-9　调查期间黄鳍金枪鱼 CPUE 与叶绿素浓度的关系

由图 2-7-9 可得，黄鳍金枪鱼 CPUE 较高（127.1 尾/千钩以上）的叶绿素浓度为 0.09～

0.10μg/L，一般认为 0.05～0.06μg/L 能够取得较高的 CPUE，即在温跃层中 CPUE 最高。

7.1.2.5 黄鳍金枪鱼的栖息含氧量

根据调查期间用 CTD 测定的 13 个站点（18 号船）的含氧量数据，以及和这些站点相对应的记录钩号的黄鳍金枪鱼 181 尾（18 号船），分析的黄鳍金枪鱼 CPUE（尾/千钩）与含氧量的关系见图 2-7-10。

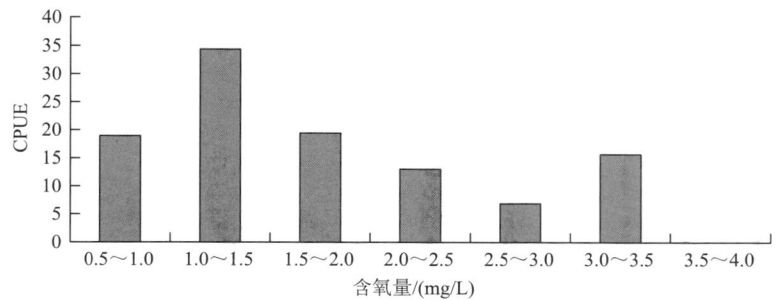

图 2-7-10　调查期间黄鳍金枪鱼 CPUE 与含氧量的关系

由图 2-7-10 可得，黄鳍金枪鱼 CPUE 较高（7.00 尾/千钩以上）的含氧量为 0.5～3.5mg/L，其中最高（34.376 尾/千钩左右）的含氧量为 1.0～1.5mg/L，一般认为含氧量在 1～3.5mg/L 时 CPUE 较高（在氧跃层中，变化较大）。

7.2　使用"华远渔 18"船三维海流数据拟合钓钩深度计算模型分析大眼（黄鳍）金枪鱼的栖息环境

运用 SPSS 软件[2]，采用多元线性逐步回归的方法建立 2005 年 10 月 23 日至 12 月 12 日测定的 197 枚钓钩的实际平均深度（$\bar{D}$）与理论深度（D_T）的关系模型。模型分为正常作业和试验作业两部分。

正常作业回归模型为

$$Y = -4.27 + 0.75X_1 + 52.55X_4 - 139.03X_6 + 86.15X_{12} \qquad (2\text{-}7\text{-}3)$$

式中，X_1 为理论深度；X_4 为风弦角正弦值；X_6 为 50m 水深处的北向流速；X_{12} 为 150m 水深处的北向流速。

相关系数 $R = 0.92229$；F 值 $= 155.1601$；显著水平 $P = 0$；剩余标准差 $S = 33.97388$。

试验作业回归模型为

$$Y = 69.32 + 0.69X_1 - 1059.11X_{11} + 830.01X_{14} + 78.28X_{19} + 80.80X_{21} - 943.60X_{23} \qquad (2\text{-}7\text{-}4)$$

式中，X_1 为理论深度；X_{11} 为 100m 水深处的垂直流速；X_{14} 为 150m 水深处的垂直流速；X_{19} 为 250m 水深处的北向流速；X_{21} 为 300m 水深处的东向流速；X_{23} 为 300m 水深处的垂直流速。

相关系数 $R = 0.89793$；F 值 $= 52.7219$；显著水平 $P = 0$；剩余标准差 $S = 34.39792$，具体见"5.3.2"部分。

调查期间，共测定了 18 号船第三至第五 3 个航次 164 尾大眼金枪鱼的上钩钩号。分析大眼金枪鱼 CPUE 与理论钩深的关系时，用到其中的 163 尾鱼；分析大眼金枪鱼 CPUE

与水温的关系时，用到其中的 162 尾；分析大眼金枪鱼 CPUE 与盐度、叶绿素浓度、含氧量的关系时，用到其中的 78 尾（因为仅第三航次测得盐度、叶绿素浓度、含氧量数据）；分析大眼金枪鱼 CPUE 与三维海流、水平海流的关系时，用到其中的 159 尾。

7.2.1 大眼金枪鱼的栖息环境

7.2.1.1 大眼金枪鱼的栖息水层

大眼金枪鱼 CPUE 与钓钩拟合深度的关系见图 2-7-11。

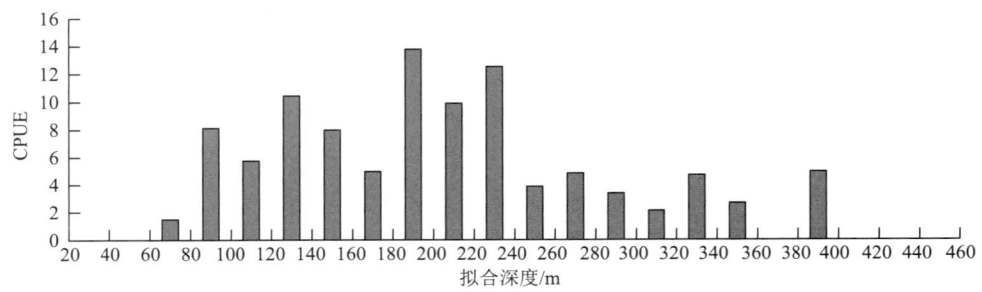

图 2-7-11 大眼金枪鱼 CPUE 与拟合深度的关系

从图 2-7-11 得出：大眼金枪鱼 CPUE 较高（4.97 尾/千钩以上）的水层为 120~240m，大眼金枪鱼 CPUE 最高（13.76 尾/千钩）的水层为 180~200m。

7.2.1.2 大眼金枪鱼的栖息水温

大眼金枪鱼 CPUE 与水温的关系见图 2-7-12。

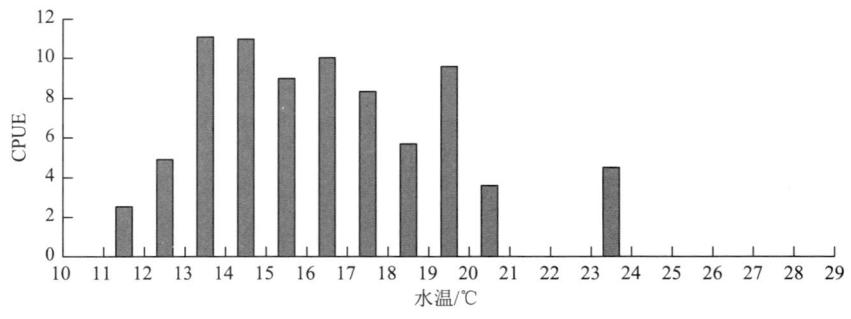

图 2-7-12 大眼金枪鱼 CPUE 与水温的关系

从图 2-7-12 得出，大眼金枪鱼 CPUE 较高（8.99 尾/千钩以上）的水温为 13~17℃，大眼金枪鱼 CPUE 最高（11.07 尾/千钩）的水温为 13~14℃。

7.2.1.3 大眼金枪鱼的栖息盐度

大眼金枪鱼 CPUE 与盐度的关系见图 2-7-13。

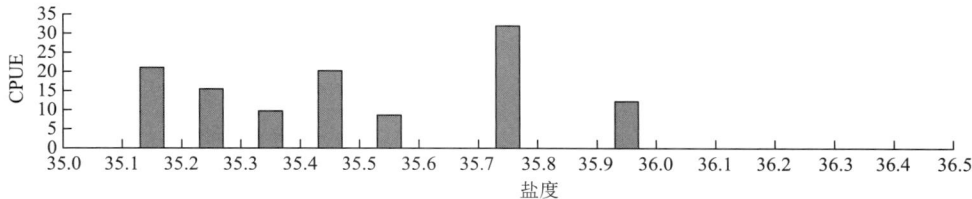

图 2-7-13　大眼金枪鱼 CPUE 与盐度的关系

从图 2-7-13 得出，大眼金枪鱼 CPUE 较高（3.41 尾/千钩以上）的盐度为 35.2～35.6，大眼金枪鱼 CPUE 最高（18.00 尾/千钩）的盐度为 35.4～35.5。由于 35.1～35.2、35.7～35.8 盐度范围内各取到 1 尾鱼，偶然性较大，因此不作分析。

7.2.1.4　大眼金枪鱼的栖息叶绿素浓度

大眼金枪鱼 CPUE 与叶绿素浓度的关系见图 2-7-14。

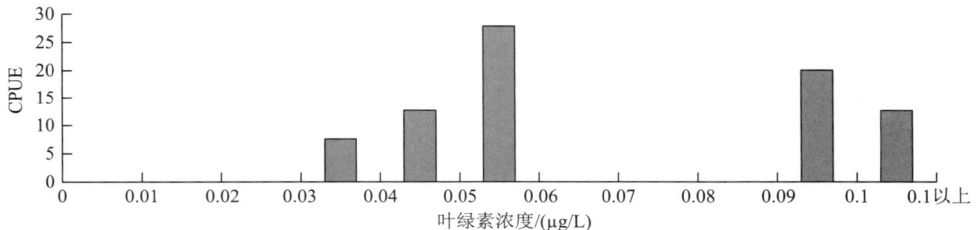

图 2-7-14　大眼金枪鱼 CPUE 与叶绿素浓度的关系

从图 2-7-14 可以得出，大眼金枪鱼 CPUE 较高（2.99 尾/千钩以上）的叶绿素浓度为 0.03～0.06μg/L，大眼金枪鱼 CPUE 最高（11.03 尾/千钩）的叶绿素浓度为 0.05～0.06μg/L。由于 0.09～0.1μg/L 只取到 1 尾鱼，偶然性较大，因此不作分析。

7.2.1.5　大眼金枪鱼的栖息含氧量

大眼金枪鱼 CPUE 与含氧量的关系见图 2-7-15。

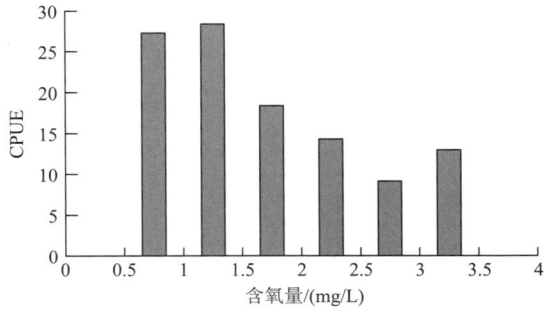

图 2-7-15　大眼金枪鱼 CPUE 与含氧量的关系

从图 2-7-15 得，大眼金枪鱼 CPUE 较高（7.29 尾/千钩以上）的含氧量范围为 0.5～3.5mg/L，大眼金枪鱼 CPUE 最高（28.24 尾/千钩）的含氧量为 1～1.5mg/L。

7.2.1.6 大眼金枪鱼的栖息东西向海流

大眼金枪鱼 CPUE 与东西向海流的关系见图 2-7-16。

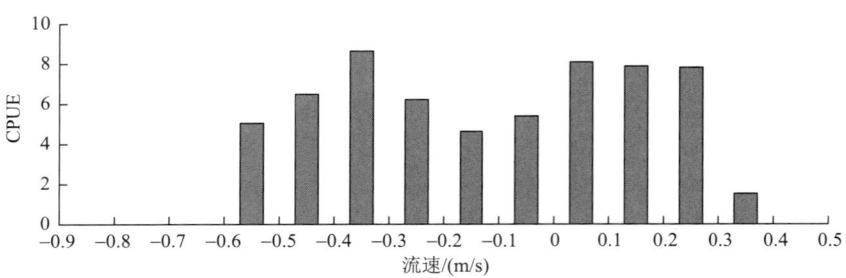

图 2-7-16 大眼金枪鱼 CPUE 与东西向海流的关系

由图 2-7-16 得,大眼金枪鱼 CPUE 较高(6.19 尾/千钩以上)的东西向海流段有两段,即 –0.5～–0.2m/s 和 0～0.3m/s,大眼金枪鱼 CPUE 最高(8.63 尾/千钩)的海流段为 –0.4～–0.3m/s。

7.2.1.7 大眼金枪鱼的栖息南北向海流

大眼金枪鱼 CPUE 与南北向海流的关系见图 2-7-17。

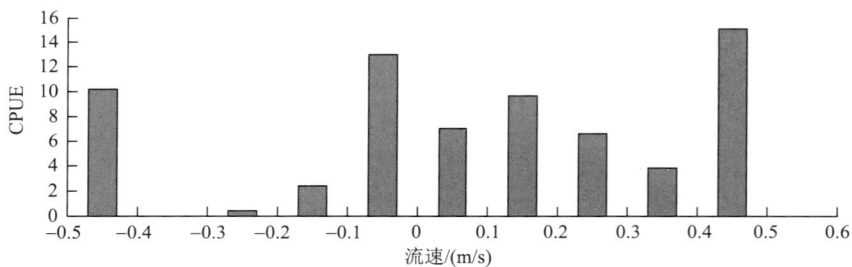

图 2-7-17 大眼金枪鱼 CPUE 与南北向海流的关系

由图 2-7-17 得,大眼金枪鱼 CPUE 较高(7.02 尾/千钩以上)的南北向海流段有三段,即 –0.5～–0.4m/s、–0.1～0.2m/s 和 0.4～0.5m/s,大眼金枪鱼 CPUE 最高(15.07 尾/千钩)的海流段为 0.4～0.5m/s。

7.2.1.8 大眼金枪鱼的栖息垂向海流

大眼金枪鱼 CPUE 与垂向海流的关系见图 2-7-18。

由图 2-7-18 得,除 0.03～0.06m/s 段内的 CPUE 起伏较大外,其他各垂直海流段内的大眼金枪鱼 CPUE 相差不大。CPUE 最高(7.82 尾/千钩)的海流段为 –0.01～0m/s。因 0.05～0.06m/s 取样得到的尾数只有 1 尾,有较大的特殊性,故对于这一尾鱼不作进一步的分析。

7.2.1.9 大眼金枪鱼的栖息水平海流

大眼金枪鱼 CPUE 与水平海流的关系见图 2-7-19。

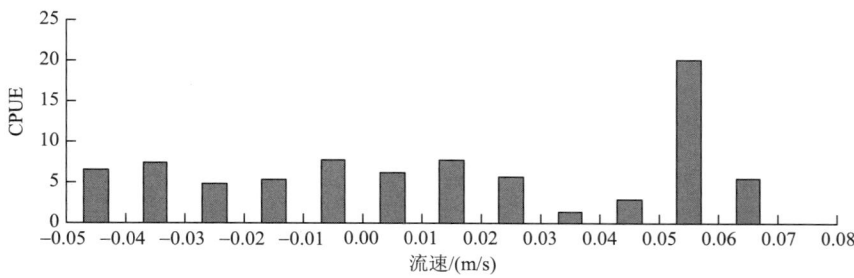

图 2-7-18 大眼金枪鱼 CPUE 与垂向海流的关系

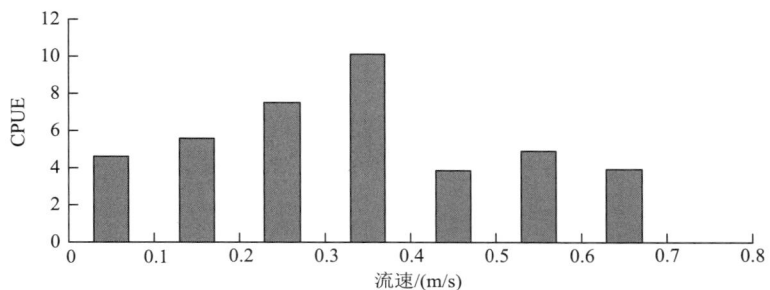

图 2-7-19 大眼金枪鱼 CPUE 与水平海流的关系

由图 2-7-19 得，在水平流速在 0～0.4m/s 的范围内，随着流速的增加，大眼金枪鱼 CPUE 逐步上升，在 0.3～0.4m/s 内达到最大（10.12 尾/千钩）。当水平流速大于 0.4m/s 后，CPUE 骤减。

7.2.2 黄鳍金枪鱼的栖息环境

调查期间，共测定了 18 号船第三至第五 3 个航次 309 尾黄鳍金枪鱼的上钩钩号。分析黄鳍金枪鱼 CPUE 与拟合钩深的关系时，用到全部 309 尾鱼；分析黄鳍金枪鱼 CPUE 与水温的关系时，用到其中的 307 尾；分析黄鳍金枪鱼 CPUE 与盐度、叶绿素浓度、含氧量的关系时，用到其中的 251 尾（因为仅第三航次测得盐度、叶绿素浓度、含氧量数据）；分析黄鳍金枪鱼 CPUE 与三维海流、水平海流的关系时，用到其中的 303 尾。

7.2.2.1 黄鳍金枪鱼的栖息水层

黄鳍金枪鱼 CPUE 与钓钩拟合深度的关系见图 2-7-20。

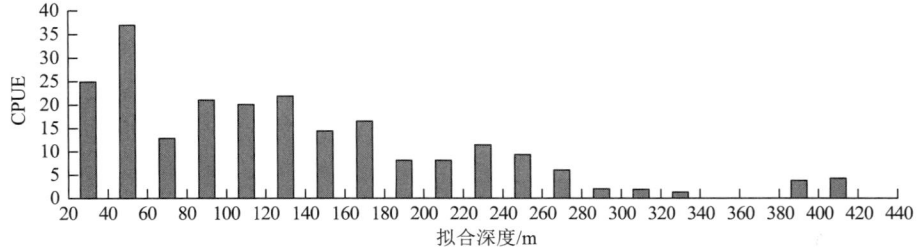

图 2-7-20 黄鳍金枪鱼 CPUE 与拟合深度的关系

从图 2-7-20 得出：黄鳍金枪鱼 CPUE 较高（12.88 尾/千钩以上）的水层为 20～180m，黄鳍金枪鱼 CPUE 最高（36.98 尾/千钩）的水层为 40～60m（20～60m 水层较特别，测定时可能存在较大的误差），一般认为 80～180m 水层可取得较高的 CPUE。

7.2.2.2 黄鳍金枪鱼的栖息水温

黄鳍金枪鱼 CPUE 与水温的关系见图 2-7-21。

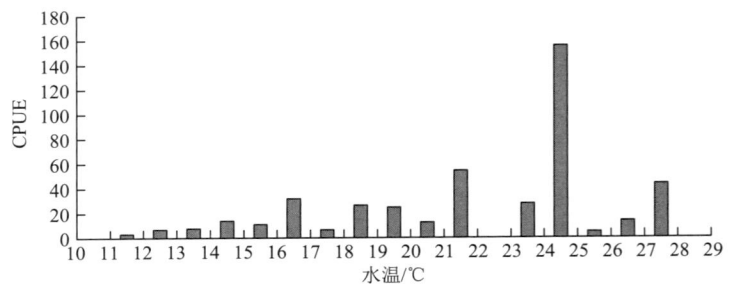

图 2-7-21　黄鳍金枪鱼 CPUE 与水温的关系

从图 2-7-21 得出，黄鳍金枪鱼 CPUE 较高（6.48 尾/千钩以上）的水温为 16～22℃，黄鳍金枪鱼 CPUE 最高（155.28 尾/千钩）的水温为 24～25℃（较特殊，取样时可能存在较大的误差），一般认为 16～21℃能够取得较高的 CPUE。

7.2.2.3 黄鳍金枪鱼的栖息盐度

黄鳍金枪鱼 CPUE 与盐度的关系见图 2-7-22。

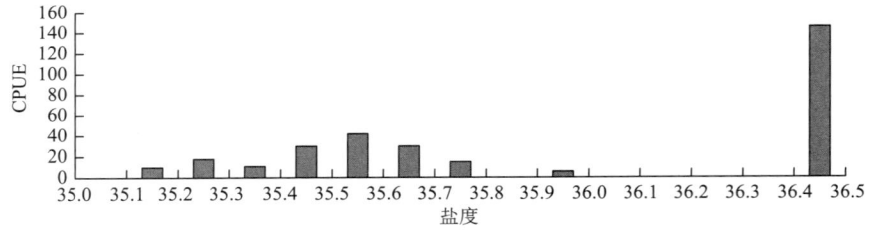

图 2-7-22　黄鳍金枪鱼 CPUE 与盐度的关系

从图 2-7-22 得出，黄鳍金枪鱼 CPUE 较高（7.77 尾/千钩以上）的盐度为 35.1～35.8，黄鳍金枪鱼 CPUE 最高（116.53 尾/千钩）的盐度为 36.4～36.5，一般认为 35.4～35.8 能够取得较高的 CPUE。

7.2.2.4 黄鳍金枪鱼的栖息叶绿素浓度

黄鳍金枪鱼 CPUE 与叶绿素浓度的关系见图 2-7-23。

从图 2-7-23 得出，黄鳍金枪鱼 CPUE 较高（8.50 尾/千钩以上）的叶绿素浓度为 0.03～0.07μg/L，黄鳍金枪鱼 CPUE 最高（59.43 尾/千钩）的叶绿素浓度为 0.09～0.1μg/L（在温跃层的底部），一般认为 0.05～0.06μg/L（较为特殊，在温跃层的底部，比 0.09～0.1μg/L 时为深）能够取得较高的 CPUE，一般黄鳍金枪鱼在温跃层内活动。

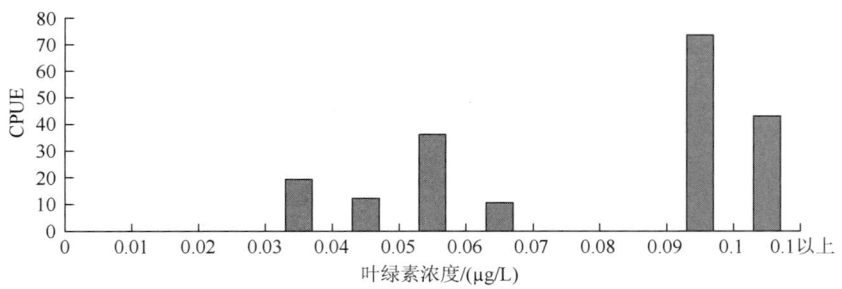

图 2-7-23　黄鳍金枪鱼 CPUE 与叶绿素浓度的关系

7.2.2.5　黄鳍金枪鱼的栖息含氧量

黄鳍金枪鱼 CPUE 与含氧量的关系见图 2-7-24。

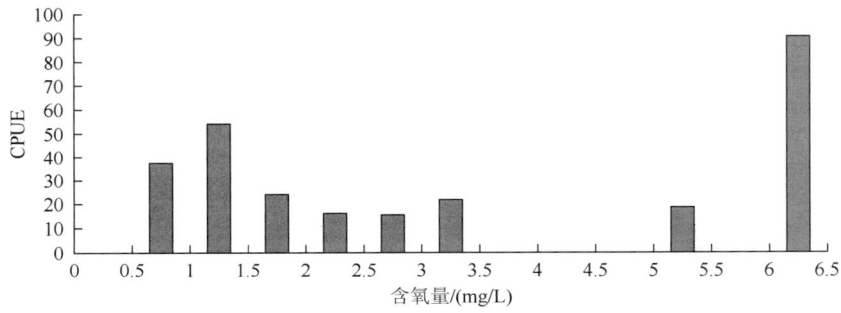

图 2-7-24　黄鳍金枪鱼 CPUE 与含氧量的关系

从图 2-7-24 得出，黄鳍金枪鱼 CPUE 较高（12.47 尾/千钩以上）的含氧量为 0.5～3.5mg/L，黄鳍金枪鱼 CPUE 最高（73.21 尾/千钩）的含氧量为 6～6.5mg/L，一般认为含氧量在 1～3.5mg/L 时，CPUE 较高（在氧跃层中，变化较大）。

7.2.2.6　黄鳍金枪鱼的栖息东西向海流

黄鳍金枪鱼 CPUE 与东西向海流的关系见图 2-7-25。

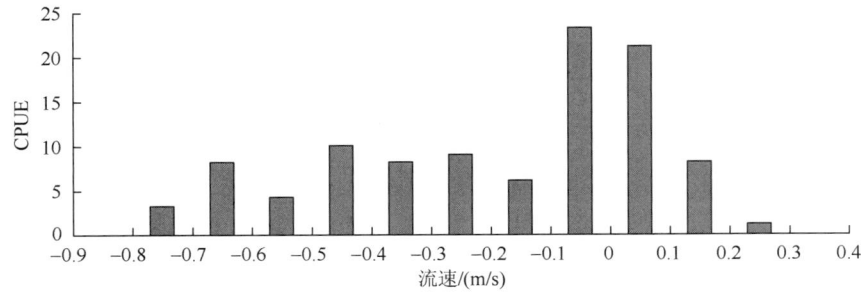

图 2-7-25　黄鳍金枪鱼 CPUE 与东西向海流的关系

由图 2-7-25 可得，黄鳍金枪鱼 CPUE 较高（21.28 尾/千钩以上）的东西向海流段为 −0.1～0.1m/s，黄鳍金枪鱼 CPUE 最高（23.36 尾/千钩）的海流段为 −0.1～0m/s。

7.2.2.7 黄鳍金枪鱼的栖息南北向海流

黄鳍金枪鱼 CPUE 与南北向海流的关系见图 2-7-26。

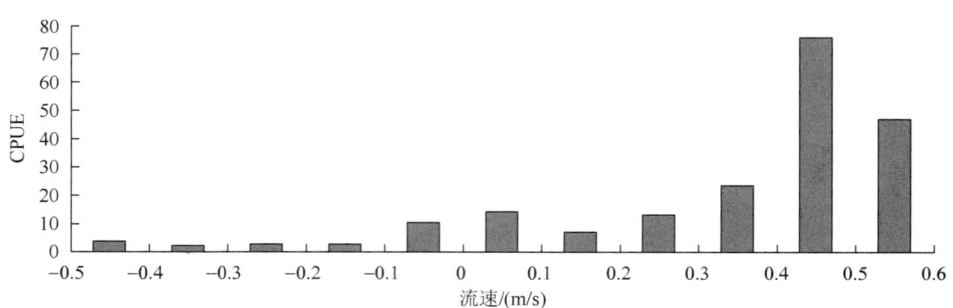

图 2-7-26 黄鳍金枪鱼 CPUE 与南北向海流的关系

由图 2-7-26 可得，黄鳍金枪鱼 CPUE 较高（23.49 尾/千钩以上）的南北向海流段为 0.3~0.6m/s，黄鳍金枪鱼 CPUE 最高（74.75 尾/千钩）的海流段为 0.4~0.5m/s，常栖息于北流较大的海区，也可能随北流往北洄游。

7.2.2.8 黄鳍金枪鱼的栖息垂向海流

黄鳍金枪鱼 CPUE 与垂向海流的关系见图 2-7-27。

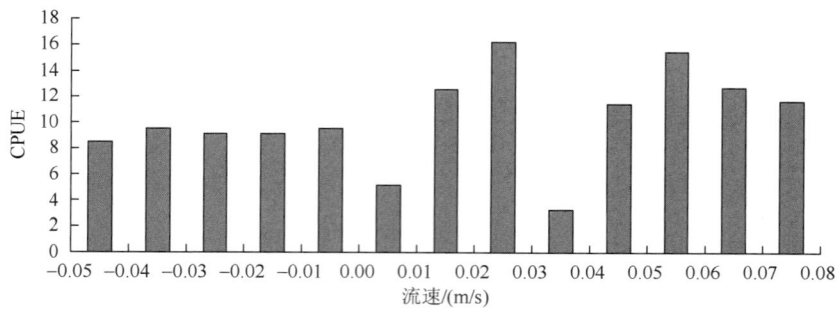

图 2-7-27 黄鳍金枪鱼 CPUE 与垂向海流的关系

由图 2-7-27 得，黄鳍金枪鱼 CPUE 较高（8.45 尾/千钩以上）的垂向海流段有三个，即–0.05~0m/s、0.01~0.03m/s 和 0.04~0.08m/s，黄鳍金枪鱼 CPUE 最高（16.27 尾/千钩）的海流段为 0.02~0.03m/s，垂向海流的大小对其影响不大。

7.2.2.9 黄鳍金枪鱼的栖息水平海流

黄鳍金枪鱼 CPUE 与水平海流的关系见图 2-7-28。

由图 2-7-28 得，黄鳍金枪鱼 CPUE 较高（7.62 尾/千钩以上）的水平流速段有三个，即 0~0.1m/s、0.2~0.5m/s 和 0.6~0.8m/s，黄鳍金枪鱼 CPUE 最高（22.26 尾/千钩）的海流段为 0~0.1m/s，一般认为水平流速为 0.3~0.4m/s 时，黄鳍金枪鱼 CPUE 较高。

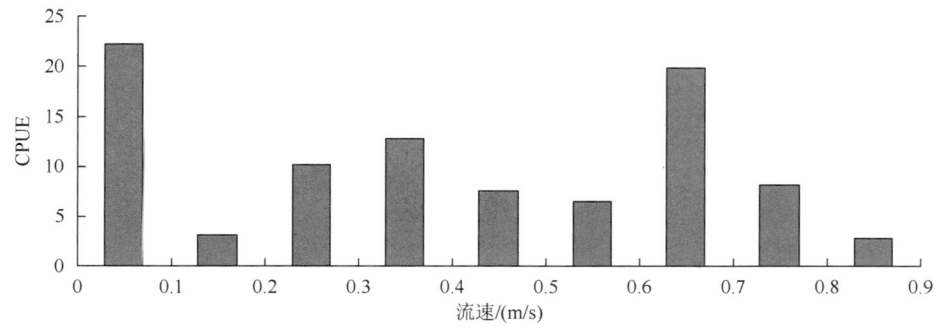

图 2-7-28 黄鳍金枪鱼 CPUE 与水平海流的关系

8 大眼金枪鱼和黄鳍金枪鱼的渔场形成机制

渔场的形成原因较多,有生物的和非生物的因素;CPUE 的高低与渔船捕捞设备的性能、钓具、船员的技术水平、海豚的出没,以及所用饵料的种类、大小、鲜度、比例等有关。下面仅对渔场小范围的温度、盐度、含氧量、叶绿素浓度、海流、风流合压角、钓具的漂移速度和漂移方向、风速、风向、风舷角与大眼金枪鱼和黄鳍金枪鱼的渔获率(尾/千钩,记为 CPUE)的关系进行探讨。

对每个渔场每天水深为 0~350m 处的温度、盐度、含氧量、叶绿素浓度、海流、风流合压角、钓具漂移速度和漂移方向、风速、风向、风舷角、大眼金枪鱼和黄鳍金枪鱼 CPUE 进行测定,衡量 CPUE 与各指标间的相似程度,求出 CPUE 与各指标的相关系数。

由于分析海洋环境与大眼金枪鱼 CPUE 的关系时,海洋环境数据相隔的时间跨度不宜太长,时间跨度在 10 天左右的海洋环境数据可以认为变化是不大的,可作为同一天不同站位的海洋环境数据。因此,按照本篇"1.1.2 调查时间、调查海区"表 2-1-1 中的 5 个航次来分析各个渔场大眼金枪鱼和黄鳍金枪鱼 CPUE 与表层(25m)、50m 水层、75m 水层、100m 水层、150m 水层、200m 水层、250m 水层、300m 水层、325m 水层的温度和盐度(水温分别记为 T_{25}、T_{50}、T_{100}、T_{150}、T_{200}、T_{250}、T_{300}、T_{325},盐度分别记为 S_{25}、S_{50}、S_{100}、S_{150}、S_{200}、S_{250}、S_{300}、S_{325}),以及钓具的漂移速度、风流合压角、风速、风舷角的相关关系。

本次探捕调查,共有两艘船("华远渔 18"船和"华远渔 19"船)参与,分别进行了 5 个航次的调查,同一航次两艘船调查海区临近。

两艘船调查取得的数据有:风速、风向、钓具漂移速度和漂移方向、风流合压角、风舷角和 0~350m 各水层的温度、盐度数据。18 号船上配备的海流计能够获得作业海域 0~350m 水深各水层的三维海流数据,多功能水质仪可测定 0~350m 水深各水层的叶绿素浓度和溶解氧含量,而 19 号船没有测定这些数据。

以上数据被认为可能会对大眼金枪鱼和黄鳍金枪鱼 CPUE 分布产生影响,或相关。通过对获得的数据与大眼金枪鱼和黄鳍金枪鱼 CPUE 数据进行相关分析,找出显著相关的指标。

进行相关分析运用的是 SPSS 软件[2]。用该软件的相关性分析功能,首先通过相关分析，求出各指标与大眼金枪鱼 CPUE 和黄鳍金枪鱼 CPUE 的 Pearson 相关系数，此相关系数反映两指标间的相关关系，再通过两指标间的显著性水平（取 5%），确定显著相关指标。

调查期间两艘船大眼金枪鱼和黄鳍金枪鱼总 CPUE 分布、大眼金枪鱼 CPUE 分布、黄鳍金枪鱼 CPUE 分布见图 2-8-1～图 2-8-3。

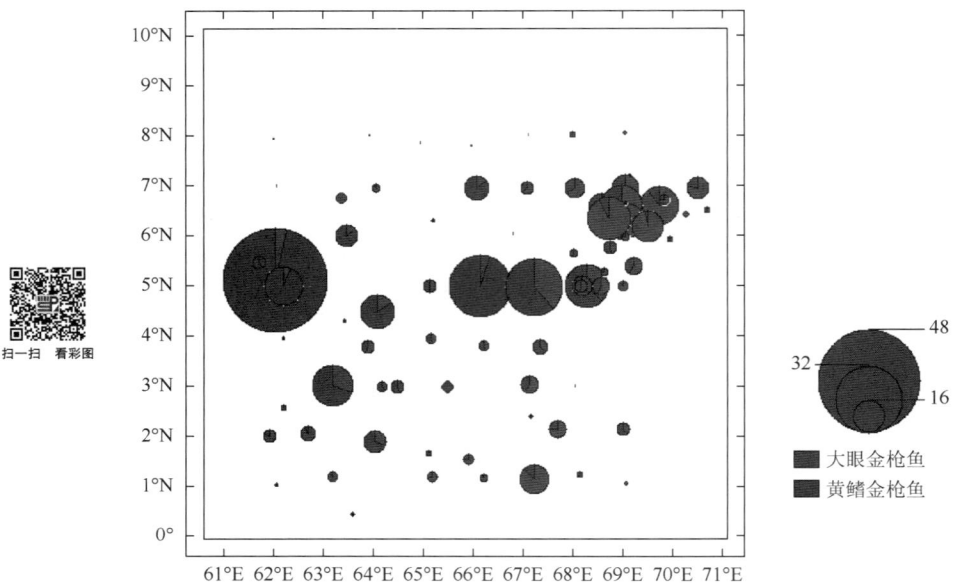

图 2-8-1　调查期间大眼金枪鱼和黄鳍金枪鱼总 CPUE 分布

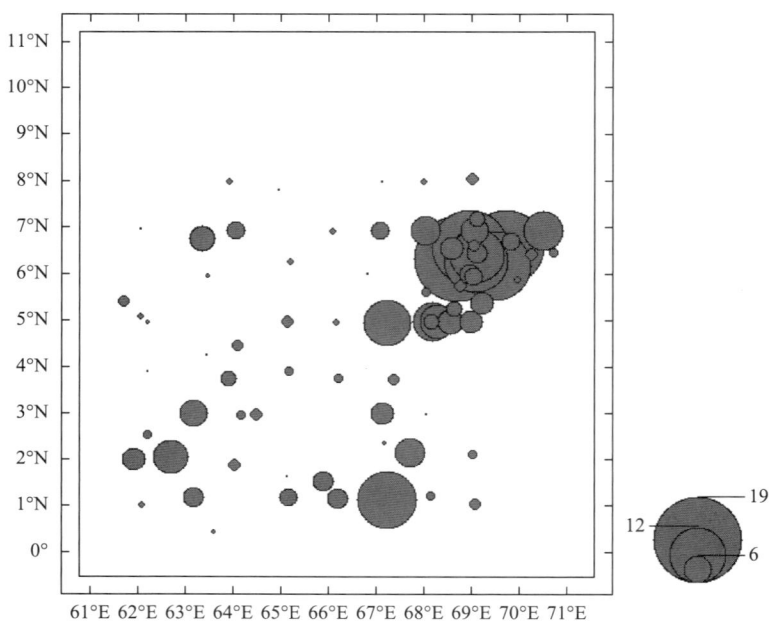

图 2-8-2　调查期间大眼金枪鱼 CPUE 分布

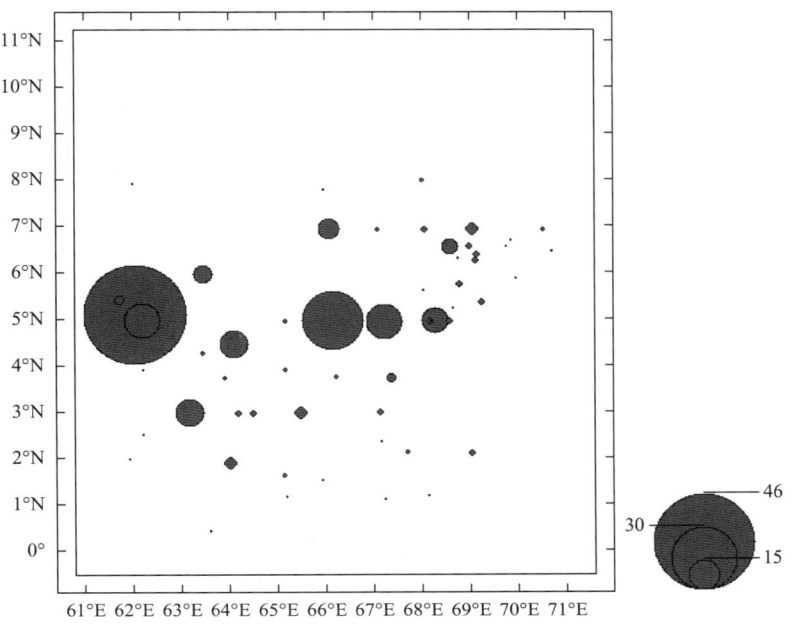

图 2-8-3 调查期间黄鳍金枪鱼 CPUE 分布

调查期间"华远渔 18"船大眼金枪鱼和黄鳍金枪鱼总 CPUE 分布、大眼金枪鱼 CPUE 分布、黄鳍金枪鱼 CPUE 分布分别见图 2-8-4～图 2-8-6。

调查期间"华远渔 19"船大眼金枪鱼和黄鳍金枪鱼总 CPUE 分布、大眼金枪鱼 CPUE 分布、黄鳍金枪鱼 CPUE 分布分别见图 2-8-7～图 2-8-9。

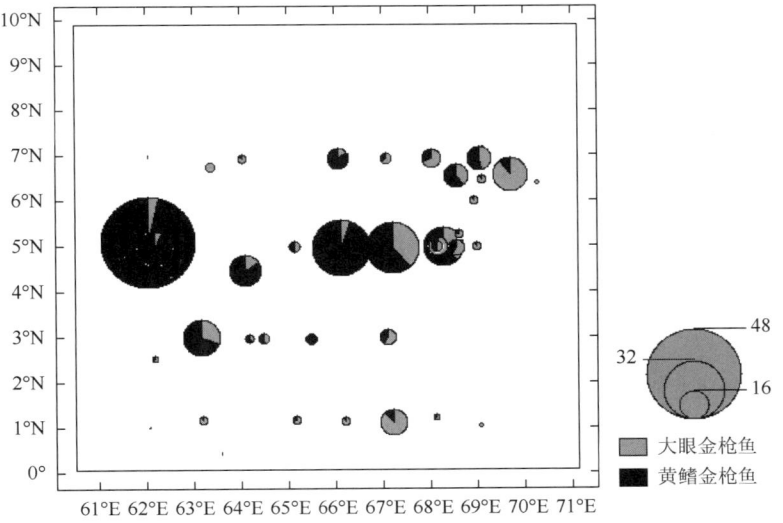

图 2-8-4 18 号船大眼金枪鱼和黄鳍金枪鱼总 CPUE 分布

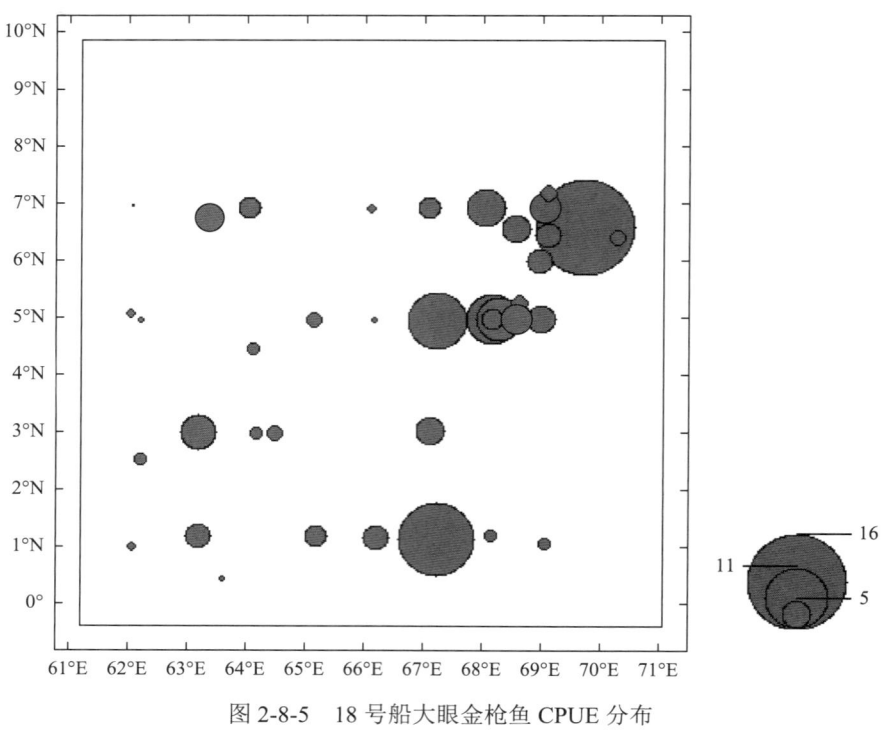

图 2-8-5　18 号船大眼金枪鱼 CPUE 分布

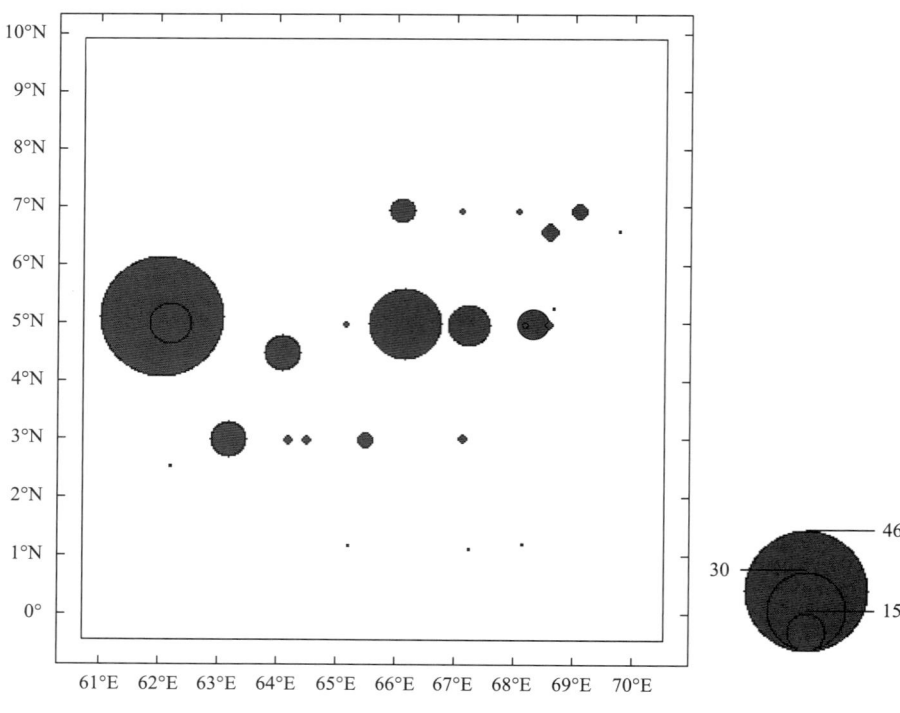

图 2-8-6　18 号船黄鳍金枪鱼 CPUE 分布

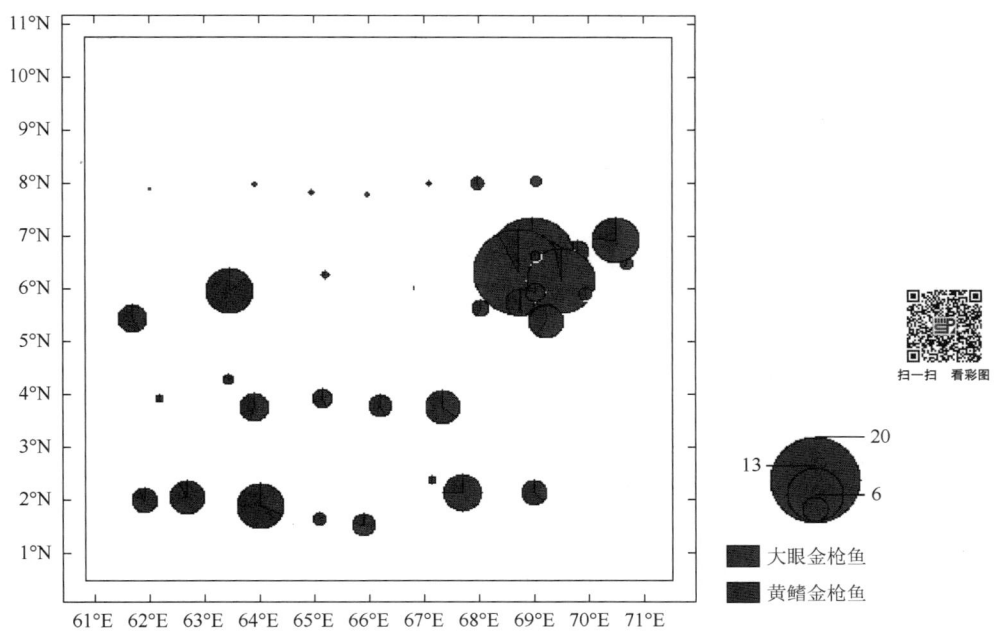

图 2-8-7 19 号船大眼金枪鱼和黄鳍金枪鱼总 CPUE 分布

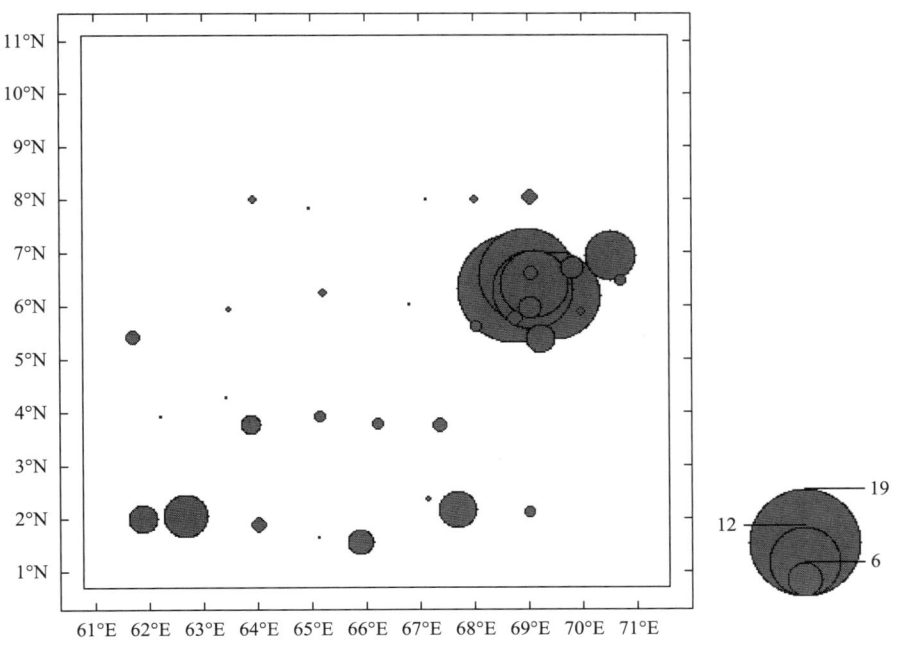

图 2-8-8 19 号船大眼金枪鱼 CPUE 分布

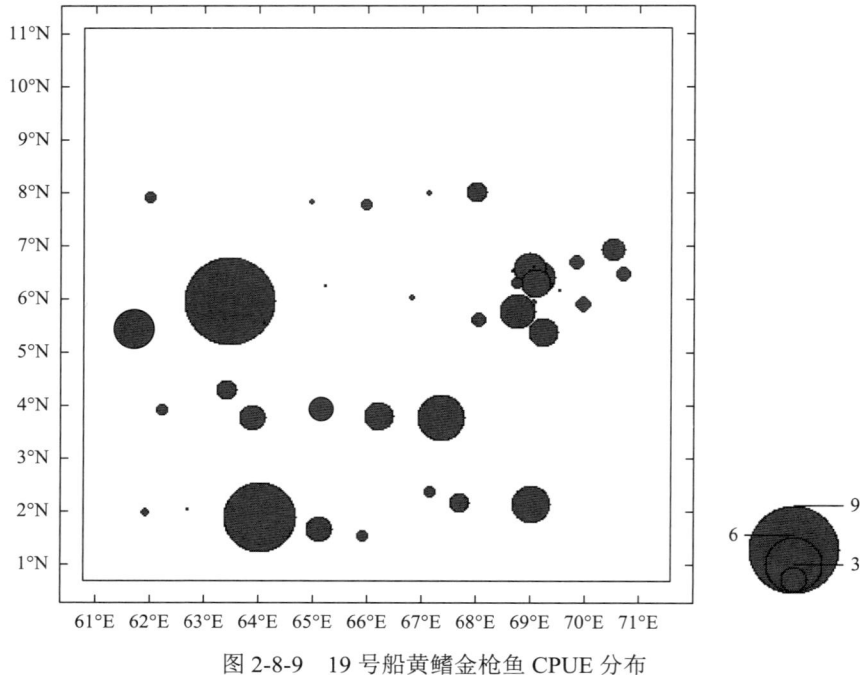

图 2-8-9　19 号船黄鳍金枪鱼 CPUE 分布

8.1　整个调查期间渔场形成机制研究

8.1.1　大眼金枪鱼

整个调查期间 18 号船、19 号船及两艘船 5 个航次与大眼金枪鱼 CPUE 分布有显著相关性的指标及相关系数和显著性水平见表 2-8-1。

表 2-8-1　整个调查期间与大眼金枪鱼 CPUE 有显著相关性的指标及相关系数和显著性水平（18 号、19 号船及两艘船 5 个航次汇总统计）

18 号船			19 号船			18 号船和 19 号船合计		
显著相关指标	相关系数	显著性水平 α（双尾）	显著相关指标	相关系数	显著性水平 α（双尾）	显著相关指标	相关系数	显著性水平 α（双尾）
S_{75}	−0.479	0.006	S_{325}	−0.417	0.038	DO_{250}	0.479	0.007
DO_{250}	0.479	0.007	S_{300}	−0.393	0.024	DO_{200}	0.472	0.009
DO_{200}	0.472	0.009	S_{200}	−0.315	0.047	DO_{300}	0.444	0.018
S_{50}	−0.452	0.011	T_{100}	−0.282	0.047	DO_{325}	0.411	0.037
DO_{300}	0.444	0.018				S_{75}	−0.348	0.003
V_{U300}	−0.424	0.005				S_{300}	−0.334	0.008
V_{N150}	−0.417	0.004				T_{75}	−0.322	0.001
V_{U200}	−0.416	0.005				S_{100}	−0.313	0.008
S_{300}	−0.415	0.025				S_{325}	−0.312	0.024
DO_{325}	0.411	0.037				T_{100}	−0.296	0.003
T_{75}	−0.403	0.005				S_{200}	−0.294	0.013
S_{100}	−0.402	0.025				S_{150}	−0.273	0.021

续表

18 号船			19 号船			18 号船和 19 号船合计		
显著相关指标	相关系数	显著性水平 α（双尾）	显著相关指标	相关系数	显著性水平 α（双尾）	显著相关指标	相关系数	显著性水平 α（双尾）
S_{200}	−0.396	0.028				S_{250}	−0.272	0.023
V_{N200}	−0.383	0.01				S_{50}	−0.263	0.026
V_{N250}	−0.363	0.013				T_{150}	−0.255	0.012
V_{N350}	−0.363	0.032				T_{200}	−0.227	0.025
V_{N0}	−0.348	0.043						
V_{U150}	−0.341	0.019						
V_{N100}	−0.33	0.027						
风速	0.322	0.025						
T_{100}	−0.318	0.029						

表 2-8-1 中，S_{75} 表示 75m（±5m）水深处的盐度；DO_{250} 表示 250m（±5m）水深处的溶解氧含量；T_{75} 表示 75m（±5m）水深处的温度；V_{U300} 表示 300m（±5m）水深处的垂向海流；V_{N150} 表示 150m（±5m）水深处的南北向海流。下同。

8.1.1.1 18 号船

根据表 2-8-1 可以看出对大眼金枪鱼 CPUE 分布所有相关影响指标中，溶解氧含量和盐度的影响最大，其次是海流（垂向海流、南北向海流）和温度。

图 2-8-10 和图 2-8-11 为 18 号船大眼金枪鱼总 CPUE 分别与 200m、250m 水深处的溶解氧含量关系图，图 2-8-10 可以看出溶解氧含量范围在 1.80～2.66mg/L 范围内大眼金枪鱼总 CPUE 较高，溶解氧含量小于 1mg/L 的区域 CPUE 较低，几乎为 0。

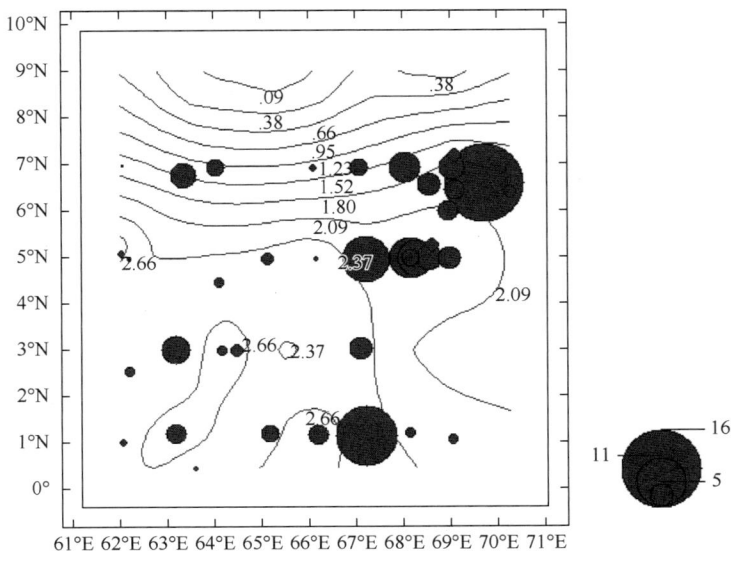

图 2-8-10 18 号船大眼金枪鱼总 CPUE 与 200m 水深处的溶解氧含量关系

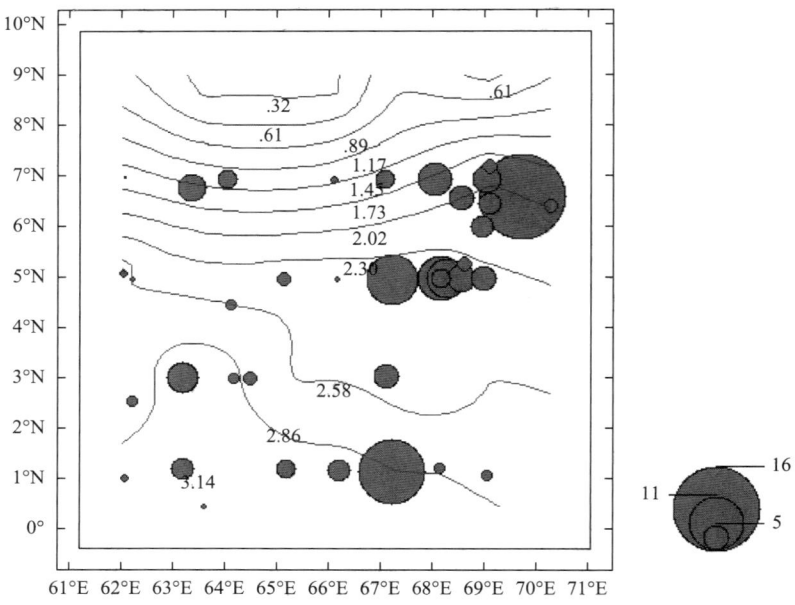

图 2-8-11 18 号船大眼金枪鱼总 CPUE 与 250m 水深处的溶解氧含量关系

图 2-8-12 为 18 号船大眼金枪鱼总 CPUE 与 75m 水深处的盐度关系图，可看出，大眼金枪鱼总 CPUE 与 75m 水深处盐度呈负相关关系，盐度大于 36.29 的区域 CPUE 为零，盐度在 35.55～36.14 范围内，靠近低盐一侧 CPUE 较高。

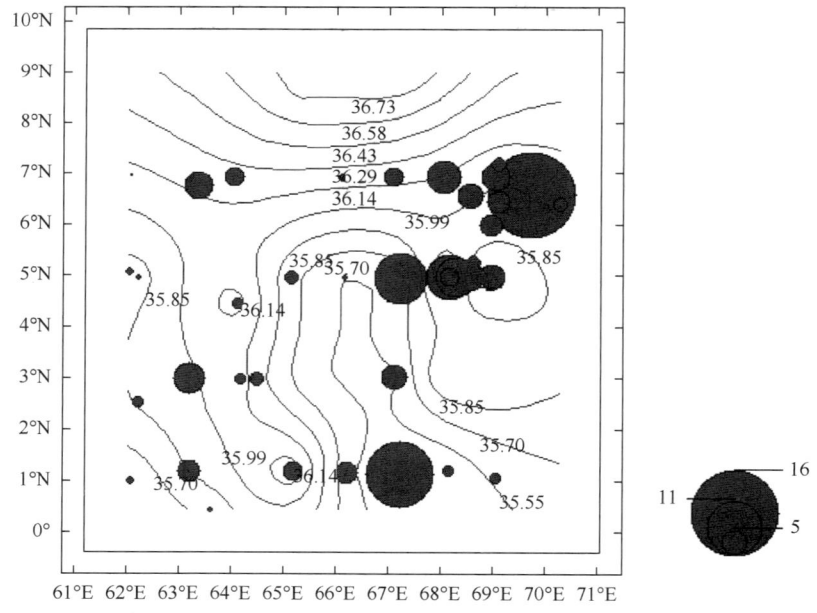

图 2-8-12 18 号船大眼金枪鱼总 CPUE 与 75m 水深处的盐度关系

图 2-8-13 为 18 号船大眼金枪鱼总 CPUE 与 75m 水深处的水温关系，可以看出，在 75m 水深处，21.21～22.95℃ 水温范围内，在冷水团的靠近高温的一侧，CPUE 较高。

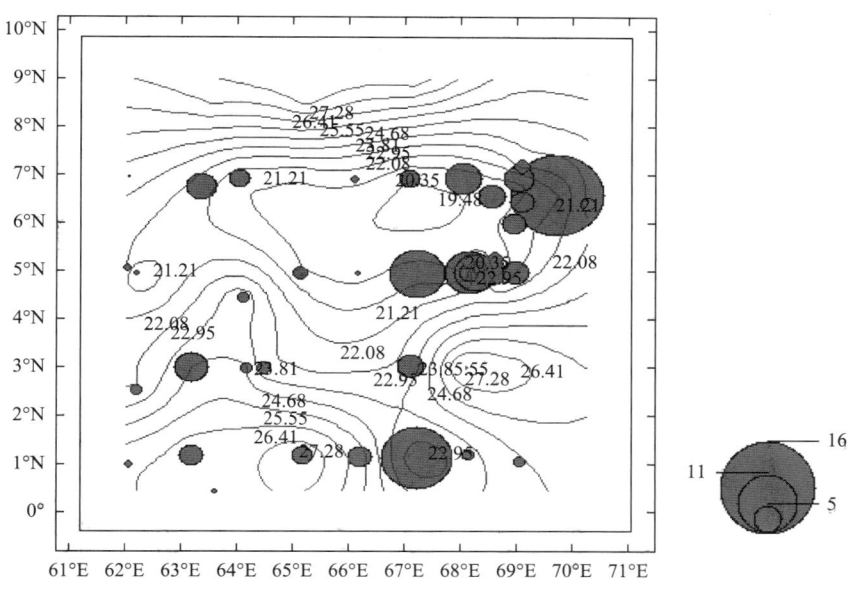

图 2-8-13　18 号船大眼金枪鱼总 CPUE 与 75m 水深处的温度关系

8.1.1.2　19 号船

从表 2-8-1 可以看出，325m、300m、200m 水深的盐度分布，以及 100m 水深的水温分布对大眼金枪鱼 CPUE 有显著影响。

图 2-8-14 为 19 号船大眼金枪鱼总 CPUE 与 325m 水深处盐度的关系。总体上大眼金枪鱼总 CPUE 与 325m 水深处盐度呈负相关关系。在 325m 水深处，盐度范围在 35～35.3 的区域（低盐一侧）大眼金枪鱼 CPUE 较高。

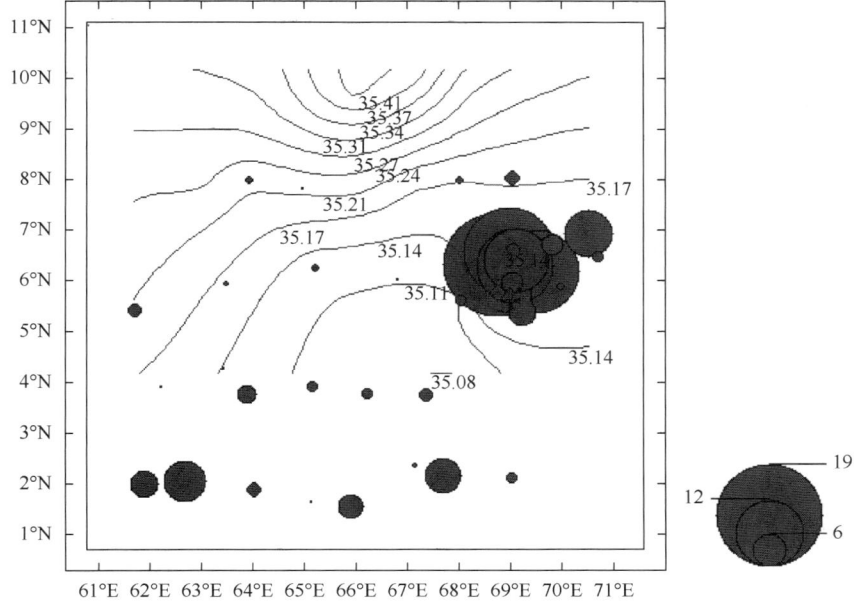

图 2-8-14　19 号船大眼金枪鱼总 CPUE 与 325m 水深处的盐度关系

图 2-8-15 为 19 号船大眼金枪鱼总 CPUE 与 100m 水深处温度的关系。总体上呈负相关关系，在 100m 水深处温度范围在 17.12～19.36℃的区域（冷水团的高温一侧）大眼金枪鱼 CPUE 较高。

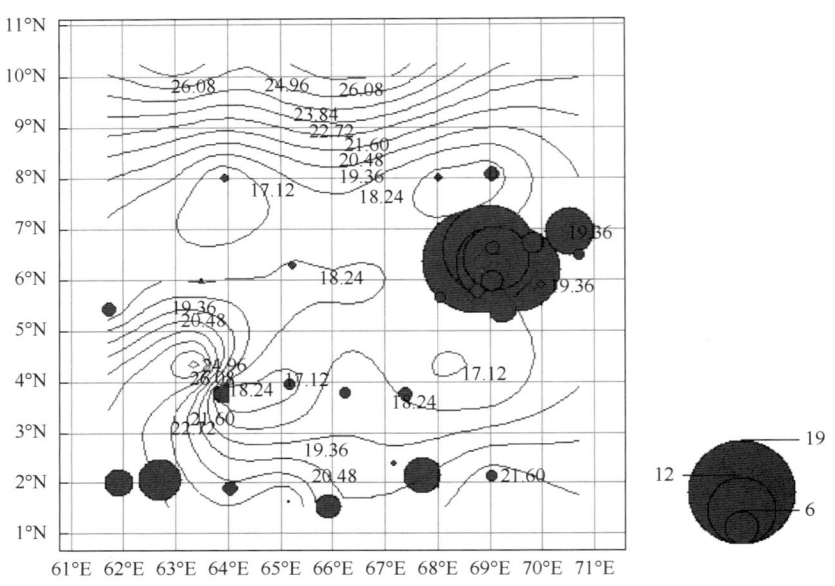

图 2-8-15　19 号船大眼金枪鱼总 CPUE 与 100m 水深处的温度关系

8.1.1.3　18 号船和 19 号船综合

由表 2-8-1 可知，200m、250m、300m 和 325m 水深的溶解氧含量对大眼金枪鱼 CPUE 影响最大（图 2-8-16～图 2-8-19）。通过对大眼金枪鱼总 CPUE 与 200m、250m、300m 和 325m 水深处的溶解氧含量关系图进行分析，可看出分别在 200m、250m、300m 和 325m 水深处，溶解氧含量分别为 1.52～2.66mg/L、1.45～2.86mg/L、1.53～2.88mg/L、1.47～2.73mg/L，大眼金枪鱼 CPUE 较高。

除溶解氧含量外，盐度对大眼金枪鱼 CPUE 分布也影响较大，大眼金枪鱼总 CPUE 与 75m、100m 水深处盐度的关系见图 2-8-20 和图 2-8-21，分析图 2-8-21 可知：盐度范围在 35.32～35.52（低盐一侧）时大眼金枪鱼 CPUE 较高，盐度超过 35.72 的水域，大眼金枪鱼 CPUE 为 0。

对大眼金枪鱼 CPUE 分布影响显著的另外两个指标分别是水温和海流。大眼金枪鱼总 CPUE 与 75m 水深和 100m 水深处温度的关系如图 2-8-22 和图 2-8-23 所示。大眼金枪鱼总 CPUE 分布与水温有相对较弱的负相关性，由图 2-8-22 得，20.71～22.67℃（冷水团靠近高温一侧）大眼金枪鱼总 CPUE 较高。基于 18 号船海流计测量的数据，经统计，大眼金枪鱼 CPUE 分布与垂向海流和南北向海流有显著相关关系。海流对大眼金枪鱼 CPUE 分布有显著相关性的指标：V_{U300}、V_{N150}、V_{U200}、V_{N200}、V_{N250}、V_{N350}、V_{N0}、V_{U150}、V_{N100}（按照相关性程度从大到小排列），见图 2-8-24～图 2-8-27。由大眼金枪鱼 CPUE 分布与

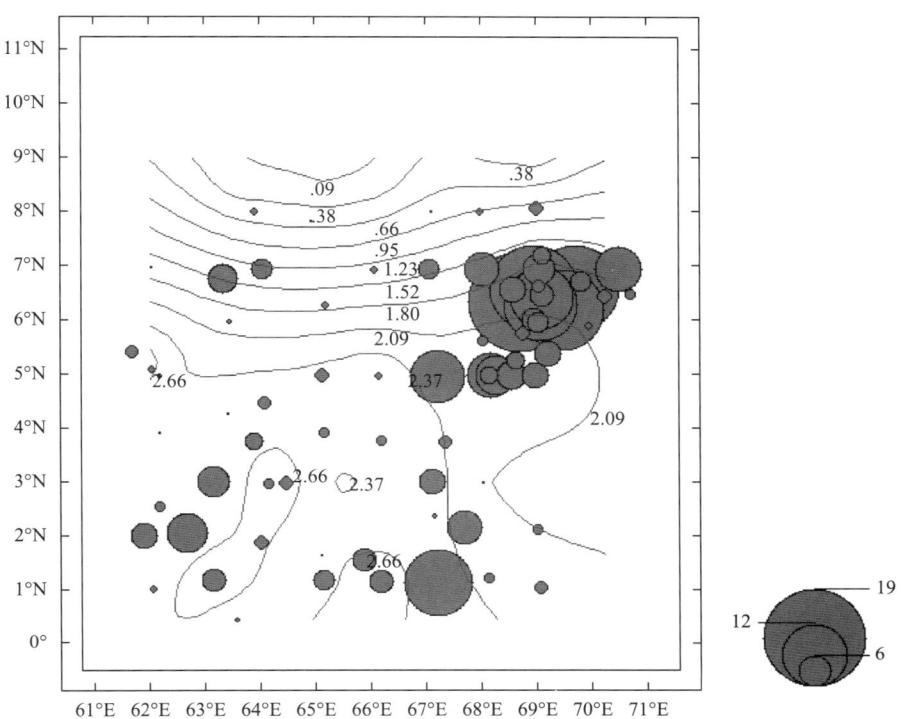

图 2-8-16　大眼金枪鱼总 CPUE 与 200m 水深处的溶解氧含量关系

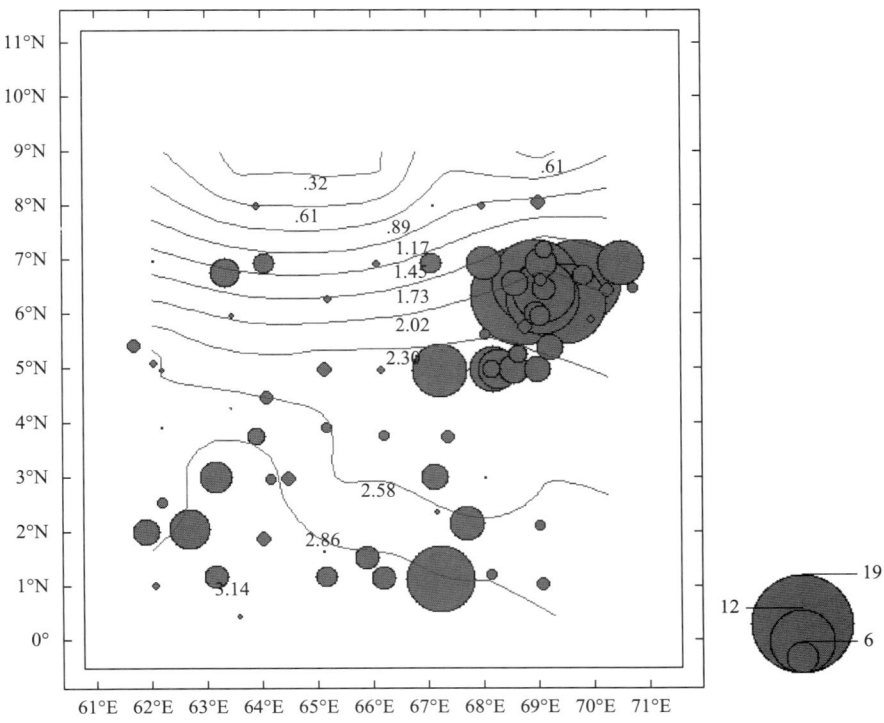

图 2-8-17　大眼金枪鱼总 CPUE 与 250m 水深处的溶解氧含量关系

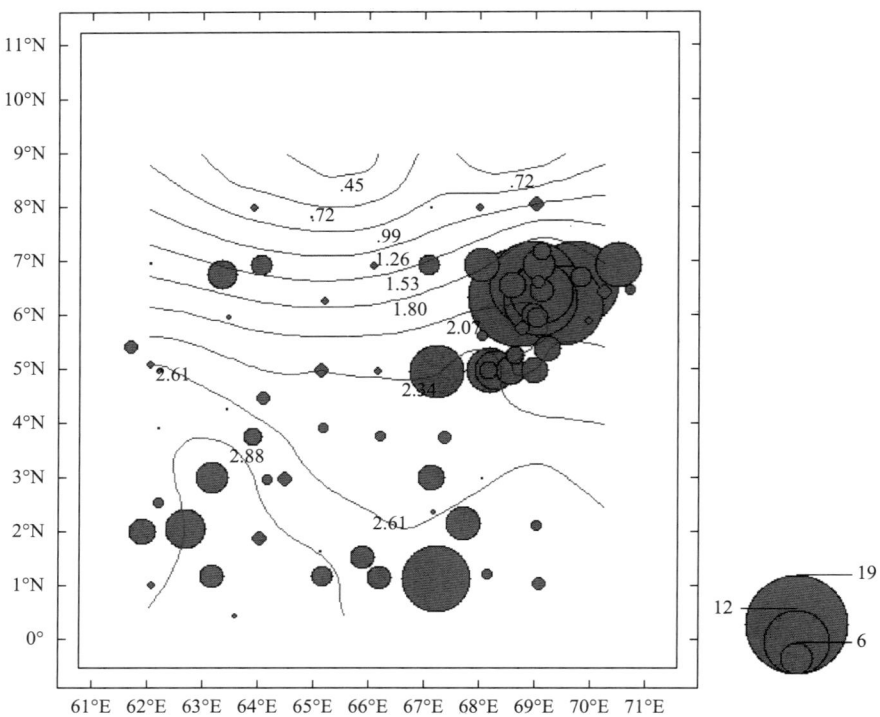

图 2-8-18　大眼金枪鱼总 CPUE 与 300m 水深处的溶解氧含量关系

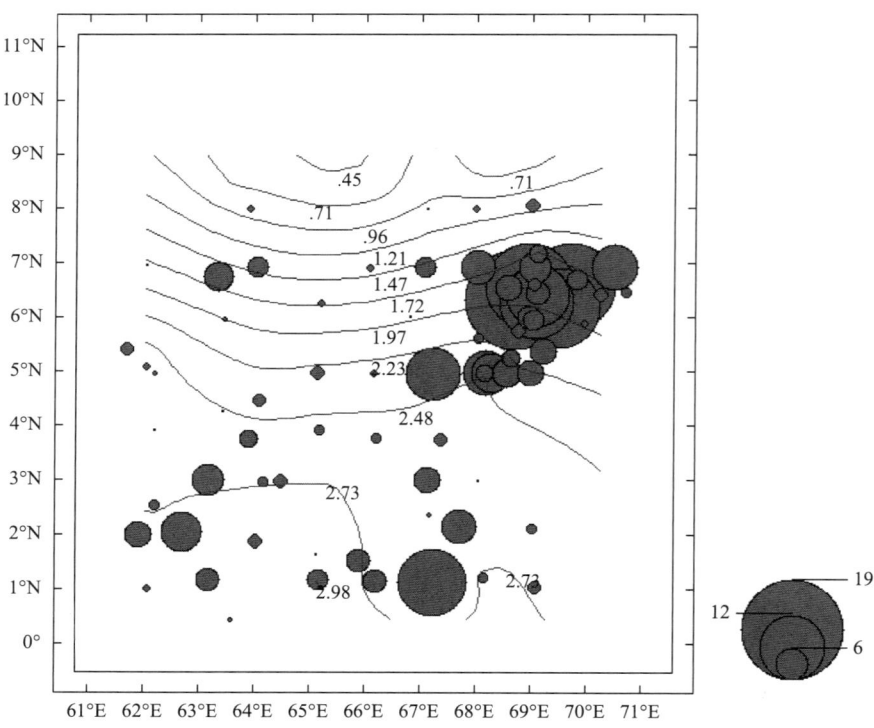

图 2-8-19　大眼金枪鱼总 CPUE 与 325m 水深处的溶解氧含量关系

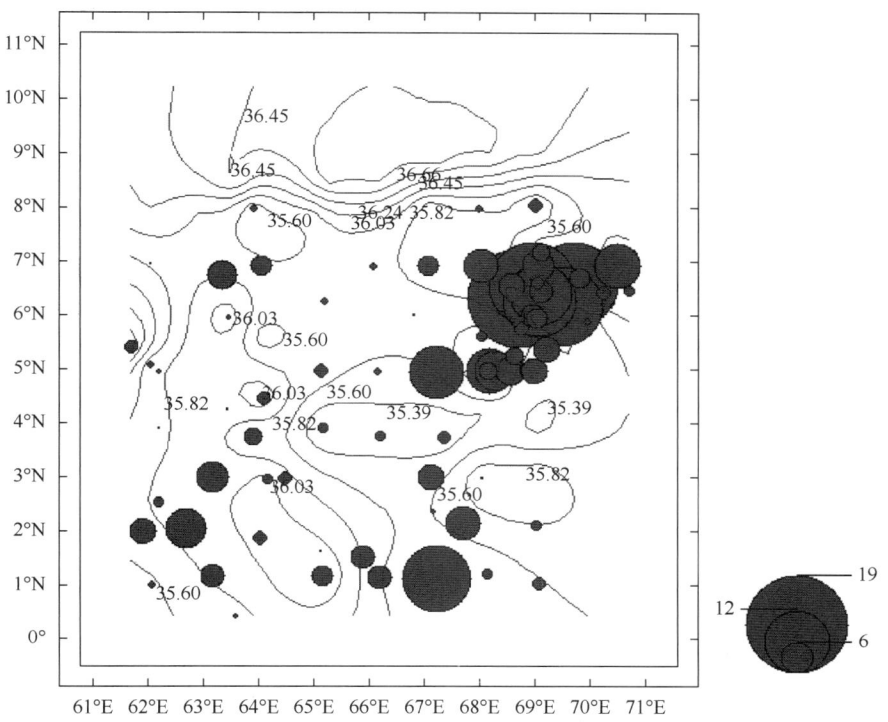

图 2-8-20　大眼金枪鱼总 CPUE 与 75m 水深处的盐度关系

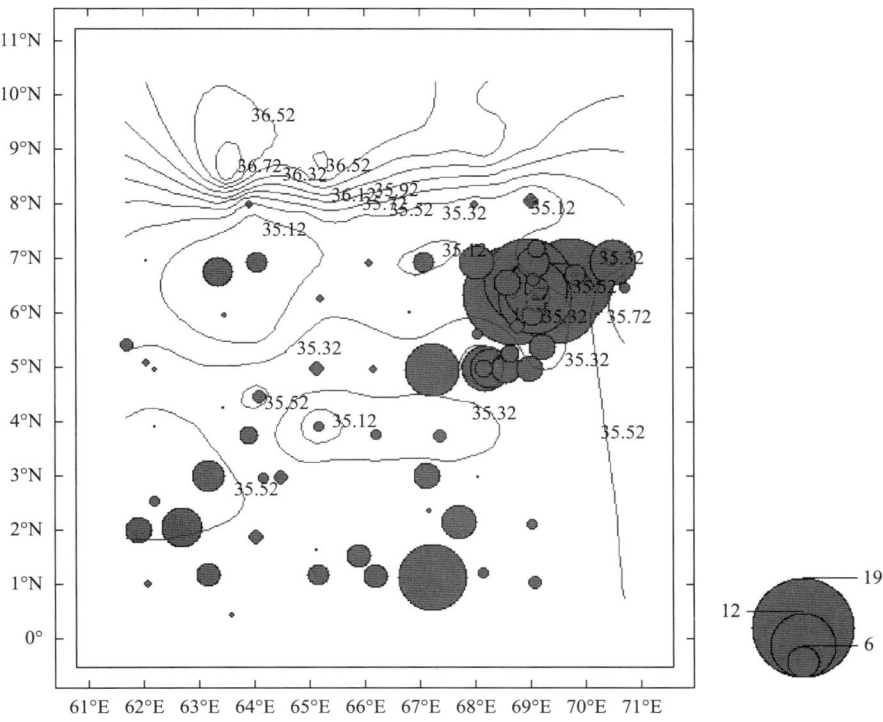

图 2-8-21　大眼金枪鱼总 CPUE 与 100m 水深处的盐度关系

300m 垂向海流分布关系（图 2-8-24）可以看出，在海流方向为向下（0～0.03m/s）的区域（上升流与下降流交汇处）大眼金枪鱼 CPUE 较高，上升流区域 CPUE 较低。由图 2-8-25 得，当南流为 0.14～0.47m/s 时（南北海流交汇区），大眼金枪鱼 CPUE 较高。

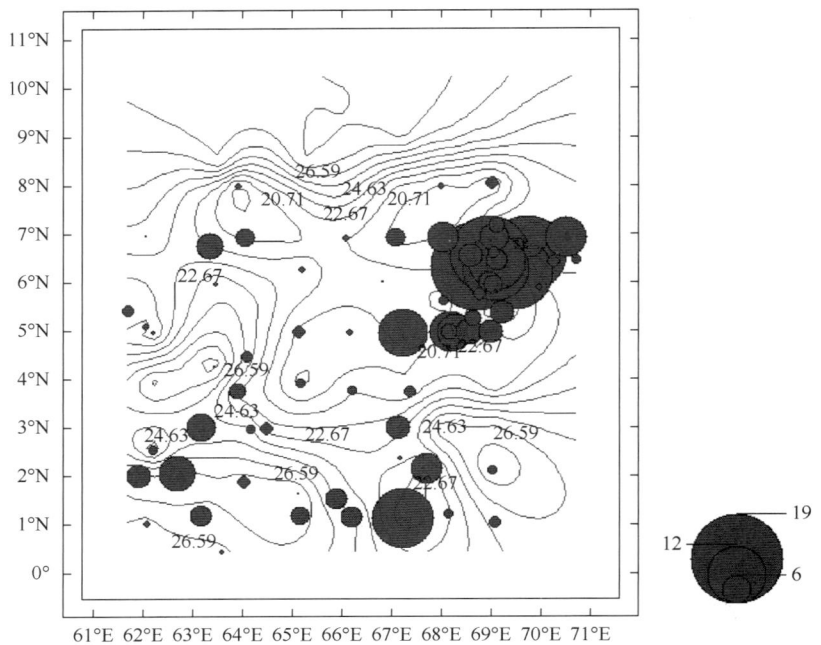

图 2-8-22　大眼金枪鱼总 CPUE 与 75m 水深处的温度关系

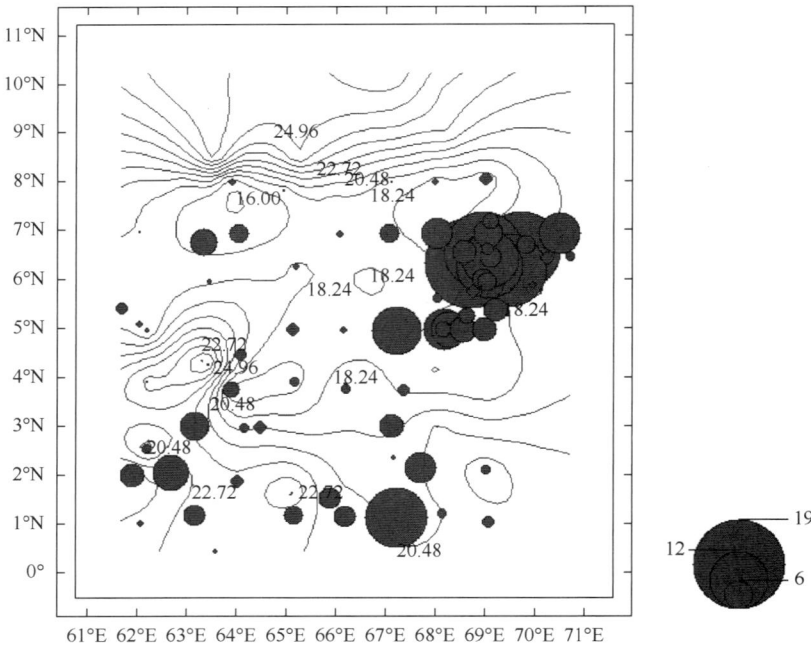

图 2-8-23　大眼金枪鱼总 CPUE 与 100m 水深处的温度关系

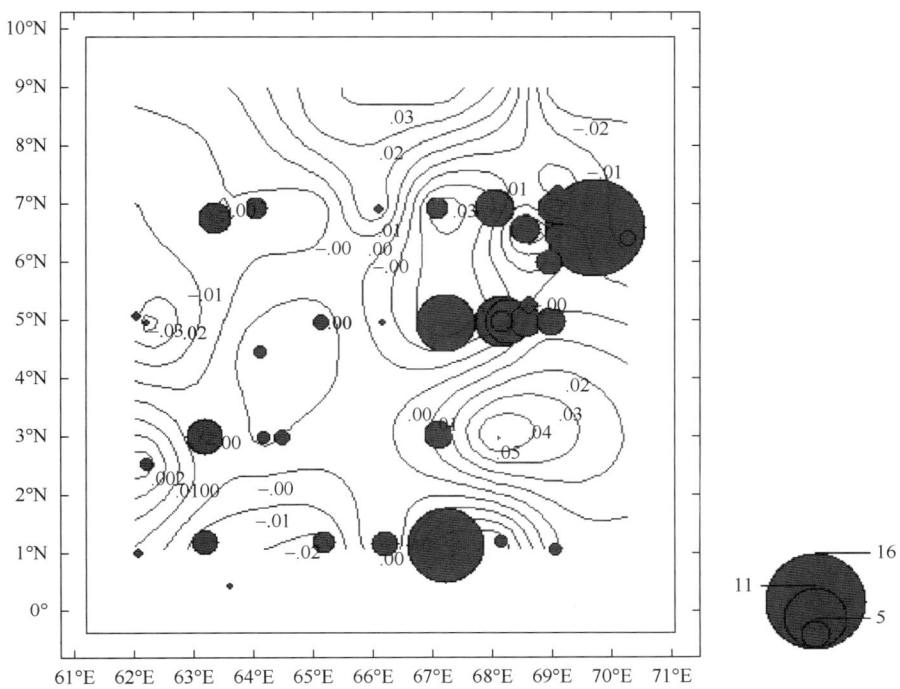

图 2-8-24 18 号船大眼金枪鱼总的 CPUE 分布与 300m 水深处的垂向海流流速的关系

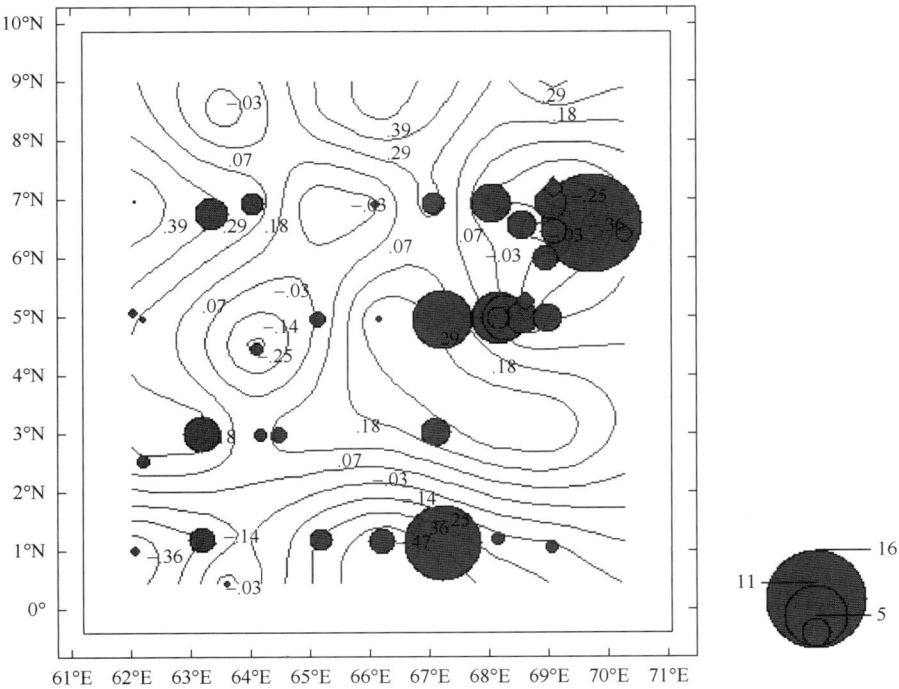

图 2-8-25 18 号船大眼金枪鱼总的 CPUE 分布与 150m 水深处的南北向海流流速的关系

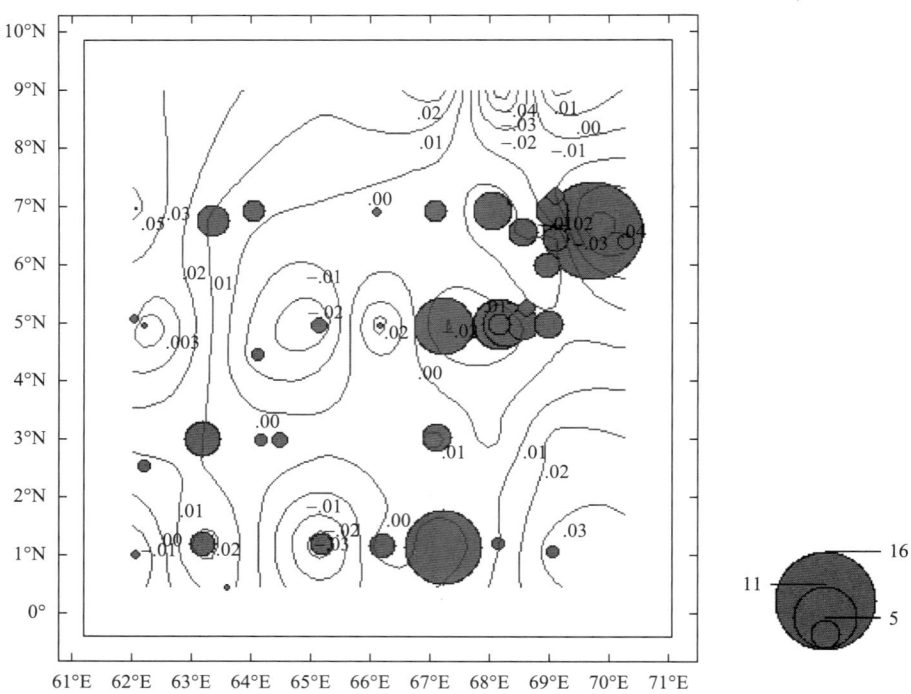

图 2-8-26　18 号船大眼金枪鱼总的 CPUE 分布与 200m 水深处的垂向海流流速的关系

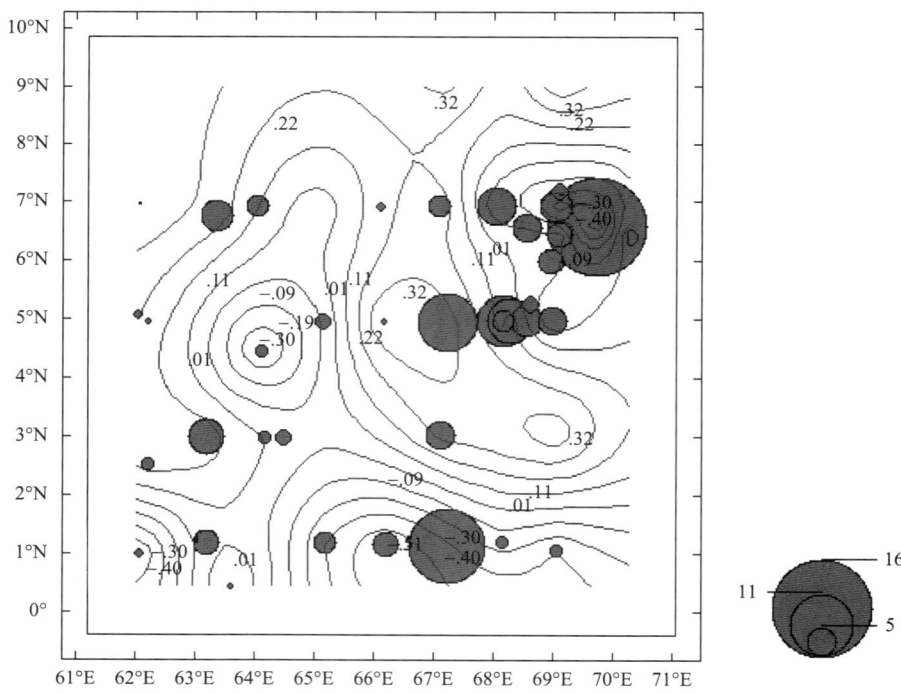

图 2-8-27　18 号船大眼金枪鱼总的 CPUE 分布与 200m 水深处的南北向海流流速的关系

8.1.2 黄鳍金枪鱼

整个调查期间 18 号船、19 号船及两艘船 5 航次与黄鳍金枪鱼 CPUE 有显著相关性的指标及相关系数和显著性水平见表 2-8-2。

表 2-8-2　整个调查期间与黄鳍金枪鱼 CPUE 有显著相关性的指标及相关系数和显著性水平
（18 号船、19 号船及两艘船 5 个航次汇总统计）

18 号船			19 号船			18 号船和 19 号船合计		
显著相关指标	相关系数	显著性水平 α（双尾）	显著相关指标	相关系数	显著性水平 α（双尾）	显著相关指标	相关系数	显著性水平 α（双尾）
FIC_{50}	0.683	0.000	S_{100}	−0.415	0.008	FIC_{50}	0.683	0.000
DO_{50}	−0.487	0.006	S_{325}	−0.415	0.039	DO_{50}	−0.487	0.006
FIC_{25}	0.45	0.011	S_{300}	−0.392	0.024	FIC_{25}	0.450	0.011
V_{E100}	−0.44	0.003				DO_{200}	0.397	0.030
V_{E150}	−0.423	0.003				DO_{150}	0.391	0.032
DO_{200}	0.397	0.03				T_{325}	−0.305	0.007
DO_{150}	0.391	0.032				T_{300}	−0.255	0.016
T_{325}	−0.388	0.011				漂移速度	−0.226	0.028
T_{300}	−0.353	0.018				T_{200}	−0.213	0.036
V_{U100}	−0.351	0.018				T_{150}	−0.200	0.049
V_{E250}	−0.345	0.019						
T_{200}	−0.327	0.025						
T_{150}	−0.326	0.025						
V_{E200}	−0.318	0.035						
V_{E50}	−0.314	0.032						
风向	0.285	0.049						

由表 2-8-2 可看出：黄鳍金枪鱼 CPUE 与混合层内的叶绿素浓度关系最密切，其次是溶解氧含量。

8.1.2.1　18 号船

根据 18 号船黄鳍金枪鱼总 CPUE 与相关指标统计表，可以看出叶绿素浓度对黄鳍金枪鱼总 CPUE 影响最大，从图 2-8-28 和图 2-8-29，18 号船黄鳍金枪鱼总 CPUE 与 25m、50m 水深处的叶绿素浓度关系可以看出，总体上叶绿素浓度范围分别为 0.42～0.56μg/L 和 0.88～1.98μg/L 时 CPUE 较高，说明黄鳍金枪鱼经常出没于 50～150m 的混合层中。

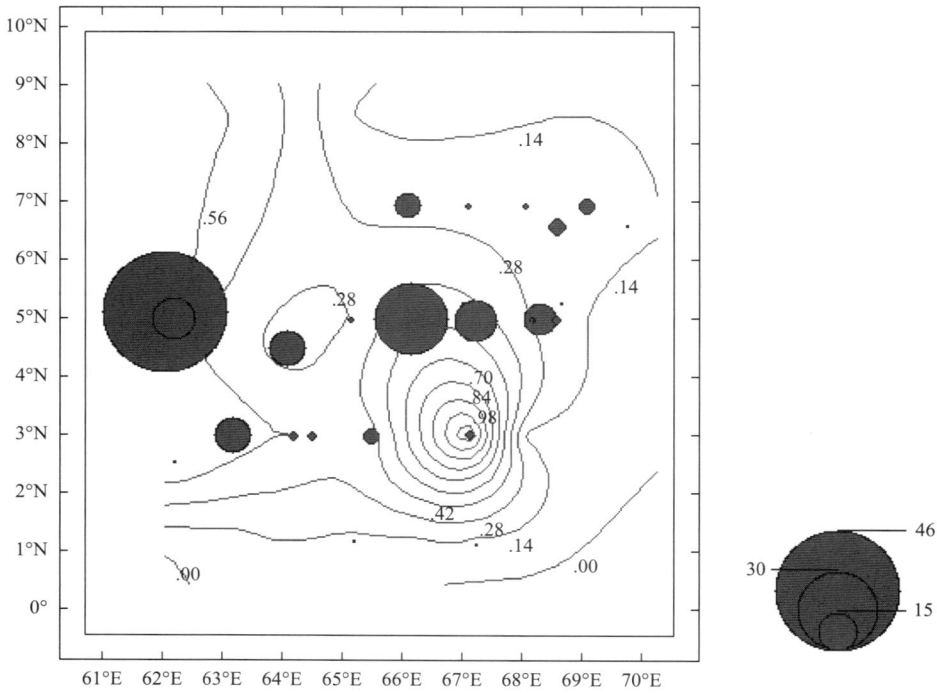

图 2-8-28　18 号船黄鳍金枪鱼总 CPUE 与 25m 水深处的叶绿素浓度关系

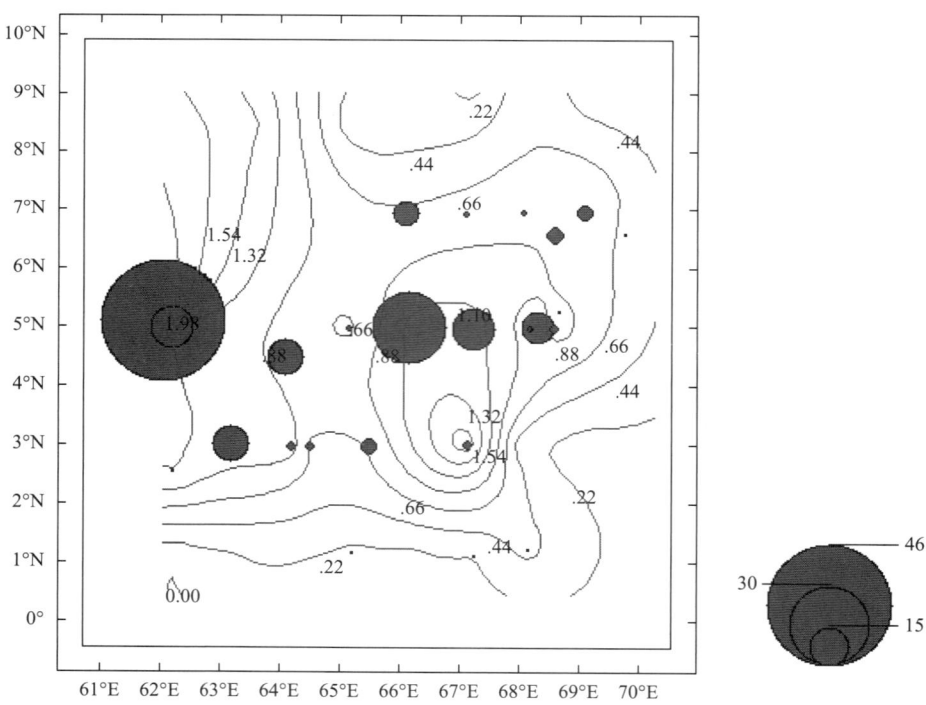

图 2-8-29　18 号船黄鳍金枪鱼总 CPUE 与 50m 水深处的叶绿素浓度关系

相对于叶绿素浓度对黄鳍金枪鱼 CPUE 分布的影响，溶解氧含量和水温对其影响相对较小，18 号船黄鳍金枪鱼总 CPUE 与 50m 水深处的溶解氧含量呈负相关关系（图 2-8-30），与大眼金枪鱼 200～325m 水深处溶解氧含量的关系相反，4.83～5.43mg/L 时，黄鳍金枪鱼 CPUE 较高。在 325m 水深处，水温范围在 11.13～11.69℃区域内 18 号船黄鳍金枪鱼总 CPUE 较高（冷水团的高温一侧）（图 2-8-31）。

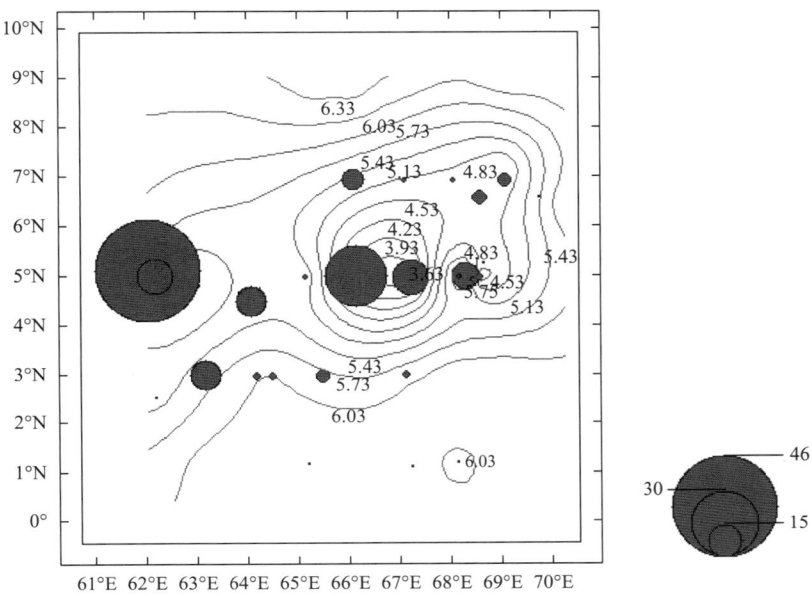

图 2-8-30　18 号船黄鳍金枪鱼总 CPUE 与 50m 水深处的溶解氧含量关系

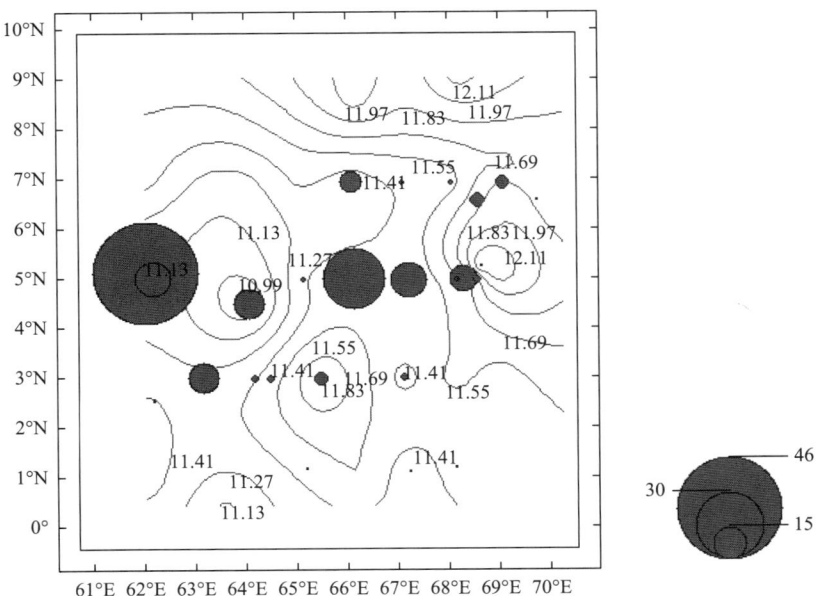

图 2-8-31　18 号船黄鳍金枪鱼总 CPUE 与 325m 水深处的温度关系

根据 18 号船的海流数据，相关分析的结果是：东西方向的海流对黄鳍金枪鱼的分布影响最大。黄鳍金枪鱼 CPUE 分布主要与 50~250m 水深范围内东西方向的海流和 100m 水深处的垂向海流有关。海流对黄鳍金枪鱼 CPUE 分布有显著相关性的指标：V_{E100}、V_{E150}、V_{U100}、V_{E250}、V_{E200}、V_{E50}（按照相关性程度从大到小排列），见图 2-8-32~图 2-8-34。从图 2-8-32 可以看出，在 100m 水深处海流方向为向西的区域（东西海流交汇区），速度范围在 0.28~0.67m/s 时 CPUE 较高，上升流区域 CPUE 较低。从图 2-8-33 得出，当 150m 水深处的东西方向海流为向西流（东西向海流的交汇区），0.27~0.45m/s 时，黄鳍金枪鱼 CPUE 较高。从图 2-8-34 得出，当 100m 水深处的垂向海流向下流时（上升流与下降流的交汇区），0.037~0.050m/s 时，黄鳍金枪鱼 CPUE 较高。

8.1.2.2 19 号船

19 号船大眼金枪鱼和黄鳍金枪鱼总 CPUE 分布主要与盐度相关（因为 19 号船只测定了温度和盐度数据而无其他数据）。19 号船黄鳍金枪鱼总 CPUE 与 100m、325m 水深处盐度的关系见图 2-8-35 和图 2-8-36。总体上呈负相关关系，从图 2-8-35 得出，盐度为 35.08~35.40 的区域（低盐处），CPUE 较高，大于 35.50 的区域 CPUE 为 0。

8.1.2.3 18 号船和 19 号船综合

黄鳍金枪鱼总 CPUE 与 25m 和 50m 水深处的叶绿素浓度关系如图 2-8-37 和图 2-8-38 所示。由图 2-8-38 得出，叶绿素浓度范围在 0.88~1.98μg/L 区域（高叶绿素浓度），黄鳍金枪鱼 CPUE 较高。

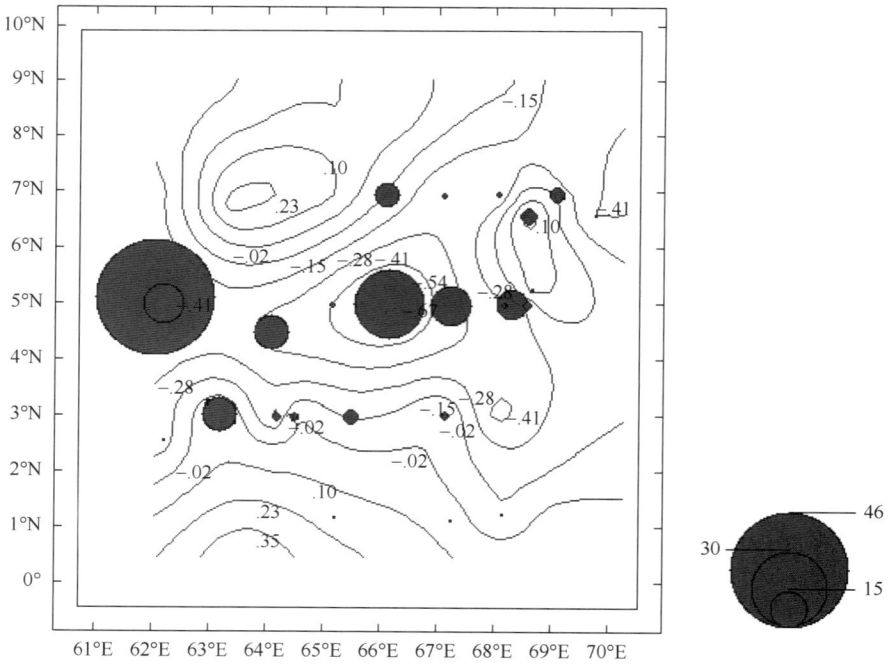

图 2-8-32 18 号船黄鳍金枪鱼总的 CPUE 分布与 100m 水深处的东西向海流流速的关系

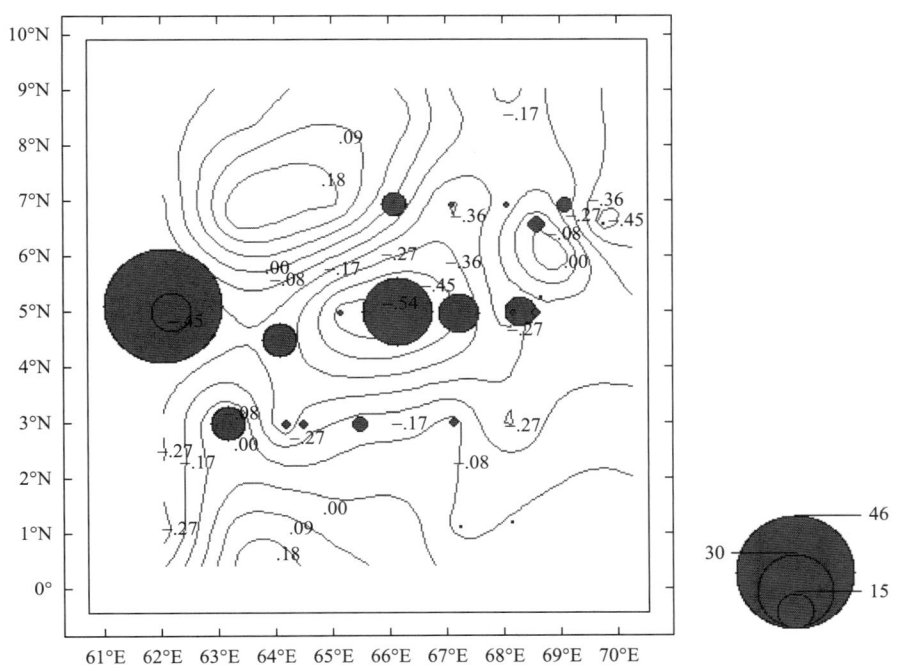

图 2-8-33　18 号船黄鳍金枪鱼总的 CPUE 分布与 150m 水深处的东西向海流流速的关系

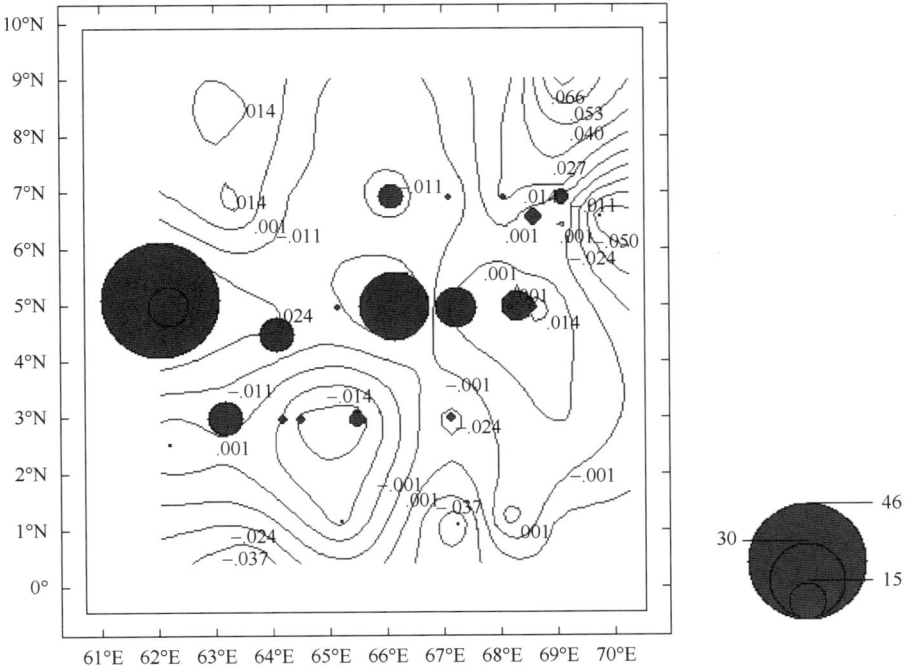

图 2-8-34　18 号船黄鳍金枪鱼总的 CPUE 分布与 100m 水深处的垂向海流流速的关系

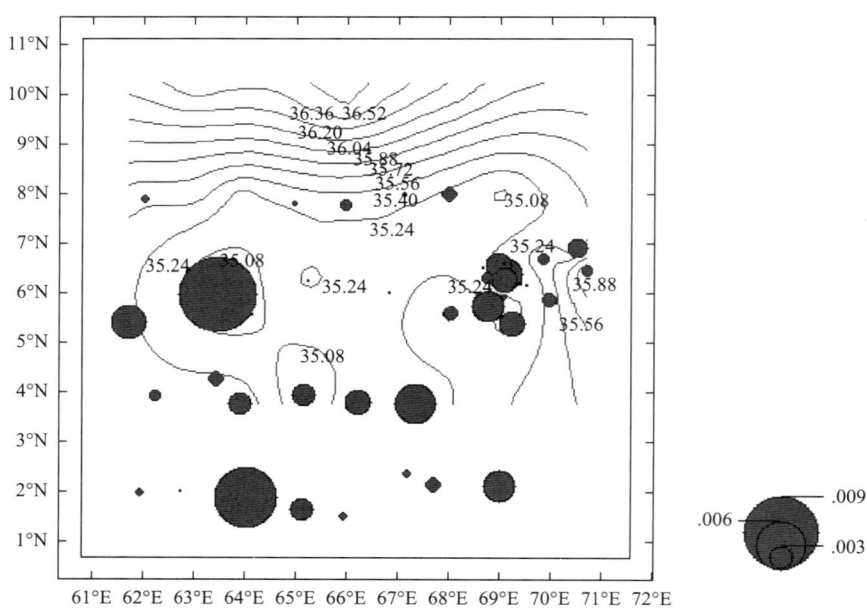

图 2-8-35　19号船黄鳍金枪鱼总CPUE与100m水深处的盐度关系

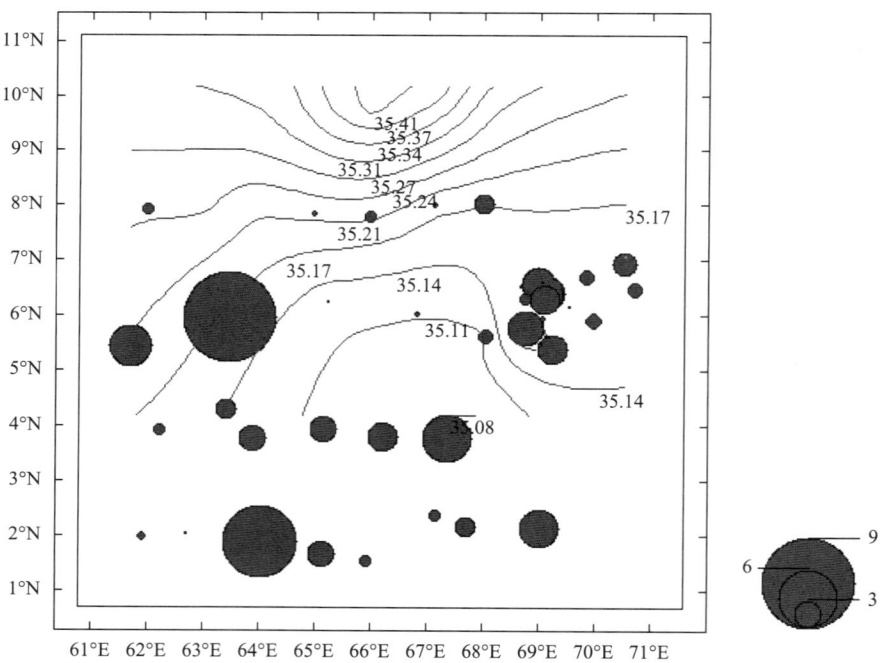

图 2-8-36　19号船黄鳍金枪鱼总CPUE与325m水深处的盐度关系

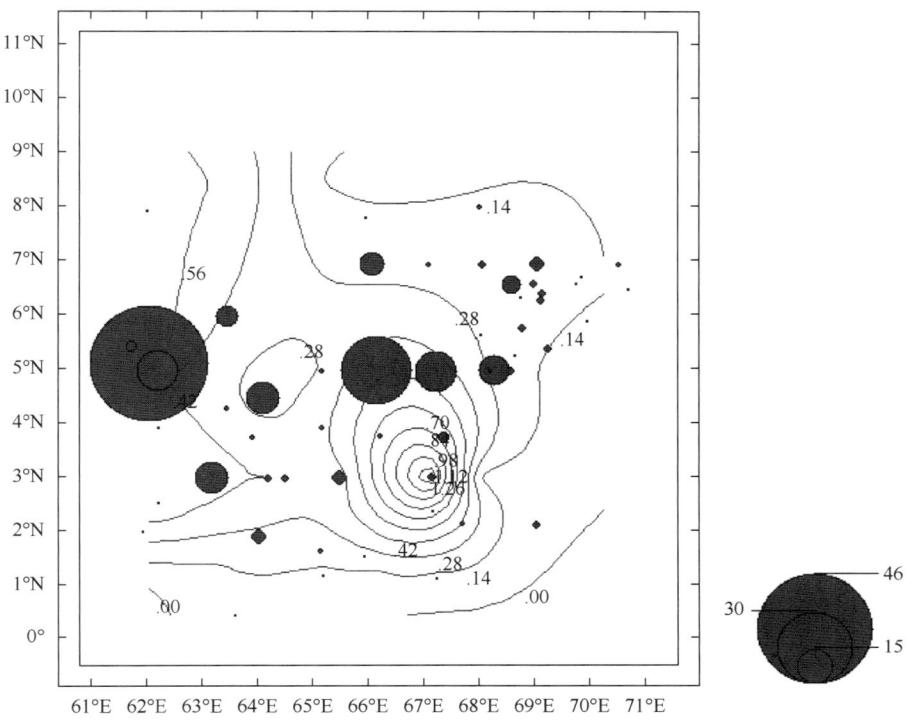

图 2-8-37 黄鳍金枪鱼总 CPUE 与 25m 水深处的叶绿素浓度关系

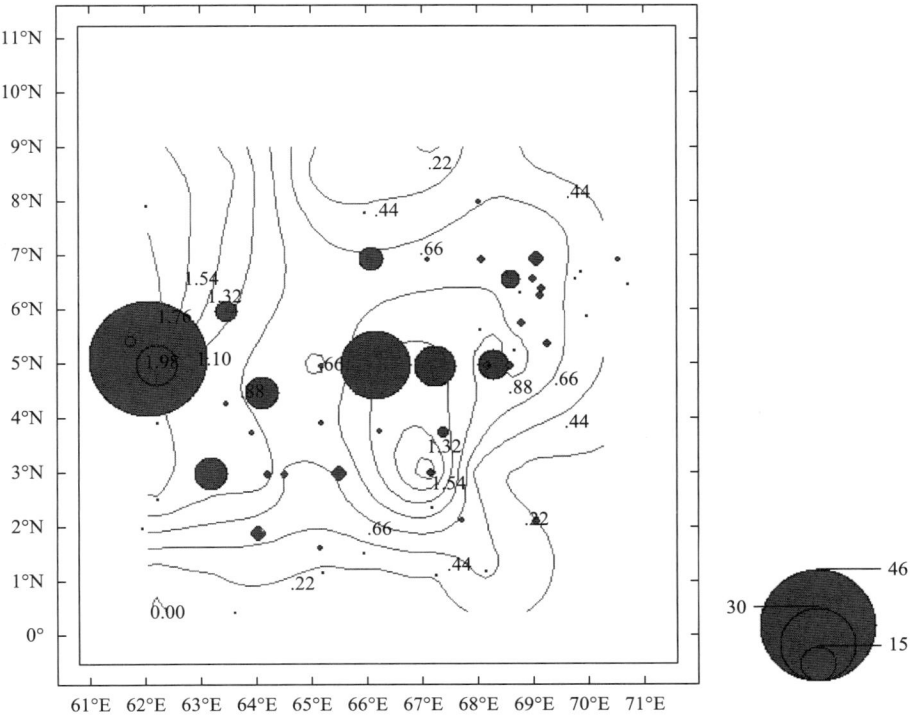

图 2-8-38 黄鳍金枪鱼总 CPUE 与 50m 水深处的叶绿素浓度关系

黄鳍金枪鱼总 CPUE 与 50m、150m、200m 水深处的溶解氧含量关系如图 2-8-39～图 2-8-41 所示。50m 水深处，溶解氧含量与黄鳍金枪鱼 CPUE 呈负相关关系，溶解氧含

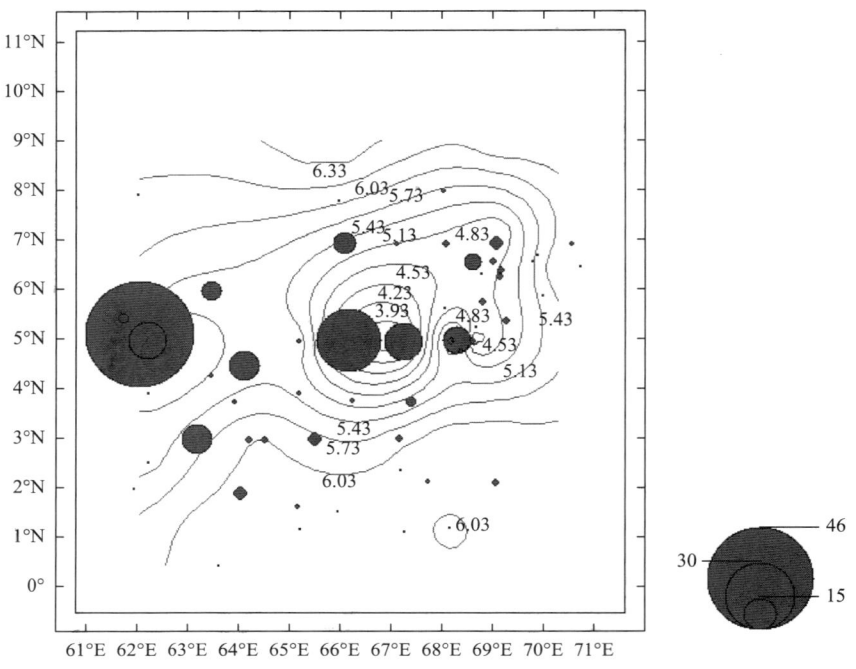

图 2-8-39　黄鳍金枪鱼总 CPUE 与 50m 水深处的溶解氧含量关系

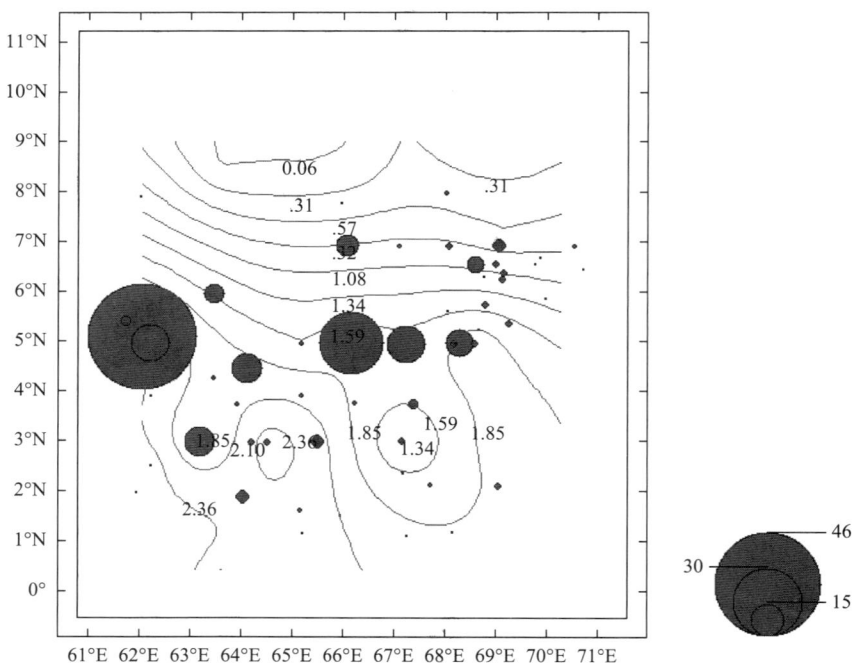

图 2-8-40　黄鳍金枪鱼总 CPUE 与 150m 水深处的溶解氧含量关系

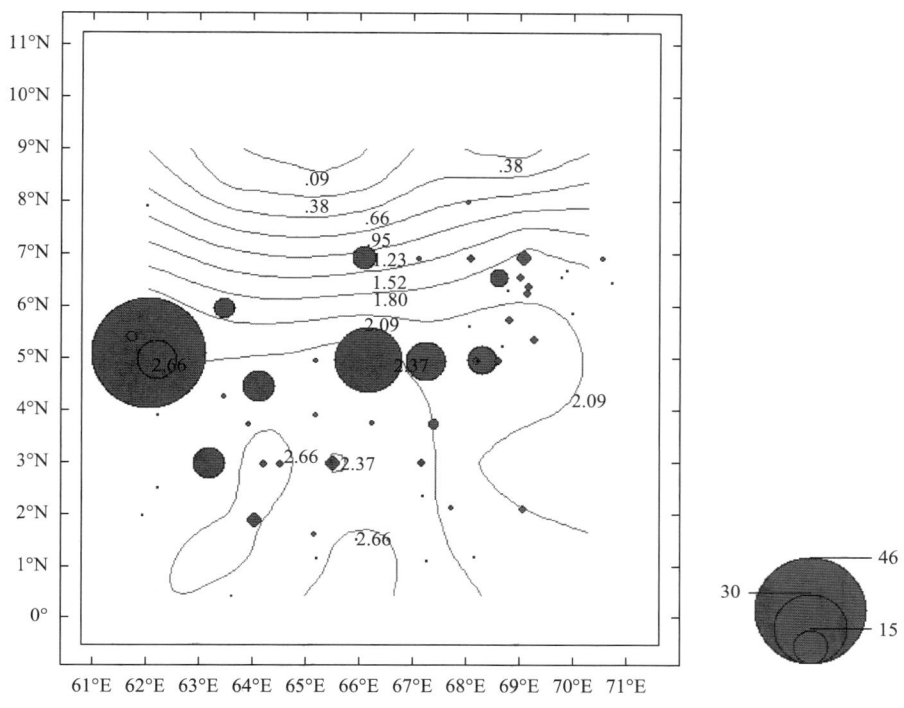

图 2-8-41 黄鳍金枪鱼总 CPUE 与 200m 水深处的溶解氧含量关系

量范围在 3.63～5.73mg/L 时，CPUE 较高，溶解氧含量大于 6mg/L 的区域 CPUE 很低，而 150m 和 200m 水深处，溶解氧含量与黄鳍金枪鱼 CPUE 呈正相关关系，CPUE 较高的区域溶解氧含量范围分别为 1.59～2.36mg/L 和 2.09～2.66mg/L。

从图 2-8-42 可以看出，在 325m 水深处，黄鳍金枪鱼 CPUE 较高区域水温范围为 11.11～11.78℃。

黄鳍金枪鱼总 CPUE 与钓具漂移速度关系如图 2-8-43 所示，CPUE 较高的区域钓具漂移速度范围为 0.15～0.45 节。

8.2 "华远渔 18"和"华远渔 19"船分航次渔场形成机制研究

"华远渔 18"、"华远渔 19"船各进行了 5 个航次的调查，两艘船同航次作业海区临近。将两艘船在同航次调查期间取得的数据汇总统计。各航次中，与大眼金枪鱼 CPUE 分布有显著相关性的指标汇总见表 2-8-3，与黄鳍金枪鱼 CPUE 分布有显著相关性的指标汇总见表 2-8-4。

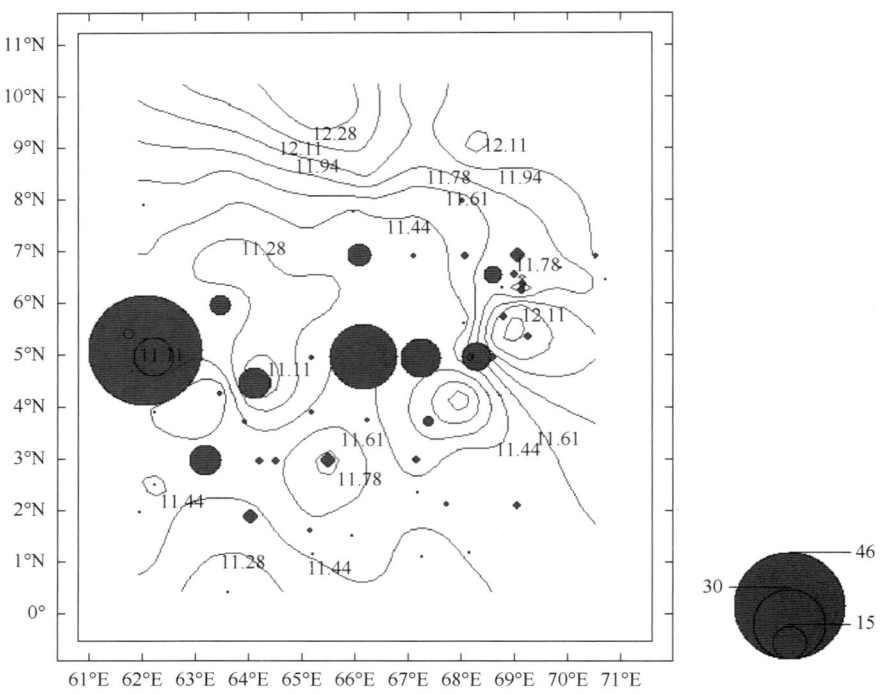

图 2-8-42　黄鳍金枪鱼总 CPUE 与 325m 水深处的温度关系

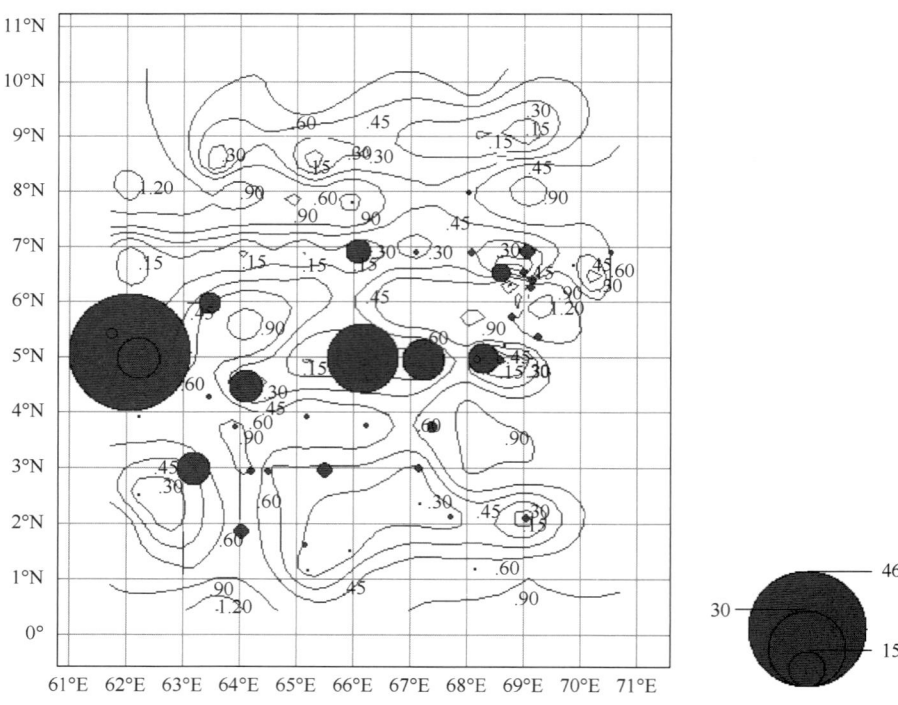

图 2-8-43　黄鳍金枪鱼总 CPUE 与钓具漂移速度关系

表 2-8-3　各航次中与大眼金枪鱼 CPUE 有显著相关性的指标汇总

第一航次			第二航次			第三航次			第四航次			第五航次		
显著相关指标	相关系数	显著性水平α（双尾）	显著相关指标	相关系数	显著性水平α（双尾）	显著相关指标	相关系数	显著性水平α（双尾）	显著相关指标	相关系数	显著性水平α（双尾）	显著相关指标	相关系数	显著性水平α（双尾）
V_{N0}	−0.795	0.033	DO_{200}	0.982	0.000	DO_{150}	−0.556	0.039	S_{100}	−0.926	0.001	风向	−0.5437	0.04445
V_w	0.501	0.024	DO_{300}	0.977	0.000	V_{U200}	−0.554	0.032	V_w	0.911	0.000			
			DO_{325}	0.969	0.000	C_g	0.4008	0.025	V_{U150}	−0.856	0.007			
			DO_{250}	0.962	0.000	V_w	−0.369	0.041	S_{75}	−0.827	0.011			
			FIC_{300}	−0.929	0.001				S_{200}	−0.790	0.020			
			FIC_{250}	−0.926	0.001				S_{50}	−0.780	0.022			
			DO_{150}	0.887	0.003				T_{250}	0.715	0.001			
			V_{N0}	−0.861	0.006				T_{25}	−0.635	0.006			
			S_{75}	−0.856	0.000				T_{300}	0.563	0.023			
			V_{N200}	−0.854	0.030				T_{200}	0.562	0.019			
			V_{N250}	−0.844	0.035									
			FIC_{325}	−0.838	0.009									
			T_{75}	−0.836	0.000									
			DO_{75}	−0.836	0.010									
			T_{100}	−0.801	0.000									
			S_{100}	−0.798	0.000									
			V_{E50}	−0.796	0.018									
			DO_{50}	−0.776	0.024									
			V_{U350}	0.768	0.044									
			V_{E300}	−0.756	0.049									
			S_{200}	−0.729	0.001									
			V_{N50}	−0.727	0.041									
			V_{E0}	−0.716	0.046									
			T_{200}	−0.714	0.002									
			V_{N150}	−0.709	0.049									
			T_{150}	−0.656	0.006									
			S_{300}	−0.654	0.011									
			S_{250}	−0.621	0.010									
			T_{25}	0.606	0.013									
			T_{250}	−0.604	0.013									
			S_{50}	−0.574	0.020									
			C_g	−0.572	0.033									

表 2-8-4　第二和第三航次中，与黄鳍金枪鱼 CPUE 有显著相关性的指标汇总
（其他航次经分析无显著相关性指标）

第二航次			第三航次		
显著相关指标	相关系数	显著性水平 α（双尾）	显著相关指标	相关系数	显著性水平 α（双尾）
S_{200}	−0.792	0.000	FIC_{50}	0.629	0.016
S_{250}	−0.764	0.001	S_{250}	0.567	0.001
S_{300}	−0.724	0.003	S_{300}	0.556	0.003
S_{50}	−0.693	0.003	S_{200}	0.532	0.002
C_g	−0.622	0.017	S_{150}	0.528	0.002
T_{200}	−0.616	0.011	S_{325}	0.482	0.043
S_{75}	−0.590	0.016	V_g	−0.463	0.009
T_{100}	−0.535	0.033			
S_{25}	−0.525	0.037			
T_{75}	−0.520	0.039			

由表 2-8-3 可以看出，与大眼金枪鱼 CPUE 分布有显著相关性的指标：第一航次显著相关性指标为风速；第二航次最显著相关性指标为溶解氧含量和叶绿素浓度；第三航次显著相关性指标为 150m 水深的溶解氧含量、钓具漂移方向和风速；第四航次显著相关性指标为 100m、75m、200m、50m 水深的盐度，风速，250m、25m、300m 和 200m 水深的水温分布；第五航次为风向。

第一、第四和第五航次所有指标对黄鳍金枪鱼 CPUE 分布都无相关性，见表 2-8-4。第二航次显著相关性指标为 200m、250m、300m、50m、75m 和 25m 水深的盐度分布，钓具漂移方向和 200m 水深处的水温分布，第三航次显著相关性指标为 50m 水深处的叶绿素浓度分布，以及 250m、300m、200m、150m、325m 水深的盐度分布和钓具漂移速度。

8.2.1　第一航次

第一航次大眼金枪鱼和黄鳍金枪鱼 CPUE 分布分别见图 2-8-44 和图 2-8-47。

8.2.1.1　大眼金枪鱼

本航次对大眼金枪鱼 CPUE 有显著相关的指标为表层南北向海流（V_{N0}）和风速。大眼金枪鱼 CPUE 分布与 V_{N0} 呈负相关关系。第一航次大眼金枪鱼 CPUE 与表层南北向海流关系如图 2-8-45 所示，CPUE 较高区域（南北流交汇区）有较强的南向海流，海流速度在 0.03～0.08m/s。由图 2-8-46 可以看出，风速大（1.36～4.76m/s）的区域，大眼金枪鱼 CPUE 较高。

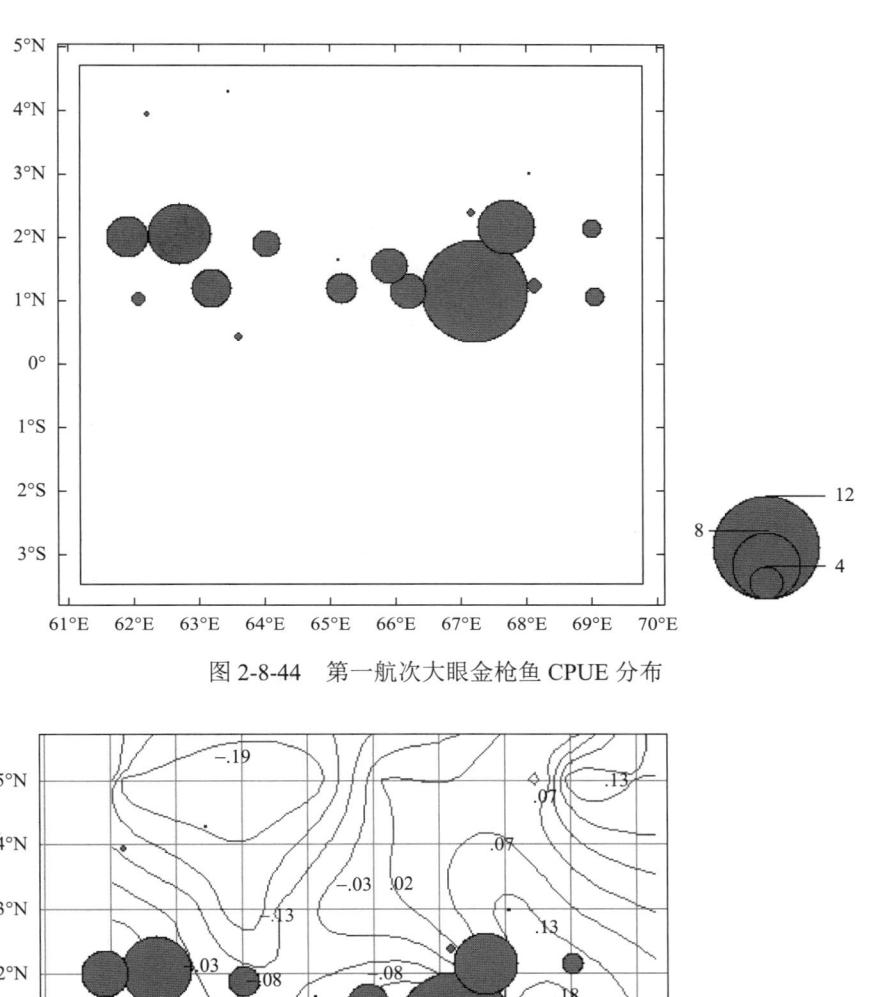

图 2-8-44　第一航次大眼金枪鱼 CPUE 分布

图 2-8-45　第一航次大眼金枪鱼 CPUE 分布与表层南北向海流关系

8.2.1.2　黄鳍金枪鱼

本航次与黄鳍金枪鱼 CPUE 无相关性指标。

8.2.2　第二航次

第二航次大眼金枪鱼和黄鳍金枪鱼 CPUE 分布分别见图 2-8-48 和图 2-8-52。

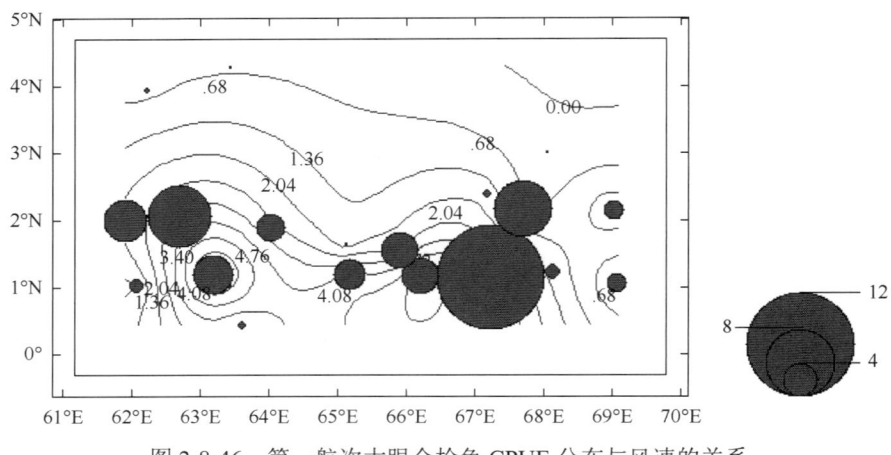

图 2-8-46　第一航次大眼金枪鱼 CPUE 分布与风速的关系

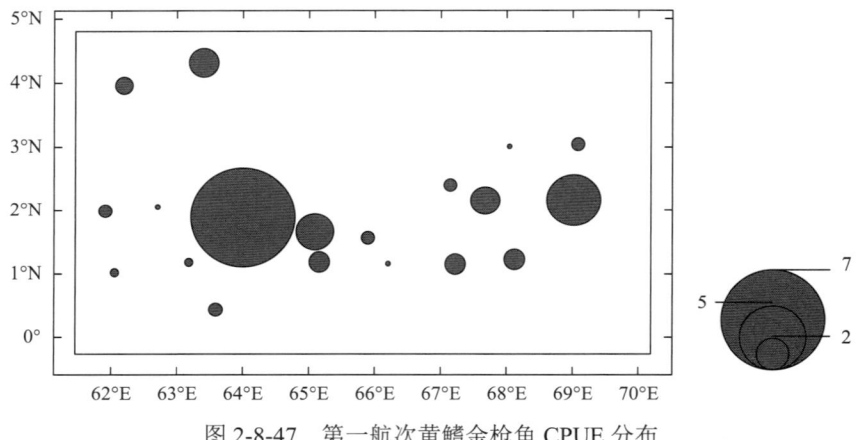

图 2-8-47　第一航次黄鳍金枪鱼 CPUE 分布

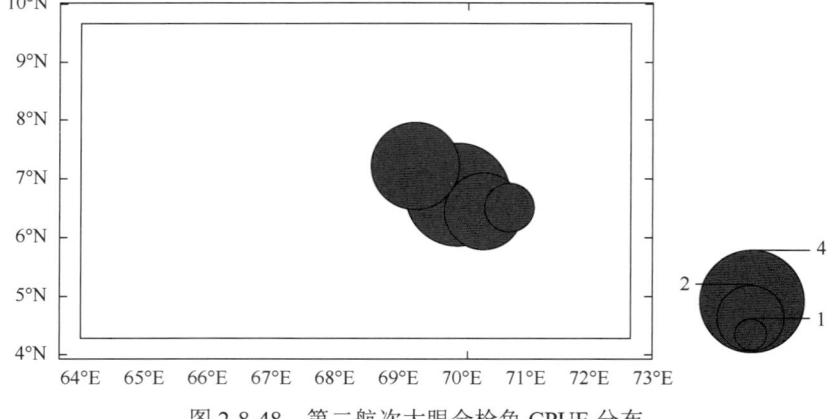

图 2-8-48　第二航次大眼金枪鱼 CPUE 分布

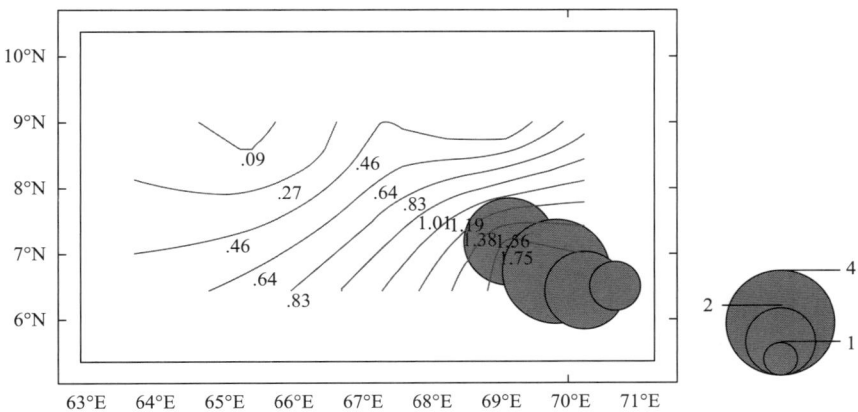

图 2-8-49　第二航次大眼金枪鱼 CPUE 分布与 200m 水深处的溶解氧含量分布关系

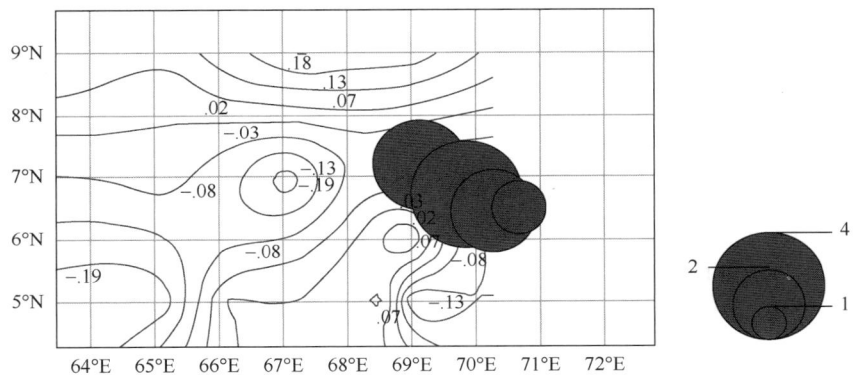

图 2-8-50　第二航次大眼金枪鱼 CPUE 分布与表层南北向海流关系

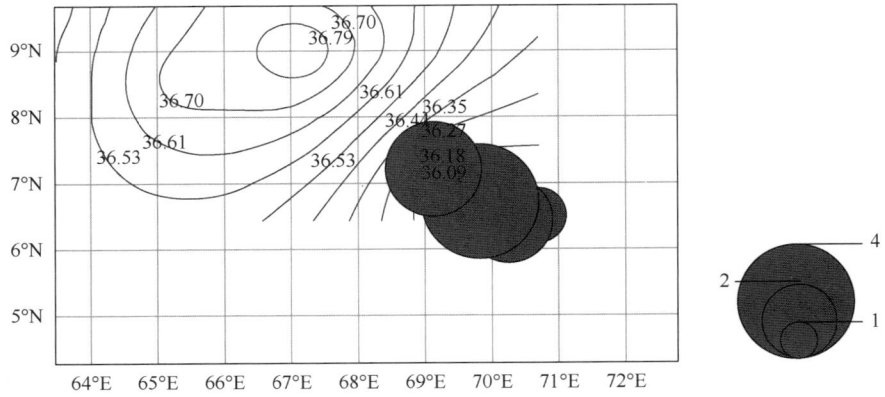

图 2-8-51　第二航次大眼金枪鱼 CPUE 分布与 75m 水深处的盐度分布关系

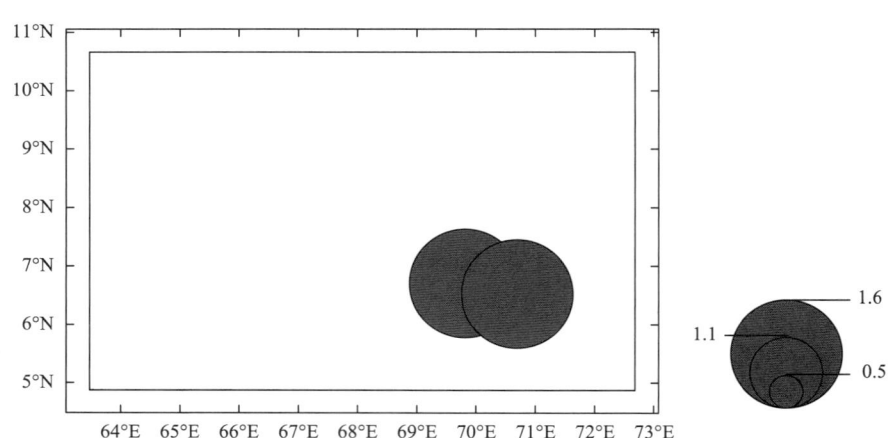

图 2-8-52　第二航次黄鳍金枪鱼 CPUE 分布

8.2.2.1　大眼金枪鱼

第二航次对大眼金枪鱼 CPUE 分布有显著相关关系的主要指标有各水层的溶解氧含量、叶绿素浓度、温度、南北向海流和盐度等。

由图 2-8-49 可以看出，大眼金枪鱼 CPUE 分布与 200m 水深处的溶解氧含量呈正相关关系，溶解氧含量高（1.38~1.75mg/L）的区域，大眼金枪鱼 CPUE 较高。图 2-8-50 为第二航次大眼金枪鱼 CPUE 与表层南北向海流关系，可看出南向海流较强的区域（0.03~0.13m/s）大眼金枪鱼 CPUE 较高，CPUE 较高区域为南北海流交汇处，鱼群可能随海流向南洄游。200m、250m 水深的北向海流与大眼金枪鱼 CPUE 也有较强的负相关关系。图 2-8-51 为第二航次大眼金枪鱼 CPUE 与 75m 水深处的盐度分布关系，可看出盐度值在 36.09~36.27 的区域（低盐一侧）CPUE 较高。250m 和 300m 水深处，叶绿素浓度与大眼金枪鱼 CPUE 分布呈较强的负相关关系。

8.2.2.2　黄鳍金枪鱼

由图 2-8-53 可看出，盐度低的区域黄鳍金枪鱼 CPUE 较高，在 200m 水深处的盐度值

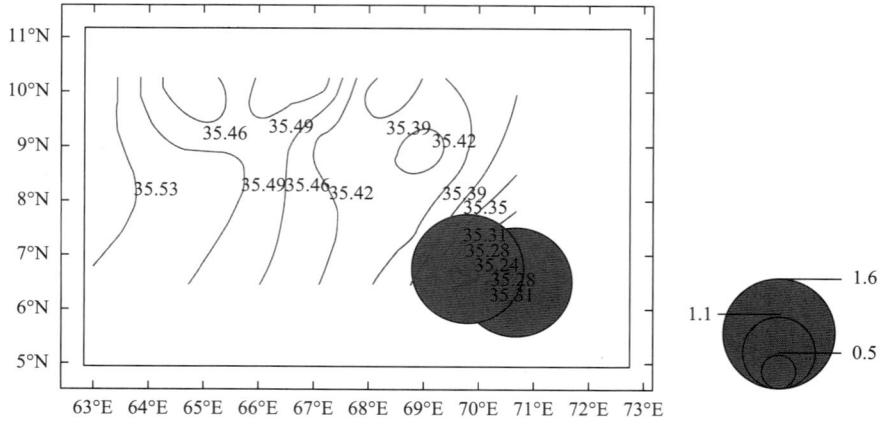

图 2-8-53　第二航次黄鳍金枪鱼 CPUE 分布与 200m 水深处的盐度关系

为 35.24～35.39 的区域 CPUE 较高。图 2-8-54 为第二航次黄鳍金枪鱼 CPUE 与漂移方向关系图，CPUE 分布主要集中在钓具漂移方向在 150°以下的区域。图 2-8-55 为第二航次黄鳍金枪鱼 CPUE 与 200m 水深处水温关系，在 200m 水深处水温在 12.86～13.56℃的区域（冷水团的高温一侧）CPUE 较高。

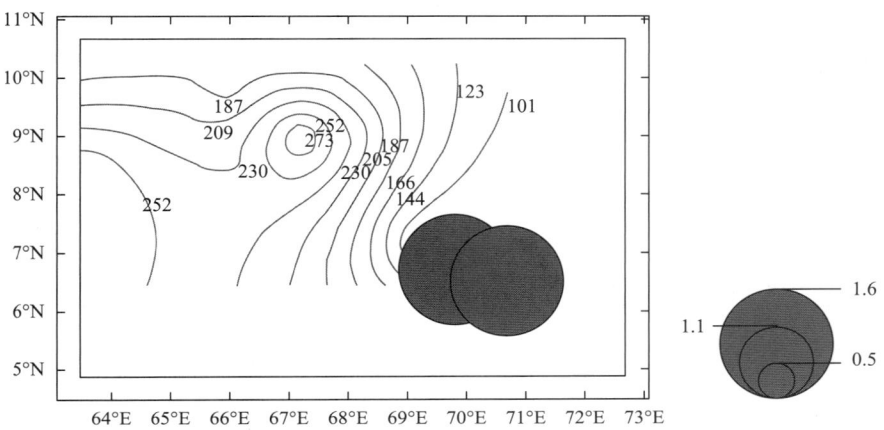

图 2-8-54　第二航次黄鳍金枪鱼 CPUE 分布与钓具漂移方向关系

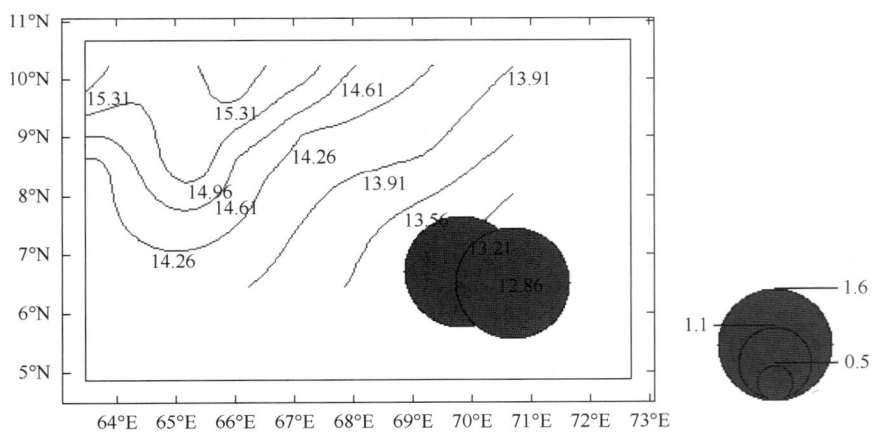

图 2-8-55　第二航次黄鳍金枪鱼 CPUE 分布与 200m 水深处的温度关系

8.2.3　第三航次

第三航次大眼金枪鱼和黄鳍金枪鱼 CPUE 关系分别见图 2-8-56 和图 2-8-61。

8.2.3.1　大眼金枪鱼

第三航次对大眼金枪鱼 CPUE 有显著相关关系的主要指标有 150m 水深的溶解氧含量、200m 水深的垂向海流、钓具漂移方向和风速等。

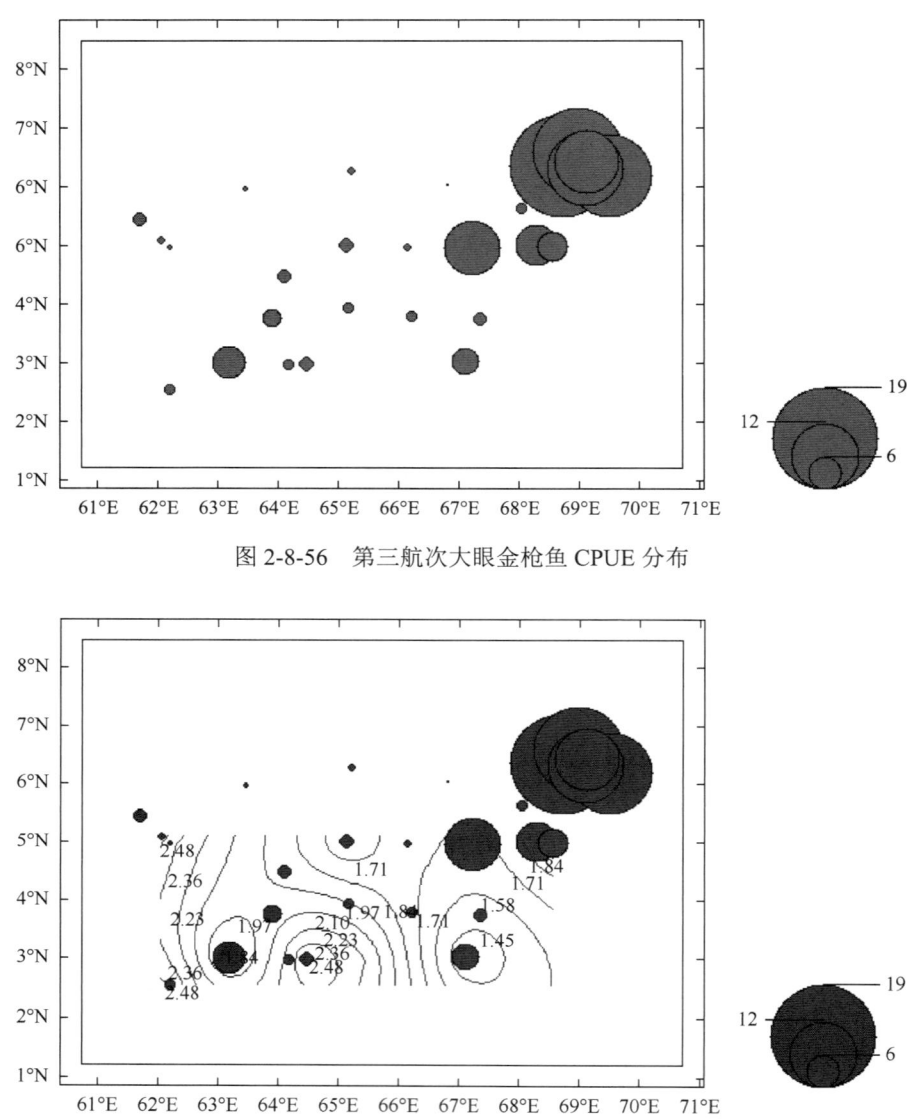

图 2-8-56　第三航次大眼金枪鱼 CPUE 分布

图 2-8-57　第三航次大眼金枪鱼 CPUE 分布与 150m 水深处的溶解氧含量分布关系

图 2-8-57 为第三航次大眼金枪鱼 CPUE 与 150m 水深处的溶解氧含量分布关系图，在 150m 水深处，溶解氧含量范围在 1.71～1.84mg/L 区域 CPUE 较高。图 2-8-58 为第三航次大眼金枪鱼 CPUE 分布与漂移方向关系，漂移方向在 116°～166°（向东南漂移）时 CPUE 较高。图 2-8-59 为第三航次大眼金枪鱼 CPUE 分布与 200m 水深处垂向海流关系图，200m 水深处垂向海流方向向下，速度在 0～0.04m/s 的区域（上升流与下降流的交汇区），CPUE 较高。图 2-8-60 为第三航次大眼金枪鱼 CPUE 分布与风速关系图，风速范围在 0.83～2.09m/s 的海区（风速较小区），CPUE 较高。

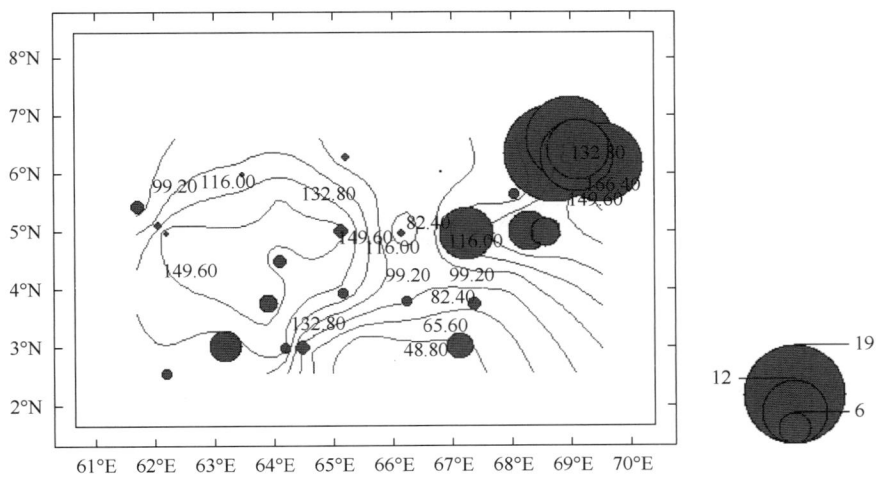

图 2-8-58　第三航次大眼金枪鱼 CPUE 分布与钓具漂移方向关系

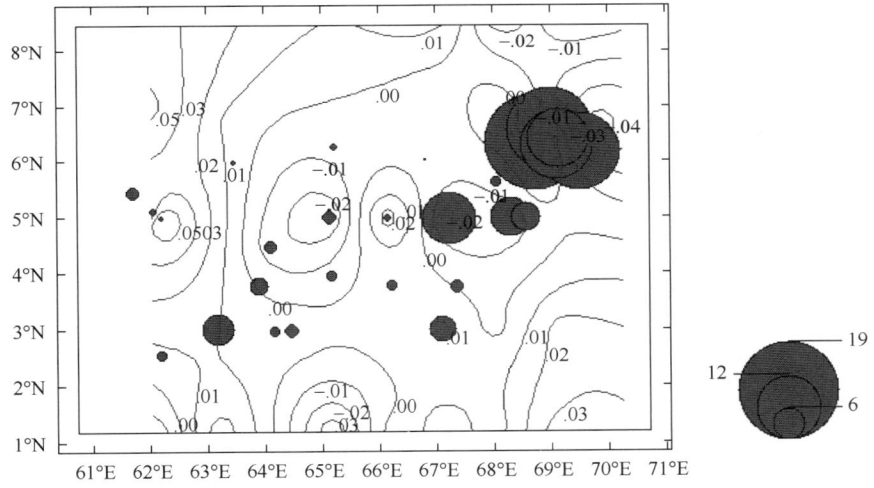

图 2-8-59　第三航次大眼金枪鱼 CPUE 分布与 200m 水深处垂向海流关系

8.2.3.2　黄鳍金枪鱼

第三航次对黄鳍金枪鱼 CPUE 有显著相关关系的主要指标有 50m 水深的叶绿素浓度、150～325m 水深的盐度和钓具的漂移速度。

由图 2-8-62 可看出，50m 水深处，叶绿素浓度范围为 0.92～1.08μg/L 的区域，黄鳍金枪鱼 CPUE 较高。由图 2-8-63 可看出，250m 水深处，盐度为 35.25～35.37 的地区，黄鳍金枪鱼 CPUE 较高。图 2-8-64 为第三航次黄鳍金枪鱼 CPUE 分布与漂移速度的关系，黄鳍金枪鱼 CPUE 较高的区域钓具漂移速度为 0.15～0.45 节（漂移速度较低处）。

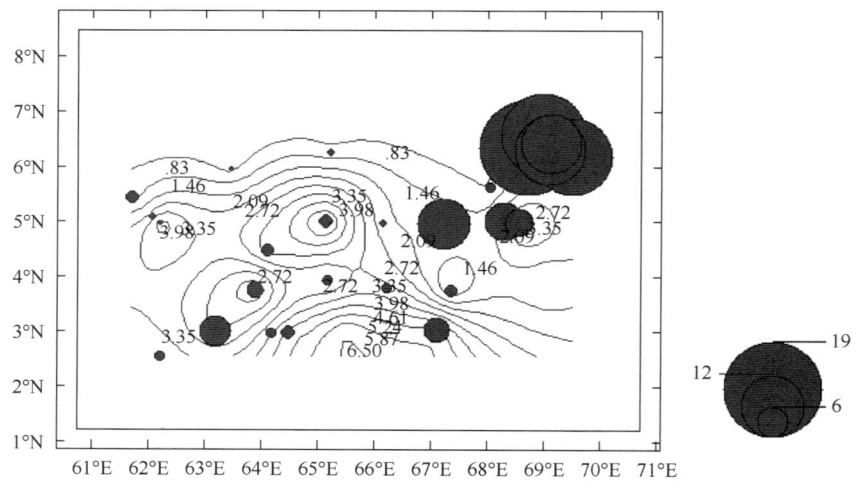

图 2-8-60　第三航次大眼金枪鱼 CPUE 分布与风速关系

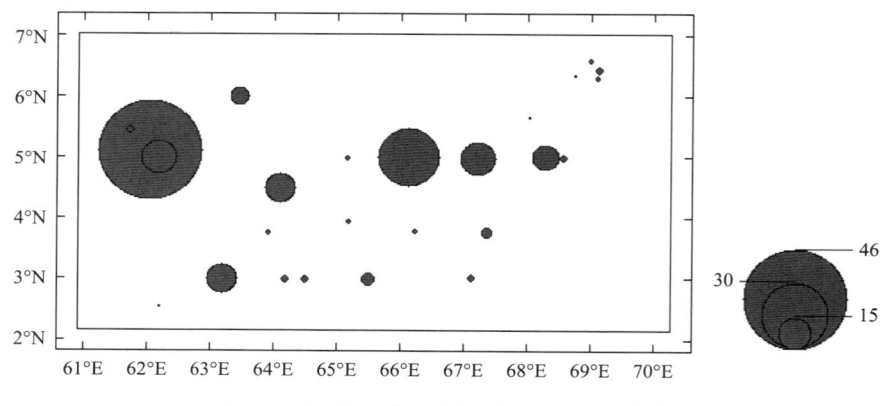

图 2-8-61　第三航次黄鳍金枪鱼 CPUE 分布

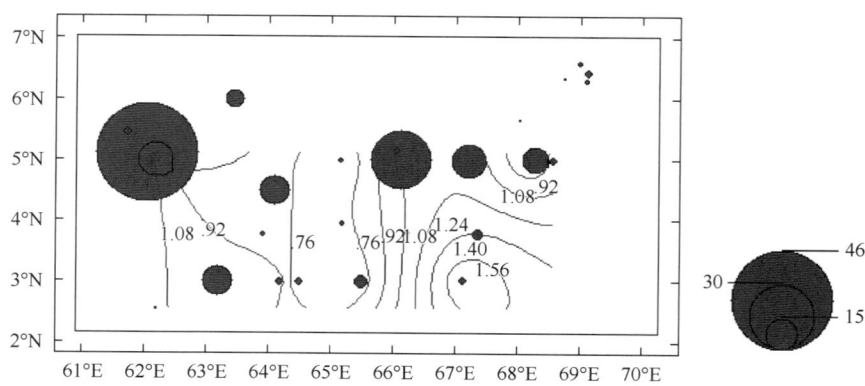

图 2-8-62　第三航次黄鳍金枪鱼 CPUE 分布与 50m 水深处的叶绿素浓度关系

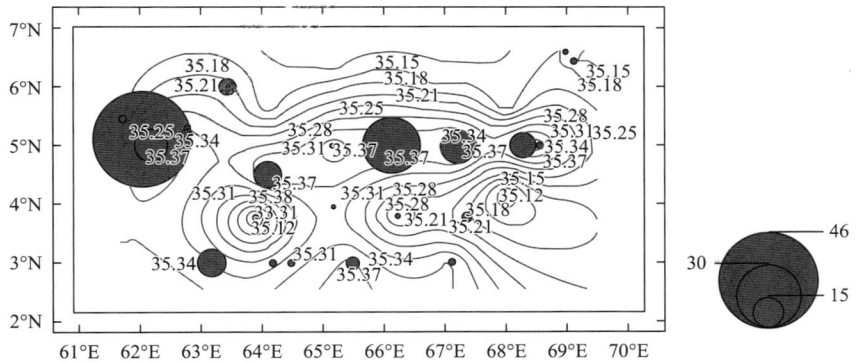

图 2-8-63　第三航次黄鳍金枪鱼 CPUE 分布与 250m 水深处的盐度关系

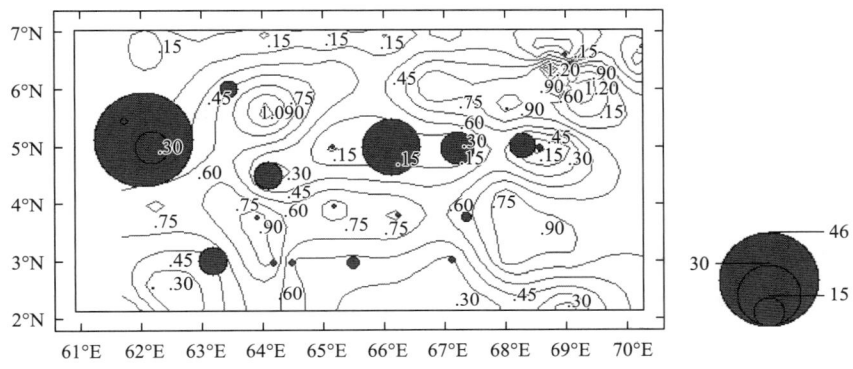

图 2-8-64　第三航次黄鳍金枪鱼 CPUE 分布与钓具漂移速度关系

8.2.4　第四航次

第四航次大眼金枪鱼和黄鳍金枪鱼 CPUE 分布分别见图 2-8-65 和图 2-8-71。

8.2.4.1　大眼金枪鱼

第四航次对大眼金枪鱼 CPUE 分布有显著相关关系的主要指标有 100m、75m、200m 和 50m 各水层盐度、风速、150m 水深的垂向海流和 250m、25m、300m 和 200m 水深的温度。

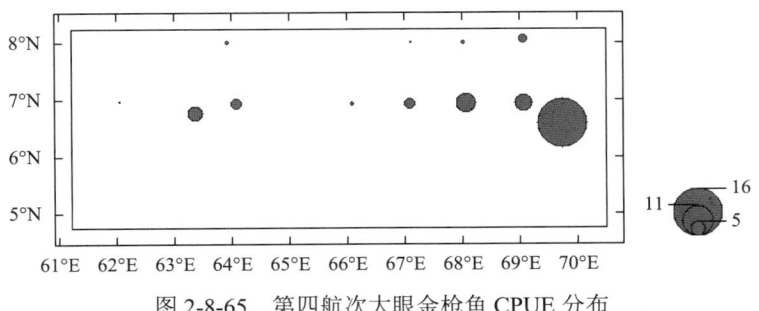

图 2-8-65　第四航次大眼金枪鱼 CPUE 分布

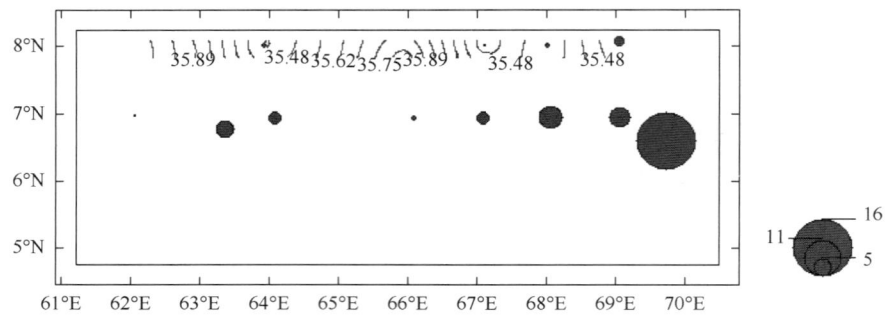

图 2-8-66　第四航次大眼金枪鱼 CPUE 分布与 75m 水深处的盐度关系

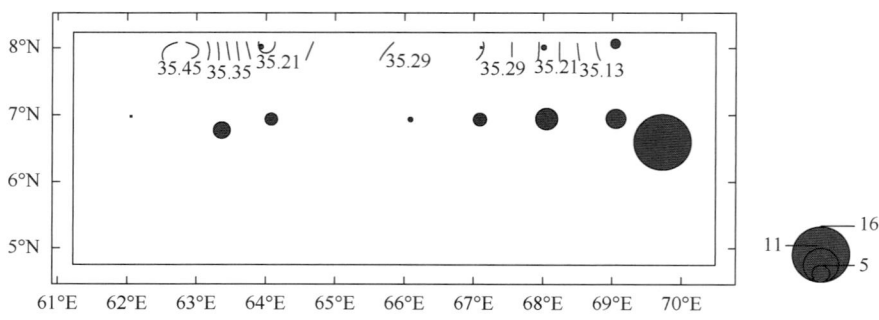

图 2-8-67　第四航次大眼金枪鱼 CPUE 分布与 100m 水深处的盐度关系

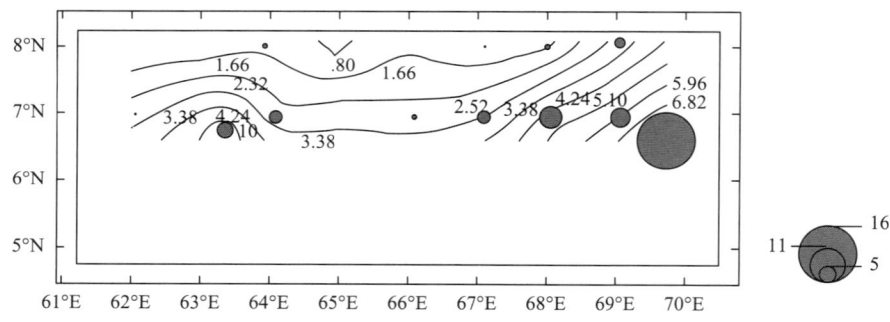

图 2-8-68　第四航次大眼金枪鱼 CPUE 分布与风速的关系

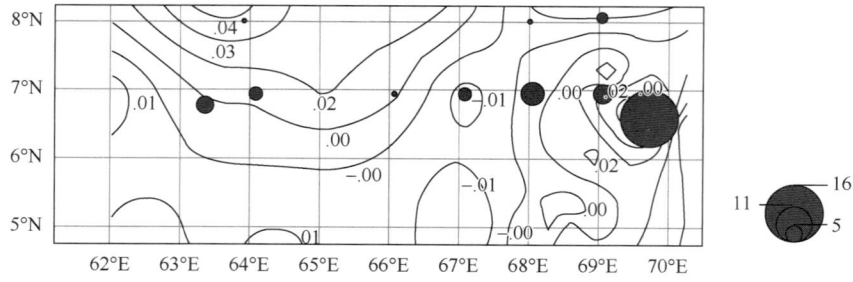

图 2-8-69　第四航次大眼金枪鱼 CPUE 分布与 150m 水深处的垂向海流分布关系

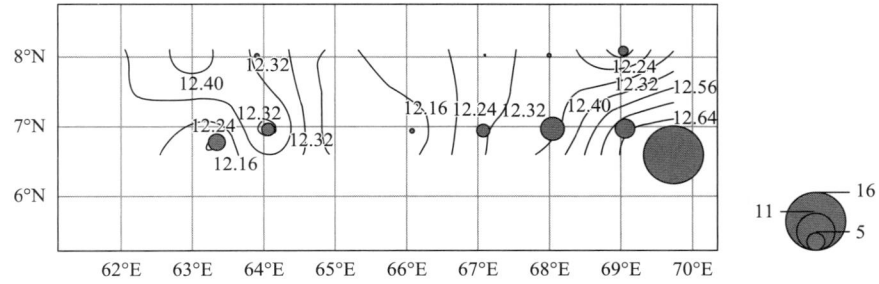

图 2-8-70　第四航次大眼金枪鱼 CPUE 分布与 250m 水深处的温度关系

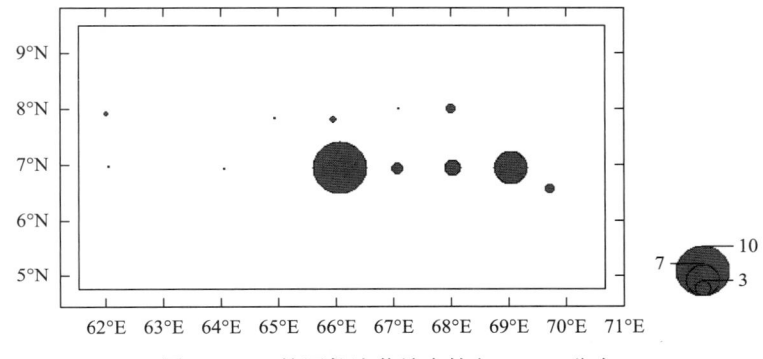

图 2-8-71　第四航次黄鳍金枪鱼 CPUE 分布

由图 2-8-66 和图 2-8-67 可得，第四航次大眼金枪鱼 CPUE 分布与 75m 和 100m 水深处的盐度呈正相关关系。由图 2-8-68 第四航次大眼金枪鱼 CPUE 与风速的关系可以看出，风速大的区域大眼金枪鱼 CPUE 较高，大眼金枪鱼 CPUE 较高的区域风速为 4.24～7.68m/s。图 2-8-69 显示了第四航次大眼金枪鱼 CPUE 与 150m 水深的垂向海流分布关系，上升流流速小，垂向向下海流流速大（0～0.02m/s）的区域（上升流与下降流的交汇区）CPUE 较高。第四航次大眼金枪鱼 CPUE 分布与 250m 水深水温的关系如图 2-8-70 所示，在 250m 水深处水温范围在 12.32～12.74℃的区域（冷水团的高温一侧）大眼金枪鱼 CPUE 较高。

8.2.4.2　黄鳍金枪鱼

本航次与黄鳍金枪鱼 CPUE 没有相关性的指标。

8.2.5　第五航次

第五航次大眼金枪鱼和黄鳍金枪鱼 CPUE 分别见图 2-8-72 和图 2-8-74。本航次与大眼金枪鱼 CPUE 有相关性的指标只有风向，有较弱的负相关关系（图 2-8-73）。没有与黄鳍金枪鱼 CPUE 有相关性的指标。

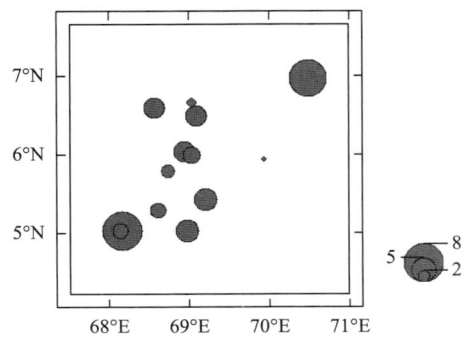

图 2-8-72　第五航次大眼金枪鱼 CPUE 分布

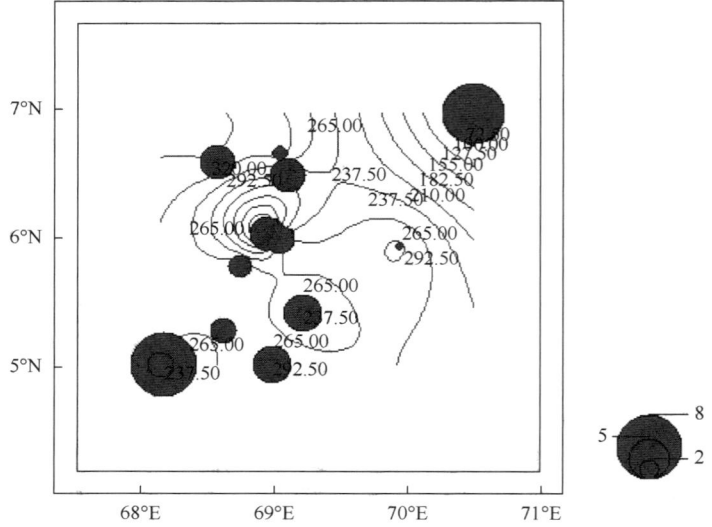

图 2-8-73 第五航次大眼金枪鱼 CPUE 分布与风向的关系

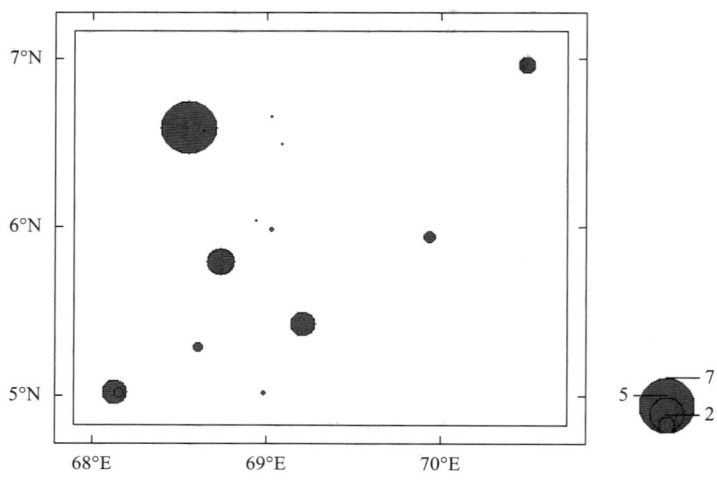

图 2-8-74 第五航次黄鳍金枪鱼 CPUE 分布

8.3 "华远渔 18" 船第一至第三航次 CPUE 与所有指标（包括三维海流、水平海流）的相关性分析

由于 18 号船第 1~3 航次调查收集的数据最完整，所以将这 3 个航次的数据单独进行分析，找出对大眼金枪鱼和黄鳍金枪鱼 CPUE 影响最大的参数，分析结果如下。

8.3.1 大眼金枪鱼

18 号船前 3 个航次与大眼金枪鱼 CPUE 有显著相关性的指标汇总见表 2-8-5。

表 2-8-5 18 号船前 3 个航次与大眼金枪鱼 CPUE 有显著相关性的指标汇总

第一航次			第二航次			第三航次			三航次汇总		
显著相关指标	相关系数	显著性水平（双尾）	显著相关指标	相关系数	显著性水平（双尾）	显著相关指标	相关系数	显著性水平（双尾）	显著相关指标	相关系数	显著性水平（双尾）
V_{N0}	−0.795	0.033	DO_{200}	0.982	0.000	DO_{150}	−0.556	0.039	V_{N0}	−0.583	0.001
			DO_{300}	0.977	0.000				DO_{250}	0.479	0.007
			DO_{325}	0.969	0.000				S_{75}	−0.479	0.006
			DO_{250}	0.962	0.000				T_{200}	−0.474	0.007
			S_{300}	−0.949	0.000				DO_{200}	0.472	0.009
			S_{325}	−0.946	0.000				S_{50}	−0.452	0.011
			FIC_{300}	−0.929	0.001				DO_{300}	0.444	0.018
			FIC_{250}	−0.926	0.001				V_{U300}	−0.420	0.026
			S_{75}	−0.900	0.002				S_{300}	−0.415	0.025
			T_{75}	−0.891	0.003				DO_{325}	0.411	0.037
			DO_{150}	0.887	0.003				S_{100}	−0.402	0.025
			V_{N0}	−0.861	0.006				S_{200}	−0.396	0.028
			V_{N200}	−0.854	0.030				T_{150}	−0.358	0.048
			V_{N250}	−0.844	0.035						
			FIC_{325}	−0.838	0.009						
			DO_{75}	−0.836	0.010						
			T_{100}	−0.799	0.017						
			V_{E50}	−0.796	0.018						
			DO_{50}	−0.776	0.024						
			S_{100}	−0.771	0.025						
			V_{U350}	0.768	0.044						
			V_W	0.764	0.027						
			T_{200}	−0.758	0.029						
			T_{150}	−0.758	0.029						
			V_{E300}	−0.756	0.049						
			S_{250}	−0.737	0.037						
			V_{N50}	−0.727	0.041						
			V_{E0}	−0.716	0.046						
			S_{50}	−0.715	0.046						
			S_{200}	−0.709	0.049						
			V_{N150}	−0.709	0.049						

由表 2-8-5 可知,第一航次与大眼金枪鱼 CPUE 有显著相关的指标是表层南北向海流;第二航次按相关性由高到低依次是:200m、300m、325m 和 250m 水深处的溶解氧含量,300m 和 325m 水深处的盐度,300m 和 250m 水深处的叶绿素浓度;第三航次与大眼金枪鱼 CPUE 有显著相关的指标是 150m 水深处的溶解氧含量。

将这三航次数据汇总统计,大眼金枪鱼 CPUE 有显著相关的指标,按照相关性高低依次是 V_{N0}、DO_{250}、S_{75}、T_{200}、DO_{200}、S_{50}、DO_{300}…(表 2-8-5)。

8.3.1.1 第一航次

图 2-8-75 显示了 18 号船第一航次大眼金枪鱼 CPUE 与表层南北向海流(V_{N0})的关系,表层海流为北向的区域大眼金枪鱼 CPUE 较低,表层海流为南向的区域大眼金枪鱼 CPUE 较高,大眼金枪鱼 CPUE 较高的区域在南向海流大小为 0.08~0.24m/s 的区域(南北海流的交汇区),大眼金枪鱼有可能随南向海流向南洄游。

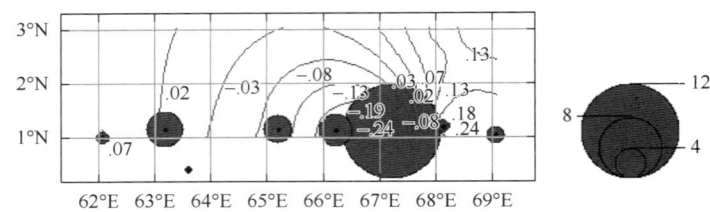

图 2-8-75　18 号船第一航次大眼金枪鱼 CPUE 与表层南北向海流(V_{N0})的关系

8.3.1.2 第二航次

18 号船第二航次大眼金枪鱼 CPUE 与 200m 水深处溶解氧含量(DO_{200})关系,300m 水深处盐度(S_{300})关系,75m 水深处水温(T_{75})关系,表层南北向海流(V_{N0})关系分别见图 2-8-76~图 2-8-79。通过图 2-8-76 可以看出:200m 水深处溶解氧含量(DO_{200})在 1.58mg/L 以上的区域,大眼金枪鱼 CPUE 较高。通过图 2-8-77 可以看出:300m 水深处盐度(S_{300})范围在 35.33~35.38 的区域(低盐一侧)大眼金枪鱼 CPUE 较高。通过图 2-8-78 可以看出:75m 水深处水温(T_{75})范围在 23.01~23.54℃区域内(冷水团的高温一侧)大眼金枪鱼 CPUE 较高。通过图 2-8-79 可以看出:海流为南向的区域,南向海流流速大小为 0.07~0.14m/s(南北海流的交汇区)时,大眼金枪鱼 CPUE 较高。

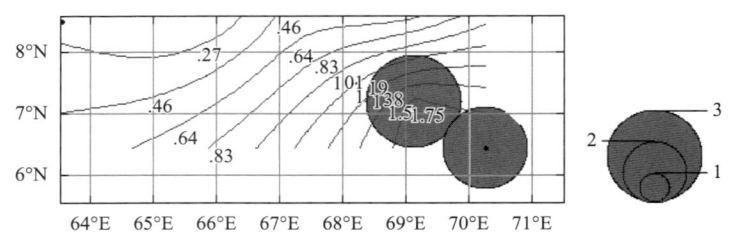

图 2-8-76　18 号船第二航次大眼金枪鱼 CPUE 与 200m 水深处溶解氧含量(DO_{200})关系

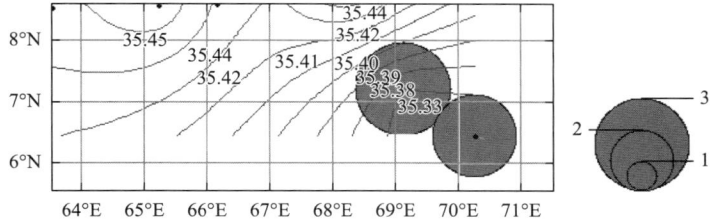

图 2-8-77　18 号船第二航次大眼金枪鱼 CPUE 与 300m 水深处盐度（S_{300}）关系

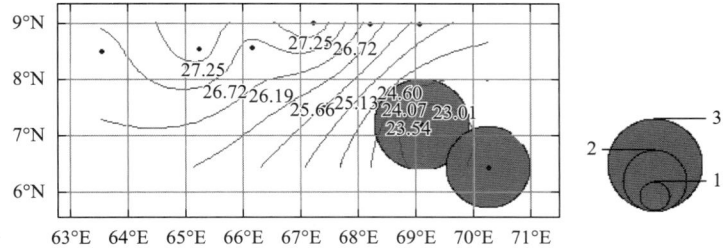

图 2-8-78　18 号船第二航次大眼金枪鱼 CPUE 与 75m 水深处水温（T_{75}）关系

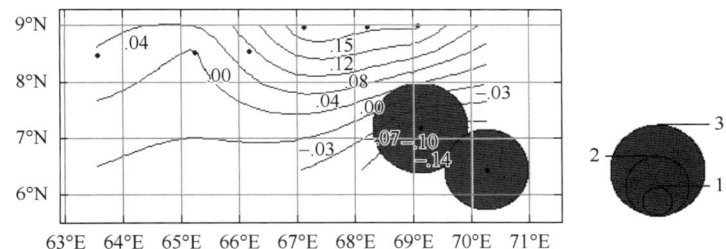

图 2-8-79　18 号船第二航次大眼金枪鱼 CPUE 与表层南北向海流（V_{N0}）关系

8.3.1.3　第三航次

图 2-8-80 为 18 号船第三航次大眼金枪鱼 CPUE 与 150m 水深处溶解氧含量（DO_{150}）关系图。由图可知 150m 水深处溶解氧含量（DO_{150}）范围在 1.45～1.84mg/L 的区域大眼金枪鱼 CPUE 较高。

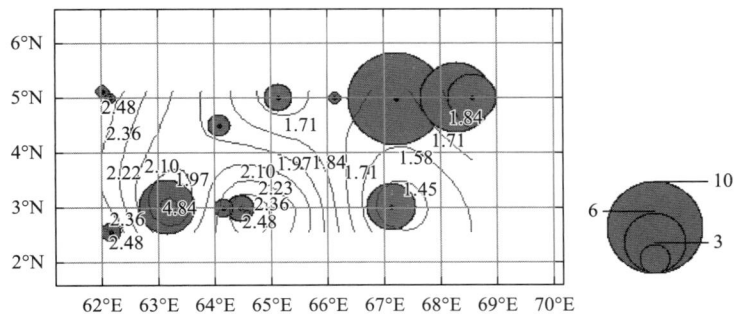

图 2-8-80　18 号船第三航次大眼金枪鱼 CPUE 与 150m 水深处溶解氧含量（DO_{150}）关系

8.3.1.4 前三航次汇总

图 2-8-81～图 2-8-84 分别为 18 号船前三航次大眼金枪鱼 CPUE 与表层南北向海流（V_{N0}）关系图、与 250m 水深处溶解氧含量（DO_{250}）关系图、与 75m 水深处盐度（S_{75}）关系图和与 200m 水深处水温（T_{200}）关系图。可以看出表层南向海流强的区域（南北海流交汇区），南向海流大小在 0.08～0.24m/s，大眼金枪鱼 CPUE 较高（图 2-8-81）；250m 水深处溶解氧含量（DO_{250}）在 2.02～2.86mg/L 这一较高范围内（含氧量较高处）时，大眼金枪鱼 CPUE 较高（图 2-8-82）；75m 水深处盐度（S_{75}）在 35.55～35.85（较低处）范围内时，大眼金枪鱼 CPUE 较高（图 2-8-83）；200m 水深处水温（T_{200}）在 12.75～13.58℃ 这一范围内（冷水团的高温一侧）时，大眼金枪鱼 CPUE 较高（图 2-8-84）。

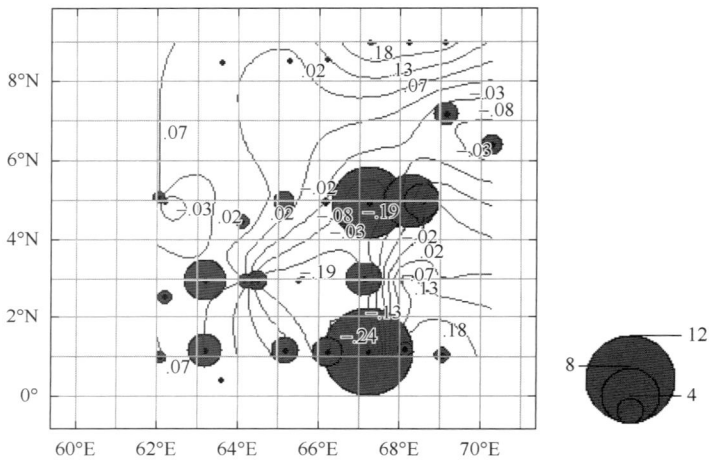

图 2-8-81 18 号船前三航次大眼金枪鱼 CPUE 与表层南北向海流（V_{N0}）关系

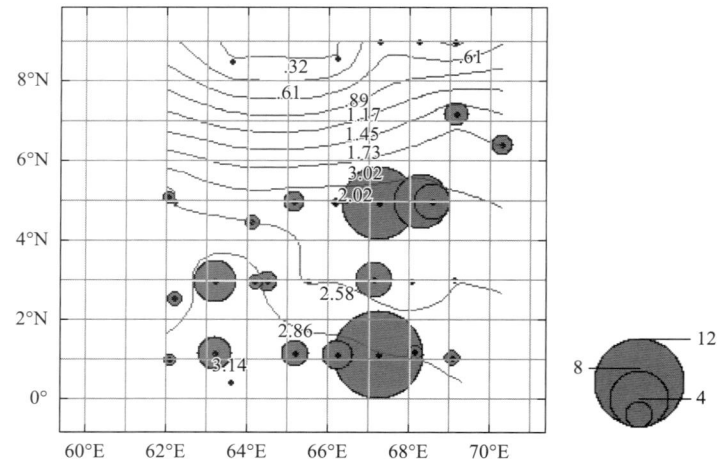

图 2-8-82 18 号船前三航次大眼金枪鱼 CPUE 与 250m 水深处溶解氧含量（DO_{250}）关系

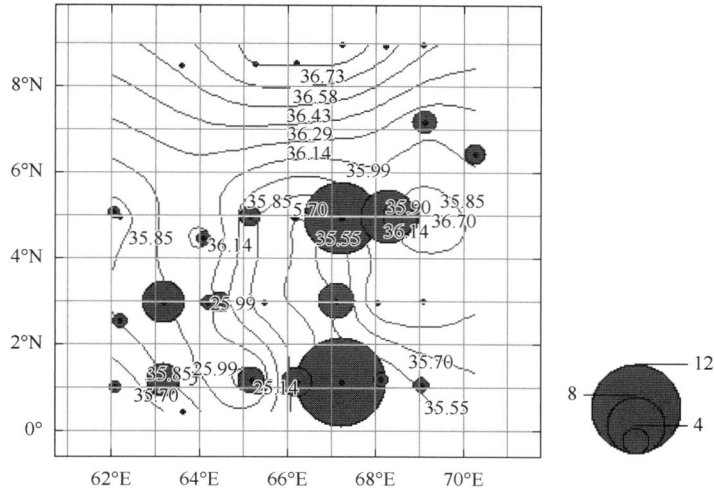

图 2-8-83　18 号船前三航次大眼金枪鱼 CPUE 与 75m 水深处盐度（S_{75}）关系

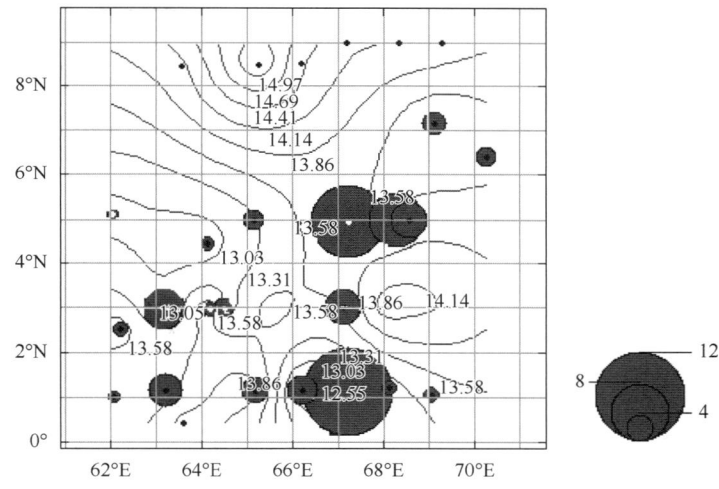

图 2-8-84　18 号船前三航次大眼金枪鱼 CPUE 与 200m 水深处水温（T_{200}）关系

8.3.2　黄鳍金枪鱼

表 2-8-6 为 18 号船前 3 个航次与黄鳍金枪鱼 CPUE 有显著相关性的指标汇总。由表 2-8-6 可知，第一航次与黄鳍金枪鱼 CPUE 有显著相关的指标是 150m 水深处的水温和风舷角；第二航次没有与黄鳍金枪鱼 CPUE 显著相关的指标；第三航次为 50m 水深处的叶绿素浓度。

表 2-8-6　18 号船前 3 个航次与黄鳍金枪鱼 CPUE 有显著相关性的指标汇总

第一航次			第二航次			第三航次			三航次汇总		
显著相关指标	相关系数	显著性水平（双尾）	显著相关指标	相关系数	显著性水平（双尾）	显著相关指标	相关系数	显著性水平（双尾）	显著相关指标	相关系数	显著性水平（双尾）
T_{150}	−0.783	0.013				FIC_{50}	0.629	0.016	FIC_{50}	0.683	0.000
Q_w	0.638	0.047							T_{50}	−0.584	0.001

续表

第一航次			第二航次			第三航次			三航次汇总		
显著相关指标	相关系数	显著性水平（双尾）	显著相关指标	相关系数	显著性水平（双尾）	显著相关指标	相关系数	显著性水平（双尾）	显著相关指标	相关系数	显著性水平（双尾）
									DO_{50}	−0.487	0.006
									T_{75}	−0.470	0.008
									T_{325}	−0.469	0.014
									FIC_{25}	0.450	0.011
									T_{150}	−0.448	0.011
									T_{100}	−0.441	0.013
									T_{25}	−0.437	0.014
									T_{300}	−0.418	0.024
									DO_{200}	0.397	0.030
									DO_{150}	0.391	0.032
									T_{200}	−0.374	0.038
									V_{EN250}	−0.364	0.048

前 3 个航次所有数据汇总统计，与黄鳍金枪鱼 CPUE 显著相关的指标依次为 FIC_{50}、T_{50}、DO_{50}、T_{75}、T_{325}、FIC_{25}、T_{150}…（表 2-8-6）。

8.3.2.1　第一航次

图 2-8-85 和图 2-8-86 分别为 18 号船第一航次黄鳍金枪鱼 CPUE 与 150m 水深处水温（T_{150}）关系图及与风舷角的关系图。150m 水深处水温在 14.95～15.53℃的区域（冷水团的高温一侧），黄鳍金枪鱼 CPUE 较高。风舷角在 42°～76°的区域，黄鳍金枪鱼 CPUE 较高。

8.3.2.2　第二航次

第二航次，各指标与黄鳍金枪鱼 CPUE 无显著相关性。

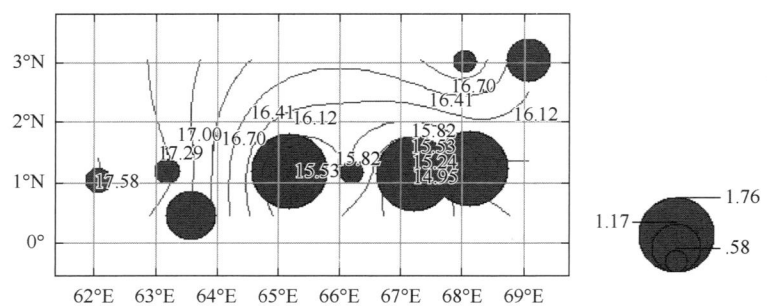

图 2-8-85　18 号船第一航次黄鳍金枪鱼 CPUE 与 150m 水深处水温（T_{150}）关系

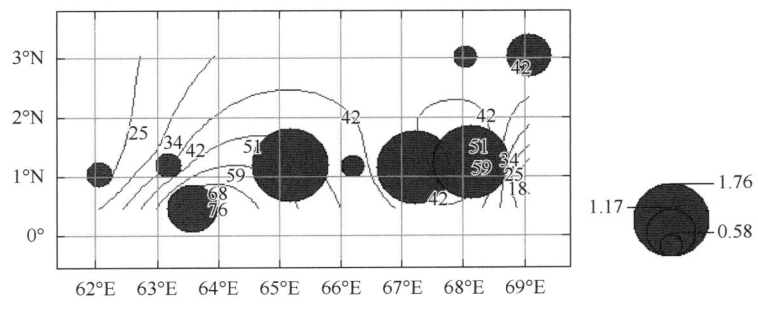

图 2-8-86　18 号船第一航次黄鳍金枪鱼 CPUE 与风舷角关系

8.3.2.3　第三航次

18 号船第三航次黄鳍金枪鱼 CPUE 与 50m 水深处叶绿素浓度（FIC_{50}）关系见图 2-8-87。50m 水深处叶绿素浓度在 0.92～1.24μg/L 的区域，黄鳍金枪鱼 CPUE 较高。

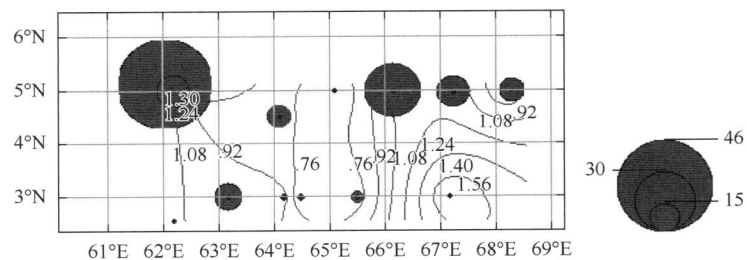

图 2-8-87　18 号船第三航次黄鳍金枪鱼 CPUE 与 50m 水深处叶绿素浓度（FIC_{50}）关系

8.3.2.4　前三航次汇总

18 号船前三航次黄鳍金枪鱼总 CPUE 与 50m 水深处叶绿素浓度（FIC_{50}）关系，与 50m 水深处水温（T_{50}）关系，与 50m 水深处溶解氧含量（DO_{50}）关系分别见图 2-8-88、图 2-8-89 和图 2-8-90。50m 水深处叶绿素浓度在 0.88～1.98μg/L 这一较高浓度范围内黄鳍金枪鱼总

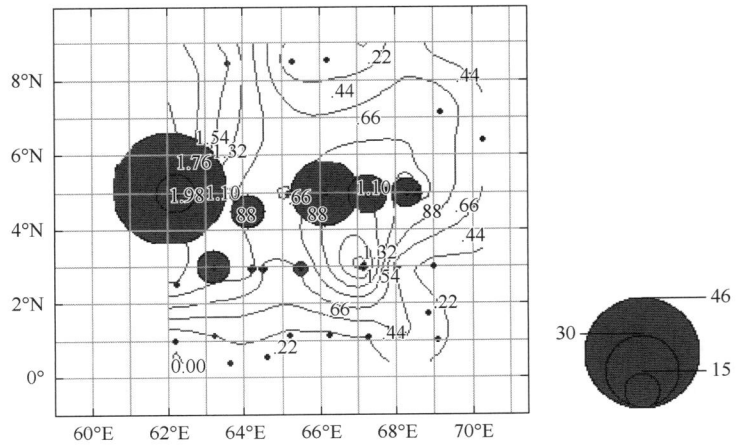

图 2-8-88　18 号船前三航次黄鳍金枪鱼总 CPUE 与 50m 水深处叶绿素浓度（FIC_{50}）关系

CPUE 较高。50m 水深处水温在 25.42～26.92℃这一范围内（冷水团的高温一侧）黄鳍金枪鱼总 CPUE 较高。50m 水深处溶解氧浓度在 3.63～5.13mg/L 这一较低浓度范围内的区域黄鳍金枪鱼总 CPUE 较高。

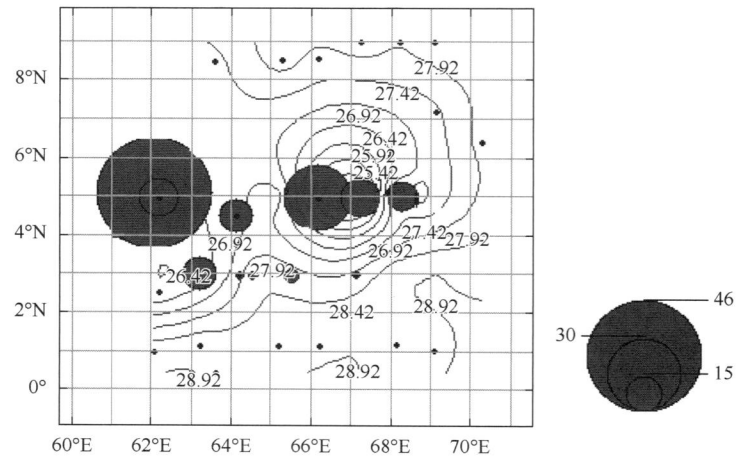

图 2-8-89　18 号船前三航次黄鳍金枪鱼总 CPUE 与 50m 水深处水温（T_{50}）关系

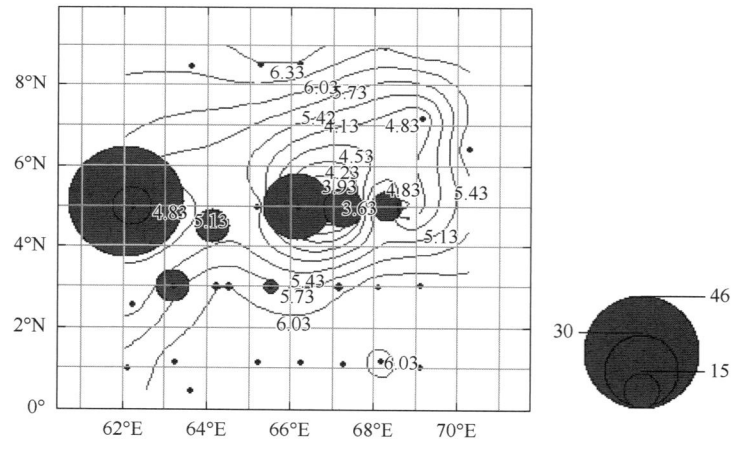

图 2-8-90　18 号船前三航次黄鳍金枪鱼总 CPUE 与 50m 水深处溶解氧含量（DO_{50}）关系

8.4　小　　结

以上为基于 2005 年 9～12 月，"华远渔 18"和"华远渔 19"两艘调查船取得的数据，对大眼金枪鱼和黄鳍金枪鱼的渔场形成机制分析的结果。本次调查收集的数据多，测量的指标较广，尤其是 18 号船，几乎收集了所有的风速、风向、钓具漂移速度和漂移方向，以及 0～350m 各水层的水温、盐度、叶绿素浓度、溶解氧含量等数据。18 号船前三个航次的数据最全面，第四、第五两个航次缺乏 0～350m 各水层的叶绿素浓度、溶解氧含量数据。19 号船 5 个航次的叶绿素浓度、溶解氧含量数据没有进行收集，第一航次缺少各水层的盐度数据。18号船还配备了海流计,对0~350m水深作业海区的三维海流进行了测定。

通过对18号船调查数据分析,对大眼金枪鱼CPUE分布所有相关影响指标中,溶解氧含量和盐度的影响最大,其次是海流(垂向海流,南北向海流)和温度。

通过对19号船调查数据分析,325m、300m、200m水深的盐度分布,以及100m水深的水温分布对大眼金枪鱼CPUE分布有显著性影响。

根据对18号船和19号船所有数据进行分析的结果,200m、250m、300m和325m水深的溶解氧含量对大眼金枪鱼CPUE影响最大。盐度对大眼金枪鱼CPUE分布也影响较大,对大眼金枪鱼CPUE分布影响显著的另外两个指标分别是水温和海流。

黄鳍金枪鱼的分布与混合层内的叶绿素浓度关系最密切,其次是溶解氧含量、海流(东西向海流和垂向海流)、温度和盐度。

根据18号船黄鳍金枪鱼总CPUE与相关指标统计表,叶绿素浓度对黄鳍金枪鱼总CPUE分布影响最大,溶解氧含量和水温对其影响相对较少。

19号船大眼金枪鱼和黄鳍金枪鱼总CPUE分布主要与盐度相关。

根据18号船的海流数据,东西方向的海流对黄鳍金枪鱼的分布影响最大。黄鳍金枪鱼CPUE分布主要与50~250m水深范围内东西方向的海流和100m水深处的垂向海流有关。

大眼金枪鱼CPUE较高处为:①冷水团的高温一侧;②低盐一侧;③表层(或150m水层)南北海流的交汇处,南流较高处,有可能随海流向南洄游;④上升流与下降流的交汇处,下降流较高处;⑤250m水深处溶解氧含量1.45~2.86mg/L这一较高范围内。

黄鳍金枪鱼CPUE较高处为:①冷水团的高温一侧;②低盐一侧;③100m水层(或150m水层)东西海流的交汇处,西流较高处(有可能随海流向西洄游);④上升流与下降流的交汇处,下降流较高处;⑤50m水深处溶解氧含量4.83~5.43mg/L范围内;⑥25m叶绿素浓度为0.42~0.56μg/L时(黄鳍金枪鱼经常在温跃层中捕食)。

参 考 文 献

[1] 齊藤昭二. マグロの遊泳層と延縄漁法. 東京:成山堂書屋,1992:9~10.
[2] 李志辉,罗平. SPSS for Windows统计分析教程. 北京:电子工业出版社,2003:173~175.
[3] Bigelow K,Musyl MK,Poisson F,et al. Pelagic longline gear depth and shoaling. Fisheries Research,2006,77:173~183.

第三篇

印度洋中南部公海水域冷海水金枪鱼延绳钓渔船捕捞技术研究

广东省广远渔业集团有限公司和上海海洋大学联合组成的项目调查小组根据农业部（现称农业农村部）渔业局（现称渔业渔政管理局）远洋渔业处批准的《印度洋中南部公海水域金枪鱼资源探捕项目实施方案》，于2006年9月26日正式开始对印度洋中南部公海水域金枪鱼资源进行海上探捕调查，于2006年12月1日结束海上探捕调查，历时67天（4个航次），共对36个站点的不同水深的水温、盐度、叶绿素浓度和含氧量、三维海流等渔场环境参数进行了测定；通过微型温度深度计（TDR-2050）测定钓钩的实际深度；进行了渔具渔法的交叉比较试验；对主要鱼种的生物学参数进行了测定；对于生产数据进行了统计等。现总结如下，供今后生产参考。

1 材料与方法

1.1 材料

1.1.1 调查船

执行本次海上调查任务的渔船为大滚筒金枪鱼延绳钓渔船"粤远渔168"，主要的船舶参数如下：总长25.68m；型宽6.00m；型深2.98m；总吨125.00t；净吨44.00t；主机功率318.00kW。

1.1.2 调查时间、调查海区

探捕船4个航次探捕调查的时间、探捕范围、探捕站点等见表3-1-1和图3-1-1。

表 3-1-1 探捕船的探捕时间和范围

航次	探捕时间（2006年）	探捕范围	
1	10.1～10.10	03°26′S～01°15′N	62°14′E～63°37′E
2	10.14～10.28	03°15′S～01°06′N	64°14′E～67°17′E
3	11.2～11.13	03°05′S～03°50′N	63°57′E～71°46′E
4	11.23～11.30	02°38′N～04°24′N	69°13′E～71°44′E

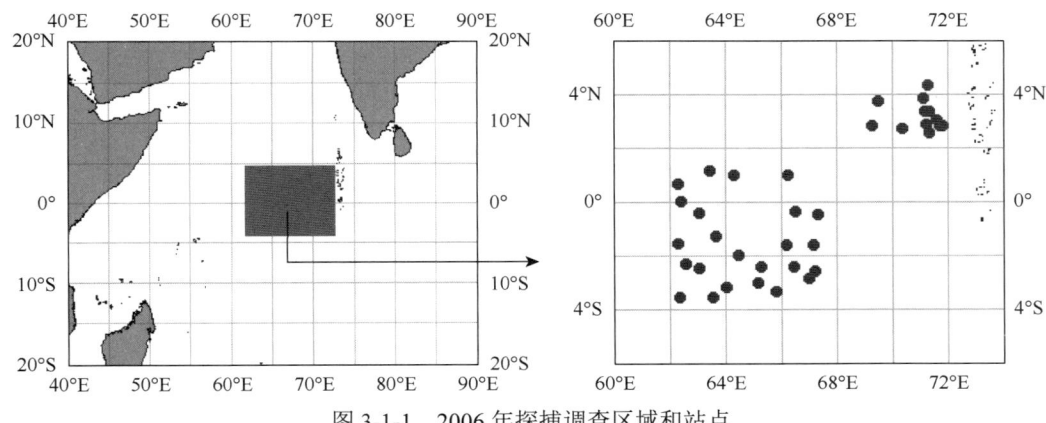

图 3-1-1 2006 年探捕调查区域和站点

1.1.3 调查的渔具与渔法

1.1.3.1 调查的渔具

本次调查船上所用的钓具结构为：浮子直径为 360mm；浮子绳直径为 6mm，长 30m；干线直径为 3.6mm；支线第一段为直径 3mm 的硬质聚丙烯，长 0.8m（加上夹子长 1m）左右，第二段为 180#（直径为 1.8mm）的尼龙单丝，长 16m；第三段为直径 1.2mm 的钢丝，长 1m；第一段直接与第二段连接，无转环；第二段与第三段间用一 10g 的转环相连接；第三段直接与钓钩连接，不用猫眼（图 3-1-2A）。

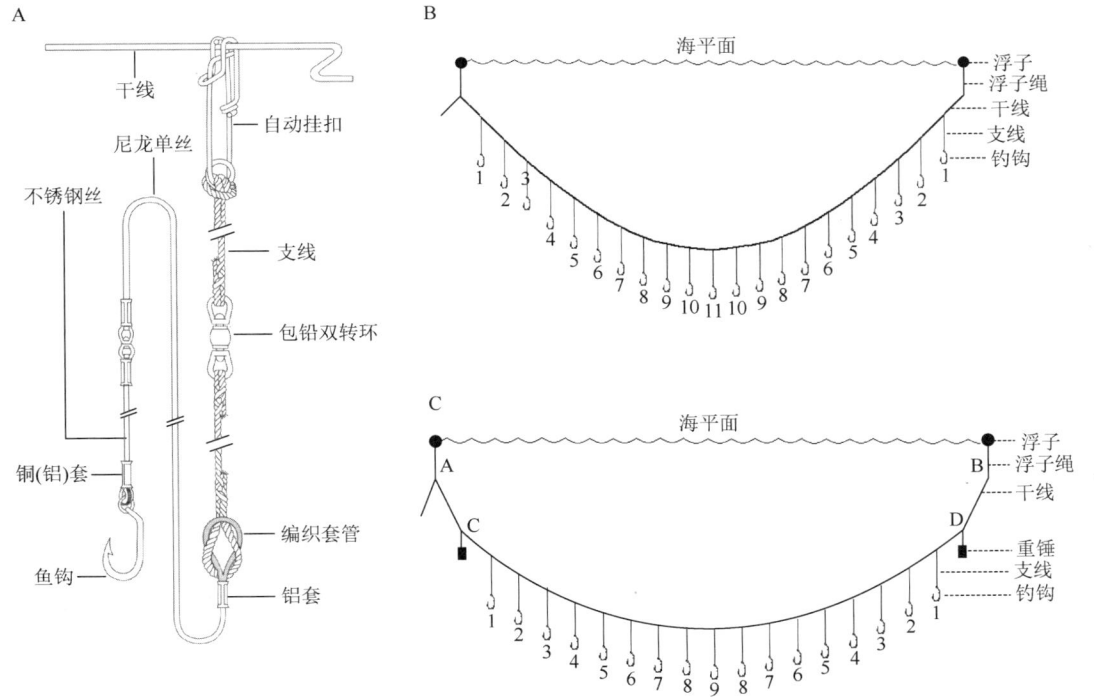

图 3-1-2 钓具结构及投放后在海水中的状态

A. 支线结构；B. 正常作业；C. 试验作业，以浮子间钩数 17 枚为例

试验用的钓具按照表 3-1-2 所列的 16 种组合进行装配,第一段与第二段用 4 种带铅转环连接,在钓钩上方加 2 种重量的沉铅,部分在钓钩上方装配塑料荧光管。

表 3-1-2 16 种组合试验用钓具

试验号	重锤(空气中重量)	带铅转环	沉铅	荧光管
1	2kg	75g	3.75g	有
2	2kg	60g	3.75g	有
3	2kg	45g	11.25g	无
4	2kg	10g	11.25g	无
5	3kg	75g	3.75g	无
6	3kg	60g	3.75g	无
7	3kg	45g	11.25g	有
8	3kg	10g	11.25g	有
9	4kg	75g	11.25g	有
10	4kg	60g	11.25g	有
11	4kg	45g	3.75g	无
12	4kg	10g	3.75g	无
13	5kg	75g	11.25g	无
14	5kg	60g	11.25g	无
15	5kg	45g	3.75g	有
16	5kg	10g	3.75g	有

1.1.3.2 调查的渔法

调查期间,一般情况下,00:00~04:00 投绳,持续时间为 4h 左右;10:00~18:00 起绳,持续时间为 8h 左右;船长根据探捕调查站点位置决定当天投绳的位置。

正常作业(图 3-1-2B),船速一般为 7.5 节、出绳速度一般为 11 节、两浮子间的钓钩数为 23 枚、两钩间的时间间隔为 8s。每天投放原船用钩 500~2000 枚。

试验作业(图 3-1-2C),靠近浮子的第 1 枚钩空缺,第 2 枚钩换成 4 种不同重量的重锤、两浮子间的钩数为 19 枚,其他参数不变,试验钩每种 38 枚,共 16 组,每天投放 8 组。另外,每天投放 100 枚防海龟误捕圆形钓钩。

1.2 方法

1.2.1 调查方法

本次调查对设定的调查站点进行调查,记录了每天的投绳位置、投绳开始时间、起绳开始时间、投放的钓钩数、投绳时的船速和出绳速度、两钓钩间的时间间隔、两浮子间的钓钩数、大眼金枪鱼和黄鳍金枪鱼的渔获尾数,抽样记录了大眼金枪鱼和黄鳍金枪鱼的上钩钩号、死活状态、上钩时的位置，抽样鉴定了其性别、性腺成熟度（根据我国海洋调查规范分为1～6级），鉴定了其摄食种类、摄食等级（根据我国海洋调查规范分为0～4级），用皮尺测定了主要金枪鱼鱼种（大眼金枪鱼和黄鳍金枪鱼）的叉长，用磅秤测定了主要金枪鱼鱼种（大眼金枪鱼和黄鳍金枪鱼）的加工后重（去鳃、去内脏重），用小的台秤测定了胃含物重（各摄食种类的重量），用微型温度深度计测定了部分钓钩在海水中的实际深度及其变化，用多功能水质仪测定了调查站点水深0～450m的温度、盐度、含氧量、叶绿素浓度的垂直变化曲线，用三维海流计测定了调查站点水深0～450m的海流数据。

温度、盐度、含氧量、叶绿素浓度数据的测定方法：

通过计算机及其应用软件将利用多功能水质仪测定的数据读出，存入计算机，记录好相应的测定位置，并取各所要分析的深度处的±5m内的数据的算术平均值作为其数据。

风流合压角、钓具的漂移速度的测定方法：

利用船上的GPS记录同一浮子投出和收进的位置，计算得出这一天的钓具漂移方向、钓具漂移速度，再计算投绳时航程较长的航向与漂移方向之间的夹角（小于90°）——风流合压角。

三维海流的测量方法：

用三维海流计测定，通过计算机把测得的数据读出，存入计算机，记录好相应的测定位置，并取各所要分析的深度处的±5m内的数据的算术平均值作为对应深度的数据。

大眼（黄鳍）金枪鱼的渔获率CPUE（尾/千钩）的测定方法：

观测每天的大眼（黄鳍）金枪鱼的渔获尾数（N）及当天的实际下钩数（H），利用式（3-1-1）计算得出。

$$\text{CPUE} = \frac{N}{H} \times 1000 \qquad (3\text{-}1\text{-}1)$$

1.2.2 数据处理方法

1.2.2.1 海洋环境研究

采用频率统计的方法，得出有关海洋环境的频度数据。

1.2.2.2 主要鱼种渔获量和上钩率分析

采用分航次频率统计的方法分析。

1.2.2.3 生物学研究

对于金枪鱼的生物学的研究采用统计与回归的方法，研究叉长（FL）与加工后重（W）的关系采用幂函数回归的方法，即 $W = a\text{FL}^b$；研究加工后重（Y）与原条鱼重（X）的关系采用线性回归的方法，即 $Y = aX$。

性别、性腺成熟度、摄食种类、摄食等级等采用频率统计的方法，得出有关的频度数据。

1.2.2.4 三维海流数据的预处理

国外研究资料显示,实际影响钓钩深度的并不是海流的绝对速度,而是不同水层海流间的剪切作用,本研究根据这一观点,对仪器测到的不同水层的原始数据进行处理,得出不同站点每天的流剪切系数[1]。具体公式为

$$K = \log\left(\frac{\int_0^z \left\|\frac{\partial \bar{u}}{\partial z}\right\| \mathrm{d}z}{Z}\right) \tag{3-1-2}$$

近似表达式为

$$\tilde{K} = \log\left\{\frac{\sum_{n=1}^{N}\left[\left(\frac{u_{n+1}-u_n}{z_{n+1}-z_n}\right)^2 + \left(\frac{v_{n+1}-v_n}{z_{n+1}-z_n}\right)^2\right](z_{n+1}-z_n)}{\sum_{n=1}^{N}(z_{n+1}-z_n)}\right\} \tag{3-1-3}$$

式中,$\tilde{K}$ 为流剪切系数的对数形式;v_n 为第 n 个深度处的海流的南北水平分量;u_n 为第 n 个深度处的海流的东西水平分量;z_n 为两深度之间的差值。

本研究在以后的分析中均采用 $\tilde{K}$(流剪切系数的对数形式)作为三维海流的对实际深度的影响因子,简称为流剪切。

1.2.2.5 钓钩实际深度与理论深度的关系

钓钩实际深度为微型温度深度计测定的部分钓钩在海水中的实际深度及其变化。

正常作业,理论深度按照日本吉原有吉的钓钩深度计算公式[2]进行计算,即根据钩号,按照理论深度计算方法计算得出该钩号的理论深度。

$$D_j = h_a + h_b + l\left[\sqrt{1+\cot^2\varphi_0} - \sqrt{\left(1-\frac{2j}{n}\right)^2 + \cot^2\varphi_0}\right] \tag{3-1-4}$$

$$L = V_2 \times n \times t \tag{3-1-5}$$

$$l = \frac{V_1 \times n \times t}{2} \tag{3-1-6}$$

$$k = \frac{L}{2l} = \frac{V_2}{V_1} = \cot\varphi_0 \mathrm{sh}^{-1}(\tan\varphi_0) \tag{3-1-7}$$

式(3-1-4)~式(3-1-7)中,D_j 为理论深度;h_a 为支线长;h_b 为浮子绳长;l 为干线弧长的一半;φ_0 为干线支承点上切线与水平面的交角,与短缩率(k)有关,作业中很难实测 φ_0,采用 k 来推出 φ_0;j 为两浮子之间自一侧计的钓钩编号序数,即钩号;n 为两浮子之间干线的分段数,即支线数加 1;L 为两浮子之间的海面上的距离;V_2 为船速;t 为投绳时前后两支线之间相隔的时间间隔;V_1 为投绳机出绳速度。

试验作业中,重锤的重量改变了干线在水中的形状,因此不能直接利用原悬链线公式计算得出每枚钓钩的实际深度,要对重锤产生的影响进行修正。

本次调查中，运用微型温度深度计测定了挂 2kg、3kg、4kg、5kg 重锤处的 12、13、11、14 组干线垂度的实际深度数据，然后取相应重量下的实际深度的算术平均值作为该重量下挂重锤处干线的垂度，计作 d'_w。假设整个调查期间相同重量的重锤的下沉垂度相同。结果得出，随着重锤重量的加大，重锤的下沉垂度（d'_w）增加，2kg、3kg、4kg、5kg 的重锤下沉垂度分别为 54.0m、59.7m、65.0m、67.7m。

本研究中，把图 3-1-2C 中 C、D 两点之间的干线看作悬链线，从而得出每枚钓钩自挂重锤的干线处开始计算的垂度。假设 AC 和 BD 间干线均呈为直线，根据测到的该段干线在垂直方向上的分量，得出其水平分量。然后得出该段 CD 两点间的直线距离 L'，则钓钩深度计算公式可表达为

$$D''_j = h_a + h_b + d'_w + l\left[\sqrt{1+\cot^2\varphi'_0} - \sqrt{\left(1-\frac{2j}{m}\right)^2 + \cot^2\varphi'_0}\right] \quad (3\text{-}1\text{-}8)$$

$$L' = V_2(m+4)t - 2\sqrt{(1.821V_1t)^2 - d'^2_w} \quad (3\text{-}1\text{-}9)$$

$$k' = \frac{L'}{2l} = \cot\varphi'_0 \operatorname{sh}^{-1}(\operatorname{tag}\varphi'_0) \quad (3\text{-}1\text{-}10)$$

l 的计算见式（3-1-6）。

式中，D''_j 表示试验作业时钓钩的深度（m）；L' 表示重锤间的直线长度（m）；m 为两重锤之间干线的分段数，即支线数加 1；φ'_0 为挂重锤处干线支承点上切线与水平面的夹角（°），其他同式（3-1-4）～式（3-1-7）。

实际深度与理论深度的关系采用线性回归的方法，即把海流分为 3 个等级［0～0.3 节、0.3（含）～0.5 节和 0.5（含）～0.8 节］，重锤分为 4 种（0kg、2kg、3kg、4kg、5kg）情况进行分析，以利于渔民掌握。

实际深度与理论深度、海洋环境等的关系采用多元回归[3]的方法，得出拟合钓钩深度计算模型。实际深度与理论深度的关系与受到的海流的切应力和风力有关，另外还与漂移方向与投绳方向间夹角的正弦值和风向与投绳方向间夹角的正弦值有关。调查中共获得两组海流数据的表达形式，一种是钓具在海中的漂移速度；另一种是采用海流计测到的水深 0～450m 的三维海流数据（采用处理后的流剪切系数来表示）。因此，在拟合钓钩深度计算模型时，分别把两种数据作为海流的影响因子，结合理论深度、风速、流向与投绳方向间夹角的正弦值和风向与投绳方向间夹角的正弦值进行多元回归，分别得出这两种方法的钓钩深度计算模型。

1.2.2.6　渔具渔法的比较试验

对调查期间船用钩、试验钩、防海龟钩的大眼金枪鱼和黄鳍金枪鱼及两种鱼合计的上钩率分海流等级［0～0.3 节、0.3（含）～0.8 节］，在不同的重锤下，采用统计的方法比较其上钩率情况。对于 16 种组合，哪种组合对提高大眼金枪鱼、黄鳍金枪鱼和两种鱼合计的上钩率最明显，采用正交试验的方法。

1.2.2.7　大眼（黄鳍）金枪鱼的栖息环境

大眼（黄鳍）金枪鱼的栖息水层、水温、盐度、叶绿素浓度、含氧量的研究采用研究

大眼（黄鳍）金枪鱼的渔获率（CPUE）与拟合深度、水温、盐度、叶绿素浓度、含氧量的关系进行，具体方法如下：

水层：从 0m 起到 320m，每 40m 为一层，分 8 层。
水温：从 11.00℃ 起到 30℃，每 1℃ 为一段，分为 19 段。
盐度：从 34.30 起到 36.20，每 0.10 为一段，分为 19 段。
叶绿素浓度：0.03～0.1μg/L，每 0.01μg/L 为一段，分为 7 段，0.1μg/L 以上为一段，共 8 段。
含氧量：0.5～6.5mg/L，每 0.5mg/L 为一段，共 12 段。
东西向海流：–0.8～0.5m/s，每 0.1m/s 为一段，共 13 段。
南北向海流：–0.6～0.8m/s，每 0.1m/s 为一段，共 14 段。
垂向海流：–0.15～0.08m/s，每 0.01m/s 为一段，共 23 段。
水平向海流：0～1m/s，每 0.1m/s 为一段，分 10 段。

各水层、水温、盐度、含氧量、叶绿素浓度和三维海流范围的渔获率根据如下的方法确定：根据拟合出的钓钩深度计算公式，统计该渔场整个调查期间各水层、水温、盐度、含氧量、叶绿素浓度和三维海流范围和水平海流范围的大眼（黄鳍）金枪鱼的渔获尾数和钩数，正常作业部分渔获尾数分别记作 N_{1j}、N_{2j}、N_{3j}、N_{4j}、N_{5j}、N_{6j}、N_{7j}、N_{8j}、N_{9j}；试验部分共分为 4 组，用 e 表示不同水泥块重量（$e=1$、2、3、4 分别表示 2kg、3kg、4kg、5kg），试验部分渔获尾数分别计作 N'_{e1j}、N'_{e2j}、N'_{e3j}、N'_{e4j}、N'_{e5j}、N'_{e6j}、N'_{e7j}、N'_{e8j}、N'_{e9j}；正常作业部分钩数记作 H_{1j}、H_{2j}、H_{3j}、H_{4j}、H_{5j}、H_{6j}、H_{7j}、H_{8j}、H_{9j}；试验作业部分钩数分别计作 H'_{e1j}、H'_{e2j}、H'_{e3j}、H'_{e4j}、H'_{e5j}、H'_{e6j}、H'_{e7j}、H'_{e8j}、H'_{e9j}。大眼（黄鳍）金枪鱼各水层、水温、盐度、含氧量、叶绿素浓度和三维海流范围和水平海流范围的渔获率 CPUE_{ij}（分别记作 CPUE_{1j}、CPUE_{2j}、CPUE_{3j}、CPUE_{4j}、CPUE_{5j}、CPUE_{6j}、CPUE_{7j}、CPUE_{8j}、CPUE_{9j}），其表达式为

$$\mathrm{CPUE}_{ij} = \frac{\left(N_{ij} + \sum_{e=1}^{4} N'_{eij}\right)}{\left(H_{ij} + \sum_{e=1}^{4} H'_{eij}\right)} \times 1000 \qquad (3\text{-}1\text{-}11)$$

式（3-1-11）中，$i=1,2,3,4,\cdots,9$；统计各水层（$i=1$）的数据时，$j=1,2,3,\cdots,8$；统计各水温范围（$i=2$）数据时，$j=1,2,3,\cdots,19$；统计各盐度范围（$i=3$）的数据时，$j=1,2,3,\cdots,19$；统计各含氧量范围（$i=4$）的数据时，$j=1,2,3,\cdots,12$；统计各叶绿素含量范围（$i=5$）数据时，$j=1,2,3,\cdots,8$；统计垂向海流范围（$i=6$）的数据时，$j=1,2,3,\cdots,23$；统计东西向海流范围（$i=7$）的数据时，$j=1,2,3,\cdots,13$；统计南北向海流范围（$i=8$）数据时，$j=1,2,3,\cdots,14$；统计水平海流范围（$i=9$）的数据时，$j=1,2,3,\cdots,10$。

1.2.2.8 大眼（黄鳍）金枪鱼渔场形成机制

考虑到作业渔场时间和位置的连续性，划分为 3 个渔场，见表 3-1-3 和图 3-1-3。

表 3-1-3　渔场划分的时间和范围

渔场	探捕时间（2006年）	探捕范围	
1	10.1 至 10.14	01°15′N～03°26′S	62°14′E～63°37′E
2	10.20 至 11.5	00°17′S～03°15′S	64°25′E～67°17′E
3	11.8 至 11.29	02°38′N～04°24′N	69°13′E～71°44′E

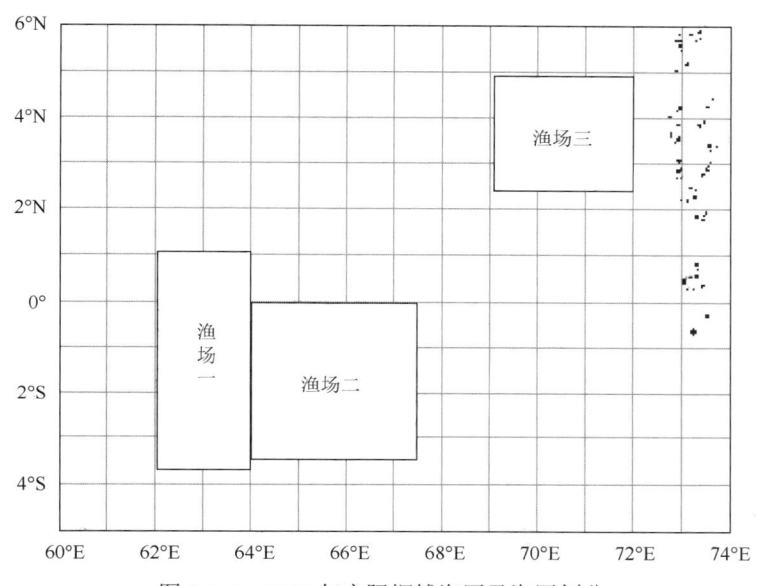

图 3-1-3　2006 年实际探捕海区及海区划分

把每个渔场每天的各水层的温度、盐度、三维海流、水平海流数据，以及钓具漂移速度（V_g）、钓具漂移方向（C_g）、风速（V_w）、风向（C_w）、风舷角（Q_w）、风流合压角（γ）、大眼金枪鱼和黄鳍金枪鱼的渔获率（CPUE）数据录入 SPSS 统计分析软件[3]中，先将这些数据进行标准化处理，使其成为无量纲的变量，求出各指标与大眼金枪鱼 CPUE 和黄鳍金枪鱼 CPUE 的 Pearson 相关系数，此相关系数反映两指标间的相关关系，再通过两指标间的显著性水平（取 5%），确定显著相关指标。

利用从海洋数据处理软件 Marine Explorer，把有关渔场与 CPUE 相关系数较大的具有代表性的指标与大眼金枪鱼和黄鳍金枪鱼 CPUE 进行叠图。

2　渔场环境因子

2.1　海流

本次调查时间为 2006 年 10 月 01 日到 11 月 30 日，分 4 个航次执行。具体调查范围为 3°26′S～4°24′N，62°14′E～71°46′E，跨 10 个经度，8 个纬度。第一航次为 3°26′S～1°15′N，62°14′E～63°37′E，表层海流方向总体往东，流速范围为 0.22～0.76 节；第二航次为 3°15′S～1°06′N，64°14′E～67°17′E，表层海流方向总体往东，流速范围为 0.11～0.75 节；第三航次为 3°05′S～3°50′N，63°57′E～71°46′E，表层海流方向变化不定，流速范围为 0.12～0.41 节；第四航次为 2°38′N～4°24′N，69°13′E～71°44′E，表层海流总体往东南方向，流速范围为 0.14～0.52 节，具体见表 3-2-1。4 个航次表层海流速度都较小，最大为 0.76 节。第一、第二航次的最大流速比第三、第四航次的最大流速略大，但四个航次的最小流速比较接近。第一、第二航次作业区域略靠西，第三、第四航次相对靠东。前三个航次都跨南北半球，在赤道附近。第一、第二航次跨 5 个纬度，但第三航次跨 7 个纬度，第四航次仅在北半球作业。

表 3-2-1　调查海域范围及其海流状况

指标	第一航次	第二航次	第三航次	第四航次
流向	东	东	不定	东南
流速	0.22～0.76 节	0.11～0.75 节	0.12～0.41 节	0.14～0.52 节
海域范围	3°26′S～1°15′N 62°14′E～63°37′E	3°15′S～1°06′N 64°14′E～67°17′E	3°05′S～3°50′N 63°57′E～71°46′E	2°38′N～4°24′N 69°13′E～71°44′E

2.2　风速风向

调查海域的风速绝大部分情况下低于 5.2m/s，第一航次出现的频率占 100%，第二航次占 100%，第三航次占 100%，第四航次占 57.14%。调查过程中 0～0.5m/s 风速在第二、四航次中未出现，0.6～1.7m/s 风速仅在第一航次中未出现。1.8～3.3m/s 风速在第一、三航次中出现的频率很高，分别占 60% 和 55.56%。超过 5.2m/s 的风速仅在第四航次中出现，并且在该航次中也出现 10.5m/s 的大风。超过 12.4m/s 的风速在 4 个航次中都未出现。第一航次的主导风向为西北风，第二航次的主导风向为西风，第三航次的主导风向为西北风，第四航次的主导风为北风，但是在返航途中，出现了东风。详见表 3-2-2。

表 3-2-2　调查海域的风速频率

风速	第一航次	第二航次	第三航次	第四航次
0～0.5m/s	20.00%	0.00%	11.11%	0.00%
0.6～1.7m/s	0.00%	60.00%	11.11%	28.57%
1.8～3.3m/s	60.00%	0.00%	55.56%	28.57%
3.4～5.2m/s	20.00%	40.00%	22.22%	0.00%
5.3～7.4m/s	0.00%	0.00%	0.00%	14.29%
7.5～9.8m/s	0.00%	0.00%	0.00%	14.29%
9.9～12.4m/s	0.00%	0.00%	0.00%	14.29%
>12.4m/s	0.00%	0.00%	0.00%	0.00%
风向	西北风	西风	西北风	北风

2.3 表层水温

本研究中取深度为水下（10±5）m水层作为表层，考虑到海面受天气变化的影响较大，为了保证数据之间的可比性，本报告统一取此水层作为表层，然后计算这一水层水温的算术平均值。调查海域的表层水温在28.6～29.8℃波动，平均为29.15℃，波动范围较窄。4个航次的平均水温和最低水温均相近，详见表3-2-3和图3-2-1。

表 3-2-3　调查海域的表层水温情况（℃）

指标	第一航次	第二航次	第三航次	第四航次
最高	29.5	29.8	29.4	29.2
最低	28.6	28.6	28.7	28.7
平均	29.2	29.1	29.2	29.1

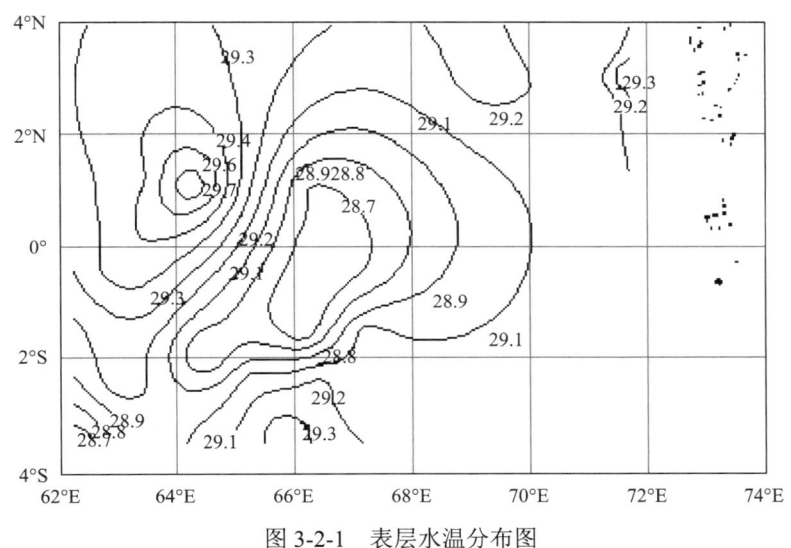

图 3-2-1　表层水温分布图

2.4 表层盐度

水层深度同上所述。计算该水层盐度的算术平均值。调查海域的表层盐度在35.0～35.8波动，平均为35.35，波动范围较窄。4个航次的平均盐度比较接近，但第一、第四航次的最高盐度略高出第二、第三航次的盐度，详见表3-2-4和图3-2-2。

表 3-2-4　调查海域的表层盐度情况

指标	第一航次	第二航次	第三航次	第四航次
最高	35.8	35.4	35.5	35.7
最低	35.2	35.0	35.1	35.3
平均	35.4	35.2	35.3	35.5

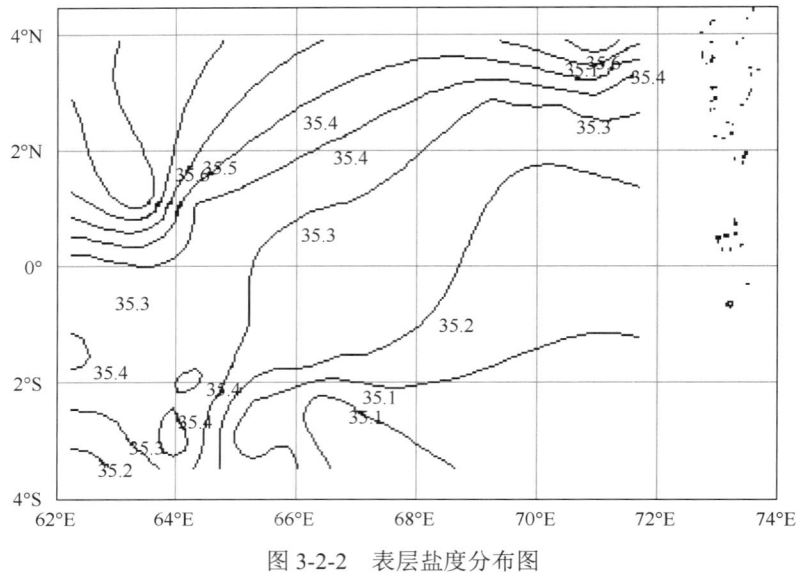

图 3-2-2　表层盐度分布图

2.5　表层叶绿素浓度

水层深度同上所述。计算该水层叶绿素浓度的算术平均值。调查海域的表层叶绿素浓度在 0.060 42～0.239 45μg/L 波动，平均为 0.094 47μg/L。第三航次表层叶绿素浓度的最大值明显高出其他航次的最大值，其表层叶绿素浓度的平均值也高出其他航次的，详见表 3-2-5 和图 3-2-3。

表 3-2-5　调查海域的表层叶绿素浓度情况（μg/L）

指标	第一航次	第二航次	第三航次	第四航次
最高	0.112 17	0.162 18	0.239 45	0.114 48
最低	0.060 42	0.068 66	0.069 20	0.071 11
平均	0.087 02	0.092 27	0.113 91	0.084 68

2.6　表层溶解氧含量

水层深度同上所述。计算该水层溶解氧含量的算术平均值。调查海域的表层溶解氧含量在 5.88～6.24mg/L 波动，平均为 6.09mg/L。第三航次的最高、最低值及平均值都比其他航次的相应值略高，详见表 3-2-6 和图 3-2-4。

表 3-2-6　调查海域的表层溶解氧含量情况（mg/L）

指标	第一航次	第二航次	第三航次	第四航次
最高	6.10	6.19	6.24	6.11
最低	5.88	6.08	6.09	6.05
平均	5.98	6.13	6.16	6.08

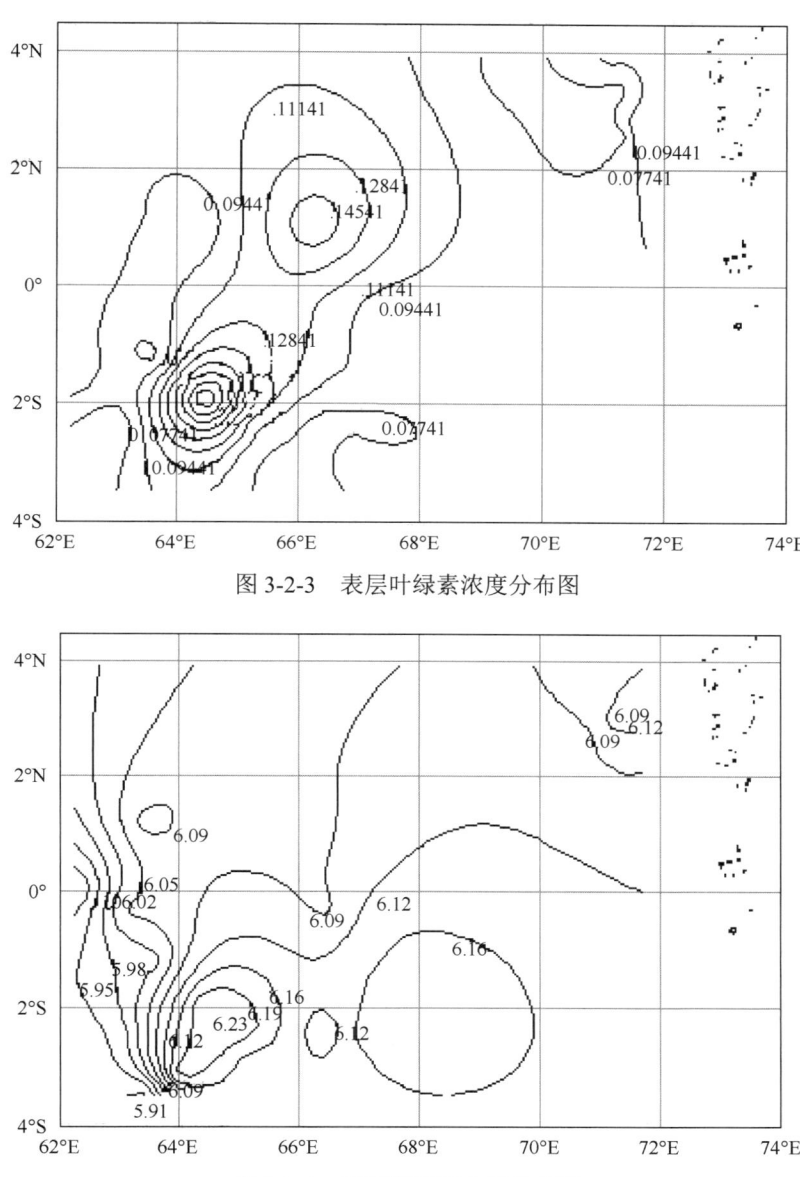

图 3-2-3 表层叶绿素浓度分布图

图 3-2-4 表层溶解氧含量分布图

3 主要金枪鱼鱼种渔获量及上钩率情况

3.1 整个调查期间的总体情况

3.1.1 渔获量状况

2006 年 9 月 26 日至 12 月 1 日，4 个航次共捕获大眼金枪鱼、黄鳍金枪鱼 255 尾，总渔获量 7092kg，其中大眼金枪鱼 219 尾，5982kg，平均净重为 27.32kg；黄鳍金枪鱼 36 尾，1110kg，平均净重为 38.83kg。第一航次的作业时间较长，共 11 天；第二航次 9 天中 3 天时间有渔获产量；第三航次取得了较高的产量，每次作业的平均产量为 388.06kg；第四航次作业时间最短为 7 天，但产量较高为 2405.5kg，具体见表 3-3-1。

表 3-3-1 调查期间调查船的产量情况

航次	作业天数	大眼金枪鱼		黄鳍金枪鱼		两种鱼混合	
		尾数	重量/kg	尾数	重量/kg	尾数	重量/kg
1	11	16	442	6	199.5	22	641.5
2	9	9	284.5	7	268	16	552.5
3	9	110	2981.5	18	511	128	3492.5
4	7	84	2274	5	131.5	89	2405.5
总计	36	219	5982	36	1110	255	7092

调查期间大眼金枪鱼、黄鳍金枪鱼日渔获量分布分别见图 3-3-1～图 3-3-3。

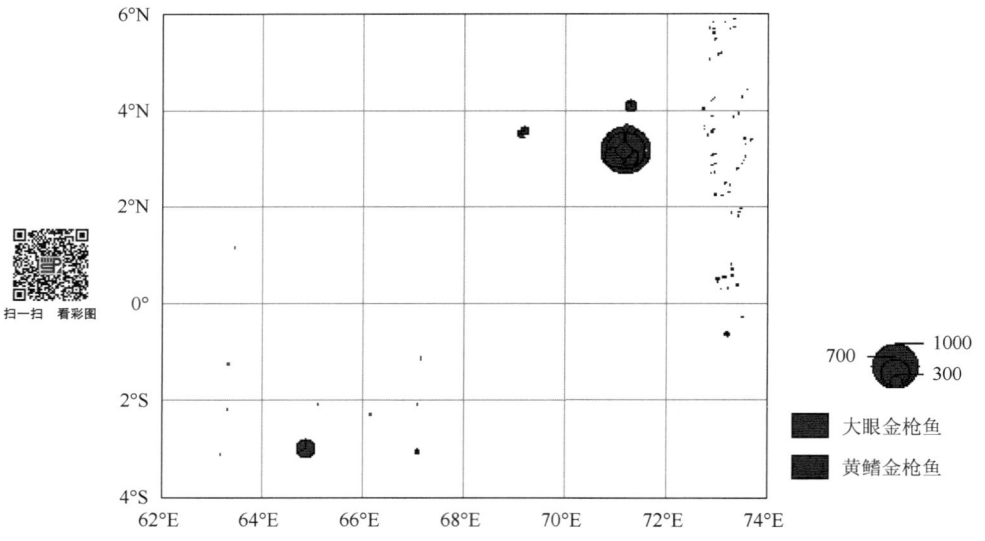

图 3-3-1 调查期间大眼金枪鱼、黄鳍金枪鱼日渔获量（kg）分布

对 4 个航次大眼和黄鳍的日渔获量（kg）、上钩率（尾/千钩，以下相同）进行了统计，日渔获量按照 0～100kg、100～200kg、200～300kg 等，间隔为 100kg 的步程统计其出现的次数。

整个调查期间，不分鱼种（大眼金枪鱼和黄鳍金枪鱼）、大眼金枪鱼和黄鳍金枪鱼的日渔获量等级出现频率见图 3-3-4～图 3-3-6。

（1）不分鱼种

整个调查期间平均日渔获量为 197kg，最小日渔获量为 0，最大日渔获量为 1070kg（出现在第三航次）。日渔获量等级分布见图 3-3-4。

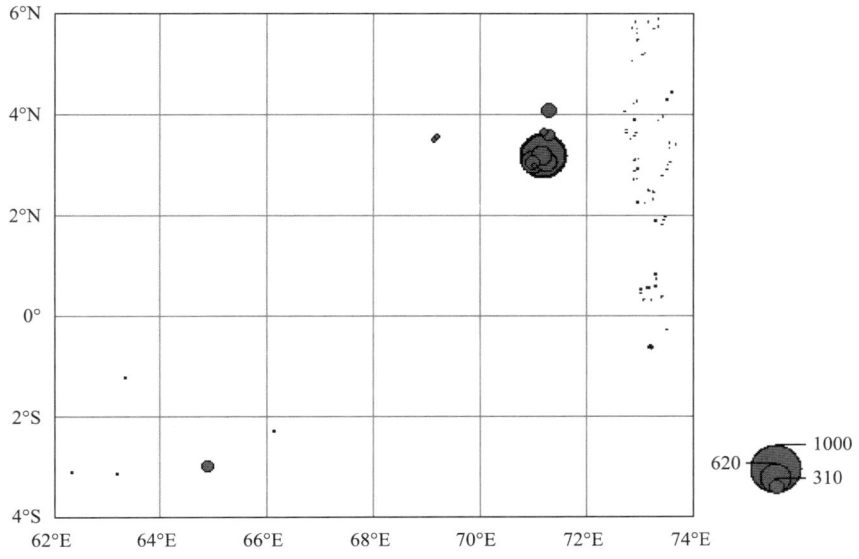

图 3-3-2　调查期间大眼金枪鱼日渔获量（kg）分布

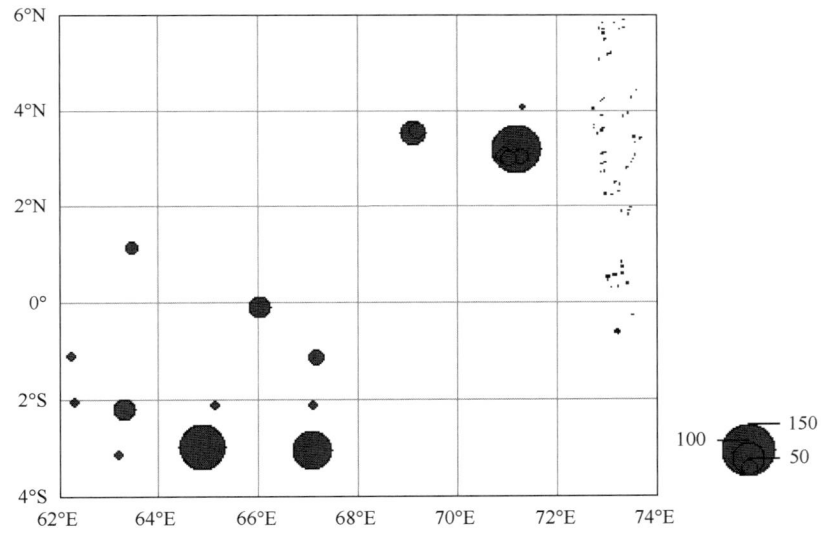

图 3-3-3　调查期间黄鳍金枪鱼日渔获量（kg）分布

从图 3-3-4 得出：日渔获量 0~100kg 等级的出现率较高，20 次，占 55.56%，没有 600~700kg、700~800kg、800~900kg 等级的渔获量，出现频率最低的为 300~400kg、500~600kg、900~1000kg 和 1000kg 以上，各约占 2.78%。

在整个调查时期有 6 天的渔获量为 0，大部分出现在第一和第二航次。

（2）大眼金枪鱼

整个调查期间，其平均日渔获量为 166.2kg，最小日渔获量为 0，最大日渔获量为 930kg（出现在第三航次）。具体的渔获量等级分布见图 3-3-5。

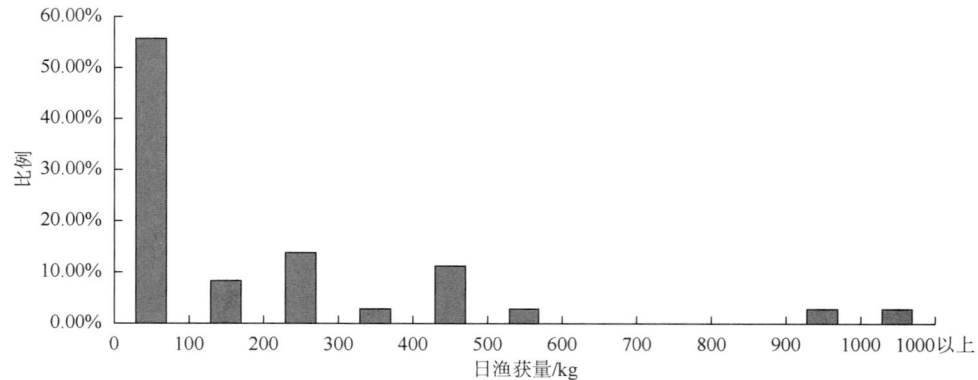

图 3-3-4　总的日渔获量等级分布

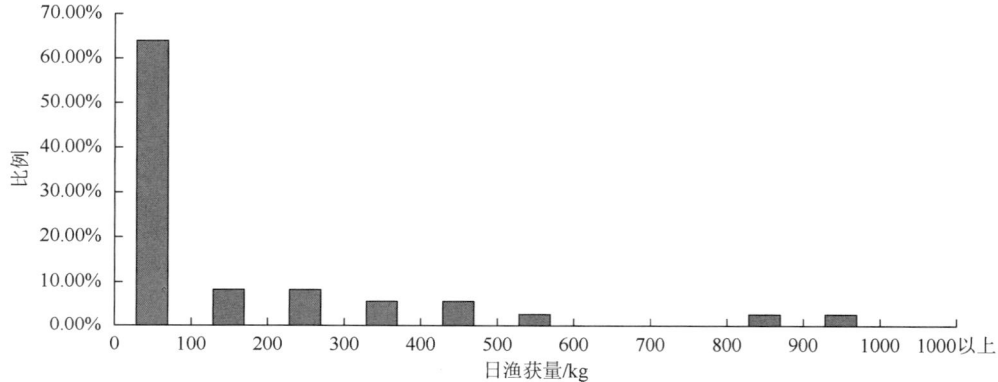

图 3-3-5　大眼金枪鱼日渔获量等级分布

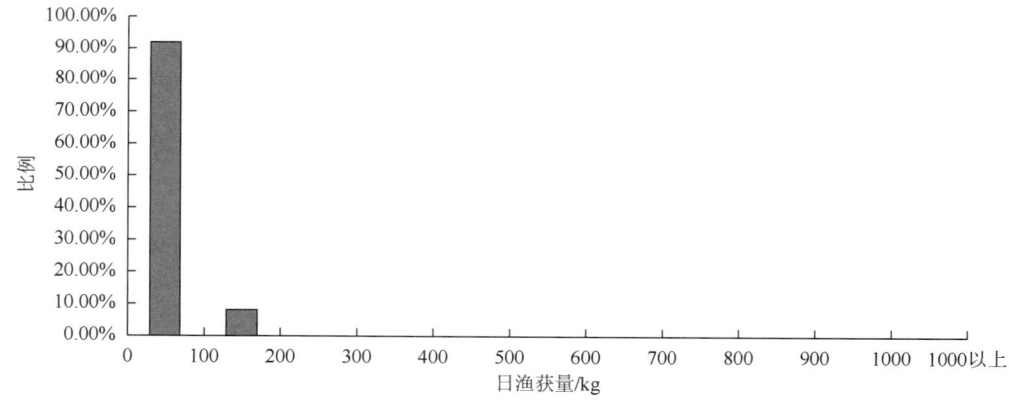

图 3-3-6　黄鳍金枪鱼日渔获量等级分布

从图 3-3-5 得出：日渔获量 0～100kg 的出现频率最高，23 次，占 63.89%，没有出现 600～700kg、700～800kg、1000kg 以上的渔获量，最低的为 500～600kg、800～900kg、900～1000kg 的渔获量，各 1 次，各约占 2.78%。

在整个调查时期有 9 天的大眼金枪鱼渔获量为 0，大部分出现在第一和第二航次。

（3）黄鳍金枪鱼

整个调查期间，其平均日渔获量为 30.8kg，最小日渔获量为 0，最大日渔获量为 140kg（出现在第三航次）。具体的渔获量等级分布见图 3-3-6。

从图 3-3-6 得出：日渔获量 0~100kg 出现率最高，33 次，占 91.67%。没有发现如下 9 个等级的分布：200~300kg、300~400kg、400~500kg、500~600kg、600~700kg、700~800kg、800~900kg、900~1000kg 和 1000kg 以上。

在整个调查时期有 17 天的黄鳍金枪鱼渔获量为 0，大部分出现在第一和第二航次。

3.1.2 上钩率状况

4 个航次共投钩 50 452 枚，大眼金枪鱼、黄鳍金枪鱼两种金枪鱼的上钩率、总上钩率分别为 4.34 尾/千钩、0.71 尾/千钩、5.05 尾/千钩。调查期间调查船的上钩率情况见表 3-3-2。调查期间大眼金枪鱼、黄鳍金枪鱼上钩率分布分别见图 3-3-7~图 3-3-9。

表 3-3-2 调查期间的上钩率（尾/千钩）情况

航次	钩数/枚	大眼金枪鱼		黄鳍金枪鱼		两种鱼混合	
		尾数	上钩率	尾数	上钩率	尾数	上钩率
1	11 420	16	1.40	6	0.53	22	1.93
2	9 136	9	0.99	7	0.77	16	1.75
3	15 596	110	7.05	18	1.15	128	8.21
4	14 300	84	5.87	5	0.35	89	6.22
总平均	12 613	54.75	4.34	9	0.71	63.75	5.05

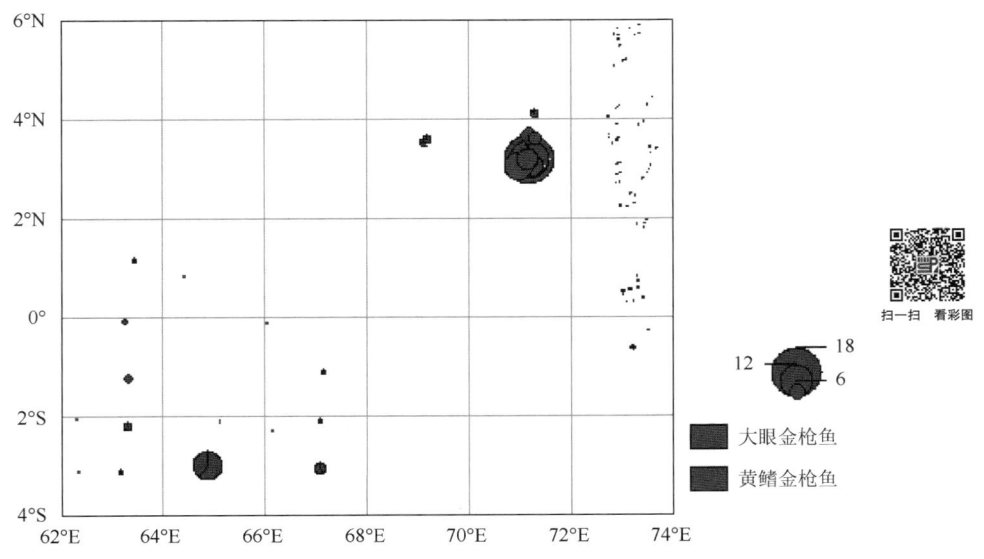

图 3-3-7 调查期间的大眼金枪鱼、黄鳍金枪鱼日上钩率（尾/千钩）分布

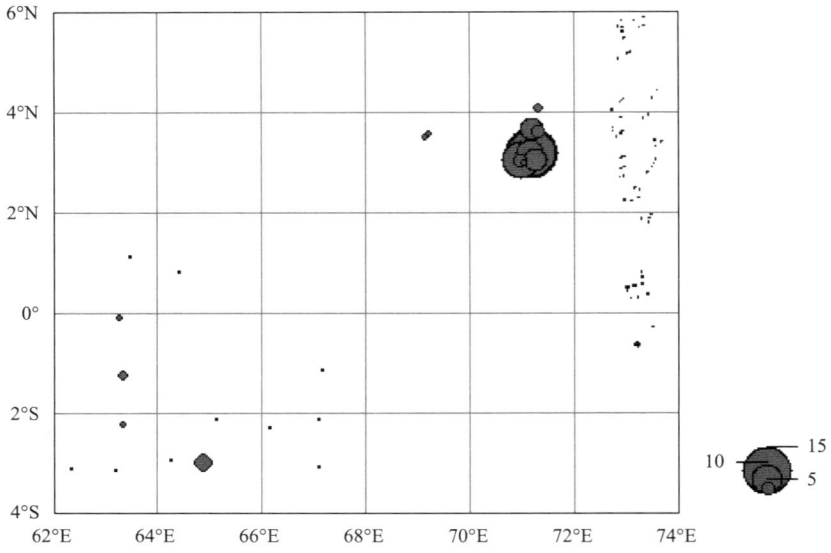

图 3-3-8 调查期间的大眼金枪鱼日上钩率（尾/千钩）分布

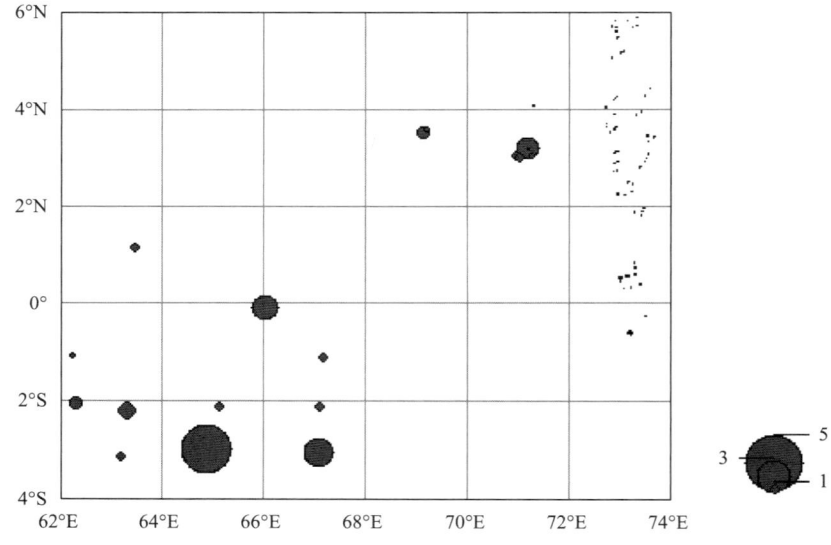

图 3-3-9 调查期间黄鳍金枪鱼日上钩率（尾/千钩）分布

对 4 个航次大眼和黄鳍的上钩率（尾/千钩，以下相同）进行了统计，按照 0～2 尾/千钩、2～4 尾/千钩、4～6 尾/千钩、6～8 尾/千钩、8～10 尾/千钩和 10 尾/千钩以上分为 6 个等级统计其出现的次数。

整个调查期间，不分鱼种（大眼金枪鱼和黄鳍金枪鱼）、大眼金枪鱼和黄鳍金枪鱼的上钩率等级出现频率见图 3-3-10～图 3-3-12。

两种金枪鱼：整个调查期间平均上钩率为 3.94 尾/千钩，最小上钩率为 0，最大上钩率为 17.23 尾/千钩（出现在第三航次）。上钩率等级分布见图 3-3-10。

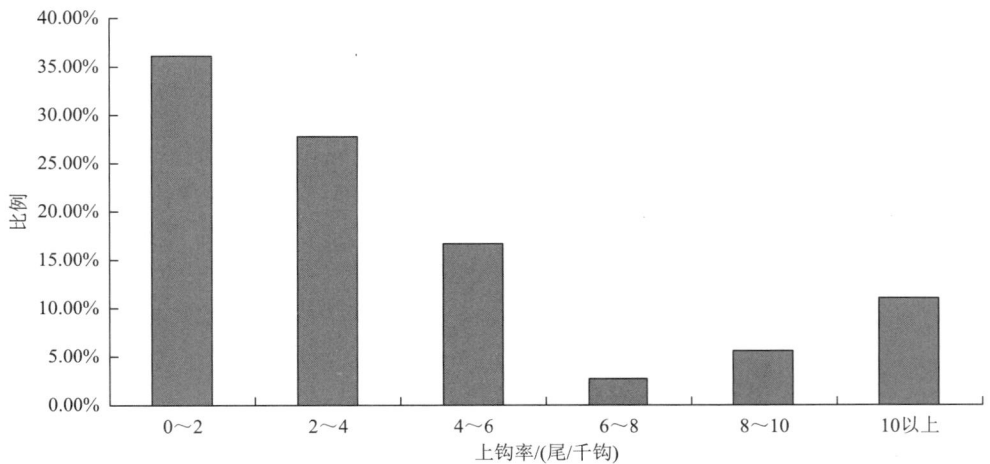

图 3-3-10 两种鱼总的上钩率分布

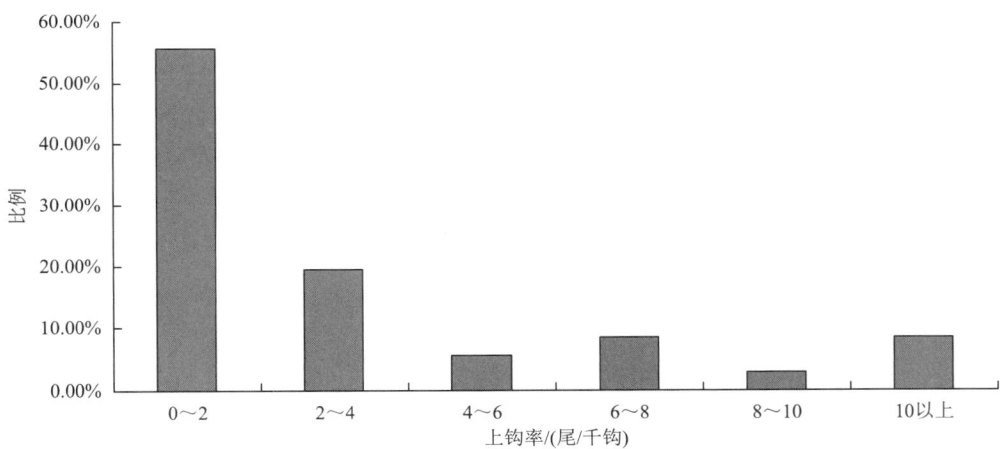

图 3-3-11 大眼金枪鱼的上钩率分布图

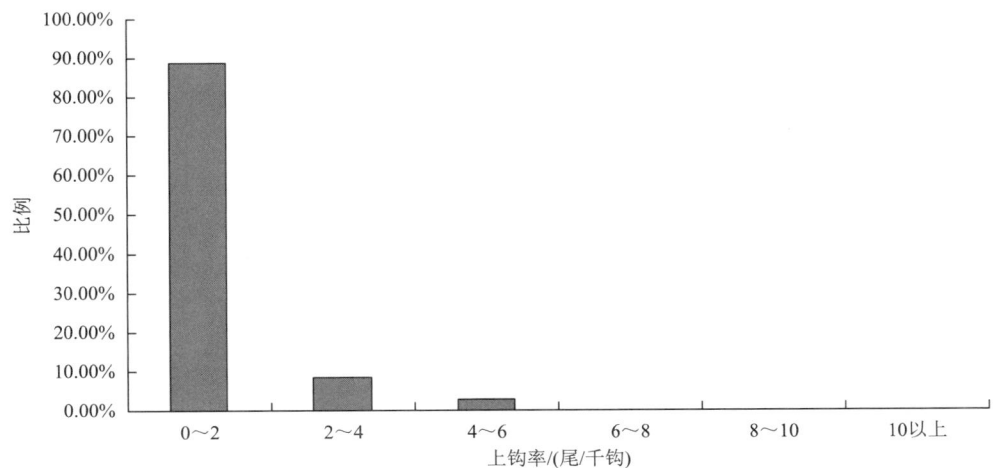

图 3-3-12 黄鳍金枪鱼的上钩率分布

从图 3-3-10 得出：上钩率 0~2 尾/千钩等级的出现频率较高，13 次，占 36.11%，出现频率最低的为 6~8 尾/千钩，1 次，占 2.78%。

在整个调查时期出现 5 次上钩率为 0，第二航次出现 3 次。

大眼金枪鱼：整个调查期间，其平均上钩率为 3.24 尾/千钩，最小上钩率为 0，最大上钩率为 15.13 尾/千钩（出现在第三航次）。具体的上钩率分布见图 3-3-11。

从图 3-3-11 得出：上钩率 0~2 尾/千钩的出现频率最高，20 次，占 55.56%，出现频率最低的为 8~10 尾/千钩，1 次，占 2.78%。

在整个调查时期出现 9 次上钩率为 0，第一航次和第二航次各出现 4 次。

黄鳍金枪鱼：整个调查期间，其平均上钩率为 0.70 尾/千钩。最小上钩率为 0，最大上钩率为 4.17 尾/千钩（出现在第三航次）。具体的上钩率分布见图 3-3-12。

从图 3-3-12 得出：上钩率 0~2 尾/千钩出现频率最高，32 次，占 88.89%，6~8 尾/千钩、8~10 尾/千钩、10 尾/千钩以上出现频率均为 0。

在整个调查时期有 17 次的上钩率为 0，大部分出现在第一航次和第二航次。

3.2 分航次情况

3.2.1 第一航次

第一航次的调查时间为 2006 年 10 月 1 日至 2006 年 10 月 10 日，调查海域 1°15′N~3°26′S，62°14′E~63°37′E，共 11 个站点。

3.2.1.1 渔获情况

（1）大眼金枪鱼、黄鳍金枪鱼总计

大眼金枪鱼、黄鳍金枪鱼总计日渔获量等级分布见图 3-3-13。

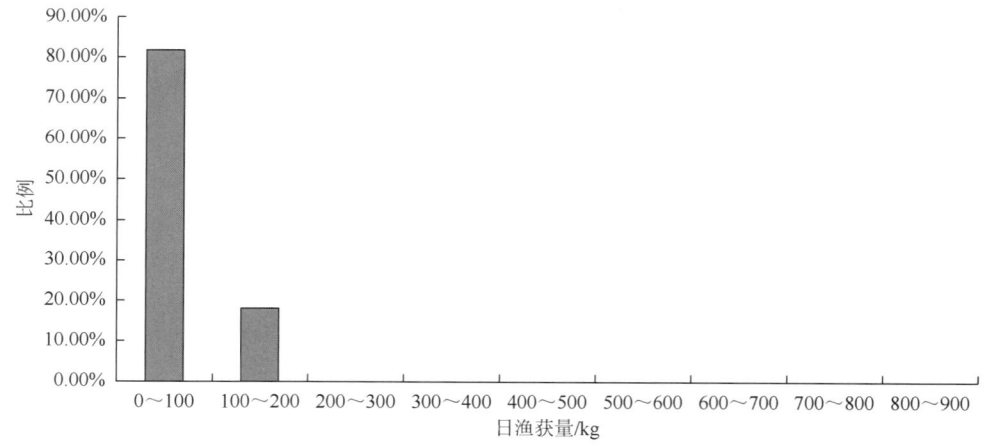

图 3-3-13 第一航次总计的日渔获量分布

第一航次有两天没有渔获物，平均日渔获量只有 58.32kg，从图 3-3-13 可看出，日产量分布在 2 个区间中，日产量在 0~100kg 出现次数最多，9 次，占 82%，其次是 100~

200kg，出现 2 次，占 18%，200～300kg、300～400kg、400～500kg、500～600kg、700～800kg、800～900kg 等级出现次数均为 0。

（2）大眼金枪鱼

本航次单船日均产量为 40.18kg，平均净重 27.63kg，日均渔获尾数 1.45 尾。日产量在 0～100kg 的有 11 次，占 100%（图 3-3-14A）。

（3）黄鳍金枪鱼

本航次单船日均产量为 18.14kg，平均净重 33.25kg，日均渔获尾数 0.55 尾。日产量在 0～100kg 的有 11 次，占 100%（图 3-3-14B）。

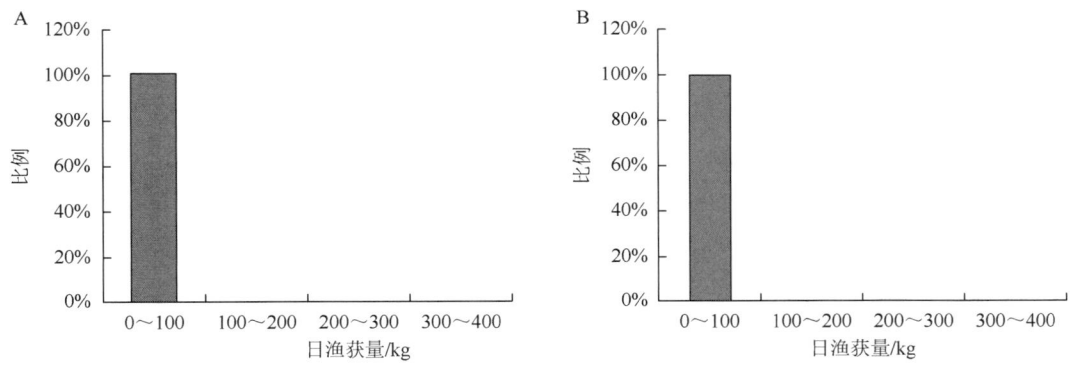

图 3-3-14　大眼金枪鱼（A）和黄鳍金枪鱼（B）日渔获量出现频率

3.2.1.2　上钩率情况

各个航次两种金枪鱼（大眼金枪鱼和黄鳍金枪鱼）、大眼金枪鱼和黄鳍金枪鱼的上钩率出现的频率分别见表 3-3-3～表 3-3-5。

表 3-3-3　分航次两种金枪鱼的上钩率（尾/千钩）情况

上钩率	第一航次		第二航次		第三航次		第四航次	
	频率	比例/%	频率	比例/%	频率	比例/%	频率	比例/%
0～2	6	54.55	5	55.56	2	22.22	0	0
2～4	4	36.36	3	33.33	2	22.22	1	14.29
4～6	1	9.09	1	11.11	1	11.11	3	42.86
6～8	0	0	0	0	0	0	1	14.29
8～10	0	0	0	0	1	11.11	1	14.29
10 以上	0	0	0	0	3	33.33	1	14.29

表 3-3-4　分航次大眼金枪鱼的上钩率（尾/千钩）情况

上钩率	第一航次		第二航次		第三航次		第四航次	
	频率	比例/%	频率	比例/%	频率	比例/%	频率	比例/%
0～2	8	72.73	9	100	3	33.33	0	0
2～4	3	27.27	0	0	2	22.22	2	28.57

续表

上钩率	第一航次		第二航次		第三航次		第四航次	
	频率	比例/%	频率	比例/%	频率	比例/%	频率	比例/%
4~6	0	0	0	0	0	0	2	28.57
6~8	0	0	0	0	2	22.22	1	14.29
8~10	0	0	0	0	0	0	1	14.29
10 以上	0	0	0	0	2	22.22	1	14.29

表 3-3-5　分航次黄鳍金枪鱼的上钩率（尾/千钩）情况

上钩率	第一航次		第二航次		第三航次		第四航次	
	频率	比例/%	频率	比例/%	频率	比例/%	频率	比例/%
0~2	11	100	7	77.78	7	77.78	7	100
2~4	0	0	2	22.22	1	11.11	0	0
4~6	0	0	0	0	1	11.11	0	0
6~8	0	0	0	0	0	0	0	0
8~10	0	0	0	0	0	0	0	0
10 以上	0	0	0	0	0	0	0	0

（1）大眼金枪鱼、黄鳍金枪鱼总计

第一航次调查船作业 11 天。平均上钩率 1.86 尾/千钩。上钩率 0~2 尾/千钩的出现频率最高，6 次，占 54.55%。最低上钩率为 0，最高上钩率为 4.17 尾/千钩（表 3-3-3）。

（2）大眼金枪鱼

第一航次，平均上钩率 1.36 尾/千钩。上钩率在 0~2 尾/千钩的出现频率最高，8 次，占 72.73%。最低上钩率为 0，最高上钩率为 3.64 尾/千钩（表 3-3-4）。

（3）黄鳍金枪鱼

第一航次，平均上钩率 0.49 尾/千钩。上钩率的频率全在 0~2 尾/千钩，11 次，占 100%。最低上钩率为 0，最高上钩率为 1.67 尾/千钩（表 3-3-5）。

3.2.2　第二航次

第二航次调查时间为 2006 年 10 月 14~28 日，调查海域 03°15′S~01°06′N，64°14′E~67°17′E，共 9 个站点。

3.2.2.1　渔获量情况

（1）大眼金枪鱼、黄鳍金枪鱼总计

大眼金枪鱼、黄鳍金枪鱼总计日渔获量等级分布见图 3-3-15。

第二航次有 3 天没有渔获物，平均日渔获量为 61.39kg。从图 3-3-15 可以看出，渔获量只分布在两个区域，其中 0~100kg 的日渔获量出现 8 次，占 88.89%，100~200kg 出现 1 次，占 11.11%。

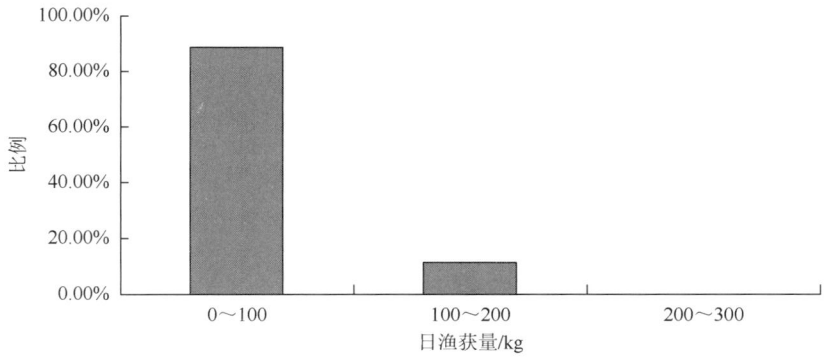

图 3-3-15　第二航次总计日渔获量分布

（2）大眼金枪鱼

本航次总渔获量为 284.5kg，共 9 尾，平均净重 31.61kg，单船日均产量为 31.6kg。日产量全在 0~100kg，共有 9 次，占 100%（图 3-3-16A）。

（3）黄鳍金枪鱼

本航次总渔获量为 268kg，平均净重 38.29kg，单船日均产量为 29.8kg。日产量为 0~100kg 的有 8 次，占 88.89%；日产量在 100~200kg 的有 1 次，占 11.11%。日产量以 0~100kg 为主（图 3-3-16B）。

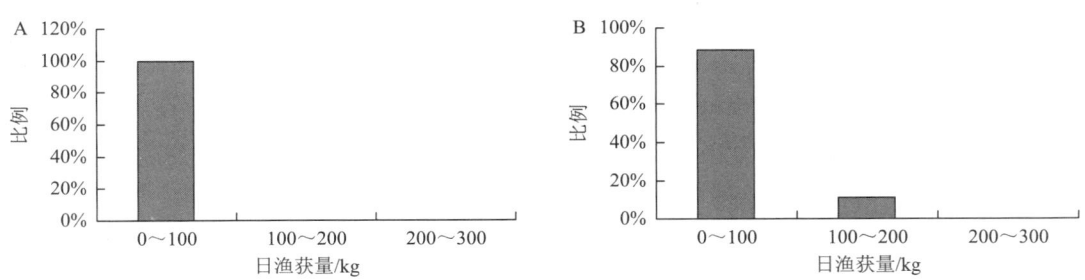

图 3-3-16　大眼金枪鱼（A）和黄鳍金枪鱼（B）日渔获量分布

3.2.2.2　上钩率情况

（1）大眼金枪鱼、黄鳍金枪鱼总计

第二航次调查船作业 9 天，平均上钩率为 1.69 尾/千钩，其中有 6 天有渔获物，3 天的上钩率为 0。

（2）大眼金枪鱼

第二航次，平均上钩率为 0.93 尾/千钩，有 5 天有渔获物，前 3 天和最后一天的上钩率都为 0。

（3）黄鳍金枪鱼

第二航次，平均上钩率为 0.76 尾/千钩，有 4 天有渔获物，第一、第三、第四、第五、第九天的上钩率都为 0。

3.2.3 第三航次

第三航次调查时间为 2006 年 11 月 2～13 日，调查海域 03°05′S～03°50′N，63°57′E～71°46′E，共 9 个站点，其中调整后站点 5 个。

3.2.3.1 渔获量情况

（1）大眼金枪鱼、黄鳍金枪鱼总计

大眼金枪鱼、黄鳍金枪鱼总计日渔获量等级分布见图 3-3-17。

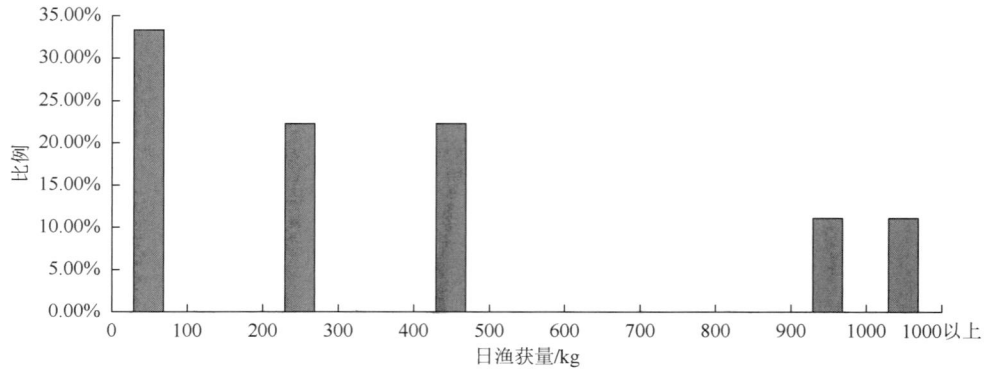

图 3-3-17　第三航次总计日渔获量分布

第三航次的渔获物较多，平均日产量为 388.06kg，其中 0～100kg 出现次数最多，3 次，占 33.33%；其次是 200～300kg、400～500kg 的，各 2 次，各占 22.22%；最少的是 900～1000kg 和 1000kg 以上，各出现 1 次，各占 11.11%。

（2）大眼金枪鱼

本航次单船日均产量为 331.28kg，平均净重 27.10kg，日均渔获尾数 12.22 尾。日产量在 0～100kg 的有 3 次，占 33.33%；日产量在 100～200kg 的有 2 次，占 22.22%；日产量在 200～300kg、400～500kg、800～900kg、900～1000kg 的各有 1 次，各占 11.11%。日产量以在 0～100kg 为主（图 3-3-18A）。

（3）黄鳍金枪鱼

本航次单船日均产量为 56.78kg，平均净重 28.39kg，日均渔获尾数 2.00 尾。日产量在 0～100kg 的有 7 次，占 77.78%；日产量在 100～200kg 的有 2 次，占 22.22%（图 3-3-18B）。

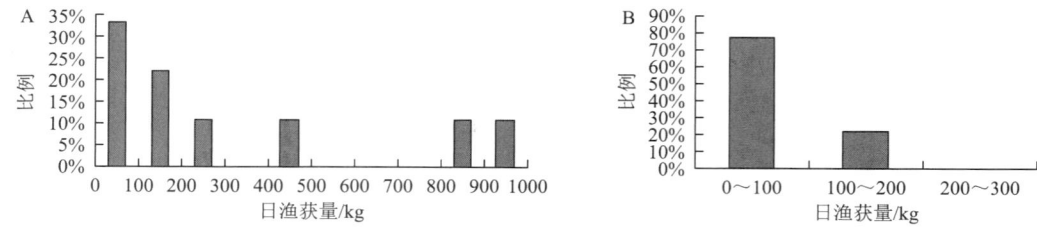

图 3-3-18　大眼金枪鱼（A）和黄鳍金枪鱼（B）日渔获量分布

3.2.3.2 上钩率情况

（1）大眼金枪鱼、黄鳍金枪鱼总计

第三航次调查船作业 9 天，平均上钩率 6.86 尾/千钩；上钩率在 10 尾/千钩以上的出现频率最高，共 3 次，占 33.33%；最低上钩率为 0，最高上钩率为 17.23 尾/千钩（表 3-3-3）。

（2）大眼金枪鱼

第三航次，平均上钩率 5.68 尾/千钩；上钩率在 0~2 尾/千钩的出现频率最高，3 次，占 33.33%；最低上钩率为 0，最高上钩率为 15.13 尾/千钩（表 3-3-4）。

（3）黄鳍金枪鱼

第三航次，平均上钩率 1.19 尾/千钩；上钩率在 0~2 尾/千钩的出现频率最高，7 次，占 77.78%；最低上钩率为 0，最高上钩率为 4.17 尾/千钩（表 3-3-5）。

3.2.4 第四航次

第四航次调查时间为 2006 年 11 月 23~30 日，调查海域为 02°38′N~04°24′N，69°13′E~71°44′E，共 7 个站点，全为调整后的站点。

3.2.4.1 渔获量情况

（1）大眼金枪鱼、黄鳍金枪鱼总计

大眼金枪鱼、黄鳍金枪鱼总计日渔获量等级分布见图 3-3-19。

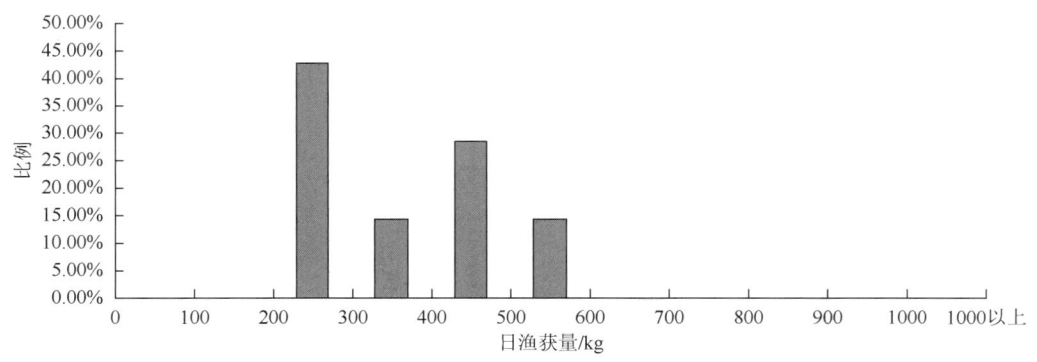

图 3-3-19 第四航次总计日渔获量分布

第四航次的平均日渔获量 343.64kg。从图 3-3-19 可以看出：只有 4 个区间有分布，出现频率最高的是 200~300kg，3 次，占 42.86%，其次是 400~500kg，2 次，占 28.57%，最少的是日渔获量在 300~400kg 和 500~600kg 的，各出现 1 次，各占 14.29%。

（2）大眼金枪鱼

本航次单船日均产量为 324.86kg，平均净重 27.07kg，日均渔获尾数 12.00 尾。日产量在 200~300kg、300~400kg 的各有 2 次，各占 28.57%；日产量在 100~200kg、400~500kg、500~600kg 的各有 1 次，各占 14.29%（图 3-3-20A）。

（3）黄鳍金枪鱼

本航次单船日均产量为 18.79kg，平均净重 26.30kg，日均渔获尾数 0.71 尾。日产量全在 0~100kg 共有 7 次，占 100%（图 3-3-20B）。

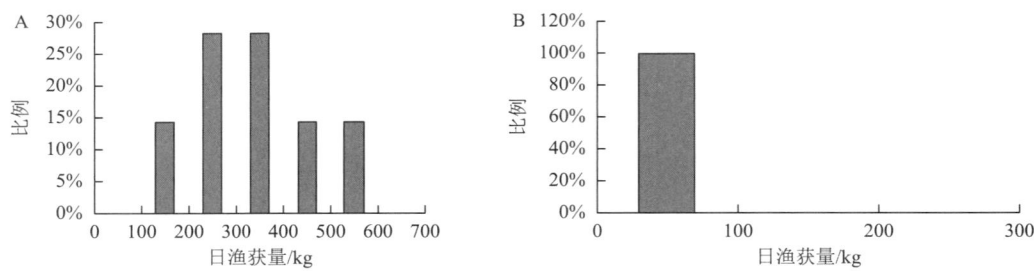

图 3-3-20　大眼金枪鱼（A）和黄鳍金枪鱼（B）日渔获量分布

3.2.4.2　上钩率情况

（1）大眼金枪鱼、黄鳍金枪鱼总计

第四航次调查船作业 7 天，平均上钩率 6.35 尾/千钩。上钩率在 4~6 尾/千钩的出现频率最高，3 次，占 42.86%。最低上钩率为 0，最高上钩率为 11.11 尾/千钩（表 3-3-3）。

（2）大眼金枪鱼

第四航次，平均上钩率 6.02 尾/千钩。上钩率在 2~4 尾/千钩和 4~6 尾/千钩的出现频率最高，各 2 次，各占 28.57%。最低上钩率为 0，最高上钩率为 11.11 尾/千钩（表 3-3-4）。

（3）黄鳍金枪鱼

第四航次，平均上钩率 0.33 尾/千钩。上钩率在 0~2 尾/千钩的出现频率最高，7 次，占 100%。最低上钩率为 0，最高上钩率为 0.89 尾/千钩（表 3-3-5）。

4　主要金枪鱼种类生物学特性

4.1　大眼金枪鱼

调查期间对所捕获的大眼金枪鱼共 219 尾的叉长、加工后重（去鳃、去内脏重）、性别等数据进行了测定，其中雄性 79 尾、雌性 135 尾，雄性与雌性的性别比例约为 1∶1.71，另有 5 尾未作鉴定。雄性样本叉长范围为 0.92~1.58m，加工后重范围为 15~74kg；雌性样本叉长范围为 0.93~1.63m，加工后重范围为 16~87kg。样本总加工后重约为 5982kg，样本平均加工后重约为 27.3kg/尾。调查期间尾数取样覆盖率为 100%，重量取样覆盖率为 60.73%（133 尾）。由于对于每尾取样鱼记录的数据不全，因此对于不同的研究项目分析时所用到的尾数不同。

4.1.1　叉长、加工后重、原条鱼重之间的关系

整个调查期间，不分性别的大眼金枪鱼叉长与加工后重的关系（133 尾）和叉长与原条鱼重的关系（131 尾）通过幂函数回归得图 3-4-1。

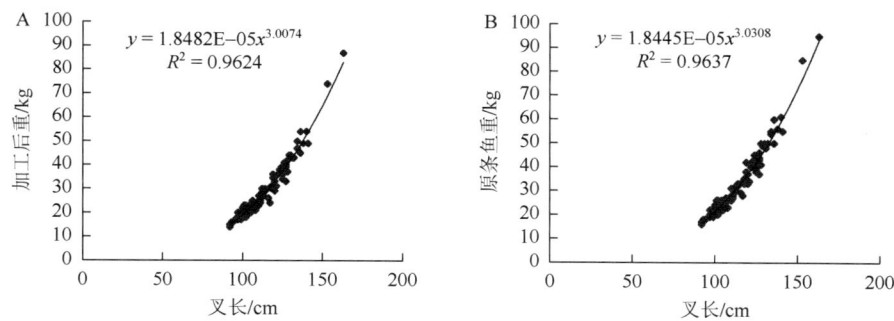

图 3-4-1　大眼金枪鱼叉长与加工后重的关系（A）和叉长与原条鱼重的关系（B）

由图 3-4-1 得，印度洋不分性别的大眼金枪鱼叉长与加工后重的关系、叉长与原条鱼重的关系分别为

$$y = 1.8482\times 10^{-5}x^{3.0074} \quad R^2 = 0.9624 \quad\quad (3\text{-}4\text{-}1)$$

式中，y 表示加工后重，x 表示叉长；

$$y = 1.8445\times 10^{-5}x^{3.0308} \quad R^2 = 0.9637 \quad\quad (3\text{-}4\text{-}2)$$

式中，y 表示原条鱼重，x 表示叉长。

雌性（使用 82 尾数据）、雄性（使用 45 尾数据）叉长与加工后重的关系通过幂函数回归得图 3-4-2。

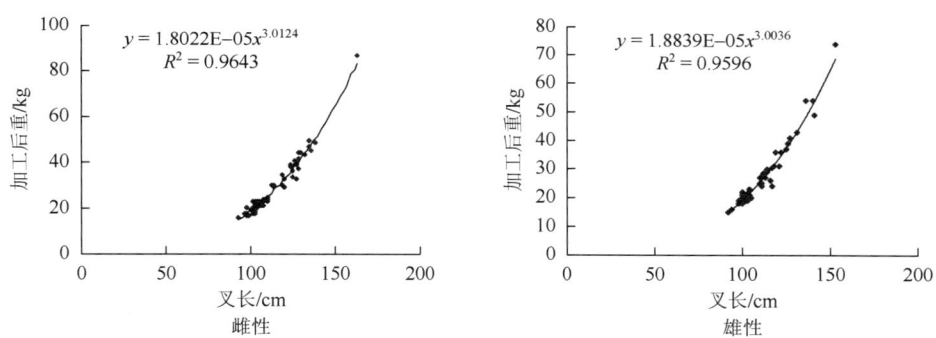

图 3-4-2　分性别叉长与加工后重的关系

雄性：
$$y = 1.8839\times 10^{-5}x^{3.0036} \quad R^2 = 0.9596 \quad\quad (3\text{-}4\text{-}3)$$

雌性：
$$y = 1.8022\times 10^{-5}x^{3.0124} \quad R^2 = 0.9643 \quad\quad (3\text{-}4\text{-}4)$$

大眼金枪鱼不分性别原条鱼重与加工后重的关系通过线性回归得图 3-4-3。

从图 3-4-3 可以得出，两者的关系为

$$y = 0.8876x \quad R^2 = 0.9963 \quad\quad (3\text{-}4\text{-}5)$$

式中，y 为加工后重，x 为原条鱼重，下同。

雌性（84 尾）、雄性（45 尾）的原条鱼重与加工后重的关系通过线性回归得图 3-4-4。

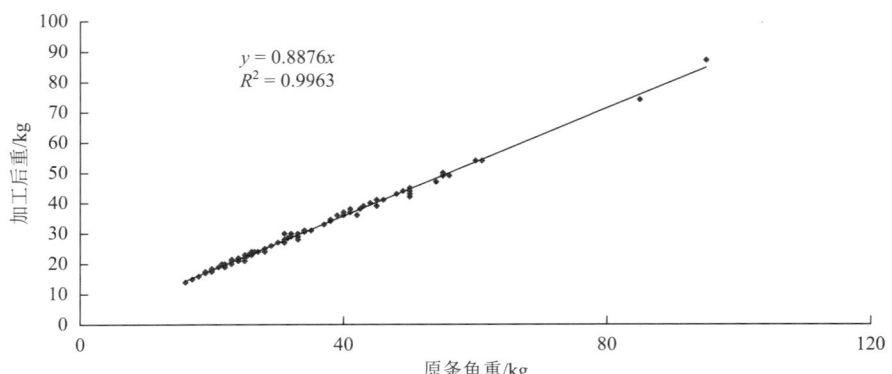

图 3-4-3 大眼金枪鱼原条鱼重与加工后重的关系

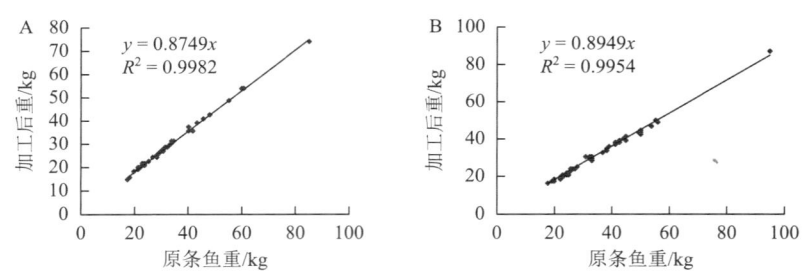

图 3-4-4 大眼金枪鱼雄性（A）、雌性（B）原条鱼重与加工后重的关系

由图 3-4-4 得出：

雄性： $y = 0.8749x \quad R^2 = 0.9982$ （3-4-6）

雌性： $y = 0.8949x \quad R^2 = 0.9954$ （3-4-7）

4.1.2 叉长分布

（1）整个调查期间

调查期间，共测定了 219 尾大眼金枪鱼的叉长，最小叉长为 0.92m，最大叉长为 1.63m，平均叉长为 1.10m。整个调查期间的大眼金枪鱼的叉长分布见图 3-4-5，其中 1.00~1.15m 为优势叉长，占 65.30%。

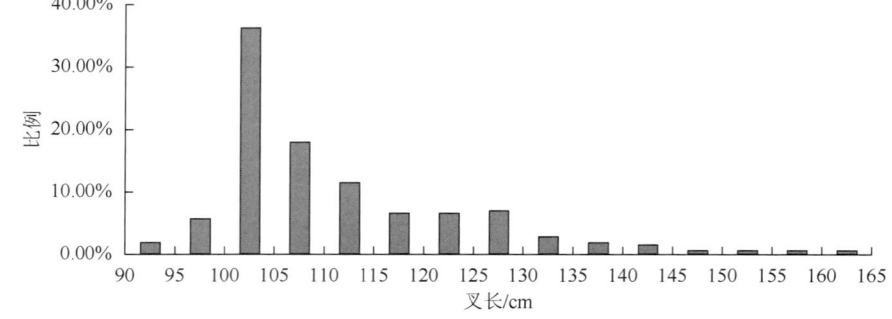

图 3-4-5 整个调查期间大眼金枪鱼叉长分布

(2) 雌性（133 尾）、雄性（80 尾）叉长分布

雌性最小叉长为 0.93m，最大叉长为 1.63m，雄性最小叉长为 0.92m，最大叉长为 1.58m，如图 3-4-6 所示。

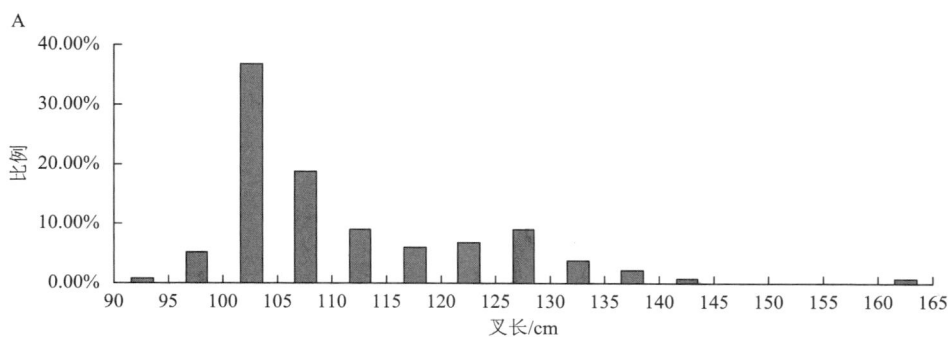

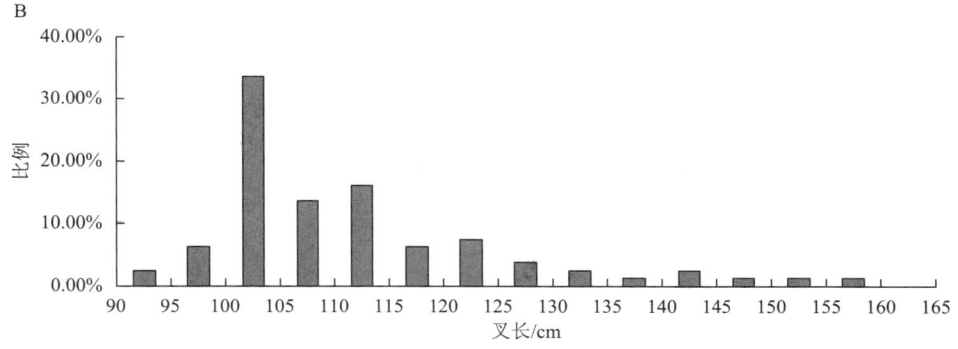

图 3-4-6　大眼金枪鱼雌性（A）、雄性（B）叉长分布

由图 3-4-6 得，雌性的优势叉长为 1.00～1.10m，占 55.64%。雄性的优势叉长为 1.00～1.15m，占 63.75%。

(3) 分航次

第一航次：作业时间为 2006 年 10 月 1～10 日，样本平均叉长为 1.11m。
第二航次：作业时间为 2006 年 10 月 14～28 日，样本平均叉长为 1.16m。
第三航次：作业时间为 2006 年 11 月 2～13 日，样本平均叉长为 1.11m。
第四航次：作业时间为 2006 年 11 月 23～30 日，样本平均叉长为 1.10m。
由于每个航次的渔获物较少，4 个航次渔获物的平均叉长较接近。

4.1.3　成熟度

(1) 整个调查期间

共测定了 213 尾大眼金枪鱼的性腺成熟度，雌性 133 尾，雄性 78 尾，2 尾未测定性别。1～6 级的性腺成熟度都有分布。对于整个调查期间，成熟度 2 级的比例较高，占 62.44%。其他依次为 3 级、5 级、1 级、4 级、6 级；对于不同的航次来说，2 级所占的比例都较大。具体如图 3-4-7 所示。

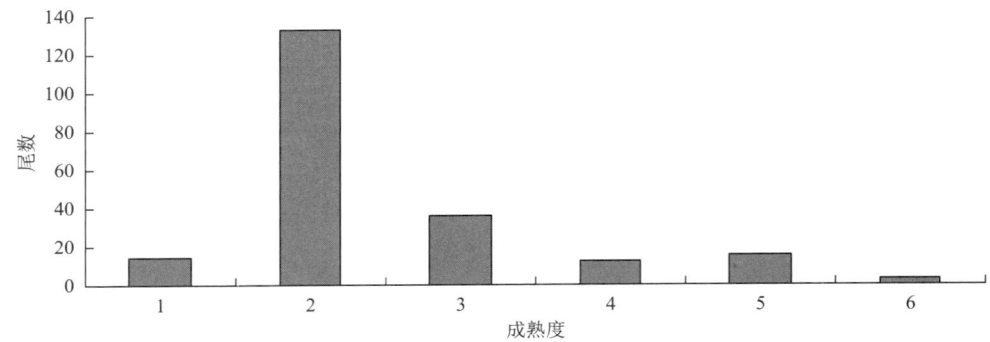

图 3-4-7 整个调查期间大眼金枪鱼成熟度分布

对于雌性大眼金枪鱼，2 级所占的比例也很大，约 66.92%，其次是 3 级、5 级。具体如表 3-4-1 所示。

表 3-4-1 大眼金枪鱼的成熟度分布

成熟度	雌性		雄性	
	尾数	比例/%	尾数	比例/%
1	1	0.75	12	15.38
2	89	66.92	43	55.13
3	30	22.56	6	7.69
4	6	4.51	6	7.69
5	7	5.26	8	10.26
6	0	0.00	3	3.85
总计	133	100	78	100

对于雄性大眼金枪鱼，2 级所占的比例较大，约 55.13%。其次是 1 级、5 级。具体如表 3-4-1 所示。

（2）分航次

此次调查共计 4 个航次，由于第一和第二航次的大眼金枪鱼渔获太少，在此不进行讨论。第三和第四航次中，大眼金枪鱼成熟度占的比例最多的是 2 级，具体分布见表 3-4-2。

表 3-4-2 大眼金枪鱼分航次成熟度分布

航次	性别	成熟度											
		1		2		3		4		5		6	
		尾数	比例/%	尾数	比例/%	尾数	比例/%	尾数	比例/%	尾数	比例/%	尾数	比例/%
3	不分性别	12	11.54	61	58.65	20	19.23	3	2.88	6	5.77	2	1.92
	雌性	1	1.47	47	69.12	16	23.53	1	1.47	3	4.41	0	0.00
	雄性	10	29.41	13	38.24	4	11.76	2	5.88	3	8.82	2	5.88
4	不分性别	1	1.19	64	76.19	12	14.29	5	5.59	1	1.19	1	1.19
	雌性	0	0.00	38	74.51	11	21.57	2	3.92	0	0.00	0	0.00
	雄性	1	3.03	26	78.79	1	3.03	3	9.09	1	3.03	1	3.03

4.1.4 成熟系数

整个调查期间对大眼金枪鱼进行了不分性别和分雌雄的成熟系数的比较,其中不分性别共有127尾,雌性、雄性分别为82尾和45尾。成熟系数=性腺重÷纯重(加工后重量)×100,具体见表3-4-3。

表3-4-3 大眼金枪鱼不分性别和分雌雄的成熟系数

性别	尾数	成熟系数(平均数)
不分性别	127	0.73
雌性	82	0.87
雄性	45	0.51

从表3-4-3可知,大眼金枪鱼的成熟系数比较高,但是成熟度在2级、3级的较多,可能由于称得的性腺重量比实际重量要重。雌性的成熟系数明显大于雄性,高达0.87。

4.1.5 摄食

(1)整个调查期间

观测206尾大眼金枪鱼,大部分的摄食等级为1级和2级(分别占34.47%和27.67%)。0级、3级、4级相对较少(分别占21.36%、13.11%和3.40%)。具体如图3-4-8所示。摄食种类非常广泛,但以鱿鱼、杂鱼和虾类等为主。胃含物中鱿鱼的出现频率最高,所占的比例为27.39%。余下依次为杂鱼和虾类,所占的比例分别为25.73%和21.58%。具体如图3-4-9所示。

(2)分航次

从4个航次的渔获物胃含物来看:

第一和第二航次每个航次的渔获物太少,在此不进行讨论。但是蟹类在这两个航次的出现频率比后两个航次都多。作业天数中的9天,在金枪鱼的胃中发现了蟹类,其中9尾

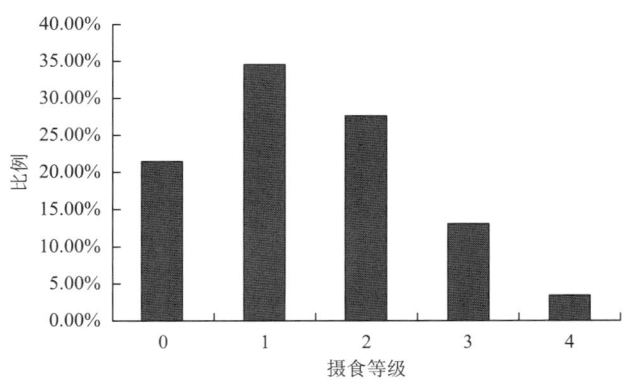

图3-4-8 整个调查期间大眼金枪鱼摄食等级分布

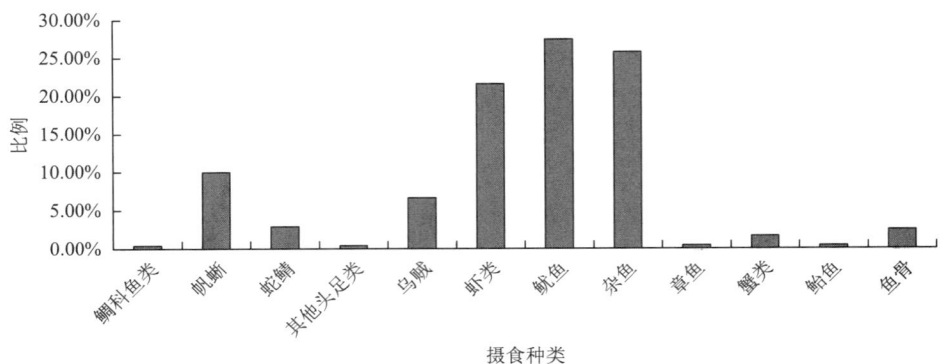

图 3-4-9　整个调查期间大眼金枪鱼胃含物中各摄食种类的出现频率

黄鳍金枪鱼，4 尾大眼金枪鱼。出现的位置几乎都分布于东经 67°以西，仅一天出现在东经 71°。以第一航次出现的次数最多，在 10 天的调查中出现了 5 次，且南北纬都有分布，但是以南纬居多。

第三航次中是鱿鱼占比例较高，占 30.84%，其次是虾类和乌贼分别占 27.10%和 14.95%。发现了鲷科鱼类（只有这一航次），但是出现频率很低，仅为 0.93%。仅有 1 尾发现有蟹类。

第四航次中鱿鱼的出现频率最高，达 28.70%。其次是虾类和杂鱼，分别占 27.78%和 22.22%。没有发现蟹类。

第三、第四航次摄食种类的具体分布如表 3-4-4 所示。

表 3-4-4　分航次各摄食种类的出现频率

摄食种类	第三航次		第四航次	
	尾数	比例/%	尾数	比例/%
鲷科鱼类	1	0.93	0	0.00
帆蜥	2	1.87	9	8.33
蛇鲭	0	0.00	5	4.63
其他头足类	7	6.54	0	0.00
乌贼	16	14.95	8	7.41
虾类	29	27.10	30	27.78
鱿鱼	33	30.84	31	28.70
杂鱼	1	0.93	24	22.22
章鱼	1	0.93	0	0.00
蟹类	1	0.93	0	0.00
鲐鱼	5	4.67	0	0.00
鱼骨	1	0.93	1	0.93

第三、第四航次大眼金枪鱼的摄食等级具体数据见表 3-4-5。

表 3-4-5　大眼金枪鱼分航次的摄食等级分布

航次	摄食等级									
	0		1		2		3		4	
	尾数	比例/%	尾数	比例/%	尾数	比例/%	尾数	比例/%	尾数	比例/%
3	14	17.50	30	37.50	25	31.25	9	11.25	2	2.50
4	17	23.94	20	28.17	21	29.58	9	12.68	4	5.63

第三和第四航次比例最高的摄食等级分别为 1 级和 2 级，分别占 37.50% 和 29.58%。

4.1.6　死活状况

整个调查期间观测了 219 尾大眼金枪鱼捕捞到甲板上时的死活状况，但同时记录性别的只有 214 尾，见表 3-4-6。

表 3-4-6　大眼金枪鱼不分性别、雌性和雄性的死活状况

性别	状况	尾数	比例/%
不分性别	活	121	55.25
	死	98	44.75
雌性	活	75	55.56
	死	60	44.44
雄性	活	45	56.96
	死	34	43.04

从表 3-4-6 得出：不分性别、雌性和雄性的大眼金枪鱼捕捞到甲板上时活鱼略占多数，占 55%～57%。

4.2　黄鳍金枪鱼

调查期间对所捕获的 36 尾黄鳍金枪鱼的叉长、加工后重（去鳃、去内脏重）、性别等数据进行了测定，其中雄性 20 尾、雌性 15 尾，雄性与雌性的性别比例约为 1.33：1，另有 1 尾未作鉴定。雄性样本叉长范围为 0.98～1.53m，加工后重范围为 17～61kg；雌性样本叉长范围为 1.10～1.37m，加工后重范围为 21.5～43kg。样本总加工后重为 1110kg，样本平均加工后重为 30.8kg/尾。由于记录的数据不全，因此对于不同的研究项目分析时所用到的尾数不同。

4.2.1　叉长、加工后重、原条鱼重之间的关系

整个调查期间，31 尾不分性别黄鳍金枪鱼叉长与加工后重的关系和叉长与原条鱼重的关系通过幂函数回归得图 3-4-10。

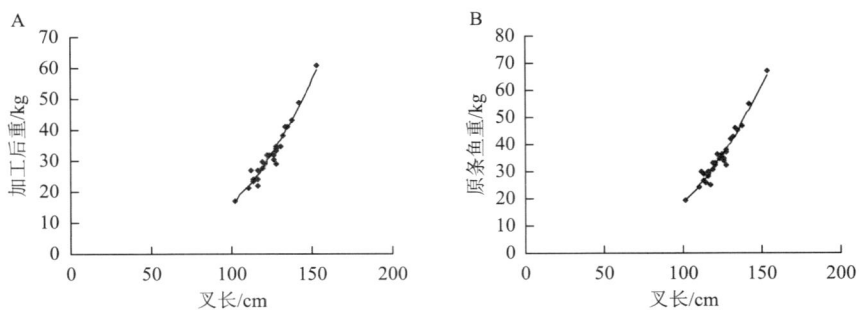

图 3-4-10　黄鳍金枪鱼叉长与加工后重的关系（A）和叉长与原条鱼重的关系（B）

由图 3-4-10 得，不分性别黄鳍金枪鱼叉长与加工后重的关系：

$$y = 1.3345 \times 10^{-5} x^{3.0432} \quad R^2 = 0.9406 \tag{3-4-8}$$

式中，y 表示加工后重，x 表示叉长。

不分性别黄鳍金枪鱼叉长与原条鱼重的关系：

$$y = 2.1947 \times 10^{-5} x^{2.9637} \quad R^2 = 0.9408 \tag{3-4-9}$$

式中，y 表示原条鱼重，x 表示叉长。

黄鳍金枪鱼不分性别原条鱼重和加工后重的关系通过线性回归得图 3-4-11。

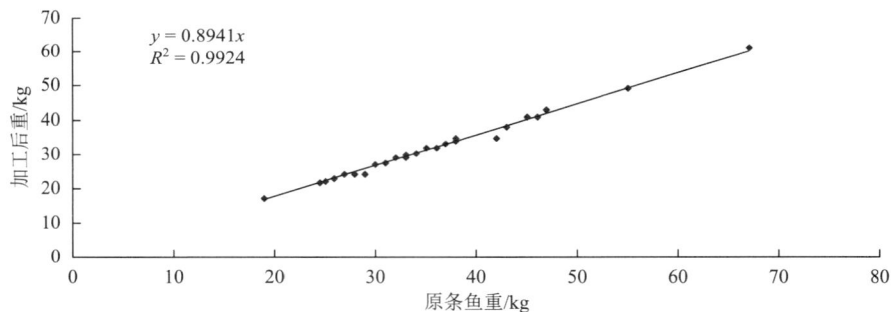

图 3-4-11　黄鳍金枪鱼原条鱼重和加工后重的关系

由图 3-4-11 得

$$y = 0.8941x \quad R^2 = 0.9924 \tag{3-4-10}$$

由于捕获的黄鳍金枪鱼数量较少，雌、雄分开之后数量更少，因此仅对不分性别的情况进行讨论，以下相同。

4.2.2　叉长分布

调查期间，共测定了 36 尾黄鳍金枪鱼的叉长，最小叉长为 0.96m，最大叉长为 1.53m，平均叉长为 1.21m。其中 1.10～1.30m 为优势叉长，占 72.22%。整个调查期间黄鳍金枪鱼的叉长分布见图 3-4-12。

4.2.3　成熟度

共测定了 35 尾黄鳍金枪鱼的性腺成熟度，雌性 15 尾，雄性 20 尾，1～6 级的性腺成

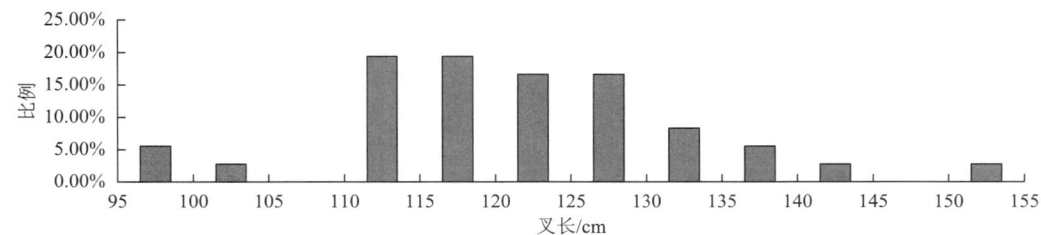

图 3-4-12　整个调查期间黄鳍金枪鱼的叉长分布

熟度都有分布。对于整个调查期间，成熟度 2 级、3 级的比例较高，各占 28.57%。其他依次为 4 级、6 级、5 级、1 级。具体如图 3-4-13 所示。

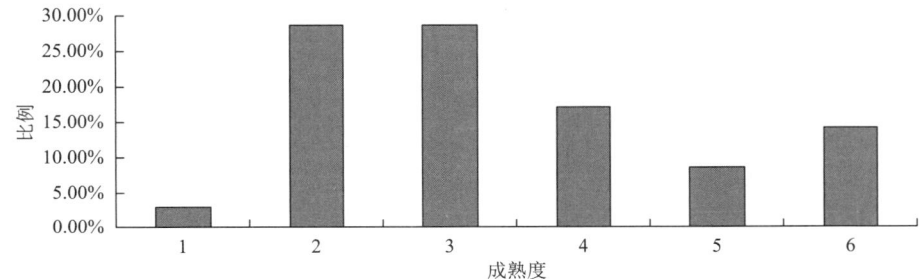

图 3-4-13　整个调查期间黄鳍金枪鱼成熟度分布

对于雌性黄鳍金枪鱼，2 级所占的比例较大，约 60.00%，其次是 3 级。具体如表 3-4-7 所示。对于雄性黄鳍金枪鱼，4 级所占的比例最大，约 30.00%，其次是 3 级、6 级。具体如表 3-4-7 所示。

表 3-4-7　黄鳍金枪鱼性腺成熟度分布

等级	雌性		雄性	
	尾数	占雌性比例/%	尾数	占雄性比例/%
1	0	0.00	1	5.00
2	9	60.00	1	5.00
3	5	33.33	5	25.00
4	0	0.00	6	30.00
5	1	6.67	2	10.00
6	0	0.00	5	25.00
总计	15	100	20	100

4.2.4　成熟系数

整个调查期间计算了 35 尾黄鳍金枪鱼的成熟系数，得出成熟系数平均为 0.61，成熟系数相对较高，但其成熟度为 2 级、3 级，可能是由于测得的性腺重量偏高。

4.2.5 摄食

整个调查期间观测了 34 尾黄鳍金枪鱼，大部分的摄食等级为 1 级和 0 级（分别占 35.29%和 23.53%）。3 级、2 级、4 级相对较少（分别占 20.59%、17.65%和 2.94%）。具体如图 3-4-14 所示。摄食种类非常广泛，但以鱿鱼、蟹类和杂鱼等为主。胃含物中鱿鱼的出现频率最高，所占比例为 29.73%，其他依次为蟹类、杂鱼，所占比例分别为 27.03%、18.92%。具体如图 3-4-15 所示。

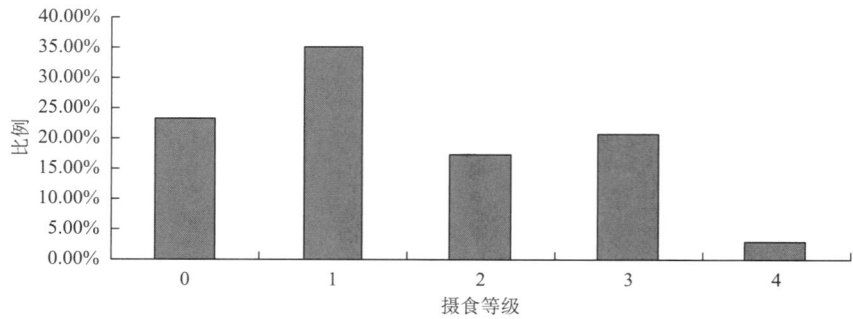

图 3-4-14　整个调查期间黄鳍金枪鱼摄食等级分布

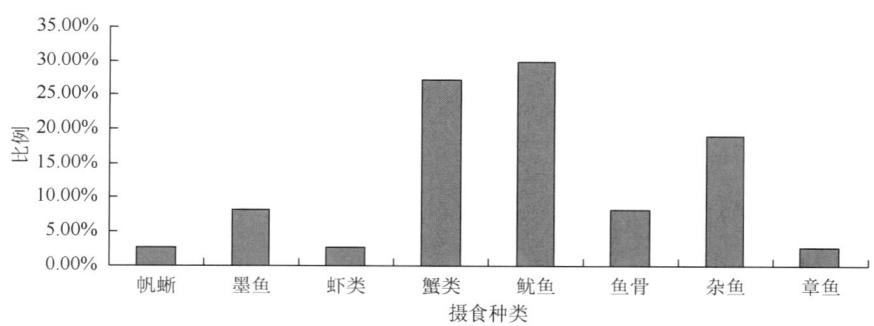

图 3-4-15　整个调查期间黄鳍金枪鱼胃含物中各摄食种类的出现频率

4.2.6 死活状况

整个调查期间观测了 37 尾黄鳍金枪鱼捕捞到甲板上时的死活状况，具体情况见表 3-4-8。

表 3-4-8　黄鳍金枪鱼不分性别、雌性和雄性的死活状况

性别	状态	尾数	比例/%
不分性别	死	17	47.22
	活	19	52.78
雌性	死	6	40
	活	9	60
雄性	死	10	50
	活	10	50

从表 3-4-8 得出：不分性别、雌性和雄性的黄鳍金枪鱼捕捞到甲板上时活鱼略多，占 52%～60%。

5 钓钩实际深度与理论深度的关系

5.1 不同海流下船用渔具

海流分为 3 个等级：0～0.3 节、0.3（含）～0.5 节和 0.5（含）～0.8 节。

1）0～0.3 节。

$$y = 0.8632x \quad R^2 = 0.8328 \tag{3-5-1}$$

式中，y 为实际钩深，x 为理论钩深，下同，见图 3-5-1。

2）0.3（含）～0.5 节。

$$y = 0.5642x \quad R^2 = 0.3378 \tag{3-5-2}$$

见图 3-5-2。

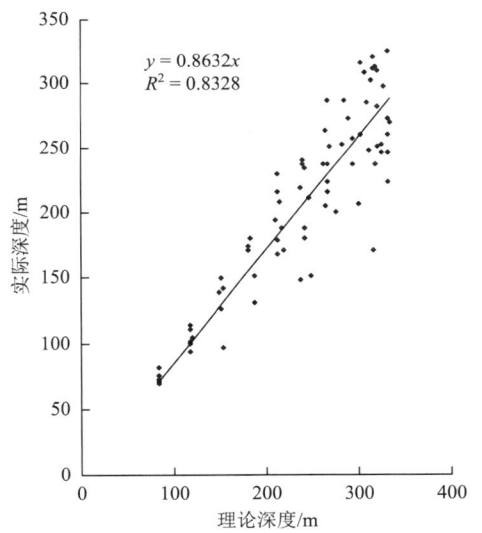

图 3-5-1　船用钩理论深度与实际深度的关系（0～0.3 节）

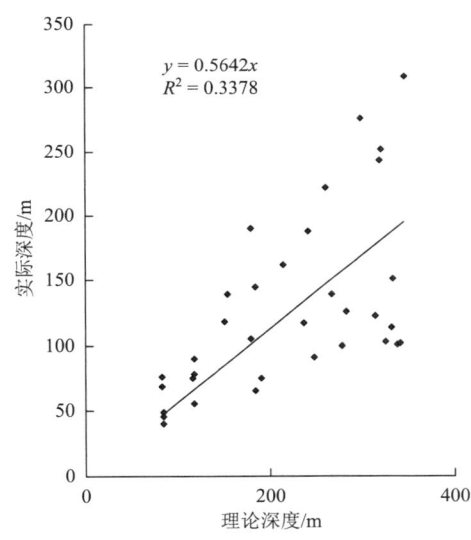

图 3-5-2　船用钩理论深度与实际深度关系［0.3（含）～0.5 节］

3）0.5（含）～0.8 节。

$$y = 0.5395x \quad R^2 = 0.2988 \tag{3-5-3}$$

见图 3-5-3。

流速小的时候相关系数比较高，计算误差较小。而大的时候相关系数低，计算误差就大。

5.2 不同海流下试验渔具

海流分为 3 个等级：0～0.3 节、0.3（含）～0.5 节和 0.5（含）～0.8 节。

试验渔具按照沉子的重量分为 4 种：2kg、3kg、4kg、5kg。

（1）0～0.3 节

1）2kg 沉子。

$$y = 0.7667x \quad R^2 = 0.2382 \quad (3\text{-}5\text{-}4)$$

见图 3-5-4。

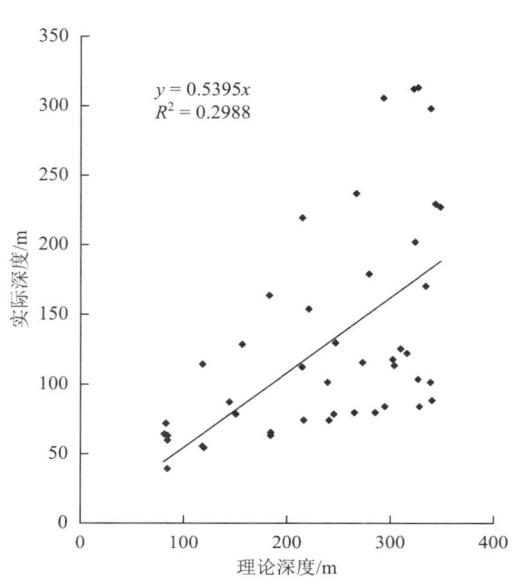

图 3-5-3　船用钩理论深度与实际深度关系　　图 3-5-4　试验钩理论深度与实际深度的关系
　　　　［0.5（含）～0.8 节］　　　　　　　　　　　（0～0.3 节，2kg）

2）3kg 沉子。

$$y = 0.7776x \quad R^2 = -0.1166 \quad (3\text{-}5\text{-}5)$$

见图 3-5-5，数据较少，可信度差。

3）4kg 沉子。

$$y = 0.8186x \quad R^2 = 0.0112 \quad (3\text{-}5\text{-}6)$$

见图 3-5-6。

4）5kg 沉子。

$$y = 0.8547x \quad R^2 = -0.155 \quad (3\text{-}5\text{-}7)$$

见图 3-5-7，数据少，可信度差。

流速较低时，2kg、3kg、4kg 和 5kg 沉子的理论深度和实际深度的相关系数都很低，甚至出现了负值，计算结果会有较大的误差。

（2）0.3（含）～0.5 节

1）2kg 沉子。

$$y = 0.618x \quad R^2 = 0.1582 \quad (3\text{-}5\text{-}8)$$

沉子重量轻，理论深度偏低，见图 3-5-8。

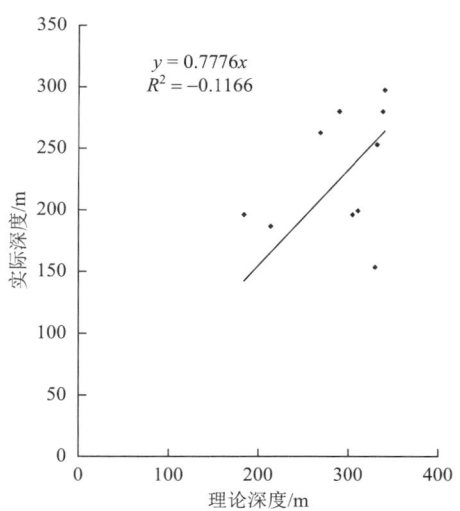

图 3-5-5 试验钩理论深度与实际深度的关系
（0～0.3 节，3kg）

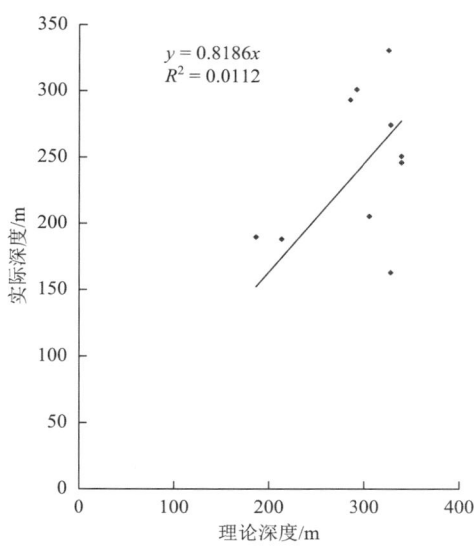

图 3-5-6 试验钩理论深度与实际深度的关系
（0～0.3 节，4kg）

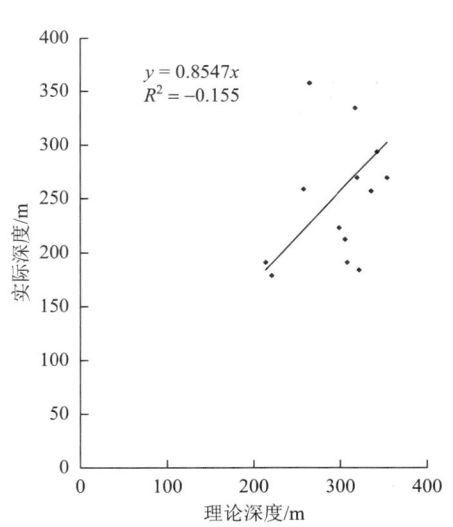

图 3-5-7 试验钩理论深度与实际深度的关系
（0～0.3 节，5kg）

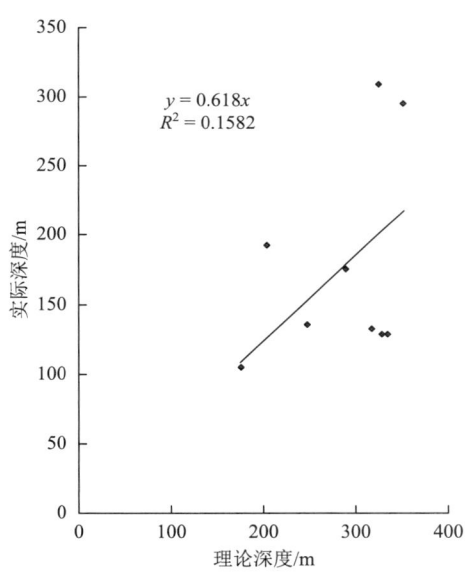

图 3-5-8 试验钩理论深度与实际深度的关系
［0.3（含）～0.5 节，2kg］

2）3kg 沉子。

$$y = 0.5879x \quad R^2 = 0.1795 \qquad (3\text{-}5\text{-}9)$$

见图 3-5-9。

3）4kg 沉子。

$$y = 0.6245x \quad R^2 = 0.2428 \qquad (3\text{-}5\text{-}10)$$

见图 3-5-10。

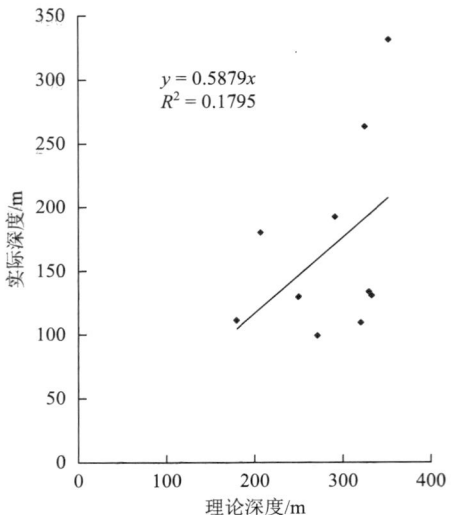

图 3-5-9 试验钩理论深度与实际深度关系
[0.3（含）～0.5 节，3kg]

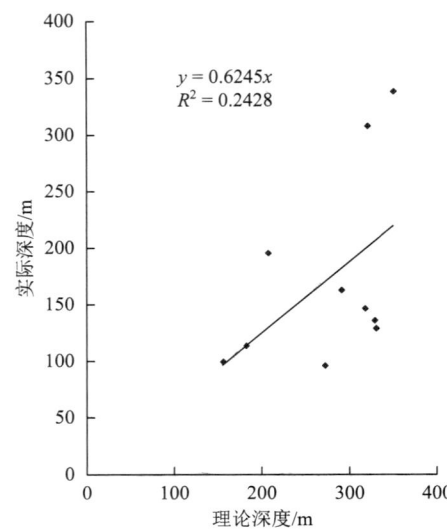

图 3-5-10 试验钩理论深度与实际深度关系
[0.3（含）～0.5 节，4kg]

4) 5kg 沉子。

$$y = 0.609x \quad R^2 = 0.1002 \tag{3-5-11}$$

见图 3-5-11。

流速中等时所有重量的相关系数还是很低，最高的为 4kg 的沉子。

(3) 0.5（含）～0.8 节

1) 2kg 沉子。

$$y = 0.6049x \quad R^2 = 0.2207 \tag{3-5-12}$$

见图 3-5-12。

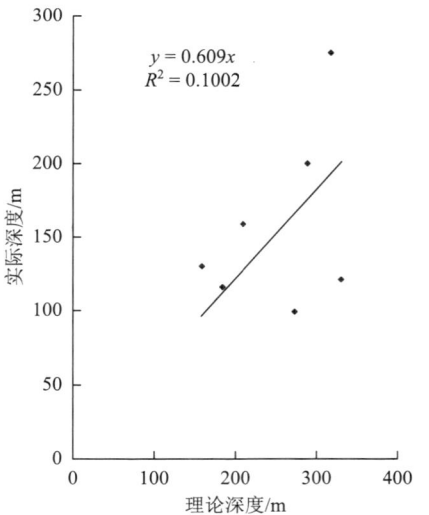

图 3-5-11 试验钩理论深度与实际深度关系
[0.3（含）～0.5 节，5kg]

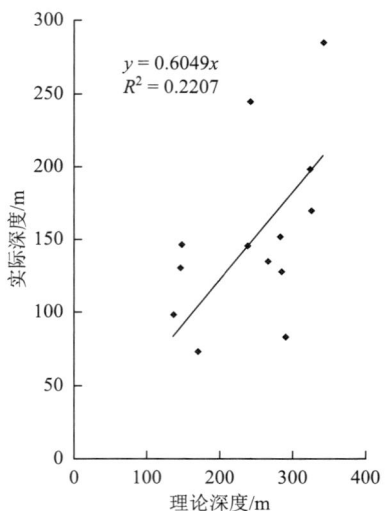

图 3-5-12 试验钩理论深度与实际深度关系
[0.5（含）～0.8 节，2kg]

2)3kg 沉子。

$$y = 0.6727x \quad R^2 = 0.2764 \quad (3\text{-}5\text{-}13)$$

见图 3-5-13。

3)4kg 沉子。

$$y = 0.6443x \quad R^2 = 0.1854 \quad (3\text{-}5\text{-}14)$$

见图 3-5-14。

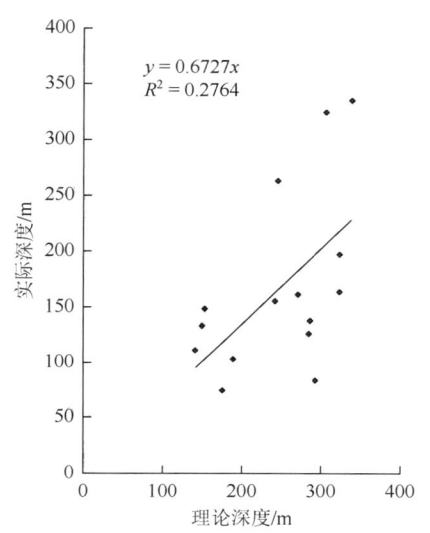 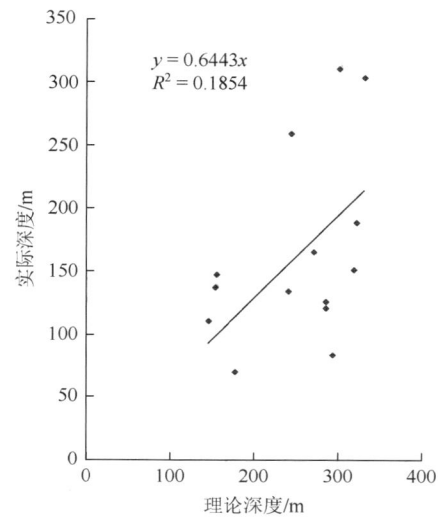

图 3-5-13 试验钩理论深度与实际深度关系 [0.5（含）~0.8 节，3kg]　　图 3-5-14 试验钩理论深度与实际深度的关系 [0.5（含）~0.8 节，4kg]

4)5kg 沉子。

$$y = 0.6513x \quad R^2 = 0.0513 \quad (3\text{-}5\text{-}15)$$

见图 3-5-15。

流速较大时，4 种沉子的关系相差不大，而相关系数都相对较低，最高的为 3kg 的沉子。

5.3　拟合钓钩深度计算模型

5.3.1　基于钓具漂移速度

应用 SPSS 软件[3]，采用多元线性逐步回归的方法建立 2006 年 10 月 1 日至 11 月 30 日测定的 288 枚（有钓具漂移速度数据）钓钩的实际平均深度（$\bar{D}$）与理论深度（D_T）的关系模型。模型分为正常作业钓具（根据 150 枚钓钩拟合）和试验作业钓具（根据 138 枚钓钩拟合）两部分。正常作业部分，认为钓钩所能达到的实际平均深度主要受到钓具漂移速度、风速、风向、风流合压角和风弦角的影响，试验作业部分，认为钓钩所能达到的实际平均深度主要受到钓具漂移速度、风速、风向、风流合压角、风弦角和沉子重量的影响，且钓钩的深度是在不断地变化的，在一定的范围内波动。其中，钓具漂移速度是指钓具在风、流的合力作用下，钓具在海中的对地漂移的速度；风速指风速仪测得的风的速度；

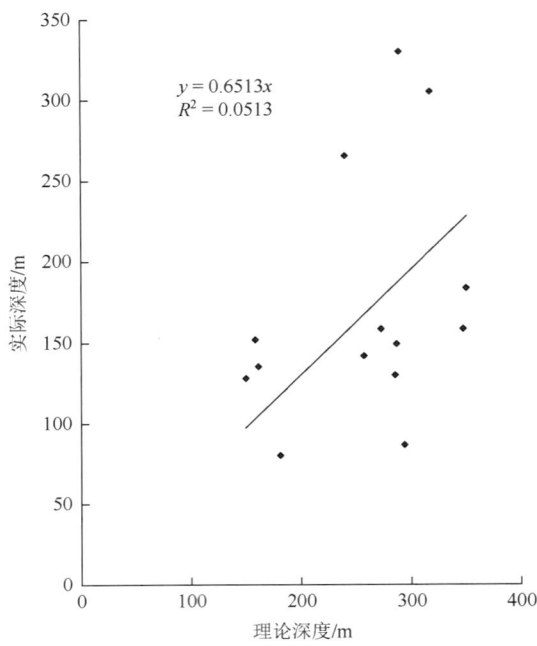

图 3-5-15 试验钩理论深度与实际深度关系 [0.5（含）～0.8 节，5kg]

风向为用罗经测得的风吹来的方向；风流合压角是指钓具在海中的漂移方向与放钩航向之间的夹角；风舷角是指风向与放钩航向之间的夹角；沉子重量指所挂水泥块的空气中重量。

（1）对于正常作业部分

回归结果见表 3-5-1 和表 3-5-2，取模型 3 为适用模型。

表 3-5-1 正常作业钓具部分回归模型概要

模型	R（相关系数）	R^2（相关系数平方）	调整 R^2	估计值的标准误差
1	0.675[a]	0.456	0.452	59.457 80
2	0.795[b]	0.632	0.627	49.066 92
3	0.858[c]	0.737	0.731	41.633 36
4	0.886[d]	0.750	0.743	40.739 58

a. 预测变量：（常数），理论深度
b. 预测变量：（常数），理论深度，表层流速
c. 预测变量：（常数），理论深度，表层流速，风流合压角
d. 预测变量：（常数），理论深度，表层流速，风流合压角，风速

表 3-5-2 正常作业钓具部分回归系数

模型		未标准化的系数		标准化的系数	统计量	显著性
		样本回归系数	标准误差	样本回归系数		
1	（常数）	17.749	14.338		1.238	0.218
	理论深度	0.649	0.058	0.675	11.132	0.000
2	（常数）	72.397	13.508		5.359	0.000
	理论深度	0.644	0.048	0.670	13.391	0.000
	表层流速	−307.471	36.666	−0.420	−8.386	0.000

续表

模型		未标准化的系数		标准化的系数	统计量	显著性
		样本回归系数	标准误差	样本回归系数		
3	（常数）	144.927	14.893		9.731	0.000
	理论深度	0.651	0.041	0.677	15.937	0.000
	表层流速	−344.459	31.487	−0.470	−10.940	0.000
	风流合压角	−96.926	12.707	−0.328	−7.628	0.000
4	（常数）	134.231	15.089		0.896	0.000
	理论深度	0.647	0.040	0.672	16.168	0.000
	表层流速	−339.913	30.856	−0.464	−11.016	0.000
	风流合压角	−103.672	12.677	−0.351	−8.178	0.000
	风速	6.225	2.277	0.116	2.734	0.007

注：因变量为实测深度

设：
$$Y = b_0 + b_1X_1 + b_2X_2 + b_3X_3 + b_4X_4 + b_5X_5 \qquad (3\text{-}5\text{-}16)$$

式中，Y 为拟合钓钩深度；X_1 为理论钓钩深度；X_2 为风速；X_3 为钓具漂移速度；X_4 为风流合压角正弦值；X_5 为风弦角正弦值，则回归模型为

$$Y = 144.927 + 0.651X_1 - 344.459X_3 - 96.926X_4, \quad R = 0.858 \qquad (3\text{-}5\text{-}17)$$

（2）对于试验作业部分

试验钩为在浮子附近挂沉子来增加钓具的重量，因此沉子作为一个因子。回归结果见表 3-5-3 和表 3-5-4，取模型 3 为适用模型。

表 3-5-3　试验作业部分钓具回归模型概要

模型	R（相关系数）	R^2（相关系数平方）	调整 R^2	估计值的标准误差
1	0.489[a]	0.239	0.233	65.863 30
2	0.601[b]	0.361	0.352	60.562 07
3	0.632[c]	0.399	0.386	58.947 95
4	0.685[d]	0.469	0.453	55.645 65

a. 预测变量：（常数），理论深度
b. 预测变量：（常数），理论深度，表层流速
c. 预测变量：（常数），理论深度，表层流速，风流合压角
d. 预测变量：（常数），理论深度，表层流速，风流合压角，风舷角

表 3-5-4　试验作业部分钓具回归系数

模型		未标准化的系数		标准化的系数	统计量	显著性
		样本回归系数	标准误差	样本回归系数		
1	（常数）	31.596	24.857		1.271	0.206
	理论深度	0.580	0.089	0.489	6.635	0.000
2	（常数）	118.967	28.595		4.160	0.000
	理论深度	0.465	0.085	0.392	5.486	0.000
	表层流速	−257.535	50.652	−0.363	−5.084	0.000

续表

模型		未标准化的系数		标准化的系数	统计量	显著性
		样本回归系数	标准误差	样本回归系数		
3	（常数）	161.130	31.368		5.137	0.000
	理论深度	0.439	0.083	0.370	5.298	0.000
	表层流速	−261.070	49.317	−0.368	−5.294	0.000
	风流合压角	−49.524	16.992	−0.196	−2.915	0.004
4	（常数）	111.165	31.945		3.480	0.001
	理论深度	0.470	0.079	0.396	5.981	0.000
	表层流速	−284.520	46.893	−0.401	−6.067	0.000
	风流合压角	−71.179	16.861	−0.282	−4.222	0.000
	风速	81.947	19.659	0.282	4.169	0.007

注：因变量为实测深度

设：
$$Y = b_0 + b_1X_1 + b_2X_2 + b_3X_3 + b_4X_4 + b_5X_5 + b_6X_6 \quad (3\text{-}5\text{-}18)$$

式中，Y 为拟合钓钩深度；X_1 为理论钓钩深度；X_2 为沉子重量（kg）；X_3 为风速；X_4 为钓具漂移速度；X_5 为风流合压角正弦值；X_6 为风弦角正弦值，则回归模型为

$$Y = 161.13 + 0.439X_1 - 261.07X_4 - 49.524X_5, \quad R = 0.632 \quad (3\text{-}5\text{-}19)$$

5.3.2 基于流剪切系数

应用 SPSS 软件[3]，采用多元线性逐步回归的方法建立 2006 年 10 月 1 日至 11 月 30 日测定的 280 枚（有流剪切系数数据）钓钩的实际平均深度（$\bar{D}$）与理论深度（D_T）的关系模型。模型分为正常作业钓具（根据 142 枚钓钩拟合）和试验作业钓具（根据 138 枚钓钩拟合）两部分。正常作业部分，认为钓钩所能达到的实际平均深度主要受到流剪切、风速、风向、风流合压角和风弦角的影响，试验作业部分，认为钓钩所能达到的实际平均深度主要受到流剪切、风速、风向、风流合压角、风弦角和沉子重量的影响，且钓钩的深度是在不断地变化的，在一定的范围内波动。

（1）对于正常作业部分

回归结果见表 3-5-5 和表 3-5-6，取模型 3 为适用模型。

表 3-5-5　正常作业钓具部分回归模型概要

模型	R（相关系数）	R^2（相关系数平方）	调整 R^2	估计值的标准误差
1	0.669[a]	0.448	0.444	60.832 03
2	0.781[b]	0.609	0.604	51.333 55
3	0.833[c]	0.687	0.687	45.589 89
4	0.839[d]	0.695	0.695	45.043 80

a. 预测变量：（常数），理论深度
b. 预测变量：（常数），理论深度，流剪切系数
c. 预测变量：（常数），理论深度，流剪切系数，风流合压角
d. 预测变量：（常数），理论深度，流剪切系数，风流合压角，风速

表 3-5-6　正常作业钓具部分回归系数

模型		未标准化的系数		标准化的系数	统计量	显著性
		样本回归系数	标准误差	样本回归系数		
1	（常数）	17.396	14.802		1.175	0.242
	理论深度	0.643	0.061	0.669	10.611	0.000
2	（常数）	−450.718	63.143		7.138	0.000
	理论深度	0.645	0.051	0.672	12.626	0.000
	流剪切系数	−184.210	24.357	−0.402	−7.563	0.000
3	（常数）	−390.572	56.922		6.862	0.000
	理论深度	0.649	0.045	0.676	14.302	0.000
	流剪切系数	−183.724	21.632	−0.401	−8.493	0.000
	风流合压角	−88.293	14.330	−0.291	−6.161	0.004
4	（常数）	386.358	56.276		6.865	0.001
	理论深度	0.645	0.045	0.671	14.360	0.000
	流剪切系数	−178.891	21.493	−0.391	−8.328	0.000
	风流合压角	−94.685	14.487	−0.312	−6.536	0.000
	风速	5.328	2.557	0.100	2.084	0.039

注：因变量为实测深度

设：
$$Y = b_0 + b_1X_1 + b_2X_2 + b_3X_3 + b_4X_4 + b_5X_5 \tag{3-5-20}$$

式中，Y 为拟合钓钩深度；X_1 为理论钓钩深度；X_2 为风速；X_3 为流剪切系数；X_4 为风流合压角正弦值；X_5 为风弦角正弦值，则回归模型为

$$Y = -390.572 + 0.649X_1 - 183.724X_3 - 88.293X_4, R = 0.833 \tag{3-5-21}$$

（2）对于试验作业部分

试验钩为在浮子附近挂沉子来增加钓具的重量，因此沉子作为一个因子。回归结果见表 3-5-7 和表 3-5-8，取模型 3 为适用模型。

表 3-5-7　试验作业部分钓具回归模型概要

模型	R（相关系数）	R^2（相关系数平方）	调整 R^2	估计值的标准误差
1	0.489[a]	0.239	0.233	65.863 30
2	0.659[b]	0.434	0.426	56.998 51
3	0.681[c]	0.464	0.452	55.678 74

a. 预测变量：（常数），理论深度
b. 预测变量：（常数），理论深度，流剪切系数
c. 预测变量：（常数），理论深度，流剪切系数，风流合压角

表 3-5-8　试验作业部分钓具回归系数

模型		未标准化的系数		标准化的系数	统计量	显著性
		样本回归系数	标准误差	样本回归系数		
1	（常数）	31.596	24.857		1.271	0.206
	理论深度	0.580	0.089	0.489	6.535	0.000

续表

模型		未标准化的系数		标准化的系数	统计量	显著性
		样本回归系数	标准误差	样本回归系数		
2	（常数）	−484.465	78.604		6.163	0.000
	理论深度	0.638	0.077	0.537	8.250	0.000
	流剪切系数	−200.128	29.319	−0.445	−6.826	0.000
3	（常数）	−441.921	78.345		5.641	0.000
	理论深度	0.616	0.076	0.519	8.110	0.000
	流剪切系数	−197.708	28.654	−0.439	−6.900	0.000
	风流合压角	−43.891	16.053	−0.174	−2.734	0.007

注：因变量为实测深度

设：
$$Y = b_0 + b_1X_1 + b_2X_2 + b_3X_3 + b_4X_4 + b_5X_5 + b_6X_6 \tag{3-5-22}$$

式中，Y 为拟合钓钩深度；X_1 为理论钓钩深度；X_2 为沉子重量（kg）；X_3 为风速；X_4 为流剪切系数；X_5 为风流合压角正弦值；X_6 为风弦角正弦值，则回归模型为

$$Y = -441.921 + 0.616X_1 - 197.708X_4 - 43.891X_5, R = 0.659 \tag{3-5-23}$$

6 渔具渔法的比较试验

6.1 调查期间各种钓钩的上钩率比较

调查期间试验钩、船用钩、优化钩（5kg 重锤、75g 带铅转环、11.25g 的沉铅、无荧光管）、防海龟钩和附加钩（无水泥块的试验钩）的大眼金枪鱼、黄鳍金枪鱼和两种鱼合计的总体平均、最高上钩率见表 3-6-1，大眼金枪鱼、黄鳍金枪鱼和两种鱼合计的最高上钩率的渔具分别为试验钩、防海龟钩和试验钩（表 3-6-1）。但每个航次因海流的大小不同而不同。试验钩大眼金枪鱼的平均上钩率（4.37 尾/钩）略低于船用钩（5.06 尾/钩）。而防海龟钩大眼金枪鱼的上钩率更低，为 1.11 尾/钩，但是在探捕的整个过程中只捕到 2 尾大眼金枪鱼和 1 尾黄鳍金枪鱼，数据有限，可信度低。具体见表 3-6-2。

表 3-6-1 调查期间 5 种钩的平均上钩率和最高上钩率（尾/钩）

钩种	大眼金枪鱼	黄鳍金枪鱼	两种鱼混合
	平均/最高	平均/最高	平均/最高
试验钩	4.37/22.86	0.85/5.41	5.23/22.86
船用钩	5.06/15.38	0.66/8.33	5.72/16.92
优化钩	2.44/18.18	0.61/5.88	3.05/18.18
防海龟钩	1.11/20.00	0.56/10.00	1.67/20.00
附加钩	2.97/10.81	0.27/2.70	3.24/10.81

表 3-6-2　调查期间船用钩、试验钩和防海龟钩的上钩率（尾/千钩）比较

航次	鱼种	钩种				
		试验钩	船用钩	优化钩	海龟钩	附加钩
1	大眼金枪鱼	1.91	0.60	0.00	0.00	
	黄鳍金枪鱼	0.59	0.60	0.00	0.00	
	两种鱼混合	2.50	1.20	0.00	0.00	
2	大眼金枪鱼	1.06	1.05	1.19	0.00	
	黄鳍金枪鱼	0.84	1.05	0.40	1.25	
	两种鱼混合	1.90	2.11	1.59	1.25	
3	大眼金枪鱼	8.02	7.21	4.53	0.00	
	黄鳍金枪鱼	1.34	0.80	1.39	0.00	
	两种鱼混合	9.35	8.01	5.92	0.00	
4	大眼金枪鱼	8.57	6.22	1.43	4.00	2.97
	黄鳍金枪鱼	0.63	0.37	0.00	0.00	0.27
	两种鱼混合	9.21	6.58	1.43	4.00	3.24

6.2　不同海流下各种钓钩的上钩率比较

海流分为两个等级：0～0.3 节、0.3（含）～0.8 节。

试验渔具按照沉子的重量分为 4 种：2kg、3kg、4kg、5kg。

上钩率按照：大眼金枪鱼、黄鳍金枪鱼和两种鱼合计 3 种情况。

6.2.1　沉子为 2kg 时

（1）漂移速度为 0～0.3 节时

大眼金枪鱼、黄鳍金枪鱼和两种鱼合计的 CPUE 情况见图 3-6-1～图 3-6-3，由此得出：船用钩大眼金枪鱼（7.219 尾/千钩）、黄鳍金枪鱼（0.823 尾/千钩）的上钩率均比试验钩（大眼金枪鱼 8.621 尾/千钩、黄鳍金枪鱼 0.862 尾/千钩）为低，防海龟钩的上钩率最低（大眼金枪鱼 2.5 尾/千钩，黄鳍金枪鱼 0），流速较低、大眼金枪鱼较多时可用 2kg 的沉子。

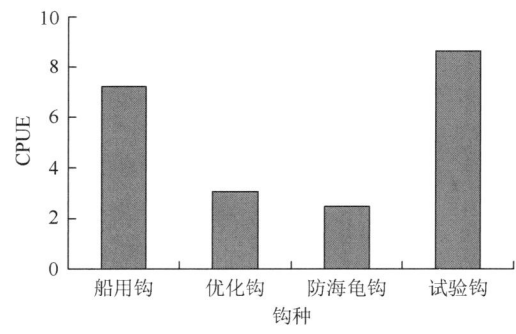

图 3-6-1　大眼金枪鱼不同钓钩的 CPUE
（2kg，0～0.3 节海流）

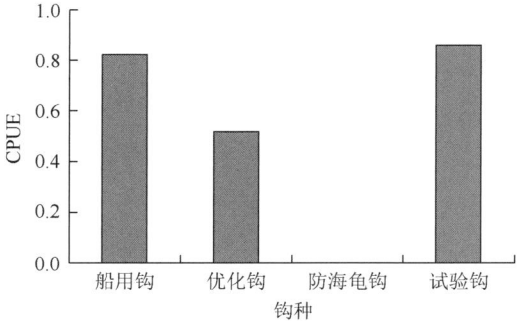

图 3-6-2　黄鳍金枪鱼不同钓钩的 CPUE
（2kg，0～0.3 节海流）

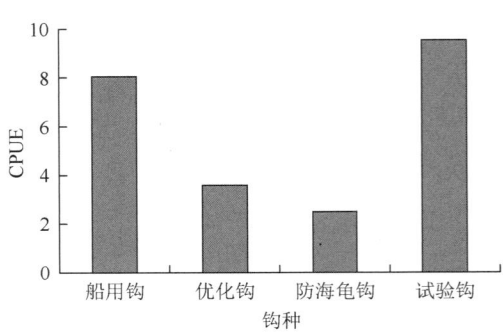

图 3-6-3　两种鱼总计时不同钓钩的 CPUE（2kg，0～0.3 节海流）

（2）漂移速度为 0.3（含）～0.8 节时

大眼金枪鱼、黄鳍金枪鱼和两种鱼合计的 CPUE 情况见图 3-6-4～图 3-6-6，由此得出：船用钩大眼金枪鱼上钩率（0.668 尾/千钩）比试验钩（0.608 尾/千钩）略高，防海龟钩的上钩率最低（0）；船用钩黄鳍金枪鱼的上钩率（0.334 尾/千钩）比试验钩（0 尾/千钩）为高，防海龟钩的上钩率最高（1.000 尾/千钩），流速较大时 2kg 沉子作用较小。

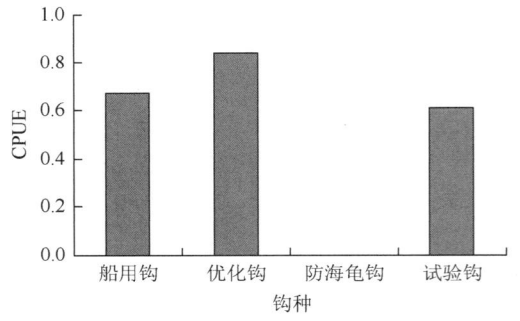

图 3-6-4　大眼金枪鱼不同钓钩的 CPUE［2kg，0.3（含）～0.8 节海流］

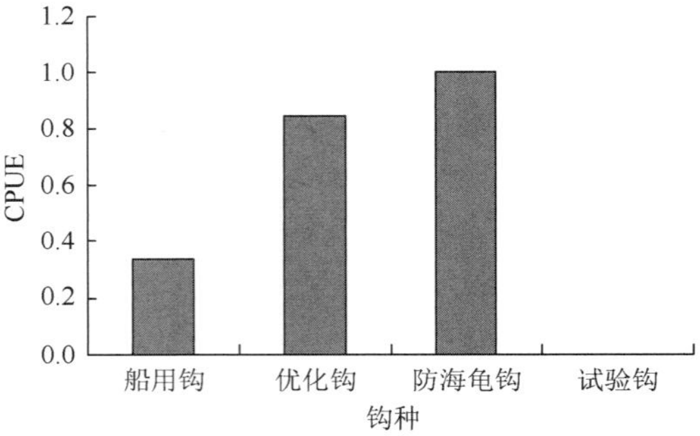

图 3-6-5　黄鳍金枪鱼不同钓钩的 CPUE［2kg，0.3（含）～0.8 节海流］

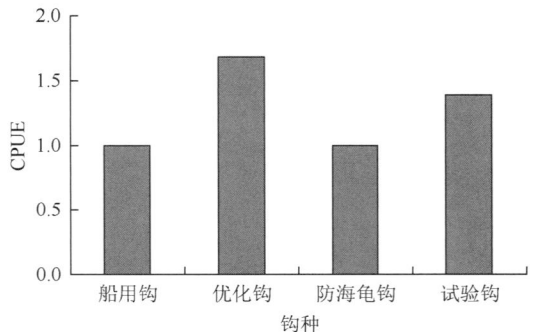

图 3-6-6　两种鱼总计时不同钓钩的 CPUE［2kg，0.3（含）～0.8 节海流］

6.2.2 沉子为 3kg 时

（1）漂移速度为 0~0.3 节时

大眼金枪鱼、黄鳍金枪鱼和两种鱼合计的 CPUE 情况见图 3-6-7~图 3-6-9，由此得出：船用钩大眼金枪鱼、黄鳍金枪鱼上钩率（大眼金枪鱼 7.219 尾/千钩、黄鳍金枪鱼 0.820 尾/千钩）均比试验钩（大眼金枪鱼 7.323 尾/千钩、黄鳍金枪鱼 1.627 尾/千钩）低，防海龟钩的上钩率最低，大眼金枪鱼上钩率（2.5 尾/千钩），黄鳍金枪鱼的上钩率（0），流速较小时可用沉子。

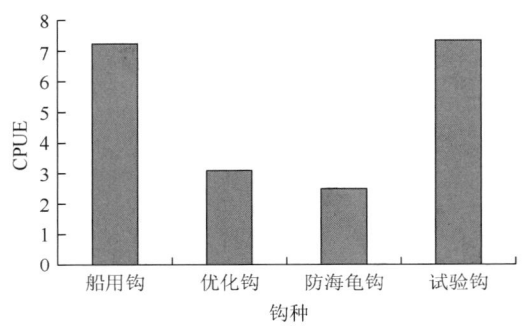

图 3-6-7　大眼金枪鱼不同钓钩的 CPUE（3kg，0~0.3 节海流）　　图 3-6-8　黄鳍金枪鱼不同钓钩的 CPUE（3kg，0~0.3 节海流）

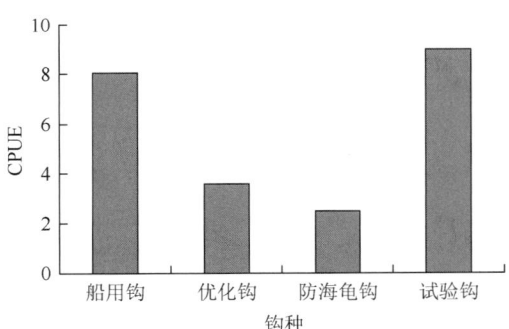

图 3-6-9　两种鱼总计时不同钓钩的 CPUE（3kg，0~0.3 节海流）

（2）漂移速度为 0.3（含）~0.8 节时

大眼金枪鱼、黄鳍金枪鱼和两种鱼合计的 CPUE 情况见图 3-6-10~图 3-6-12，由此得出：船用钩大眼金枪鱼上钩率（0.668 尾/千钩）比试验钩（1.778 尾/千钩）低，防海龟钩的上钩率最低（0）；船用钩黄鳍金枪鱼的上钩率（0.334 尾/千钩）比试验钩（0）为高，防海龟钩的上钩率最高（1.000 尾/千钩），流速较大时可用沉子。

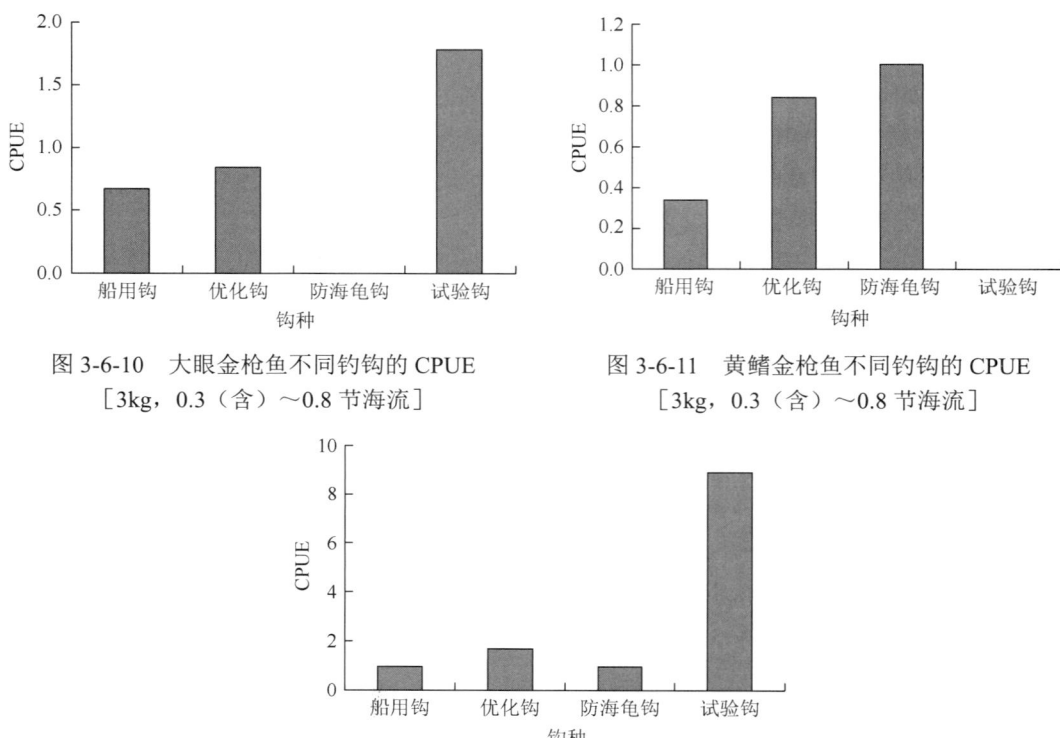

图 3-6-10　大眼金枪鱼不同钓钩的 CPUE
［3kg，0.3（含）～0.8 节海流］

图 3-6-11　黄鳍金枪鱼不同钓钩的 CPUE
［3kg，0.3（含）～0.8 节海流］

图 3-6-12　两种鱼总计时不同钓钩的 CPUE［3kg，0.3（含）～0.8 节海流］

6.2.3　沉子为 4kg 时

（1）漂移速度为 0～0.3 节时

大眼金枪鱼、黄鳍金枪鱼和两种鱼合计的 CPUE 情况见图 3-6-13～图 3-6-15，由此得出：船用钩大眼金枪鱼上钩率（7.219 尾/千钩）比试验钩（5.877 尾/千钩）高，防海龟钩的上钩率最低（2.500 尾/千钩）；黄鳍金枪鱼的上钩率船用钩（0.820 尾/千钩）比试验钩（1.680 尾/千钩）低，防海龟钩的上钩率最低（0），流速较小时大眼金枪鱼较多时可不用沉子、黄鳍金枪鱼较多时可用沉子。

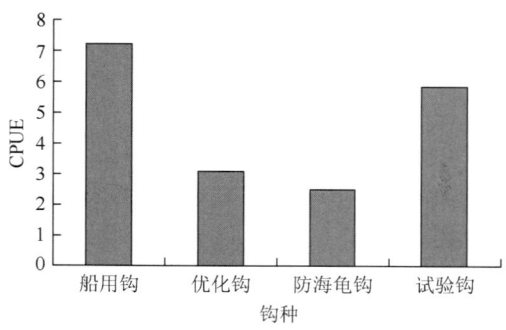

图 3-6-13　大眼金枪鱼不同钓钩的 CPUE
（4kg，0～0.3 节海流）

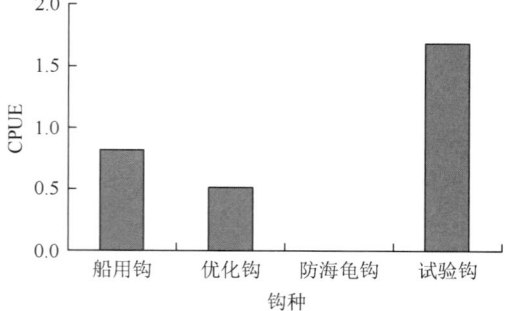

图 3-6-14　黄鳍金枪鱼不同钓钩的 CPUE
（4kg，0～0.3 节海流）

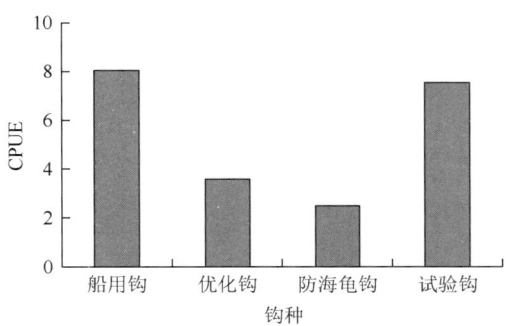

图 3-6-15　两种鱼总计不同钓钩的 CPUE（4kg，0～0.3 节海流）

（2）漂移速度为 0.3（含）～0.8 节时

大眼金枪鱼、黄鳍金枪鱼和两种鱼合计的 CPUE 情况见图 3-6-16～图 3-6-18，由此得出：试验钩大眼金枪鱼上钩率（1.200 尾/千钩）比船用钩（0.668 尾/千钩）高，防海龟钩的上钩率是最低的（0）；黄鳍金枪鱼试验钩的上钩率（0.600 尾/千钩）比船用钩（0.334 尾/千钩）高，防海龟钩的上钩率最高（1.000 尾/千钩），流速较大时，可用沉子。

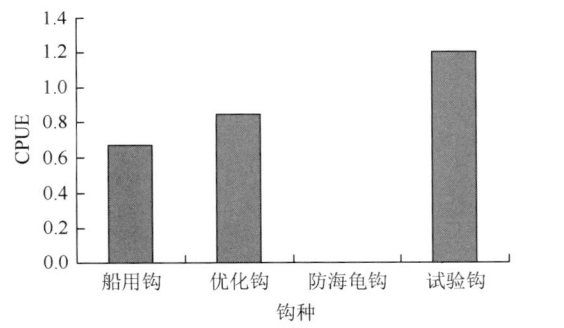

图 3-6-16　大眼金枪鱼不同钓钩的 CPUE
　　　［4kg，0.3（含）～0.8 节海流］

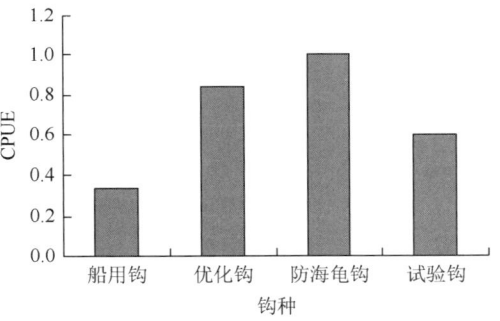

图 3-6-17　黄鳍金枪鱼不同钓钩的 CPUE
　　　［4kg，0.3（含）～0.8 节海流］

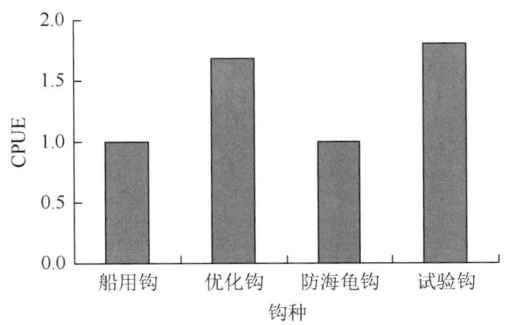

图 3-6-18　两种鱼总计时不同钓钩的 CPUE［4kg，0.3（含）～0.8 节海流］

6.2.4 沉子为 5kg 时

（1）漂移速度为 0～0.3 节时

大眼金枪鱼、黄鳍金枪鱼和两种鱼合计的 CPUE 情况见图 3-6-19～图 3-6-21，由此得出：船用钩大眼金枪鱼、黄鳍金枪鱼上钩率（大眼金枪鱼 7.219 尾/千钩、黄鳍金枪鱼 0.820 尾/千钩）均比试验钩（大眼金枪鱼 3.200 尾/千钩、黄鳍金枪鱼 0.283 尾/千钩）高，防海龟钩的上钩率最低（大眼金枪鱼 2.5 尾/千钩、黄鳍金枪鱼 0 尾/千钩），流速较低时，可不用沉子。

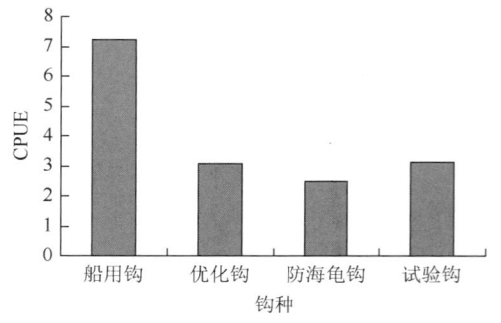

图 3-6-19 大眼金枪鱼不同钓钩的 CPUE（5kg，0～0.3 节海流）

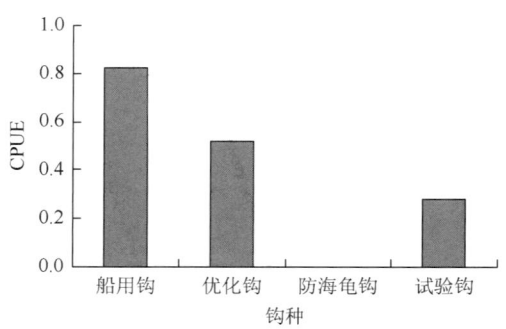

图 3-6-20 黄鳍金枪鱼不同钓钩的 CPUE（5kg，0～0.3 节海流）

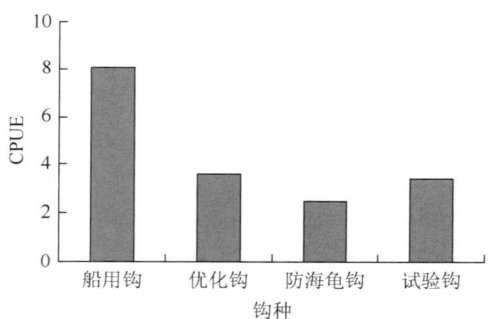

图 3-6-21 两种鱼总计时不同钓钩的 CPUE（5kg，0～0.3 节海流）

（2）漂移速度为 0.3（含）～0.8 节时

大眼金枪鱼、黄鳍金枪鱼和两种鱼合计的 CPUE 情况见图 3-6-22～图 3-6-24，由此得出：船用钩大眼金枪鱼上钩率（0.668 尾/千钩）比试验钩（0.987 尾/千钩）略低，防海龟钩的上钩率最低（0）；船用钩黄鳍金枪鱼的上钩率（0.334 尾/千钩）比试验钩（1.727 尾/千钩）低，防海龟钩的上钩率中等（1 尾/千钩），流速较大时可用沉子。

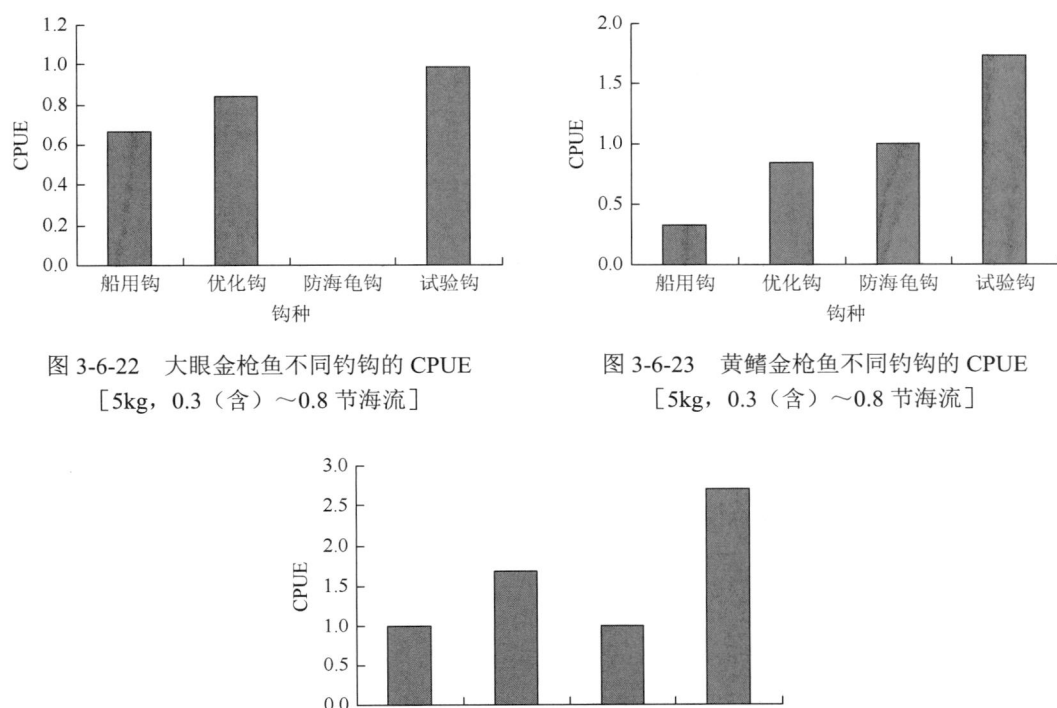

图 3-6-22　大眼金枪鱼不同钓钩的 CPUE
[5kg,0.3（含）~0.8 节海流]

图 3-6-23　黄鳍金枪鱼不同钓钩的 CPUE
[5kg,0.3（含）~0.8 节海流]

图 3-6-24　两种鱼总计时不同钓钩的 CPUE [5kg,0.3（含）~0.8 节海流]

总之，通过以上比较对于各种沉子在不同海流下是否使用的情况见表 3-6-3。

表 3-6-3　不同情况下沉子的配备情况

海流状况/节	沉子重量/kg	大眼金枪鱼较多时	黄鳍金枪鱼较多时	建议使用
0~0.3	2	用（8.620）*	用（0.862）*	试验钩
0~0.3	3	用（7.323）*	用（1.627）*	试验钩
0~0.3	4	不用	用（1.680）*	船用钩
0~0.3	5	不用	不用	船用钩
0.3（含）~0.8	2	不用	不用	船用钩
0.3（含）~0.8	3	用（1.778）*	不用	试验钩
0.3（含）~0.8	4	用（1.200）*	用（0.600）*	试验钩
0.3（含）~0.8	5	用（1.000）*	用（1.727）*	试验钩

* 括号中为上钩率（尾/千钩）数据

从表 3-6-3 中可得出，流速较低（0~0.3 节）时，大眼金枪鱼较多时，用 2kg 的沉子效果最好。流速较大 [0.3（含）~0.8 节] 时，大眼金枪鱼较多时，使用 3kg 沉子效果最好；黄鳍金枪鱼较多时，使用 5kg 沉子。

6.3 不同海流下试验渔具的上钩率比较

海流分为两个等级：0～0.3 节、0.3（含）～0.8 节；上钩率分为大眼金枪鱼、黄鳍金枪鱼和两种鱼合计 3 种情况。试验渔具按照 16 种组合。采用正交试验方法。

6.3.1 不分海流等级情况下

（1）两种金枪鱼合计 CPUE

16 种不同组合的钓具对应的 CPUE 见表 3-6-4，方差分析、试验结果见表 3-6-5。

表 3-6-4　不分海流等级情况下两种金枪鱼 16 种不同组合的钓具对应的 CPUE

试验号	重锤	带铅转环	沉铅	荧光管	大眼金枪鱼 CPUE	黄鳍金枪鱼 CPUE	两种鱼合计 CPUE
1	2kg	75g	3.75g	有	2.38	0.00	2.38
2	2kg	60g	3.75g	有	3.23	0.00	3.23
3	2kg	45g	11.25g	无	0.93	0.00	0.93
4	2kg	10g	11.25g	无	2.32	0.77	3.09
5	3kg	75g	3.75g	无	3.00	0.00	3.00
6	3kg	60g	3.75g	无	1.53	0.00	1.53
7	3kg	45g	11.25g	有	2.40	0.00	2.40
8	3kg	10g	11.25g	有	2.59	0.00	2.59
9	4kg	75g	11.25g	有	3.08	1.54	4.62
10	4kg	60g	11.25g	有	1.54	0.77	2.31
11	4kg	45g	3.75g	无	2.65	0.00	2.65
12	4kg	10g	3.75g	无	0.00	0.00	0.00
13	5kg	75g	11.25g	无	3.47	1.12	4.59
14	5kg	60g	11.25g	无	3.81	0.00	3.81
15	5kg	45g	3.75g	有	3.31	1.65	4.96
16	5kg	10g	3.75g	有	0.76	2.31	3.08

表 3-6-5　方差分析表

因素	偏差平方和	自由度	F 比	F 临界值	显著性
重锤	8.834	3	1.403	4.07	不显著
带铅转环	4.395	3	0.698	4.07	不显著
沉铅	0.77	1	0.367	5.32	不显著
荧光管	2.797	1	1.332	5.32	不显著
误差	16.8	8			
均值 1	2.407	3.647	2.604	3.241	
均值 2	2.38	2.72	3.042	2.405	
均值 3	2.395	2.735			
均值 4	4.11	2.19			
极差	1.73	1.457	0.438	0.836	

即不分海流等级情况下，4个因子对两种金枪鱼合计上钩率都无显著影响，但最优的组合为5kg重锤、75g带铅转环、11.25g的沉铅、有荧光管。

（2）大眼金枪鱼

大眼金枪鱼16种不同组合的钓具对应的CPUE见表3-6-4，方差分析、试验结果见表3-6-6。

表3-6-6　方差分析表

因素	偏差平方和	自由度	F比	F临界值	显著性
重锤	2.149	3	0.479	4.07	不显著
带铅转环	5.167	3	1.151	4.07	不显著
沉铅	0.668	1	0.446	5.32	不显著
荧光管	3.99	1	2.666	5.32	不显著
误差	11.97	8			
均值1	2.215	2.983	2.109	2.812	
均值2	2.38	2.527	2.517	1.814	
均值3	1.817	2.323			
均值4	2.84	1.42			
极差	1.023	1.563	0.408	0.998	

即不分海流等级情况下，4个因子对大眼金枪鱼上钩率都无显著的影响，但最优的组合为5kg重锤、75g带铅转环、11.25g的沉铅、有荧光管。

（3）黄鳍金枪鱼

黄鳍金枪鱼16种不同组合的钓具对应的CPUE见表3-6-4，方差分析、试验结果见表3-6-7。

表3-6-7　方差分析表

因素	偏差平方和	自由度	F比	F临界值	显著性
重锤	3.772	3	2.145	4.07	不显著
带铅转环	0.808	3	0.459	4.07	不显著
沉铅	0.004	1	0.007	5.32	不显著
荧光管	0.106	1	0.181	5.32	不显著
误差	4.69	8			
均值1	0.193	0.665	0.495	0.429	
均值2	0	0.193	0.525	0.591	
均值3	0.578	0.412			
均值4	1.27	0.77			
极差	1.27	0.577	0.03	0.162	

即不分海流等级情况下，4个因子对黄鳍金枪鱼上钩率的影响都不显著，但最优的组合为 5kg 重锤、10g 带铅转环、11.25g 的沉铅、无荧光管。

6.3.2 0~0.3节海流

（1）两种金枪鱼合计 CPUE

16 种不同组合的钓具对应的 CPUE 见表 3-6-8，方差分析、试验结果见表 3-6-9。

表 3-6-8　0~0.3 节海流情况下两种金枪鱼 16 种不同组合的钓具对应的 CPUE

试验号	重锤	带铅转环	沉铅	荧光管	大眼金枪鱼 CPUE	黄鳍金枪鱼 CPUE	合计 CPUE
1	2kg	75g	3.75g	有	3.72	0.00	3.72
2	2kg	60g	3.75g	有	8.13	0.00	8.13
3	2kg	45g	11.25g	无	1.81	0.00	1.81
4	2kg	10g	11.25g	无	4.12	1.37	5.49
5	3kg	75g	3.75g	无	6.80	0.00	6.80
6	3kg	60g	3.75g	无	1.75	0.00	1.75
7	3kg	45g	11.25g	有	2.86	0.00	2.86
8	3kg	10g	11.25g	有	3.25	0.00	3.25
9	4kg	75g	11.25g	有	5.34	3.56	8.90
10	4kg	60g	11.25g	有	1.77	0.00	1.77
11	4kg	45g	3.75g	无	4.98	0.00	4.98
12	4kg	10g	3.75g	无	0.00	0.00	0.00
13	5kg	75g	11.25g	无	2.83	0.47	3.30
14	5kg	60g	11.25g	无	6.97	0.00	6.97
15	5kg	45g	3.75g	有	3.03	0.00	3.03
16	5kg	10g	3.75g	有	1.36	0.00	1.36

表 3-6-9　方差分析表

因素	偏差平方和	自由度	F 比	F 临界值	显著性
重锤	3.408	3	0.222	4.07	不显著
带铅转环	24.463	3	1.596	4.07	不显著
沉铅	1.311	1	0.257	5.32	不显著
荧光管	11.696	1	2.289	5.32	不显著
误差	40.88	8			
均值 1	4.788	5.68	3.721	4.862	
均值 2	3.665	4.655	4.294	3.153	
均值 3	3.913	3.17			
均值 4	3.665	2.525			
极差	1.123	3.155	0.573	1.709	

即 0~0.3 节海流情况下，4 个因子对两种金枪鱼总上钩率的影响都不显著，但最优的组合为 2kg 重锤、75g 带铅转环、11.25g 的沉铅、有荧光管。

（2）大眼金枪鱼

大眼金枪鱼 16 种不同组合的钓具对应的 CPUE 见表 3-6-8，方差分析、试验结果见表 3-6-10。

表 3-6-10　方差分析表

因素	偏差平方和	自由度	F 比	F 临界值	显著性
重锤	4.14	3	0.374	4.07	不显著
带铅转环	17.752	3	1.603	4.07	不显著
沉铅	0.042	1	0.011	5.32	不显著
荧光管	7.59	1	2.057	5.32	不显著
误差	29.52	8			
均值 1	4.445	4.672	3.721	4.359	
均值 2	3.665	4.655	3.619	2.981	
均值 3	3.022	3.17			
均值 4	3.547	2.183			
极差	1.423	2.489	0.102	1.378	

即 0~0.3 节海流情况下，4 个因子对大眼金枪鱼上钩率都无显著的影响，最优的组合为 2kg 重锤、75g 带铅转环、3.75g（或者 11.25g）的沉铅、有荧光管。

（3）黄鳍金枪鱼

黄鳍金枪鱼 16 种不同组合的钓具对应的 CPUE 见表 3-6-8，方差分析、试验结果见表 3-6-11。

表 3-6-11　方差分析表

因素	偏差平方和	自由度	F 比	F 临界值	显著性
重锤	1.87	3	0.729	4.07	不显著
带铅转环	2.707	3	1.055	4.07	不显著
沉铅	1.822	1	2.131	5.32	不显著
荧光管	0.442	1	0.517	5.32	不显著
误差	6.84	8			
均值 1	0.343	1.008	0	0.504	
均值 2	0	0	0.675	0.171	
均值 3	0.89	0			
均值 4	0.117	0.343			
极差	0.89	1.008	0.675	0.333	

即 0~0.3 节海流情况下，4 个因子对黄鳍金枪鱼上钩率的影响都不显著，但最优的组合为 2kg 重锤、75g 带铅转环、11.25g 的沉铅、有荧光管。

6.3.3　0.3（含）~0.8 节海流

（1）两种金枪鱼合计 CPUE

16 种不同组合的钓具两种金枪鱼对应的 CPUE 见表 3-6-12，方差分析、试验结果见表 3-6-13。

表 3-6-12　0.3（含）~0.8 节海流情况下两种金枪鱼 16 种不同组合的钓具对应的 CPUE

试验号	重锤	带铅转环	沉铅	荧光管	大眼金枪鱼 CPUE	黄鳍金枪鱼 CPUE	合计 CPUE
1	2kg	75g	3.75g	有	1.38	0.00	1.38
2	2kg	60g	3.75g	有	0.00	0.00	0.00
3	2kg	45g	11.25g	无	0.00	0.00	0.00
4	2kg	10g	11.25g	无	0.00	0.00	0.00
5	3kg	75g	3.75g	无	0.00	0.00	0.00
6	3kg	60g	3.75g	无	1.35	0.00	1.35
7	3kg	45g	11.25g	有	1.81	0.00	1.81
8	3kg	10g	11.25g	有	1.84	0.00	1.84
9	4kg	75g	11.25g	有	1.36	0.00	1.36
10	4kg	60g	11.25g	有	1.36	1.36	2.72
11	4kg	45g	3.75g	无	0.00	0.00	0.00
12	4kg	10g	3.75g	无	0.00	0.00	0.00
13	5kg	75g	11.25g	无	0.84	0.84	1.69
14	5kg	60g	11.25g	无	1.35	0.00	1.35
15	5kg	45g	3.75g	有	3.64	3.64	7.27
16	5kg	10g	3.75g	有	0.00	5.34	5.34

表 3-6-13　方差分析表

因素	偏差平方和	自由度	F 比	F 临界值	显著性
重锤	29.51	3	2.304	4.07	不显著
带铅转环	3.142	3	0.245	4.07	不显著
沉铅	1.305	1	0.306	5.32	不显著
荧光管	0.205	1	0.048	5.32	不显著
误差	34.16	8			
均值 1	0.345	1.107	1.917	1.519	
均值 2	1.25	1.355	1.346	1.745	
均值 3	1.02	2.27			
均值 4	3.912	1.795			
极差	3.567	1.163	0.571	0.226	

即 0.3（含）～0.8 节海流情况下，4 个因子对两种金枪鱼上钩率的影响都不显著，但最优的组合为 5kg 重锤、45g 带铅转环、3.75g 的沉铅、无荧光管。

（2）大眼金枪鱼

大眼金枪鱼 16 种不同组合的钓具对应的 CPUE 见表 3-6-12，方差分析、试验结果见表 3-6-14。

表 3-6-14　方差分析表

因素	偏差平方和	自由度	F比	F临界值	显著性
重锤	3.141	3	1.262	4.07	不显著
带铅转环	1.665	3	0.669	4.07	不显著
沉铅	0.3	1	0.362	5.32	不显著
荧光管	1.531	1	1.845	5.32	不显著
误差	6.64	8			
均值 1	0.345	0.895	0.796	1.243	
均值 2	1.25	1.015	1.07	0.624	
均值 3	0.68	1.363			
均值 4	1.458	0.46			
极差	1.113	0.903	0.274	0.619	

即 0.3（含）～0.8 节海流情况下，4 个因子对大眼金枪鱼上钩率的影响都不显著，但最优的组合为 5kg 重锤、45g 带铅转环、11.25g 沉铅、有荧光管。

（3）黄鳍金枪鱼

黄鳍金枪鱼 16 种不同组合的钓具对应的 CPUE 见表 3-6-12，方差分析、试验结果见表 3-6-15。

表 3-6-15　方差分析表

因素	偏差平方和	自由度	F比	F临界值	显著性
重锤	16.758	3	1.734	4.07	不显著
带铅转环	3.268	3	0.338	4.07	不显著
沉铅	2.873	1	0.892	5.32	不显著
荧光管	2.873	1	0.892	5.32	不显著
误差	25.77	8			
均值 1	0	0.21	1.123	0.275	
均值 2	0	0.34	0.275	1.123	
均值 3	0.34	0.91			
均值 4	2.455	1.335			
极差	2.455	1.125	0.848	0.848	

即 0.3（含）~0.8 节海流情况下，4 个因子对黄鳍金枪鱼上钩率都没有显著的影响，最优的组合为 5kg 重锤、10g 带铅转环、3.75g 沉铅、无荧光管。

6.4 不同海流下试验渔具（无重锤）的上钩率比较

海流分为两个等级：0~0.3 节、0.3（含）~0.8 节；上钩率分为大眼金枪鱼及大眼金枪鱼和黄鳍金枪鱼两种鱼合计两种情况。试验渔具按照 16 种组合。采用正交试验方法。

6.4.1 不分海流

（1）两种金枪鱼合计

16 种不同组合的钓具两种金枪鱼对应的 CPUE 见表 3-6-16，方差分析、试验结果见表 3-6-17。

表 3-6-16　不分海流等级情况下两种金枪鱼 16 种不同组合的钓具对应的 CPUE

试验号	带铅转环	沉铅	荧光管	大眼金枪鱼 CPUE	两种鱼合计 CPUE
1	75g	3.75g	有	1.96	1.96
2	60g	3.75g	有	0	0
3	45g	11.25g	无	4.37	4.37
4	10g	11.25g	无	5.22	6.96
5	75g	3.75g	无	1.83	1.83
6	60g	3.75g	无	9.28	9.28
7	45g	11.25g	有	5.44	7.26
8	10g	11.25g	有	11.93	13.92
9	75g	11.25g	有	7.55	9.43
10	60g	11.25g	有	9.43	11.32
11	45g	3.75g	无	4.12	4.12
12	10g	3.75g	无	7.62	7.62
13	75g	11.25g	无	3.82	3.82
14	60g	11.25g	无	3.75	3.75
15	45g	3.75g	有	6.12	8.16
16	10g	3.75g	有	3.40	5.10

表 3-6-17　方差分析表

因素	偏差平方和	自由度	F 比	F 临界值	显著性
带铅转环	34.657	3	0.706	5.41	不显著
沉铅	32.376	1	1.978	6.61	不显著

续表

因素	偏差平方和	自由度	F 比	F 临界值	显著性
荧光管	14.822	1	0.905	6.61	不显著
误差	81.86	5			
均值 1	4.26	4.759	7.144		
均值 2	6.088	7.604	5.219		
均值 3	5.978				
均值 4	8.4				
极差	4.14	2.845	1.925		

分析表明：3 个因子之间的差异都不显著，沉铅的影响略大。最优组合为 10g 带铅转环、11.25g 沉铅和有荧光管的试验钩。

（2）大眼金枪鱼

16 种不同组合的钓具大眼金枪鱼对应的 CPUE 见表 3-6-16，方差分析、试验结果见表 3-6-18。

表 3-6-18 方差分析表

因素	偏差平方和	自由度	F 比	F 临界值	显著性
带铅转环	21.926	3	0.86	5.41	不显著
沉铅	18.447	1	2.171	6.61	不显著
荧光管	2.117	1	0.249	6.61	不显著
误差	42.49	5			
均值 1	4.26	4.759	7.144		
均值 2	6.088	7.604	5.219		
均值 3	5.978				
均值 4	8.4				
极差	4.14	2.845	1.925		

分析表明由于黄鳍金枪鱼上钩率较低，大眼金枪鱼的分析结果与大眼金枪鱼、黄鳍金枪鱼合计的分析结果基本相同。最优组合为 10g 带铅转环、11.25g 沉铅和有荧光管的试验钩。

6.4.2　0～0.3 节海流

（1）两种金枪鱼合计

16 种不同组合的钓具两种金枪鱼对应的 CPUE 见表 3-6-19，方差分析、试验结果见表 3-6-20。

表 3-6-19　0～0.3 节海流等级情况下两种金枪鱼 16 种不同组合的钓具对应的 CPUE

试验号	带铅转环	沉铅	荧光管	大眼金枪鱼 CPUE	两种鱼合计 CPUE
1	75g	3.75g	有	3.15	3.15
2	60g	3.75g	有	0	0
3	45g	11.25g	无	9.09	9.09
4	10g	11.25g	无	6.29	9.43
5	75g	3.75g	无	0	0
6	60g	3.75g	无	14.71	14.71
7	45g	11.25g	有	6.67	10.00
8	10g	11.25g	有	19.53	23.44
9	75g	11.25g	有	9.01	12.01
10	60g	11.25g	有	15.02	18.02
11	45g	3.75g	无	8.13	8.13
12	10g	3.75g	无	14.49	14.49
13	75g	11.25g	无	6.12	6.12
14	60g	11.25g	无	5.95	5.95
15	45g	3.75g	有	8.33	8.33
16	10g	3.75g	有	6.02	6.02

表 3-6-20　方差分析表

因素	偏差平方和	自由度	F 比	F 临界值	显著性
带铅转环	21.926	3	0.86	5.41	不显著
沉铅	18.447	1	2.171	6.61	不显著
荧光管	2.117	1	0.249	6.61	不显著
误差	42.49	5			
均值 1	4.26	4.759	7.144		
均值 2	6.088	7.604	5.219		
均值 3	5.978				
均值 4	8.4				
极差	4.14	2.845	1.925		

分析表明：在 0～0.3 节海流下 3 个因子对大眼金枪鱼和黄鳍金枪鱼总计的 CPUE 没有显著的影响，沉铅的影响略大。最优组合同样为 10g 带铅转环、11.25g 沉铅和有荧光管的试验钩。

（2）大眼金枪鱼

16 种不同组合的钓具大眼金枪鱼对应的 CPUE 见表 3-6-19，方差分析、试验结果见表 3-6-21。

表 3-6-21　方差分析表

因素	偏差平方和	自由度	F 比	F 临界值	显著性
带铅转环	100.523	3	1.253	5.41	不显著
沉铅	32.633	1	1.22	6.61	不显著
荧光管	0.544	1	0.02	6.61	不显著
误差	133.7	5			
均值 1	4.57	6.854	8.466		
均值 2	8.92	9.71	8.098		
均值 3	8.055				
均值 4	11.582				
极差	7.012	2.856	0.368		

分析表明由于黄鳍金枪鱼上钩率较低，大眼金枪鱼的分析结果与大眼金枪鱼和黄鳍金枪鱼合计的分析结果基本相同。只是带铅转环的因子影响略大。最优组合同样为 10g 带铅转环、11.25g 沉铅和有荧光管的试验钩。

6.4.3　0.3（含）～0.8 节

（1）两种金枪鱼合计

16 种不同组合的钓具两种金枪鱼对应的 CPUE 见表 3-6-22，方差分析、试验结果见表 3-6-23。

表 3-6-22　0.3（含）～0.8 节海流等级情况下两种金枪鱼 16 种不同组合的钓具对应的 CPUE

试验号	带铅转环	沉铅	荧光管	大眼金枪鱼 CPUE	两种鱼合计 CPUE
1	75g	3.75g	有	0	0
2	60g	3.75g	有	0	0
3	45g	11.25g	无	0	0
4	10g	11.25g	无	3.89	3.89
5	75g	3.75g	无	5	5
6	60g	3.75g	无	0	0
7	45g	11.25g	有	3.98	3.98
8	10g	11.25g	有	4.05	4.05
9	75g	11.25g	有	5.08	5.08
10	60g	11.25g	有	0	0
11	45g	3.75g	无	0	0
12	10g	3.75g	无	0	0
13	75g	11.25g	无	0	0
14	60g	11.25g	无	0	0
15	45g	3.75g	有	4	8
16	10g	3.75g	有	0	3.91

表 3-6-23　方差分析表

因素	偏差平方和	自由度	F 比	F 临界值	显著性
带铅转环	24.502	3	1.002	5.41	不显著
沉铅	0.001	1	0	6.61	不显著
荧光管	16.241	1	1.993	6.61	不显著
误差	40.74	5			
均值 1	2.52	2.112	3.126		
均值 2	0	2.125	1.111		
均值 3	2.995				
均值 4	2.96				
极差	2.995	0.013	2.015		

0.3（含）～0.8 节海流的情况下，同样，3 个因子对总 CPUE 的影响不大，荧光管的影响略大，最优组合为 45g 带铅转环、3.75g（或 11.25g）沉铅、有荧光管的实验组合。

（2）大眼金枪鱼

16 种不同组合的钓具大眼金枪鱼对应的 CPUE 见表 3-6-22，方差分析、试验结果见表 3-6-24。

表 3-6-24　方差分析表

因素	偏差平方和	自由度	F 比	F 临界值	显著性
带铅转环	14.833	3	1.072	5.41	不显著
沉铅	4	1	0.867	6.61	不显著
荧光管	4.223	1	0.916	6.61	不显著
误差	23.06	5			
均值 1	2.52	1.125	2.139		
均值 2	0	2.125	1.111		
均值 3	1.995				
均值 4	1.985				
极差	2.52	1	1.028		

0.3（含）～0.8 节海流的情况下，3 个因子对大眼的 CPUE 影响不显著，带铅转环的影响略大，最优组合为 75g 带铅转环、11.25g 的沉铅和有荧光管的实验组合。

7　大眼金枪鱼和黄鳍金枪鱼的栖息环境

本部分内容根据测定的数据分为两部分：7.1 部分没有利用三维海流计的数据进行分析，但使用了钓具在海中的漂移速度和漂移方向数据；7.2 部分利用了三维海流计测定的数据，未使用钓具在海中的漂移速度和漂移方向数据。

7.1 应用漂移速度拟合钓钩深度计算模型分析大眼（黄鳍）金枪鱼的栖息环境

运用 SPSS 软件[3]，采用多元线性逐步回归的方法建立 2006 年 10 月 1 日至 11 月 30 日测定的 288 枚钓钩的实际平均深度（$\bar{D}$）与理论深度（D_T）的关系模型。模型分为正常作业钓具（根据 150 枚钓钩拟合）和试验作业钓具（根据 138 枚钓钩拟合）两部分。

正常作业钓钩深度计算采用模型为

$$Y = 144.927 + 0.651X_1 - 344.459X_3 - 96.926X_4, R = 0.858 \quad (3\text{-}7\text{-}1)$$

式中，Y 为拟合钓钩深度；X_1 为理论深度；X_3 为钓具漂移速度（表层流速）；X_4 为风流合压角正弦值。

试验钓具作业钓钩深度计算采用模型为

$$Y = 161.13 + 0.439X_1 - 261.07X_4 - 49.524X_5, R = 0.632 \quad (3\text{-}7\text{-}2)$$

式中，Y 为拟合钓钩深度；X_1 为理论深度；X_4 为钓具漂移速度（表层流速）；X_5 为风流合压角正弦值。

7.1.1 大眼金枪鱼的栖息环境

调查期间，共测定了 216 尾大眼金枪鱼的上钩钩号。分析大眼金枪鱼 CPUE 与拟合深度的关系时，用到全部 216 尾鱼；分析大眼金枪鱼 CPUE 与水温、盐度、叶绿素浓度、含氧量、三维海流、水平海流的关系时，用到其中的 187 尾。

7.1.1.1 大眼金枪鱼的栖息水层

大眼金枪鱼 CPUE 与钓钩拟合深度的关系见图 3-7-1。

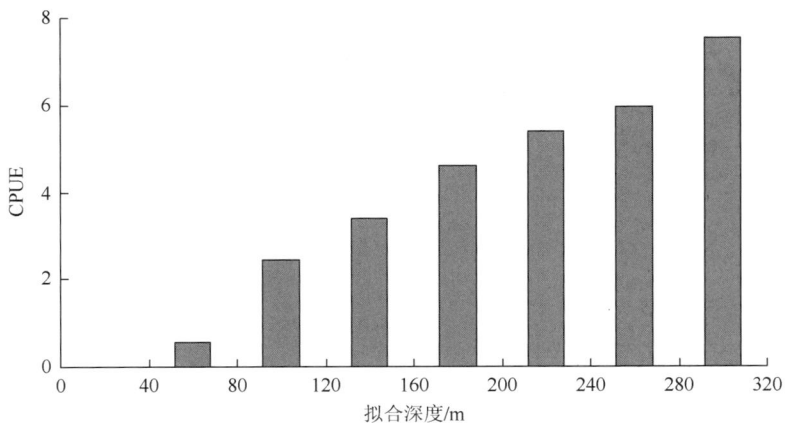

图 3-7-1　调查期间大眼金枪鱼 CPUE 与拟合深度的关系

由图 3-7-1 得，大眼金枪鱼的上钩率随着深度的增加而上升，上钩率最高的水层为 280～320m（7.53 尾/千钩）。

7.1.1.2 大眼金枪鱼的栖息水温

大眼金枪鱼 CPUE 与水温的关系见图 3-7-2。

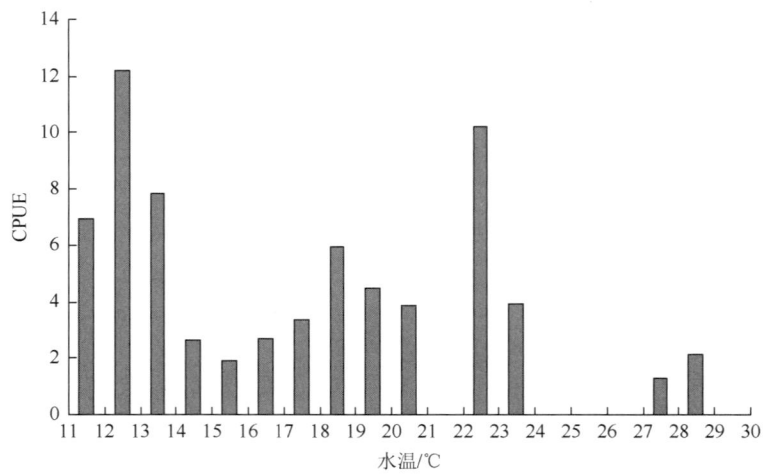

图 3-7-2　调查期间大眼金枪鱼 CPUE 与水温的关系

由图 3-7-2 可得，大眼金枪鱼 CPUE 较高（6.92 尾/千钩以上）的水温段为 11～14℃，CPUE 最高（12.19 尾/千钩）的水温段为 12～13℃，22～23℃仅有 2 尾鱼上钩，偶然性较大，不作进一步的分析。

7.1.1.3 大眼金枪鱼的栖息盐度

大眼金枪鱼 CPUE 与盐度的关系见图 3-7-3。

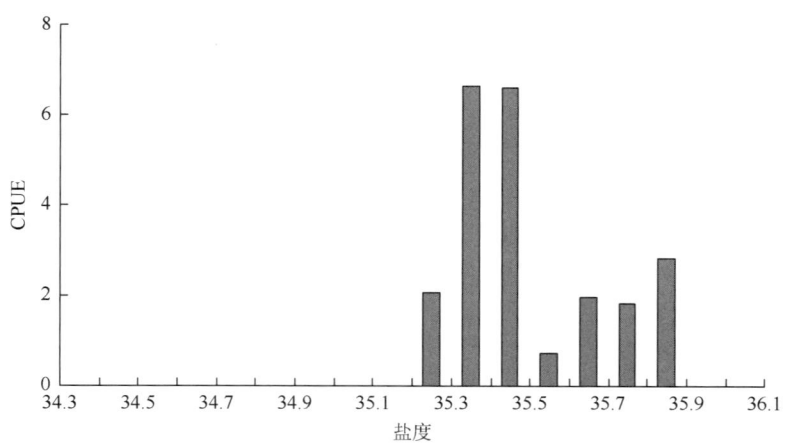

图 3-7-3　调查期间大眼金枪鱼 CPUE 与盐度的关系

由图 3-7-3 可得，大眼金枪鱼 CPUE 较高的盐度段为 35.3～35.5，CPUE 最高（6.62 尾/千钩）的盐度段为 35.3～35.4。由于 35.7 以上取样尾数过少（共 3 尾），特殊性较大，不作进一步的分析。

7.1.1.4 大眼金枪鱼的栖息叶绿素浓度

大眼金枪鱼 CPUE 与叶绿素浓度的关系见图 3-7-4。

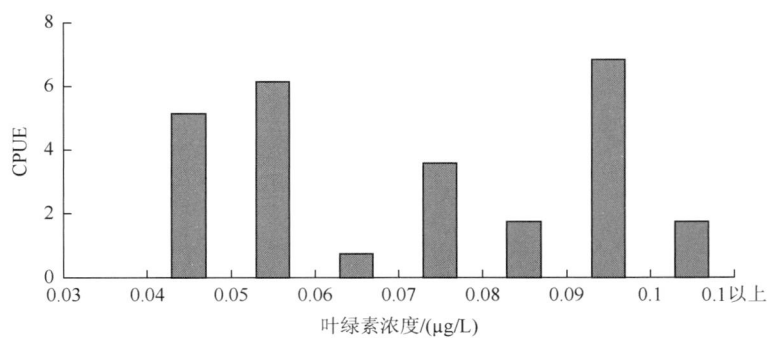

图 3-7-4　调查期间大眼金枪鱼 CPUE 与叶绿素浓度的关系

由图 3-7-4 得，大眼金枪鱼 CPUE 较高（5.70 尾/千钩以上）的叶绿素浓度为 0.04～0.06μg/L 和 0.09～0.1μg/L。CPUE 最高（6.86 尾/千钩）的叶绿素浓度为 0.09～0.1μg/L。

7.1.1.5 大眼金枪鱼的栖息含氧量

大眼金枪鱼 CPUE 与含氧量的关系见图 3-7-5。

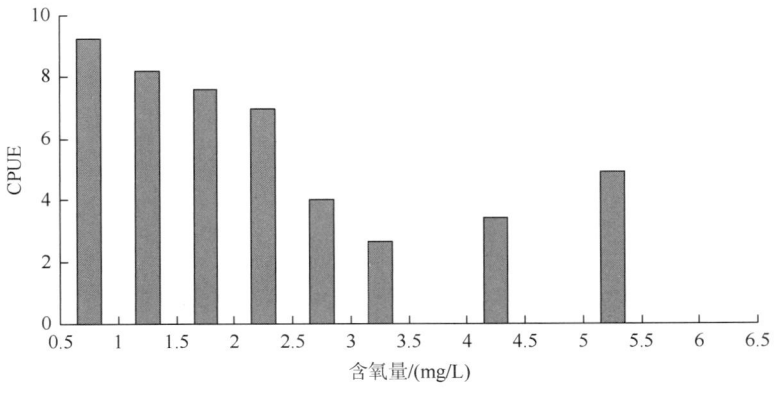

图 3-7-5　调查期间大眼金枪鱼 CPUE 与含氧量的关系

由图 3-7-5 可得，大眼金枪鱼 CPUE 较高（6.98 尾/千钩以上）的含氧量范围为 0.5～2.5mg/L，CPUE 最高（9.24 尾/千钩）的含氧量范围为 0.5～1mg/L。

7.1.1.6 大眼金枪鱼的栖息南北向海流

大眼金枪鱼 CPUE 与南北向海流的关系见图 3-7-6。

由图 3-7-6 得，大眼金枪鱼 CPUE 较高（6.90 尾/千钩以上）的南北向海流段为 0～0.2m/s，大眼金枪鱼 CPUE 最高（6.93 尾/千钩）的海流段为 0～0.1m/s。

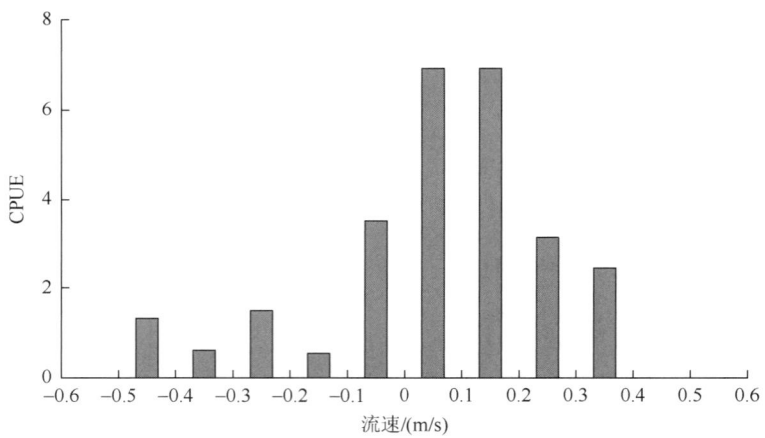

图 3-7-6　大眼金枪鱼 CPUE 与南北向海流的关系

7.1.1.7　大眼金枪鱼的栖息东西向海流

大眼金枪鱼 CPUE 与东西向海流的关系见图 3-7-7。

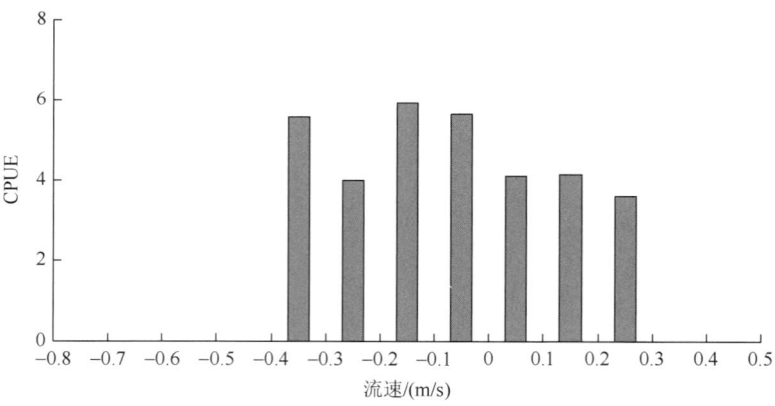

图 3-7-7　大眼金枪鱼 CPUE 与东西向海流的关系

由图 3-7-7 得，东西向海流流速不同时，大眼金枪鱼 CPUE 较为平均，主要分布在 $-0.4\sim$ 0.3m/s 的海流环境中。

7.1.1.8　大眼金枪鱼的栖息垂向海流

大眼金枪鱼 CPUE 与垂向海流的关系见图 3-7-8。

由图 3-7-8 得，除 $-0.04\sim-0.03$m/s 段内的 CPUE 明显较高（11.52 尾/千钩）外，其他各垂直海流段内的大眼金枪鱼 CPUE 相差不大。

7.1.1.9　大眼金枪鱼的栖息水平海流

大眼金枪鱼 CPUE 与水平海流的关系见图 3-7-9。

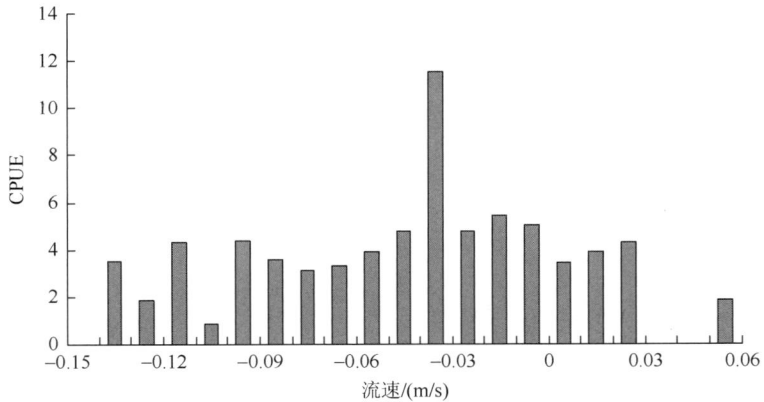

图 3-7-8　大眼金枪鱼 CPUE 与垂向海流的关系

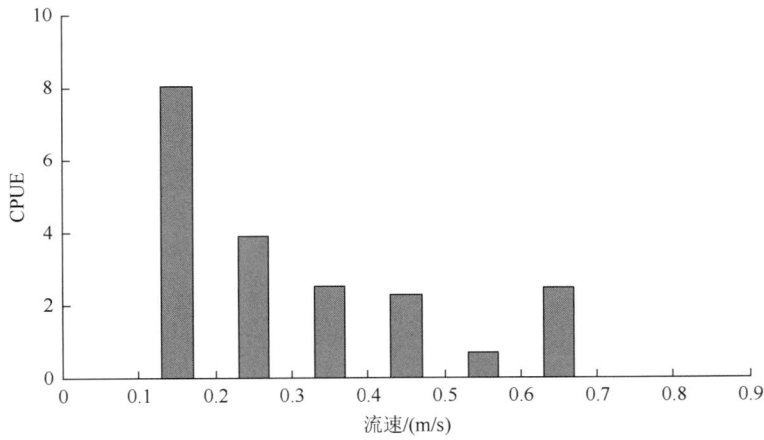

图 3-7-9　大眼金枪鱼 CPUE 与水平海流的关系

由图 3-7-9 得，随着水平流速的增加，大眼金枪鱼 CPUE 呈下降趋势。最高 CPUE（8.07 尾/千钩）对应的水平流速段为 0.1~0.2m/s。

7.1.2　黄鳍金枪鱼的栖息环境

调查期间，共测定了 33 尾黄鳍金枪鱼的上钩钩号。分析黄鳍金枪鱼 CPUE 与拟合深度的关系时，用到全部 33 尾鱼；分析黄鳍金枪鱼 CPUE 与水温、盐度、叶绿素浓度、含氧量的关系时，用到其中的 26 尾；分析黄鳍金枪鱼 CPUE 与三维海流、水平海流的关系时，用到其中的 27 尾。

7.1.2.1　黄鳍金枪鱼的栖息水层

黄鳍金枪鱼 CPUE 与钓钩拟合深度的关系见图 3-7-10。

从图 3-7-10 得出：黄鳍金枪鱼 CPUE 较高（0.85 尾/千钩以上）的水层为 80~200m，黄鳍金枪鱼 CPUE 最高（1.32 尾/千钩）的水层为 160~200m，一般认为 80~180m 水层可取得较高的 CPUE。

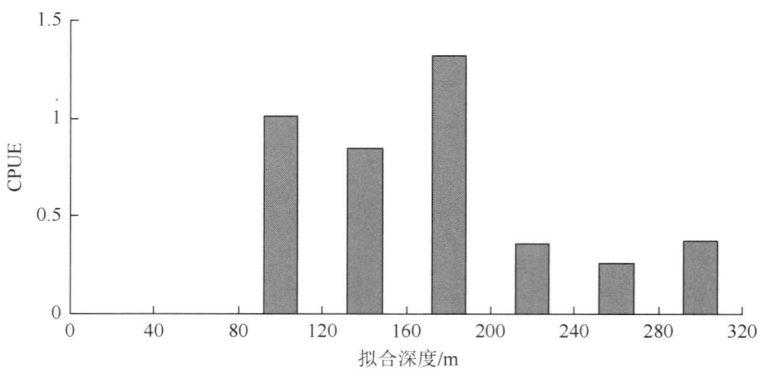

图 3-7-10　黄鳍金枪鱼 CPUE 与拟合深度的关系

7.1.2.2　黄鳍金枪鱼的栖息水温

黄鳍金枪鱼 CPUE 与水温的关系见图 3-7-11。

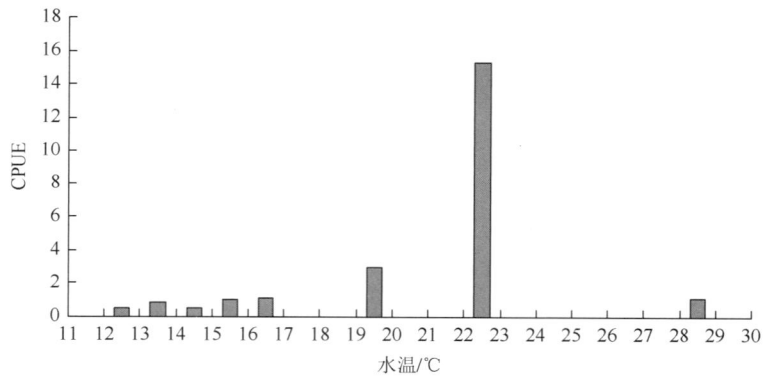

图 3-7-11　黄鳍金枪鱼 CPUE 与水温的关系

从图 3-7-11 得出，黄鳍金枪鱼 CPUE 最高（15.25 尾/千钩）的水温为 22~23℃，其次为 19~20℃。可能因为取样过少，CPUE 随温度的变化趋势不明显，一般认为 16~21℃ 能够取得较高的 CPUE。

7.1.2.3　黄鳍金枪鱼的栖息盐度

黄鳍金枪鱼 CPUE 与盐度的关系见图 3-7-12。

从图 3-7-12 得出，黄鳍金枪鱼 CPUE 主要分布的盐度段为 35.3~35.7，黄鳍金枪鱼 CPUE 最高（0.99 尾/千钩）的盐度为 35.6~35.7，一般认为 35.4~35.8 能够取得较高的 CPUE。

7.1.2.4　黄鳍金枪鱼的栖息叶绿素浓度

黄鳍金枪鱼 CPUE 与叶绿素浓度的关系见图 3-7-13。

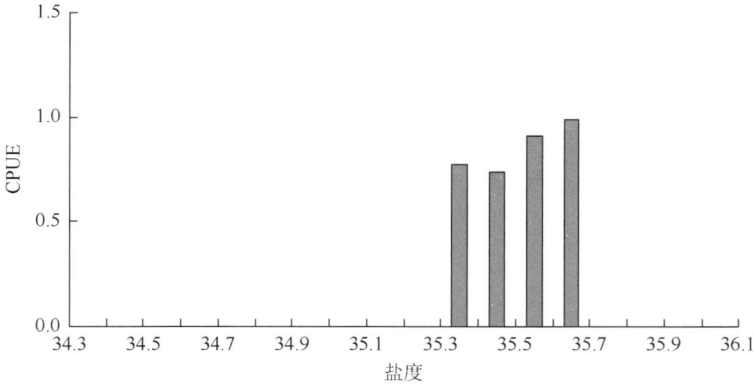

图 3-7-12　黄鳍金枪鱼 CPUE 与盐度的关系

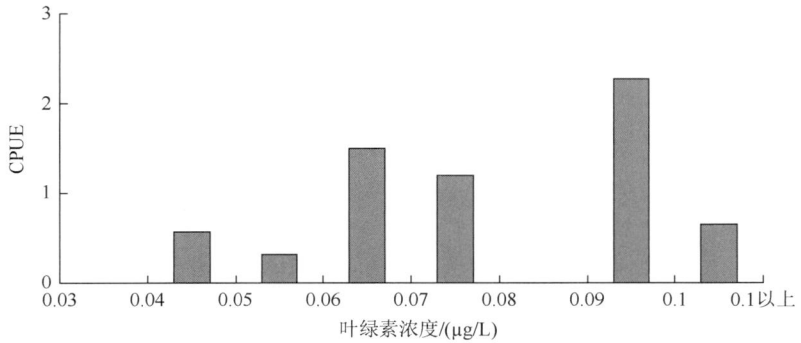

图 3-7-13　黄鳍金枪鱼 CPUE 与叶绿素浓度的关系

从图 3-7-13 得出，黄鳍金枪鱼 CPUE 较高（1.20 尾/千钩以上）的叶绿素浓度为 0.06～0.08μg/L，黄鳍金枪鱼 CPUE 最高（2.29 尾/千钩）的叶绿素浓度为 0.09～0.1μg/L（在温跃层的底部），一般认为 0.05～0.06μg/L（较为特殊，在温跃层的底部，比 0.09～0.1μg/L 时为深）能够取得较高的 CPUE，一般黄鳍金枪鱼在温跃层内活动。

7.1.2.5　黄鳍金枪鱼的栖息含氧量

黄鳍金枪鱼 CPUE 与含氧量的关系见图 3-7-14。

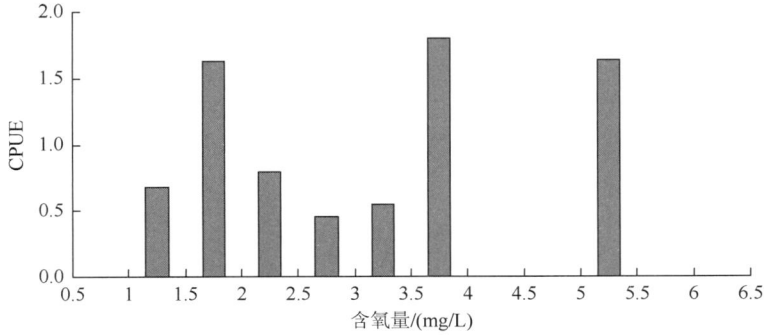

图 3-7-14　黄鳍金枪鱼 CPUE 与含氧量的关系

从图 3-7-14 得出，黄鳍金枪鱼 CPUE 最高（1.80 尾/千钩）的含氧量为 3.5～4mg/L。

7.1.2.6 黄鳍金枪鱼的栖息南北向海流

黄鳍金枪鱼 CPUE 与南北向海流的关系见图 3-7-15。

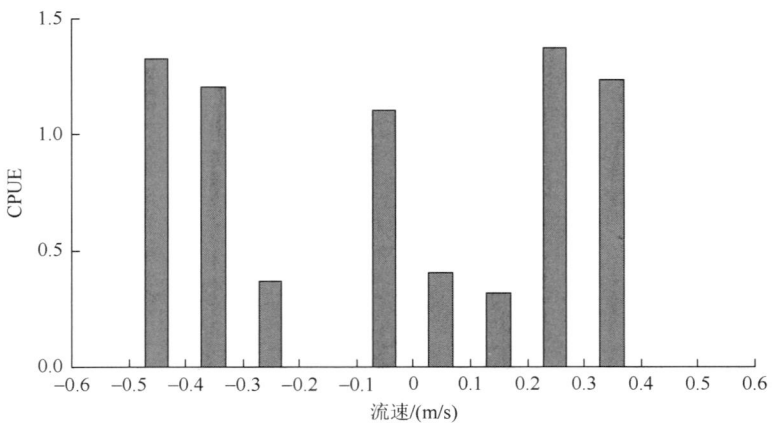

图 3-7-15　黄鳍金枪鱼 CPUE 与南北向海流的关系

由图 3-7-15 可得，黄鳍金枪鱼 CPUE 较高（1.10 尾/千钩以上）的南北向海流段有 3 个：–0.5～0.3m/s、–0.1～0m/s 和 0.2～0.4m/s，黄鳍金枪鱼 CPUE 最高（1.37 尾/千钩）的海流段为 0.2～0.3m/s。

7.1.2.7 黄鳍金枪鱼的栖息东西向海流

黄鳍金枪鱼 CPUE 与东西向海流的关系见图 3-7-16。

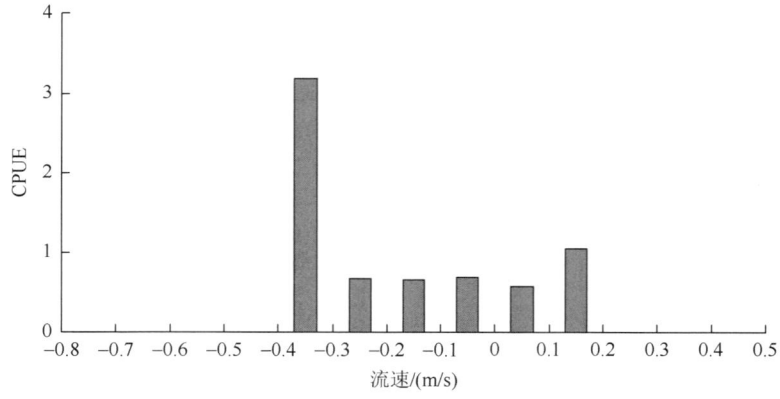

图 3-7-16　黄鳍金枪鱼 CPUE 与东西向海流的关系

由图 3-7-16 可得，黄鳍金枪鱼 CPUE 最高（3.19 尾/千钩）的东西向海流段为–0.4～–0.3m/s，其他东西向海流段的 CPUE 均较低，低于 1 尾/千钩。

7.1.2.8 黄鳍金枪鱼的栖息垂向海流

黄鳍金枪鱼 CPUE 与垂向海流的关系见图 3-7-17。

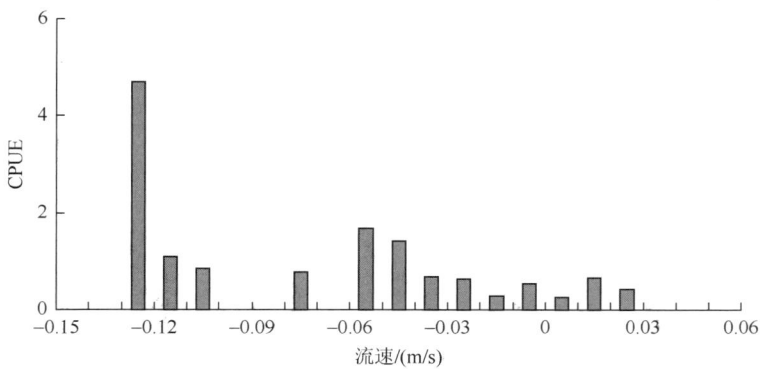

图 3-7-17　黄鳍金枪鱼 CPUE 与垂向海流的关系

由图 3-7-17 得，黄鳍金枪鱼 CPUE 较高（1.08 尾/千钩以上）的垂直海流段有两个，即 $-0.13 \sim -0.11$ m/s 和 $-0.06 \sim -0.04$ m/s，黄鳍金枪鱼 CPUE 最高（4.69 尾/千钩）的海流段为 $-0.13 \sim -0.12$ m/s。

7.1.2.9 黄鳍金枪鱼的栖息水平海流

黄鳍金枪鱼 CPUE 与水平海流的关系见图 3-7-18。

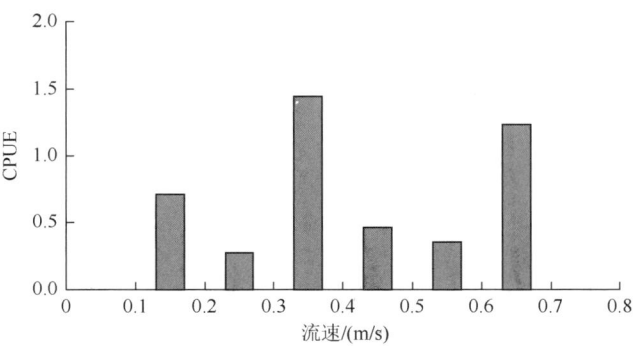

图 3-7-18　黄鳍金枪鱼 CPUE 与水平海流的关系

由图 3-7-18 得，黄鳍金枪鱼 CPUE 最高（1.44 尾/千钩）的水平流速段为 $0.3 \sim 0.4$ m/s，其他上钩率均较低，$0.6 \sim 0.7$ m/s 取样得到的尾数只有 1 尾，有较大的特殊性，故对于这一尾鱼不作进一步的分析。

7.2　应用流剪切系数拟合钓钩深度计算模型分析大眼（黄鳍）金枪鱼的栖息环境

运用 SPSS 软件[3]，采用多元线性逐步回归的方法建立 2006 年 10 月 1 日至 11 月 30

日测定的 280 枚钓钩的实际平均深度（$\bar{D}$）与理论深度（D_T）的关系模型。模型分为正常作业钓具（根据 142 枚钓钩拟合）和试验作业钓具（根据 138 枚钓钩拟合）两部分。

正常作业钓钩深度计算采用模型为

$$Y = -390.572 + 0.649X_1 - 183.724X_3 - 88.293X_4, R = 0.833 \qquad (3\text{-}7\text{-}3)$$

式中，Y 为拟合钓钩深度；X_1 为理论深度；X_3 为流剪切系数；X_4 为风流合压角正弦值。

试验钓具钓钩深度计算采用模型为

$$Y = -441.921 + 0.616X_1 - 197.708X_4 - 43.891X_5, R = 0.659 \qquad (3\text{-}7\text{-}4)$$

式中，Y 为拟合钓钩深度；X_1 为理论深度；X_4 为流剪切系数；X_5 为风流合压角正弦值。

7.2.1 大眼金枪鱼的栖息环境

调查期间，共测定了 216 尾大眼金枪鱼的上钩钩号。分析大眼金枪鱼 CPUE 与栖息水深、水温、盐度、叶绿素浓度、含氧量、三维海流、水平海流的关系时，用到其中的 189 尾。

7.2.1.1 大眼金枪鱼的栖息水层

大眼金枪鱼 CPUE 与钓钩拟合深度的关系见图 3-7-19。

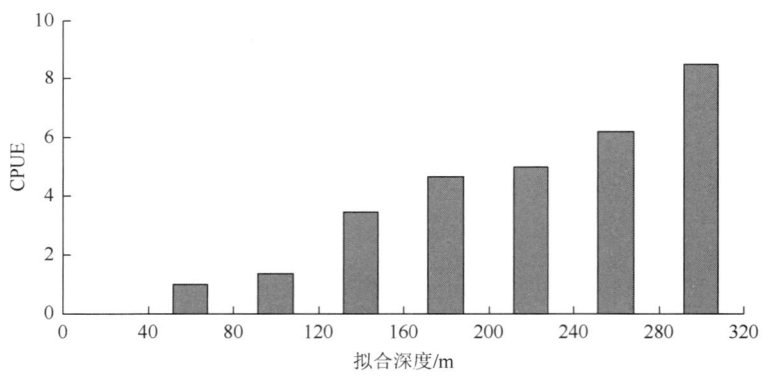

图 3-7-19　调查期间大眼金枪鱼 CPUE 与拟合深度的关系

由图 3-7-19 得，大眼金枪鱼的上钩率随着深度的增加而上升，上钩率最高的水层为 280～320m（8.45 尾/千钩）。

7.2.1.2 大眼金枪鱼的栖息水温

大眼金枪鱼 CPUE 与水温的关系见图 3-7-20。

由图 3-7-20 可得，大眼金枪鱼 CPUE 较高（6.04 尾/千钩以上）的水温段为 11～14℃，CPUE 最高（12.84 尾/千钩）的水温段为 12～13℃。

7.2.1.3 大眼金枪鱼的栖息盐度

大眼金枪鱼 CPUE 与盐度的关系见图 3-7-21。

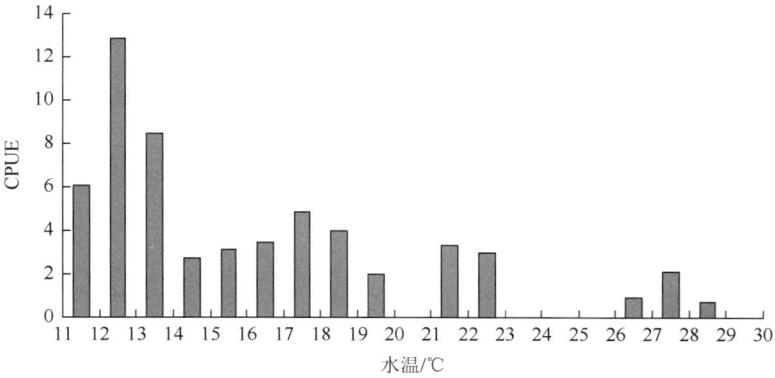

图 3-7-20　调查期间大眼金枪鱼 CPUE 与水温的关系

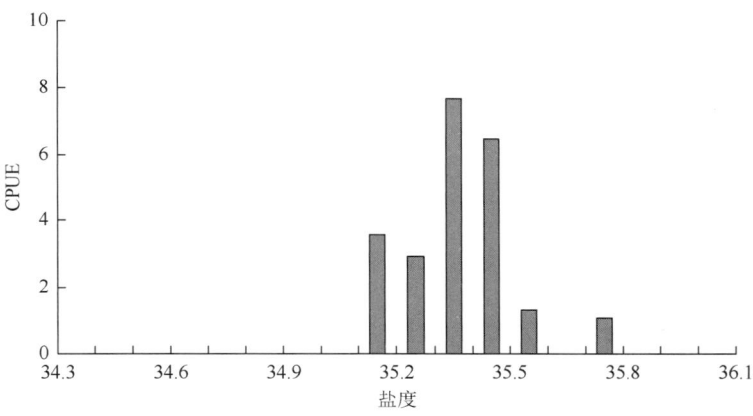

图 3-7-21　调查期间大眼金枪鱼 CPUE 与盐度的关系

由图 3-7-21 可得，大眼金枪鱼 CPUE 较高（6.46 尾/千钩以上）的盐度段为 35.3～35.5，CPUE 最高（7.70 尾/千钩）的盐度段为 35.3～35.4。

7.2.1.4　大眼金枪鱼的栖息叶绿素浓度

大眼金枪鱼 CPUE 与叶绿素浓度的关系见图 3-7-22。

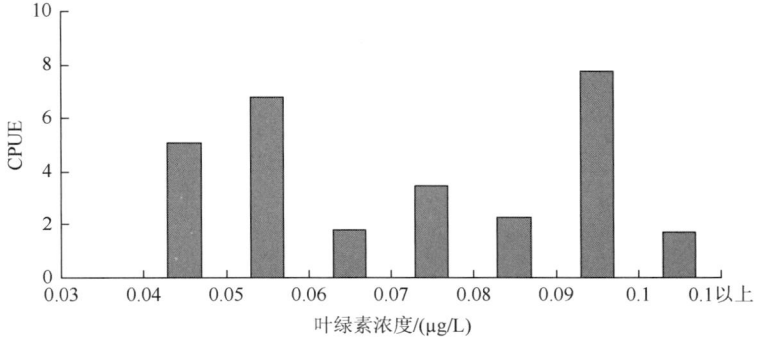

图 3-7-22　调查期间大眼金枪鱼 CPUE 与叶绿素浓度的关系

由图 3-7-22 得，大眼金枪鱼 CPUE 较高（5.11 尾/千钩以上）的叶绿素浓度为 0.04～0.06μg/L 和 0.09～0.1μg/L，CPUE 最高（7.76 尾/千钩）的叶绿素浓度为 0.09～0.1μg/L。

7.2.1.5 大眼金枪鱼的栖息含氧量

大眼金枪鱼 CPUE 与含氧量的关系见图 3-7-23。

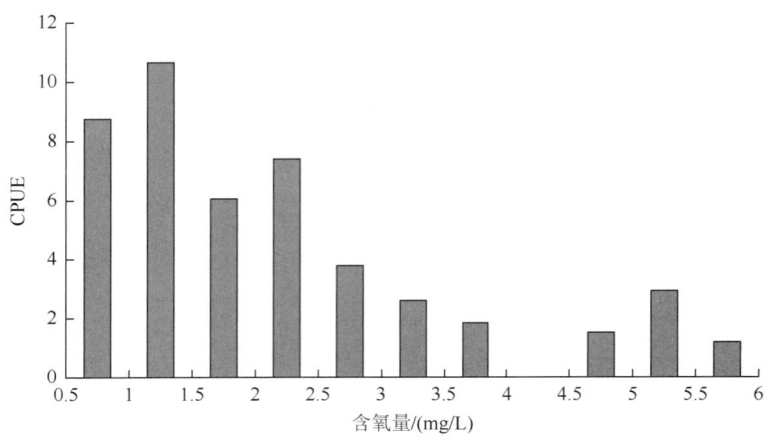

图 3-7-23 调查期间大眼金枪鱼 CPUE 与含氧量的关系

由图 3-7-23 可得，大眼金枪鱼 CPUE 较高（6.05 尾/千钩以上）的含氧量为 0.5～2.5mg/L，CPUE 最高（10.67 尾/千钩）的含氧量为 1～1.5mg/L。

7.2.1.6 大眼金枪鱼的栖息南北向海流

大眼金枪鱼 CPUE 与南北向海流的关系见图 3-7-24。

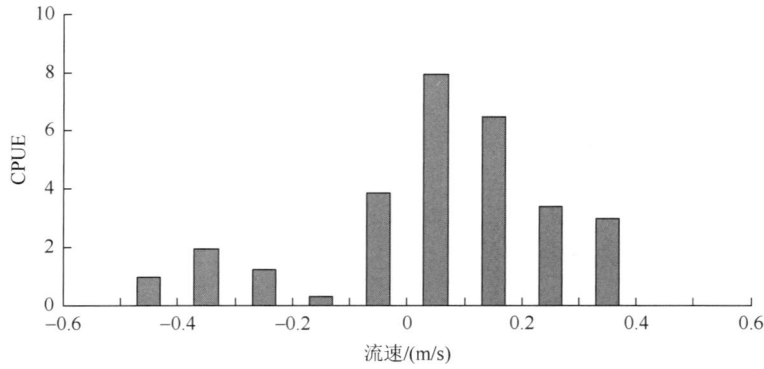

图 3-7-24 大眼金枪鱼 CPUE 与南北向海流之间的关系

由图 3-7-24 得，大眼金枪鱼 CPUE 较高（3.38 尾/千钩以上）的南北向海流段为–0.1～0.3m/s，CPUE 最高（7.97 尾/千钩）的南北向海流段为 0～0.1m/s。

7.2.1.7 大眼金枪鱼的栖息东西向海流

大眼金枪鱼 CPUE 与东西向海流的关系见图 3-7-25。

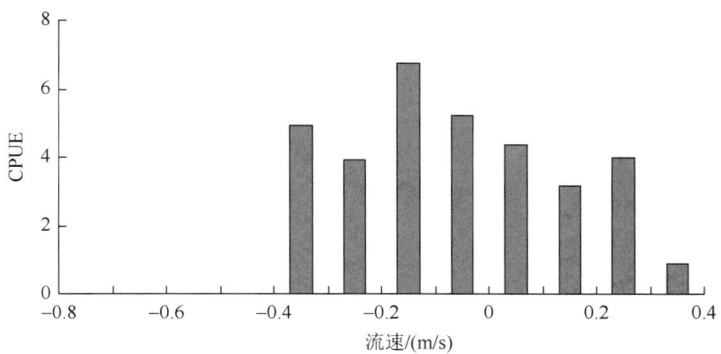

图 3-7-25 大眼金枪鱼 CPUE 与东西向海流的关系

由图 3-7-25 得,大眼金枪鱼较高 CPUE(3.17 尾/千钩以上)主要分布于东西向海流流速为 $-0.4 \sim 0.3$ m/s 时,CPUE 最高(6.77 尾/千钩)的东西向海流段为 $-0.2 \sim -0.1$ m/s。

7.2.1.8 大眼金枪鱼的栖息垂向海流

大眼金枪鱼 CPUE 与垂向海流的关系见图 3-7-26。

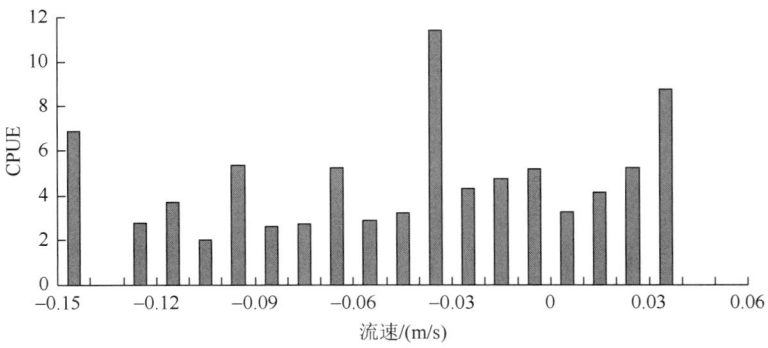

图 3-7-26 大眼金枪鱼 CPUE 与垂向海流的关系

由图 3-7-26 得,除 $-0.15 \sim -0.14$ m/s、$-0.04 \sim -0.03$ m/s、$0.03 \sim 0.04$ m/s 段内的 CPUE 明显较高外,其他各垂向海流段内的大眼金枪鱼 CPUE 相差不大。

7.2.1.9 大眼金枪鱼的栖息水平海流

大眼金枪鱼 CPUE 与水平海流的关系见图 3-7-27。

由图 3-7-27 得,随着水平流速的增加,大眼金枪鱼 CPUE 呈下降趋势。最高 CPUE(8.73 尾/千钩)对应的水平流速段为 $0.1 \sim 0.2$ m/s。

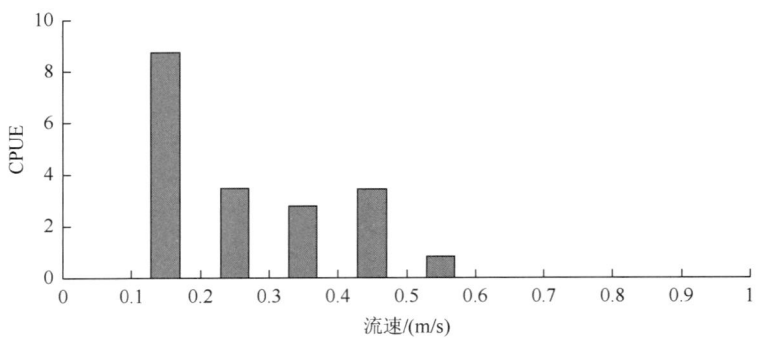

图 3-7-27 大眼金枪鱼 CPUE 与水平海流的关系

7.2.2 黄鳍金枪鱼的栖息环境

调查期间（投放海流计的站点）共测定 30 尾黄鳍金枪鱼的上钩钩号。分析黄鳍金枪鱼 CPUE 与水深的关系时，用到全部 30 尾鱼；分析黄鳍金枪鱼 CPUE 与水温、盐度、叶绿素浓度、含氧量、三维海流、水平海流的关系时，用到其中的 29 尾。

7.2.2.1 黄鳍金枪鱼的栖息水层

黄鳍金枪鱼 CPUE 与钓钩拟合深度的关系见图 3-7-28。

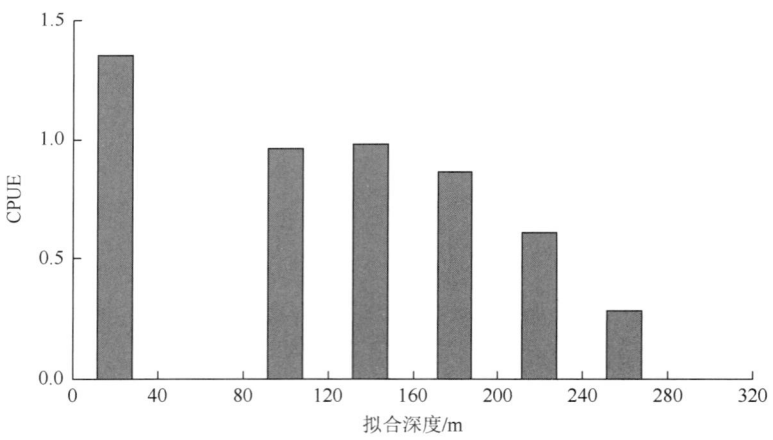

图 3-7-28 黄鳍金枪鱼 CPUE 与拟合深度的关系

从图 3-7-28 得出：黄鳍金枪鱼 CPUE 较高（0.86 尾/千钩）的水层为 80～200m，黄鳍金枪鱼 CPUE 最高（0.98 尾/千钩）的水层为 120～160m，一般认为 80～180m 水层可取得较高的 CPUE。0～40m 内仅取样一尾黄鳍金枪鱼，偶然性较大，不作进一步分析。

7.2.2.2 黄鳍金枪鱼的栖息水温

黄鳍金枪鱼 CPUE 与水温的关系见图 3-7-29。

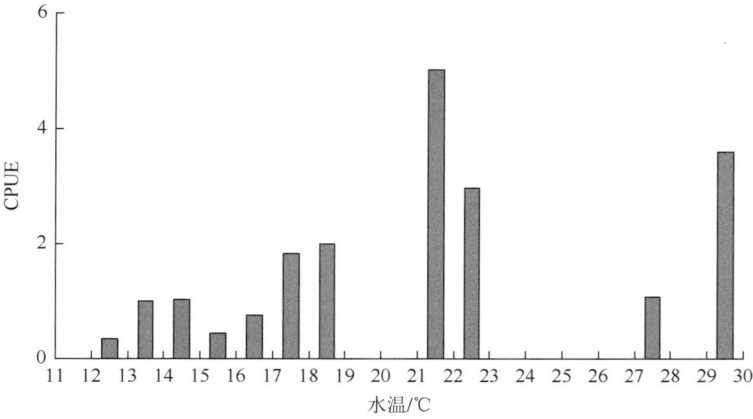

图 3-7-29　黄鳍金枪鱼 CPUE 与水温的关系

从图 3-7-29 得出，黄鳍金枪鱼 CPUE 最高（5.03 尾/千钩）的水温为 21~22℃，其次为 29~30℃，可能因为取样过少的原因，CPUE 随温度的变化趋势不明显，一般认为 16~21℃能够取得较高的 CPUE。

7.2.2.3　黄鳍金枪鱼的栖息盐度

黄鳍金枪鱼 CPUE 与盐度的关系见图 3-7-30。

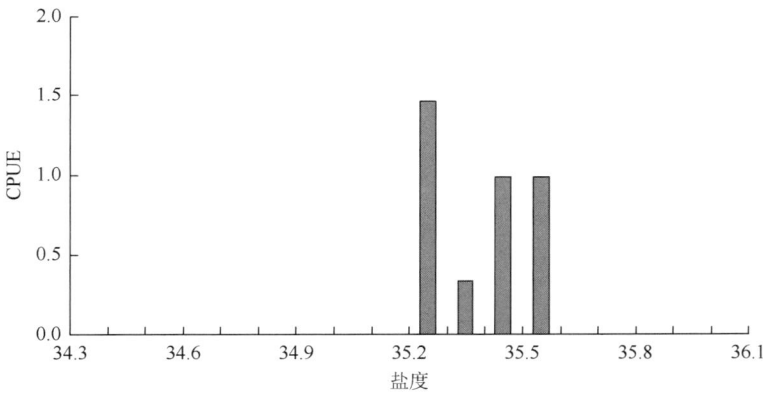

图 3-7-30　黄鳍金枪鱼 CPUE 与盐度的关系

从图 3-7-30 得出，黄鳍金枪鱼 CPUE 主要分布的盐度段为 35.2~35.6，黄鳍金枪鱼 CPUE 最高（1.46 尾/千钩）的盐度范围为 35.2~35.3，其次为 35.4~35.6，CPUE 为 0.99 尾/千钩，一般认为 35.4~35.8 能够取得较高的 CPUE。

7.2.2.4　黄鳍金枪鱼的栖息叶绿素浓度

黄鳍金枪鱼 CPUE 与叶绿素浓度的关系见图 3-7-31。

从图 3-7-31 得出，黄鳍金枪鱼 CPUE 最高（6.83 尾/千钩）的叶绿素浓度范围为 0.08~0.09μg/L（在温跃层的底部），一般认为 0.05~0.06μg/L（较为特殊，在温跃层的底部，比 0.08~0.09μg/L 时为深）能够取得较高的 CPUE，一般黄鳍金枪鱼在温跃层内活动。

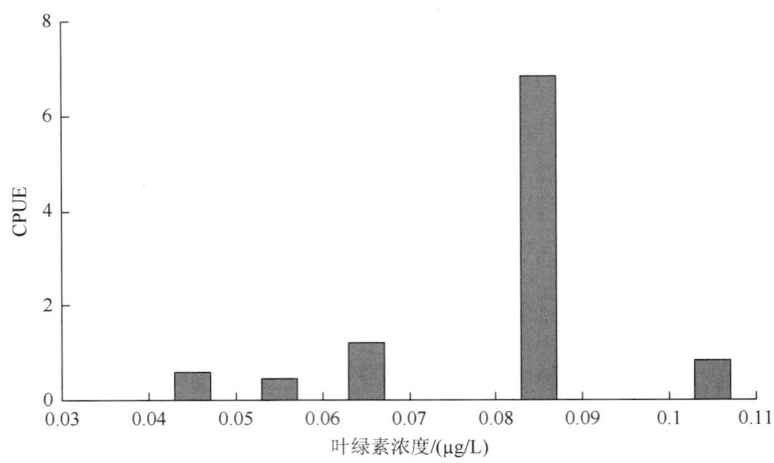

图 3-7-31 黄鳍金枪鱼 CPUE 与叶绿素浓度的关系

7.2.2.5 黄鳍金枪鱼的栖息含氧量

黄鳍金枪鱼 CPUE 与含氧量的关系见图 3-7-32。

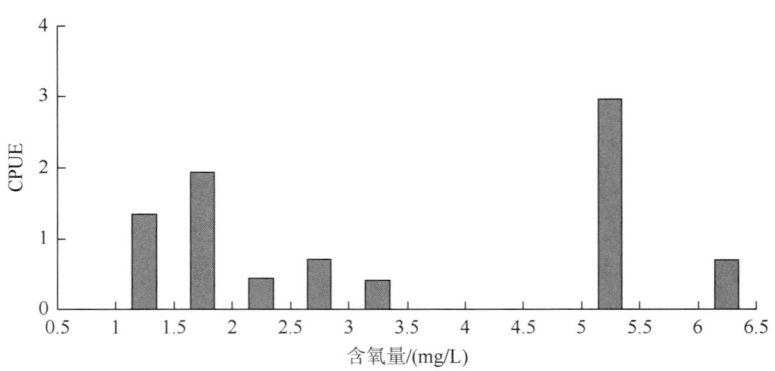

图 3-7-32 黄鳍金枪鱼 CPUE 与含氧量的关系

从图 3-7-32 得出,黄鳍金枪鱼 CPUE 较高(1.33 尾/千钩以上)的含氧量范围分别为:1～2mg/L 和 5～5.5mg/L,最高 CPUE(2.94 尾/千钩)对应的含氧量范围为 5～5.5mg/L。

7.2.2.6 黄鳍金枪鱼的栖息南北向海流

黄鳍金枪鱼 CPUE 与南北向海流的关系见图 3-7-33。

由图 3-7-33 可得,黄鳍金枪鱼 CPUE 最高(2.95 尾/千钩)的海流范围为 0.3～0.4m/s,其次为 –0.4～–0.3m/s,CPUE 为 1.94 尾/千钩,其他海流范围的 CPUE 较低。

7.2.2.7 黄鳍金枪鱼的栖息东西向海流

黄鳍金枪鱼 CPUE 与东西向海流的关系见图 3-7-34。

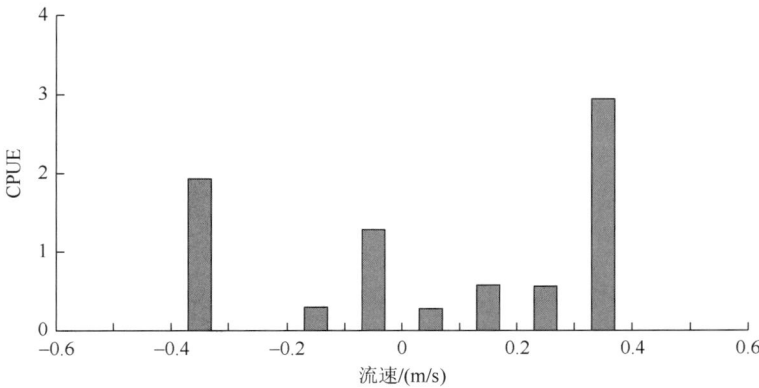

图 3-7-33　黄鳍金枪鱼 CPUE 与南北向海流的关系

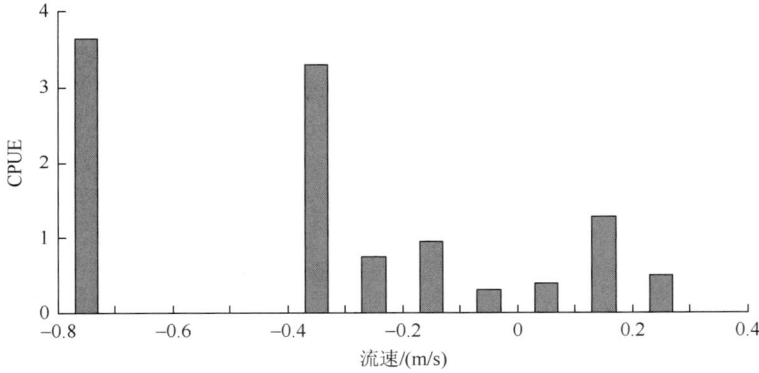

图 3-7-34　黄鳍金枪鱼 CPUE 与东西向海流的关系

由图 3-7-34 可得，黄鳍金枪鱼 CPUE 最高（3.30 尾/千钩）的东西向海流范围为 –0.4～–0.3m/s，其他东西向海流范围的 CPUE 均较低，低于 1.2 尾/千钩，–0.8～–0.7m/s 不予考虑。

7.2.2.8　黄鳍金枪鱼的栖息垂向海流

黄鳍金枪鱼 CPUE 与垂向海流的关系见图 3-7-35。

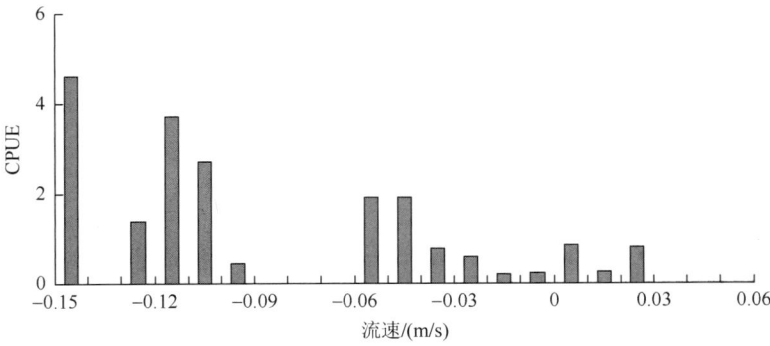

图 3-7-35　黄鳍金枪鱼 CPUE 与垂向海流的关系

由图 3-7-35 得，黄鳍金枪鱼 CPUE 较高的垂直海流范围有 3 个，即 –0.15～–0.14m/s、–0.13～0.10m/s 和 –0.06～–0.04m/s，黄鳍金枪鱼 CPUE 最高（4.60 尾/千钩）的海流范围为 –0.15～–0.14m/s。

7.2.2.9 黄鳍金枪鱼的栖息水平海流

黄鳍金枪鱼 CPUE 与水平海流的关系见图 3-7-36。

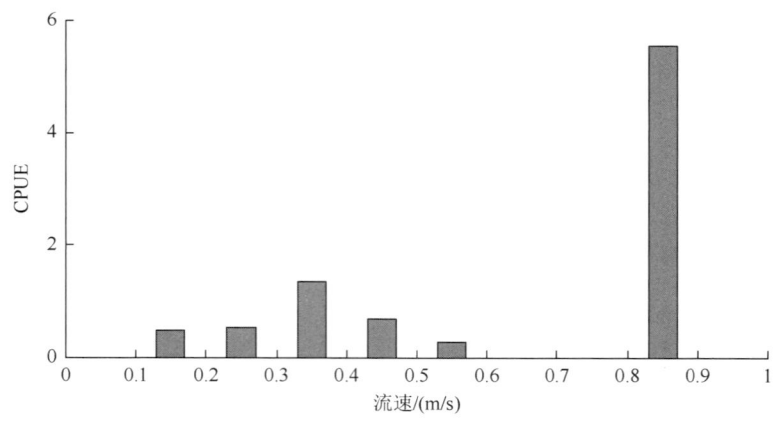

图 3-7-36　黄鳍金枪鱼 CPUE 与水平海流的关系

由图 3-7-36 得，黄鳍金枪鱼 CPUE 最高（1.34 尾/千钩）的水平流速范围为 0.3～0.4m/s，其他流速范围上钩率均较低，0.8～0.9m/s 有较大的特殊性，不作进一步的分析。

8　大眼金枪鱼和黄鳍金枪鱼的渔场形成机制

渔场的形成原因较多，有生物的和非生物的因素；CPUE 的高低与渔船捕捞设备的性能、钓具、船员的技术水平、海豚的出没，以及所用饵料的种类、大小、鲜度、比例等有关。下面仅对渔场小范围的温度、盐度、含氧量、叶绿素浓度、海流、流剪切系数、风流合压角、钓具的漂移速度和漂移方向、风速、风向、风舷角与大眼金枪鱼和黄鳍金枪鱼的渔获率（尾/千钩，记为 CPUE）的关系进行探讨。

对每个渔场每天水深为 0～450m 的温度、盐度、含氧量、叶绿素浓度、海流、流剪切系数、风流合压角、钓具漂移速度和漂移方向、风速、风向、风舷角、大眼金枪鱼和黄鳍金枪鱼 CPUE 进行测定，衡量 CPUE 与各指标间的相似程度，求出 CPUE 与各指标的相关系数。

由于分析海洋环境与大眼金枪鱼 CPUE 的关系时，海洋环境数据相隔的时间跨度不宜太长和作业位置的连续性。因此，按照表 3-1-3 和图 3-1-2 中的 3 个渔场来分析各个渔场大眼金枪鱼和黄鳍金枪鱼 CPUE 与表层（10m）、25m 水层、50m 水层、75m 水层、100m 水层、150m 水层、200m 水层、250m 水层、300m 水层、325m 水层、350m 水层、400m 水层、450m 水层的温度、盐度、溶解氧、叶绿素浓度（水温分别记为 T_{10}、T_{25}、T_{50}、T_{75}、T_{100}、T_{150}、T_{200}、T_{250}、T_{300}、T_{325}、T_{350}、T_{400}、T_{450}。盐度分别记为 S_{10}、S_{25}、S_{50}、S_{75}、S_{100}、S_{150}、S_{200}、S_{250}、S_{300}、S_{325}、S_{350}、S_{400}、S_{450}。溶解氧分别记为 DO_{10}、DO_{25}、DO_{50}、DO_{75}、DO_{100}、DO_{150}、DO_{200}、DO_{250}、DO_{300}、DO_{325}、DO_{350}、DO_{400}、DO_{450}。叶绿素浓度分别记

为 CH_{10}、CH_{25}、CH_{50}、CH_{75}、CH_{100}、CH_{150}、CH_{200}、CH_{250}、CH_{300}、CH_{325}、CH_{350}、CH_{400}、CH_{450}），以及钓具的漂移速度、风流合压角、风速、风舷角的相关关系。

本次探捕调查，调查船为"粤远渔 168"船，进行了 3 个渔场的调查。调查船取得的数据有风速、风向、流剪切系数、钓具漂移速度和漂移方向、风流合压角、风弦角，以及 0～450m 水深各水层的温度、盐度、溶解氧含量、叶绿素浓度和三维海流数据。

认为以上数据可能会对大眼金枪鱼和黄鳍金枪鱼 CPUE 分布产生影响或相关。通过对获得的数据与大眼金枪鱼和黄鳍金枪鱼的 CPUE 数据进行相关分析，找出相关性显著的指标。

运用 SPSS 软件进行相关性分析。首先通过相关分析，求出各指标与大眼金枪鱼 CPUE 和黄鳍金枪鱼 CPUE 的 Pearson 相关系数，此相关系数反映两指标间的相关关系，再通过两指标间的显著性水平（取 5%），确定显著相关指标。

调查期间大眼金枪鱼和黄鳍金枪鱼总的 CPUE 分布、大眼金枪鱼的 CPUE 分布、黄鳍金枪鱼的 CPUE 分布见图 3-8-1～图 3-8-3。

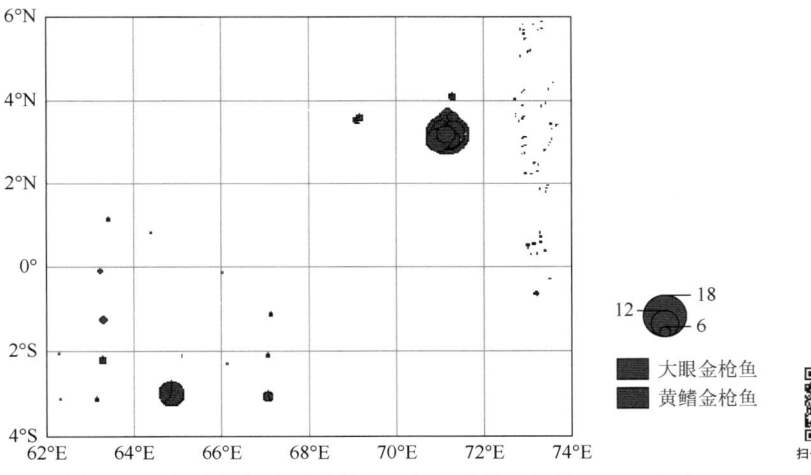

图 3-8-1 调查期间大眼金枪鱼和黄鳍金枪鱼的总 CPUE 分布

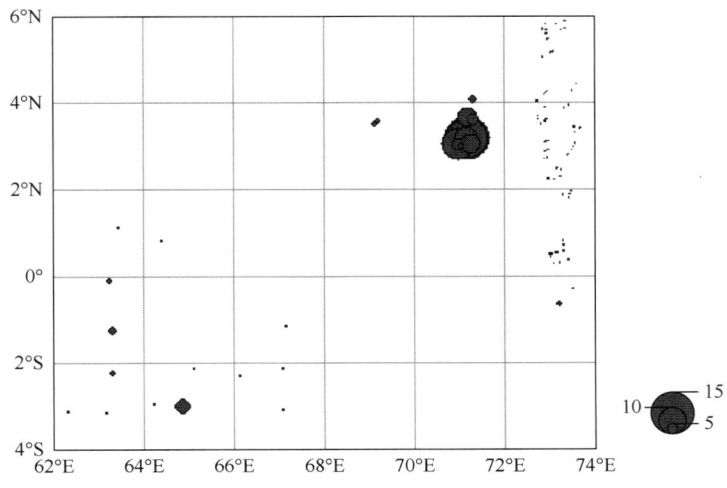

图 3-8-2 调查期间大眼金枪鱼 CPUE 分布

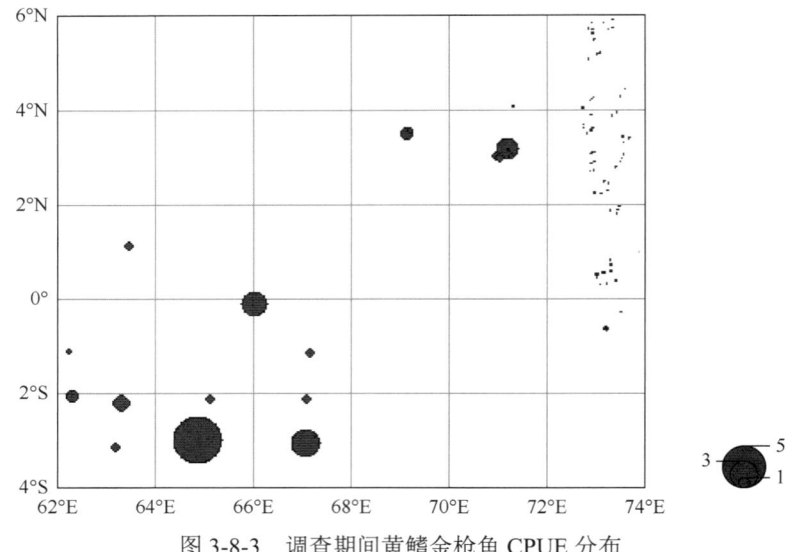

图 3-8-3　调查期间黄鳍金枪鱼 CPUE 分布

8.1　整个调查期间渔场形成机制研究

8.1.1　大眼金枪鱼

整个调查期间调查船 3 个渔场与大眼金枪鱼 CPUE 分布有显著相关性的指标及相关系数和显著性水平见表 3-8-1。

表 3-8-1　整个调查期间与大眼金枪鱼 CPUE 有显著相关性的指标
及相关系数和显著性水平（3 个渔场汇总统计）

显著相关指标	相关系数	显著性水平 α（双尾）
DO_{250}	−0.708	0
DO_{150}	−0.69	0
DO_{200}	−0.63	0
S_{100}	0.612	0
DO_{450}	−0.598	0
S_{450}	0.587	0
DO_{350}	−0.571	0.001
S_{400}	0.561	0.001
$\tilde{K}$	−0.557	0.001
DO_{400}	−0.553	0.001
S_{350}	0.546	0.001
T_{50}	0.535	0.002
T_{75}	0.528	0.002
S_{300}	0.509	0.003
T_{25}	0.489	0.004
S_{325}	0.486	0.005
DO_{300}	−0.476	0.006
V_g	−0.469	0.007

续表

显著相关指标	相关系数	显著性水平 α（双尾）
V_{150}	−0.467	0.008
DO_{325}	−0.46	0.008
CH_{50}	−0.457	0.008
T_{100}	0.454	0.009
S_{150}	−0.452	0.009
S_{250}	0.425	0.015
T_{200}	−0.386	0.029
DO_{100}	−0.375	0.034
γ	−0.356	0.046

表 3-8-1 中，S_{150} 表示 150m（±5m）水深处的盐度；DO_{250} 表示 250m（±5m）水深处的溶解氧含量；T_{75} 表示 75m（±5m）水深处的温度；CH_{50} 表示 50m（±5m）水深处的叶绿素浓度；V_{150} 表示 150m（±25m）水深处的水平流速，其他类同。

根据表 3-8-1，各指标与大眼金枪鱼 CPUE 分布的相关程度可用相关系数来判断。

图 3-8-4～图 3-8-9 为调查船大眼金枪鱼总 CPUE 分别与 100m、150m、250m、325m、350m、400m 水深处的溶解氧含量关系图，通过对大眼金枪鱼总 CPUE 与 250m、150m、350m、400m、325m 和 100m 水深处的溶解氧含量关系图进行分析，可分别得出在 250m、150m、350m、400m、325m、100m 水深处，溶解氧含量分别为 2.35～2.62mg/L、0.97～1.96mg/L、2.36～2.61mg/L、2.14～2.62mg/L、2.39～2.83mg/L、1.78～3.13mg/L 时，大眼金枪鱼 CPUE 较高。

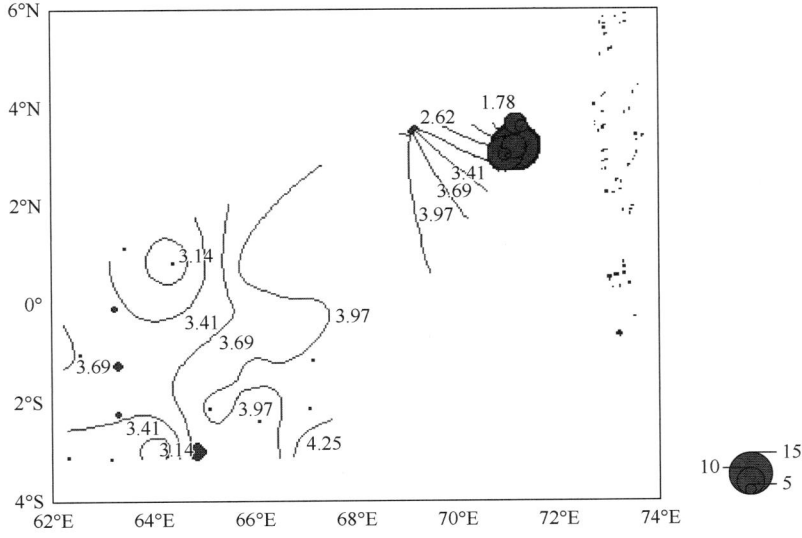

图 3-8-4 大眼金枪鱼总 CPUE 与 100m 水深处的溶解氧含量关系

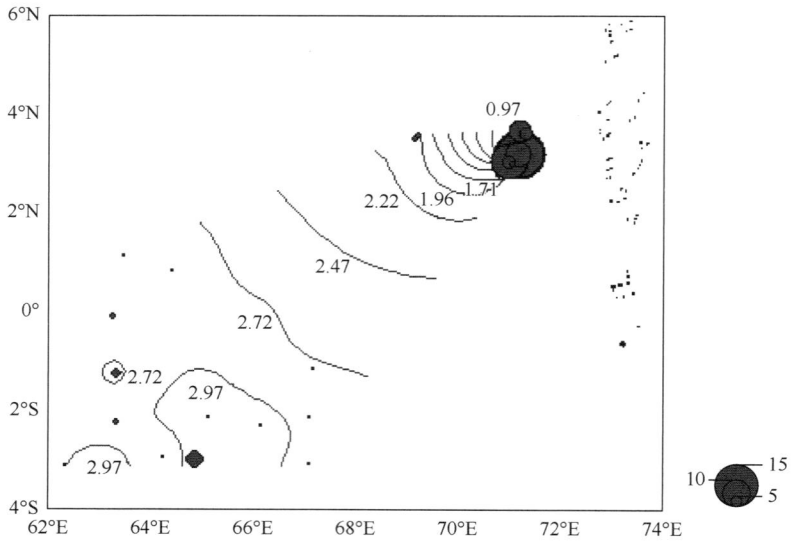

图 3-8-5　大眼金枪鱼总 CPUE 与 150m 水深处的溶解氧含量关系

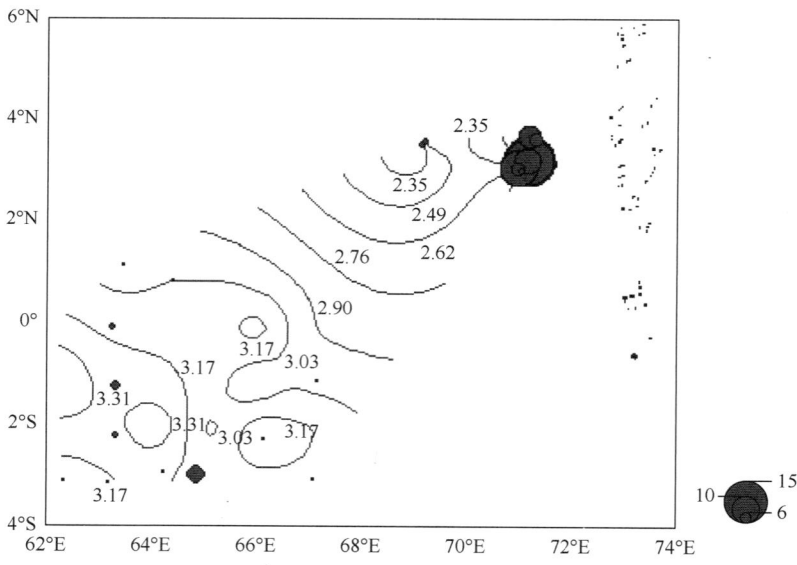

图 3-8-6　大眼金枪鱼总 CPUE 与 250m 水深处的溶解氧含量关系

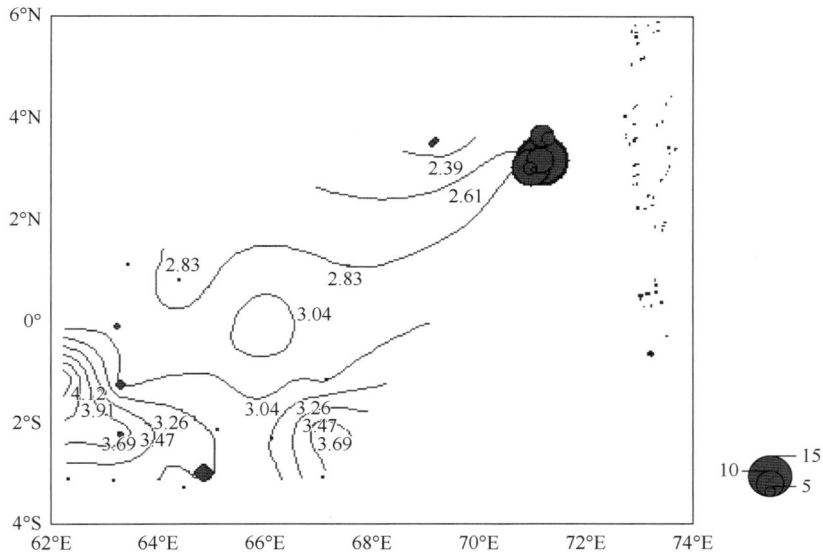

图 3-8-7　大眼金枪鱼总 CPUE 与 325m 水深处的溶解氧含量关系

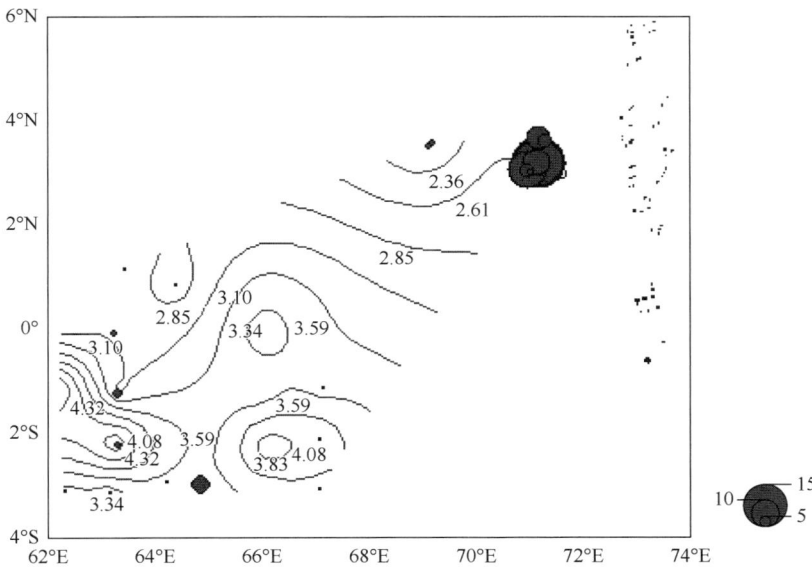

图 3-8-8　大眼金枪鱼总 CPUE 与 350m 水深处的溶解氧含量关系

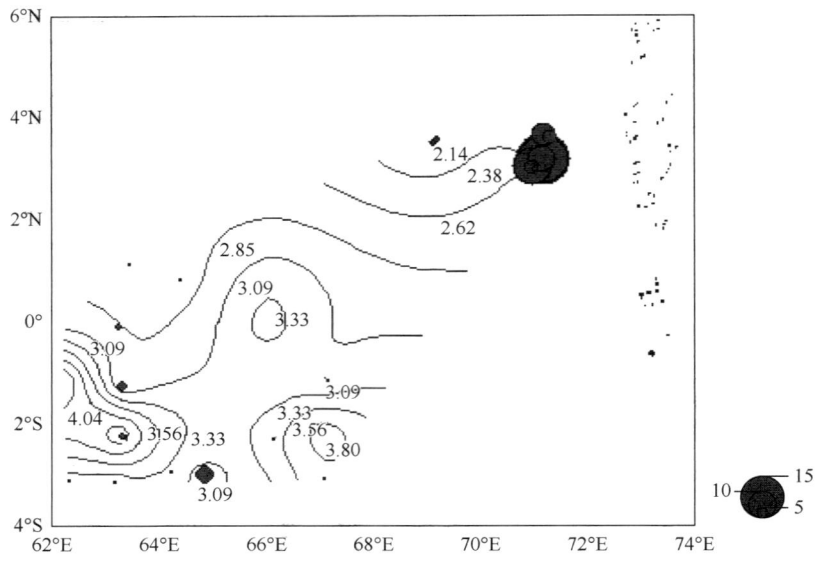

图 3-8-9 大眼金枪鱼总 CPUE 与 400m 水深处的溶解氧含量关系

大眼金枪鱼总 CPUE 与 100m、250m、325m、350m 和 400m 水深处的盐度关系见图 3-8-10～图 3-8-14。分析图 3-8-10 得：盐度为 35.81～35.87 时大眼金枪鱼总 CPUE 较高，盐度小于 35.81 的区域 CPUE 较低，几乎为 0。但大眼金枪鱼总 CPUE 与 150m 水深处的盐度有较弱的负相关关系，见图 3-8-15。分析图 3-8-15 得：盐度为 35.35～35.42 时，大眼金枪鱼总 CPUE 较高，盐度大于 35.51 的区域 CPUE 较低，几乎为 0。

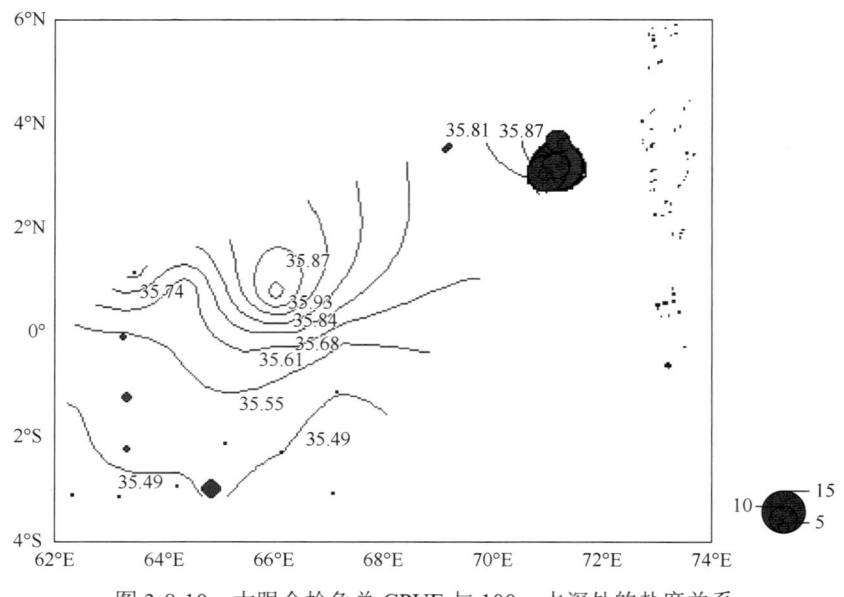

图 3-8-10 大眼金枪鱼总 CPUE 与 100m 水深处的盐度关系

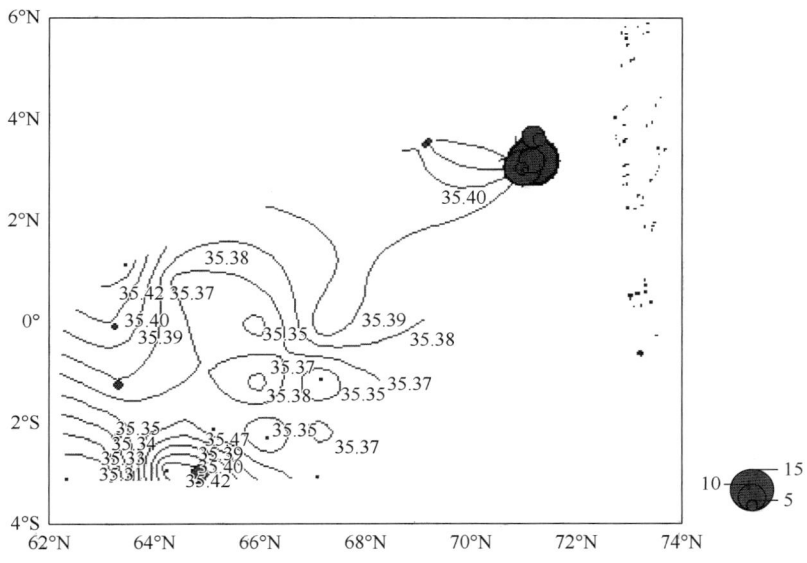

图 3-8-11 大眼金枪鱼总 CPUE 与 250m 水深处的盐度关系

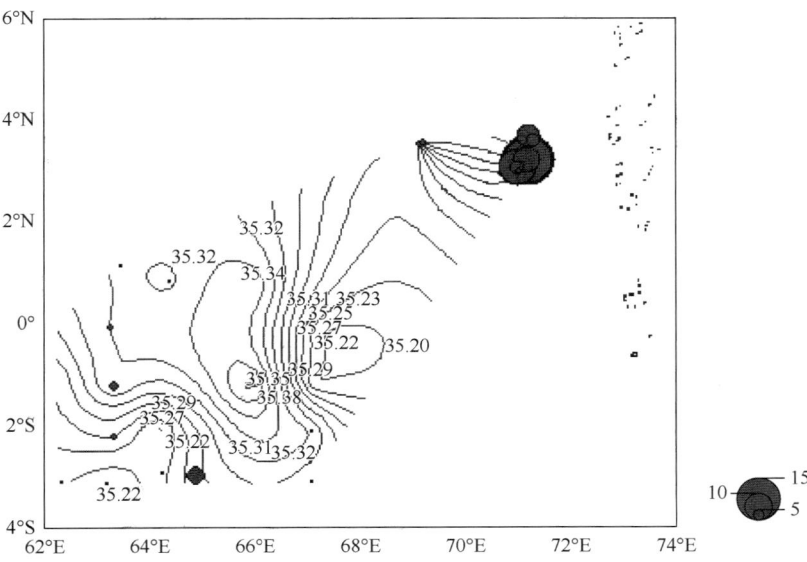

图 3-8-12 大眼金枪鱼总 CPUE 与 325m 水深处的盐度关系

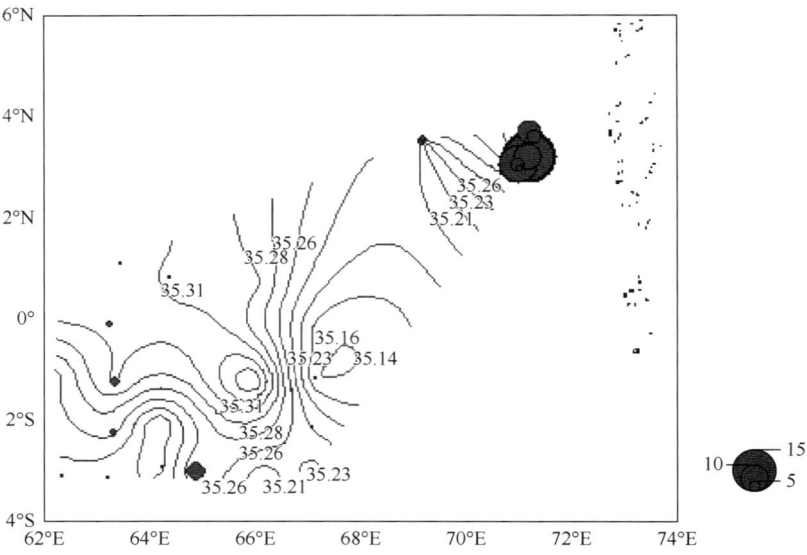

图 3-8-13　大眼金枪鱼总 CPUE 与 350m 水深处的盐度关系

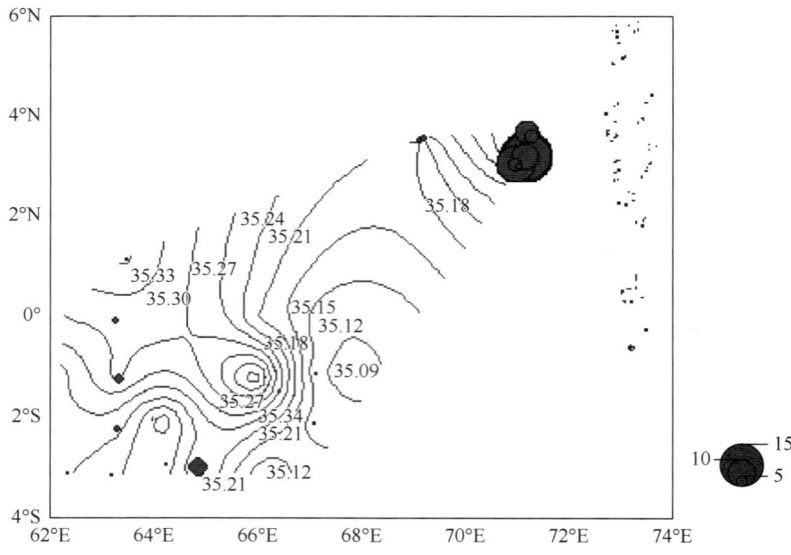

图 3-8-14　大眼金枪鱼总 CPUE 与 400m 水深处的盐度关系

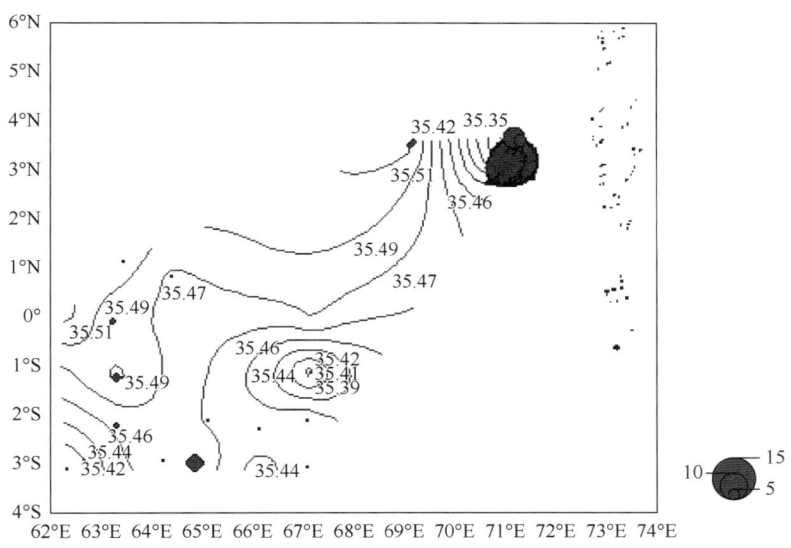

图 3-8-15　大眼金枪鱼总 CPUE 与 150m 水深处的盐度关系

大眼金枪鱼总 CPUE 与 50m、100m 水深处温度的关系如图 3-8-16 和图 3-8-17 所示。大眼金枪鱼总 CPUE 分布与水温有相对较弱的正相关性，由图 3-8-16 得，28.58～28.86℃水温范围内，在暖水团的靠近低温的一侧，CPUE 较高。

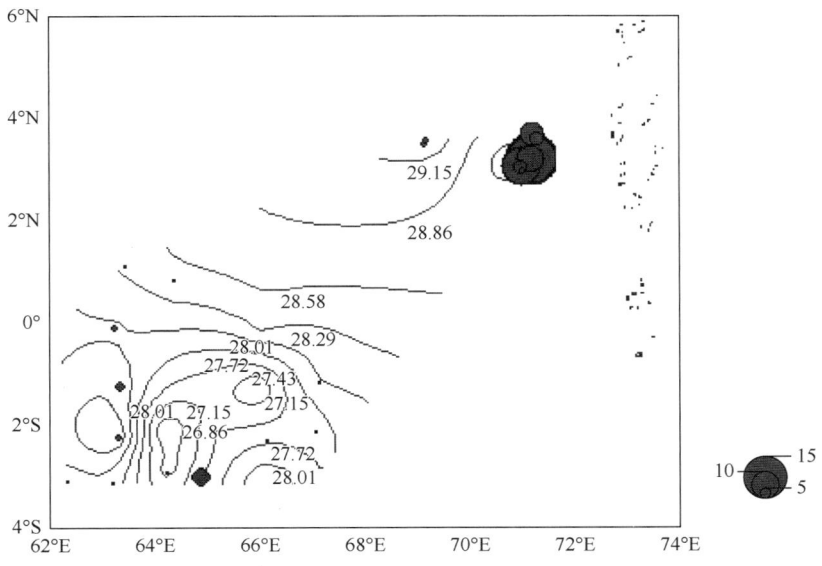

图 3-8-16　大眼金枪鱼总 CPUE 与 50m 水深处的温度关系

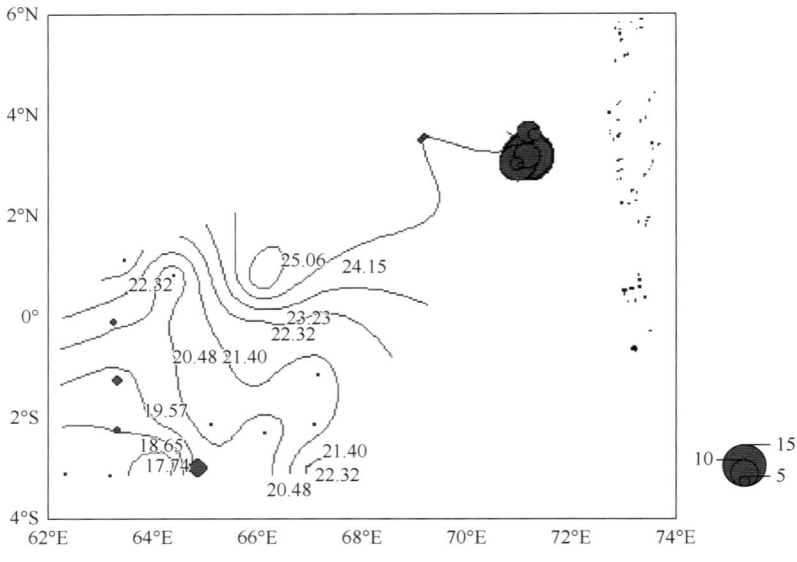

图 3-8-17　大眼金枪鱼总 CPUE 与 100m 水深处温度的关系

图 3-8-18 为大眼金枪鱼总 CPUE 与 200m 水深处温度的关系。由图 3-8-18 可知,大眼金枪鱼总 CPUE 分布与水温有相对较强的负相关性,温度为 13.0～13.96℃时,在暖水团靠近低温一侧,CPUE 较高。

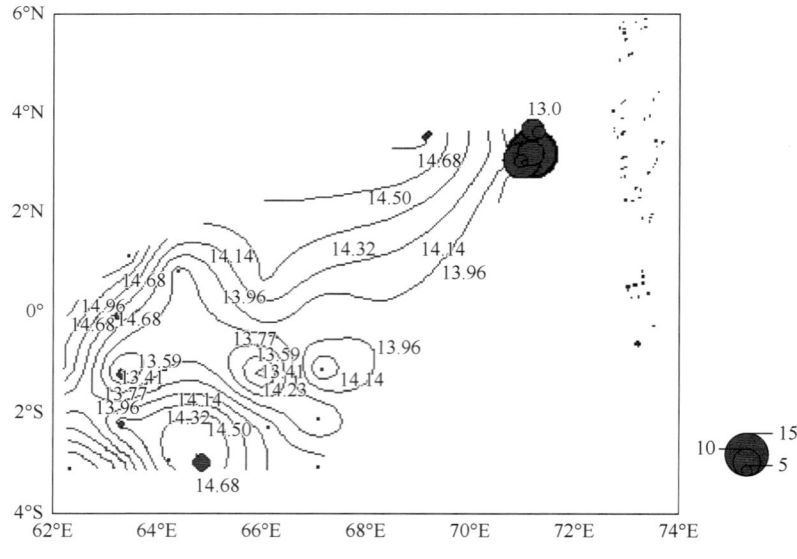

图 3-8-18　大眼金枪鱼总 CPUE 与 200m 水深处温度的关系

大眼金枪鱼总 CPUE 与 50m 水深处叶绿素浓度的关系见图 3-8-19。大眼金枪鱼总 CPUE 与 50m 水深处的叶绿素浓度关系呈较强的负相关性关系,由图 3-8-19 可知,叶绿素浓度为 0.1580～0.2377μg/L 时,CPUE 较高。

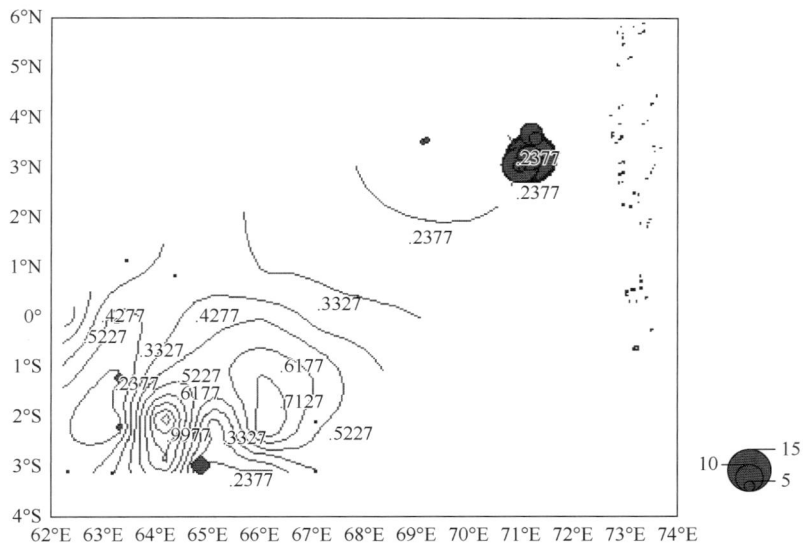

图 3-8-19　大眼金枪鱼总 CPUE 与 50m 水深处叶绿素浓度的关系

大眼金枪鱼总 CPUE 与钓具漂移速度关系见图 3-8-20。大眼金枪鱼总 CPUE 与钓具漂移速度关系呈较强的负相关关系，即钓具漂移速度越大，大眼金枪鱼 CPUE 越低。由图 3-8-20 得，钓具漂移速度为 0.093～0.126m/s 时，大眼金枪鱼 CPUE 较高。

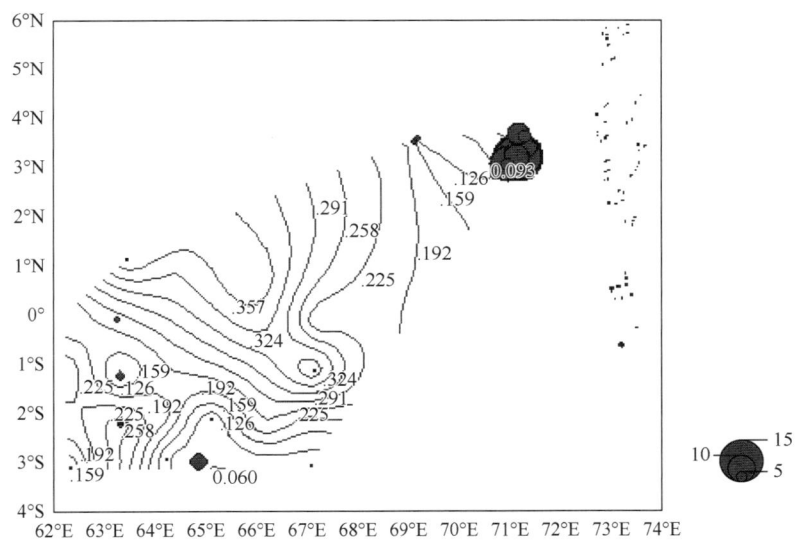

图 3-8-20　大眼金枪鱼总 CPUE 与钓具漂移速度的关系

大眼金枪鱼总 CPUE 与流剪切系数关系见图 3-8-21。大眼金枪鱼总 CPUE 与流剪切系数关系呈较强的负相关性关系，即海流越大，大眼金枪鱼 CPUE 越低。由图 3-8-21 得，流剪切系数为 -2.75～-2.61 时，大眼金枪鱼 CPUE 较高。

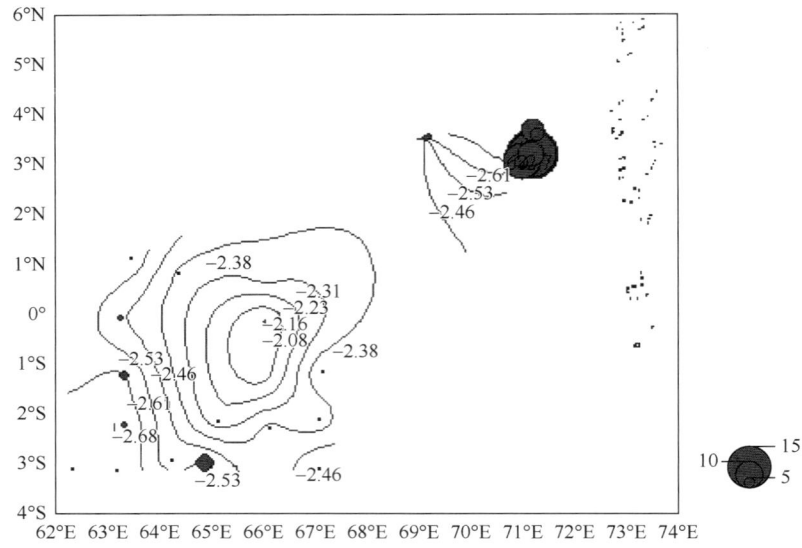

图 3-8-21　大眼金枪鱼总 CPUE 与流剪切系数的关系

大眼金枪鱼总 CPUE 与风流合压角关系见图 3-8-22。大眼金枪鱼总 CPUE 与风流合压角呈较强的负相关关系，即风流合压角越大，大眼金枪鱼 CPUE 越低。由图 3-8-22 得，风流合压角为 45°～81°时，大眼金枪鱼 CPUE 较高。

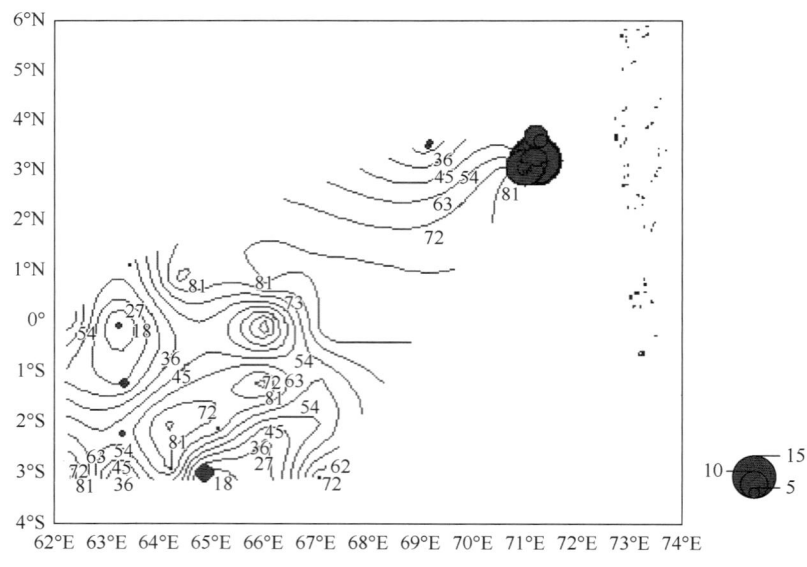

图 3-8-22　大眼金枪鱼总 CPUE 与风流合压角的关系

大眼金枪鱼总 CPUE 与 150m 水深处的水平海流关系见图 3-8-23。大眼金枪鱼总 CPUE 与水平流速呈较强的负相关关系，即流速越大，大眼金枪鱼 CPUE 越低。由图 3-8-23 得，水平流速为 0.19～0.37m/s 时，大眼金枪鱼 CPUE 较高。

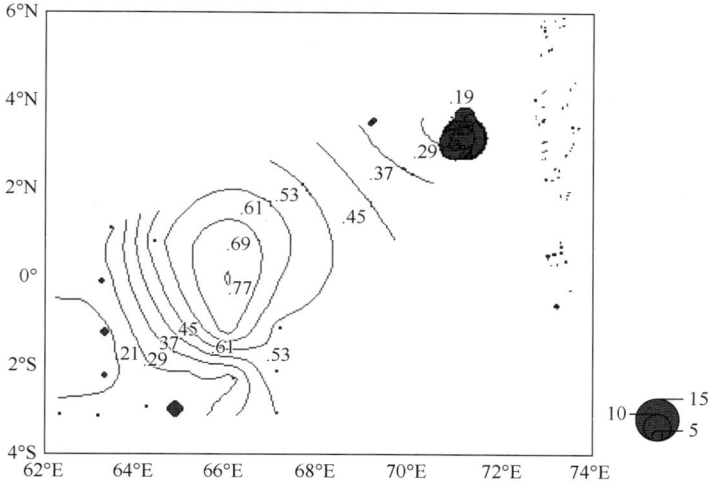

图 3-8-23 大眼金枪鱼总 CPUE 与 150m 水深处水平海流的关系

8.1.2 黄鳍金枪鱼

整个调查期间调查船 3 个渔场与黄鳍金枪鱼总 CPUE 分布有显著相关性的指标及相关系数和显著性水平见表 3-8-2。

表 3-8-2　整个调查期间与黄鳍金枪鱼 CPUE 有显著相关性的指标及相关系数和显著性水平（3 个渔场汇总统计）

显著相关指标	相关系数	显著性水平 α（双尾）
DO_{100}	0.401	0.023
DO_{75}	0.383	0.031
C_g	0.361	0.043
S_{10}	−0.350	0.049

由表 3-8-2 得：黄鳍金枪鱼 CPUE 与 100m、75m 水深处的溶解氧含量关系最密切，其次是表层盐度。

黄鳍金枪鱼总 CPUE 与 75m、100m 水深处的溶解氧含量关系如图 3-8-24 和图 3-8-25 所示，75m 水深处，溶解氧含量与黄鳍金枪鱼 CPUE 呈正相关关系，无法判断溶解氧含量在何范围内时 CPUE 较高；而 100m 水深处，溶解氧含量与黄鳍金枪鱼 CPUE 呈正相关关系，但也无法判断溶解氧含量在何范围内时 CPUE 较高。

黄鳍金枪鱼总 CPUE 与 10m 水深处的盐度关系如图 3-8-26 所示，10m 水深处，黄鳍金枪鱼 CPUE 与盐度呈负相关关系，但也无法判断盐度在何范围内时 CPUE 较高。

黄鳍金枪鱼总 CPUE 与钓具漂移方向关系如图 3-8-27 所示，黄鳍金枪鱼 CPUE 与钓具漂移方向呈正相关关系，钓具漂移方向为 270°～300°时，CPUE 较高。

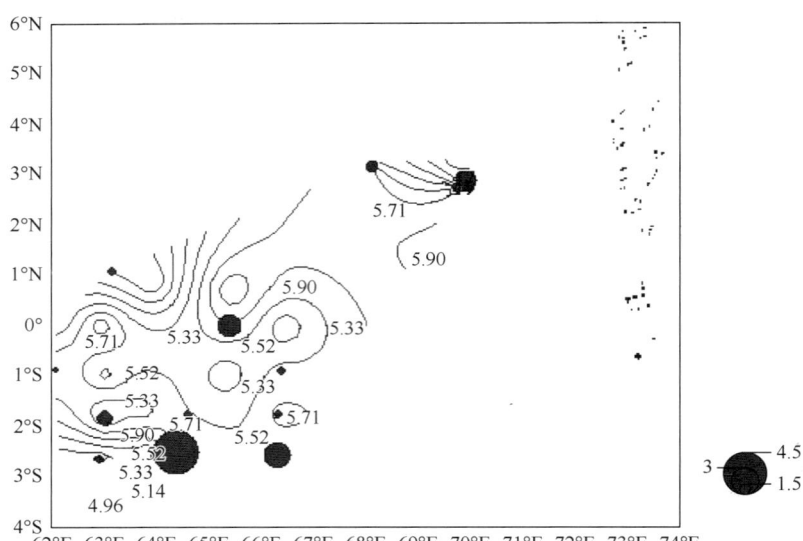

图 3-8-24　黄鳍金枪鱼总 CPUE 与 75m 水深处溶解氧含量的关系

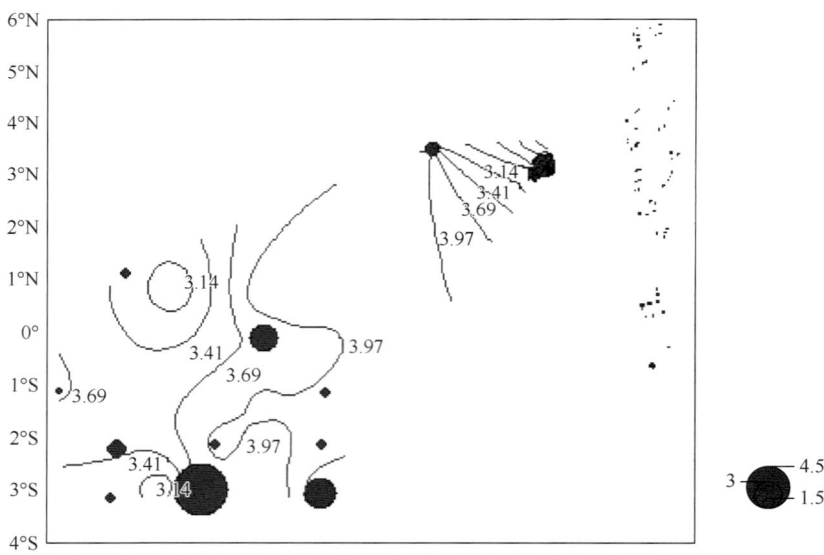

图 3-8-25　黄鳍金枪鱼总 CPUE 与 100m 水深处溶解氧含量的关系

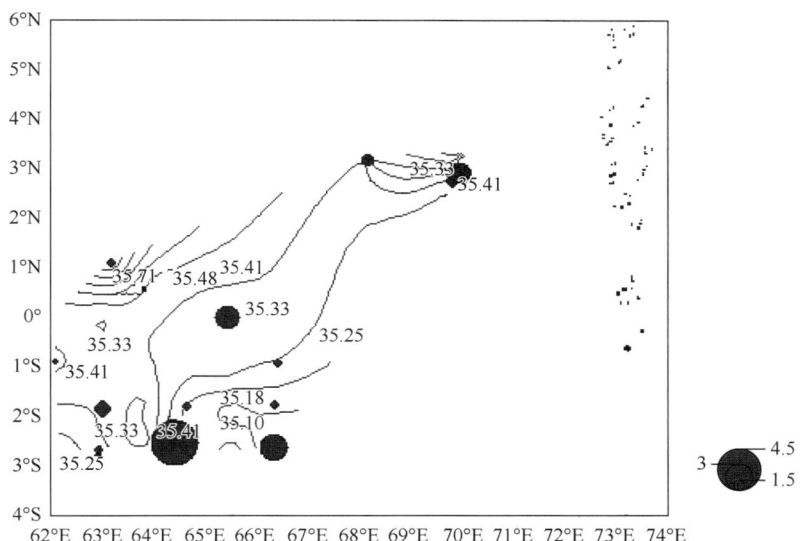

图 3-8-26　黄鳍金枪鱼总 CPUE 与 10m 水深处盐度的关系

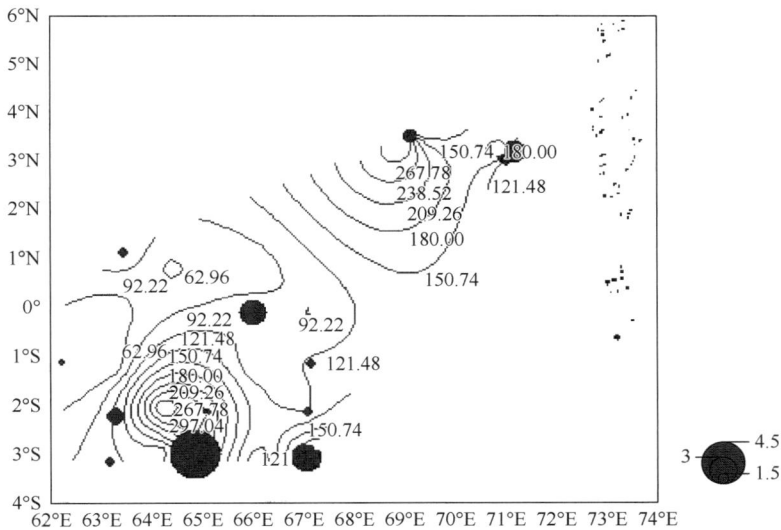

图 3-8-27　黄鳍金枪鱼总 CPUE 与钓具漂移方向的关系

8.2　分渔场形成机制研究

"粤远渔 168"船进行了 3 个渔场的调查,将调查期间取得的数据汇总统计。3 个渔场与大眼金枪鱼 CPUE 分布有显著相关性的指标汇总见表 3-8-3。第一、第三渔场与黄鳍金枪鱼 CPUE 分布有显著相关性的指标汇总见表 3-8-4,第二渔场所有指标对黄鳍金枪鱼 CPUE 分布都无相关性。

表 3-8-3　各渔场与大眼金枪鱼 CPUE 有显著相关性的指标汇总

第一渔场			第二渔场			第三渔场		
显著相关指标	相关系数	显著性水平 α（双尾）	显著相关指标	相关系数	显著性水平 α（双尾）	显著相关指标	相关系数	显著性水平 α（双尾）
CH_{50}	−0.762	0.017	CH_{75}	0.677	0.011	CH_{250}	0.713	0.021
CH_{25}	−0.715	0.030	T_{10}	0.598	0.031	S_{100}	0.639	0.047
CH_{10}	−0.688	0.040	$\tilde{K}$	−0.576	0.039			
			S_{10}	−0.563	0.045			

表 3-8-4　第一和第三渔场中与黄鳍金枪鱼 CPUE 有显著相关性的指标汇总

第一渔场			第三渔场		
显著相关指标	相关系数	显著性水平 α（双尾）	显著相关指标	相关系数	显著性水平 α（双尾）
DO_{350}	0.733	0.025	DO_{100}	0.896	0
CH_{350}	−0.731	0.025	DO_{10}	0.871	0.001
CH_{400}	−0.731	0.025	T_{100}	0.822	0.004
DO_{400}	0.713	0.031	DO_{50}	0.803	0.005
DO_{300}	0.699	0.049	DO_{25}	0.798	0.006
			DO_{75}	0.776	0.008
			T_{75}	0.767	0.01
			CH_{50}	−0.65	0.042
			T_{10}	0.641	0.046

由表 3-8-3 得，与大眼金枪鱼 CPUE 分布有显著相关性的指标：第一渔场为水深 50m、25m、10m 处的叶绿素浓度；第二渔场为 75m 水深处的叶绿素浓度、表层水温、流剪切系数、表层盐度；第三渔场为 250m 水深处的叶绿素浓度和 100m 水深处的盐度。

对黄鳍金枪鱼 CPUE 分布，第一渔场显著相关性指标为 350m 水深处溶解氧含量分布、350m 和 400m 水深处的叶绿素浓度分布、300m 和 400m 水深处的溶解氧含量分布；第三渔场显著相关性指标为 100m 和 10m 水深处的溶解氧含量分布，100m 水深处的水温分布，50m、25m、75m 水深处的溶解氧含量分布，75m 水深处的水温分布、50m 水深处的叶绿素浓度分布和 10m 水深处的水温分布。

8.2.1　第一渔场

第一渔场大眼金枪鱼和黄鳍金枪鱼 CPUE 分布分别见图 3-8-28 和图 3-8-29。

8.2.1.1　大眼金枪鱼

本渔场对大眼金枪鱼 CPUE 有显著相关的指标为叶绿素浓度。大眼金枪鱼 CPUE 分布与叶绿素浓度呈负相关关系。第一渔场大眼金枪鱼 CPUE 与 10m 水深处的叶绿素浓度关系如图 3-8-30 所示，叶绿素浓度为 0.065~0.095μg/L 时，大眼金枪鱼 CPUE 较高；第一渔场大眼金枪鱼 CPUE 与 25m 水深处的叶绿素浓度关系如图 3-8-31 所示，叶绿素浓度为 0.088~0.109μg/L 时，大眼金枪鱼 CPUE 较高；第一渔场大眼金枪鱼 CPUE 与 50m 水深处的叶绿素浓度关系如图 3-8-32 所示，叶绿素浓度为 0.197～0.362μg/L 时，大眼金枪鱼 CPUE 较高。

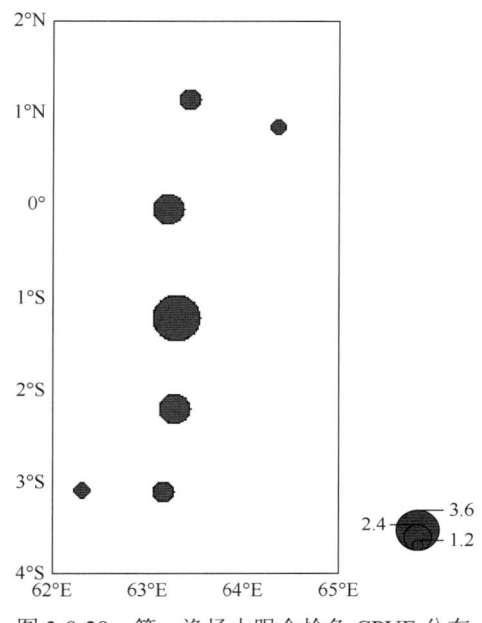

图 3-8-28　第一渔场大眼金枪鱼 CPUE 分布

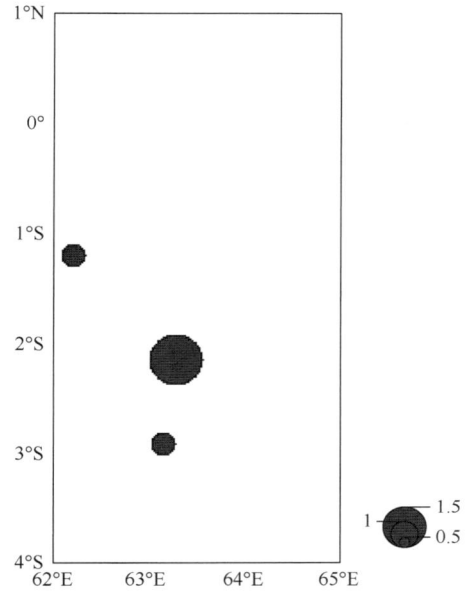

图 3-8-29　第一渔场黄鳍金枪鱼 CPUE 分布

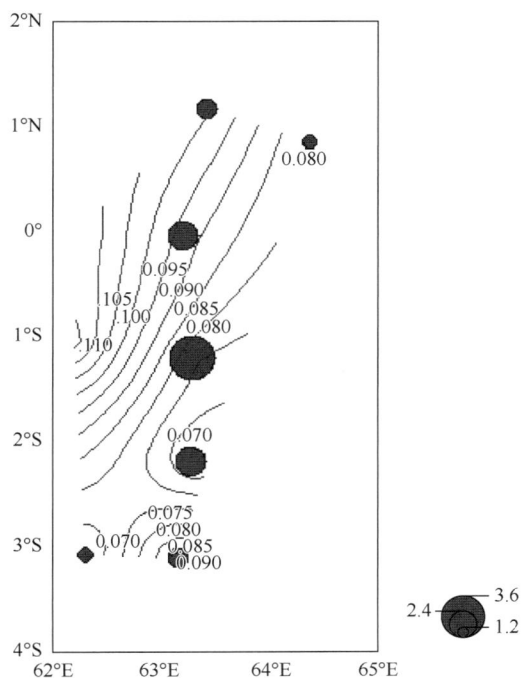

图 3-8-30　第一渔场大眼金枪鱼 CPUE 与 10m 水深处叶绿素浓度的关系

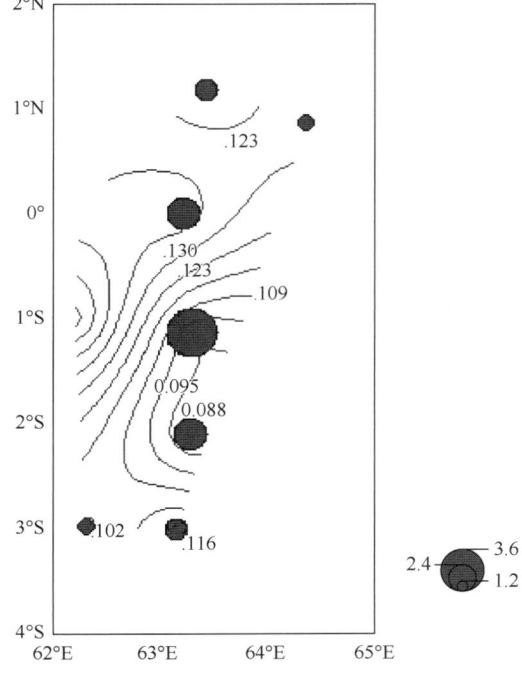

图 3-8-31　第一渔场大眼金枪鱼 CPUE 与 25m 水深处叶绿素浓度的关系

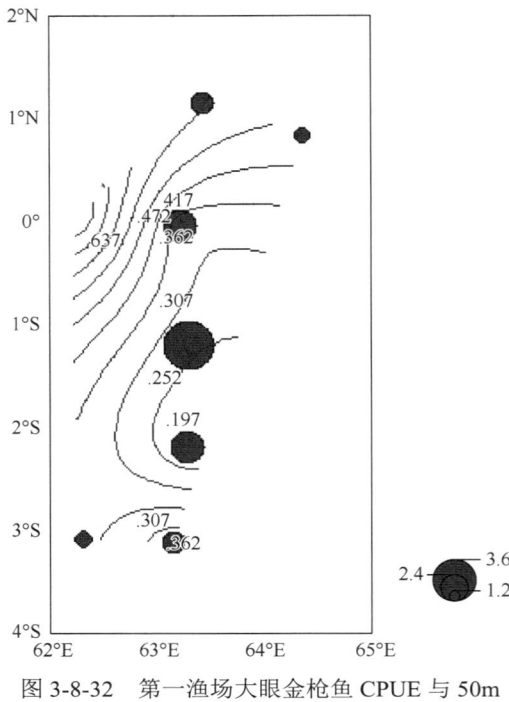

图 3-8-32　第一渔场大眼金枪鱼 CPUE 与 50m 水深处叶绿素浓度的关系

8.2.1.2　黄鳍金枪鱼

本渔场对黄鳍金枪鱼 CPUE 有显著相关的指标为溶解氧含量和叶绿素浓度。黄鳍金枪鱼 CPUE 分布与叶绿素浓度呈负相关性。第一渔场黄鳍金枪鱼 CPUE 与 350m 水深的叶绿素浓度关系如图 3-8-33 所示，叶绿素浓度为 0.043~0.046μg/L 时，黄鳍金枪鱼 CPUE 较高；第一渔场黄鳍金枪鱼 CPUE 与 400m 水深的叶绿素浓度关系如图 3-8-34 所示，叶绿素浓度为 0.0465~0.0485μg/L 时，黄鳍金枪鱼 CPUE 较高。黄鳍金枪鱼 CPUE 分布与溶解氧含量呈正相关性。第一渔场黄鳍金枪鱼 CPUE 与 300m 水深的溶解氧含量关系如图 3-8-35 所示，溶解氧含量为 3.42~3.54mg/L 时，黄鳍金枪鱼 CPUE 较高；第一渔场黄鳍金枪鱼 CPUE 与 350m 水深的溶解氧含量关系如图 3-8-36 所示，溶解氧含量为 4.20~4.39mg/L 时，黄鳍金枪鱼 CPUE 较高；第一渔场黄鳍金枪鱼 CPUE 与 400m 水深的溶解氧含量关系如图 3-8-37 所示，溶解氧含量为 3.96~4.12mg/L 时，黄鳍金枪鱼 CPUE 较高。

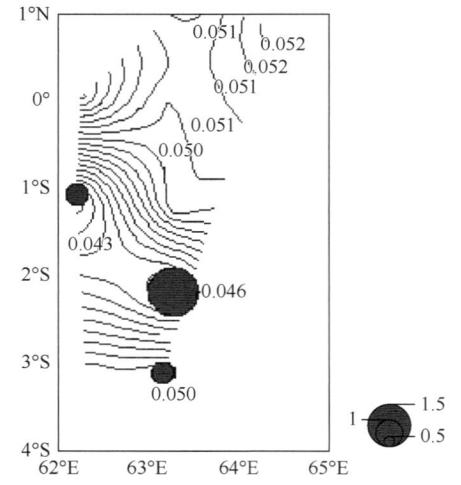

图 3-8-33　第一渔场黄鳍金枪鱼 CPUE 与 350m 水深处叶绿素浓度的关系

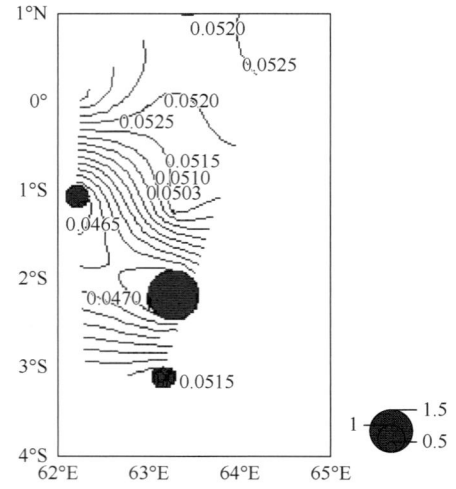

图 3-8-34　第一渔场黄鳍金枪鱼 CPUE 与 400m 水深处叶绿素浓度的关系

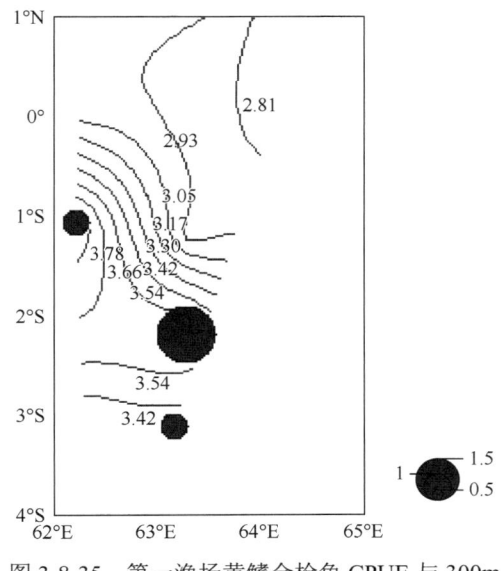

图 3-8-35 第一渔场黄鳍金枪鱼 CPUE 与 300m 水深处溶解氧含量的关系

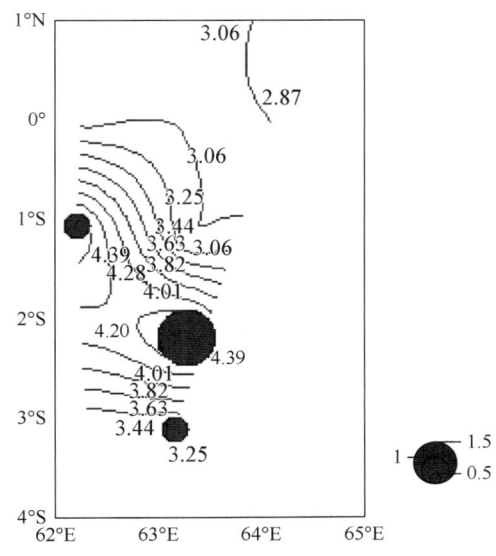

图 3-8-36 第一渔场黄鳍金枪鱼 CPUE 与 350m 水深处溶解氧含量的关系

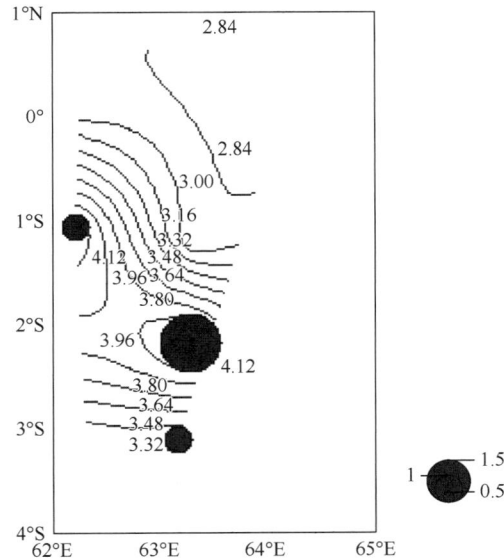

图 3-8-37 第一渔场黄鳍金枪鱼 CPUE 与 400m 水深处溶解氧含量的关系

8.2.2 第二渔场

第二渔场大眼金枪鱼和黄鳍金枪鱼 CPUE 分布分别见图 3-8-38 和图 3-8-39。

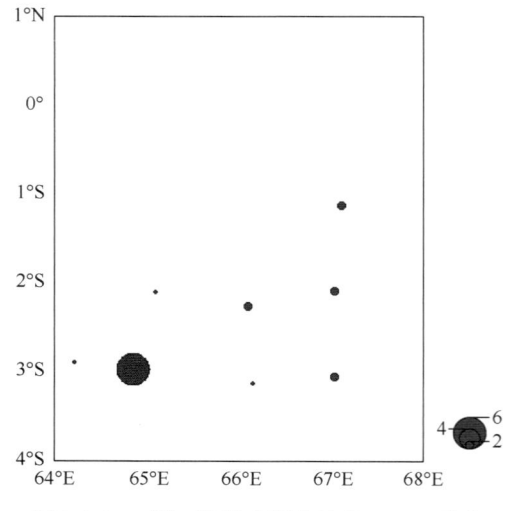

图 3-8-38　第二渔场大眼金枪鱼 CPUE 分布

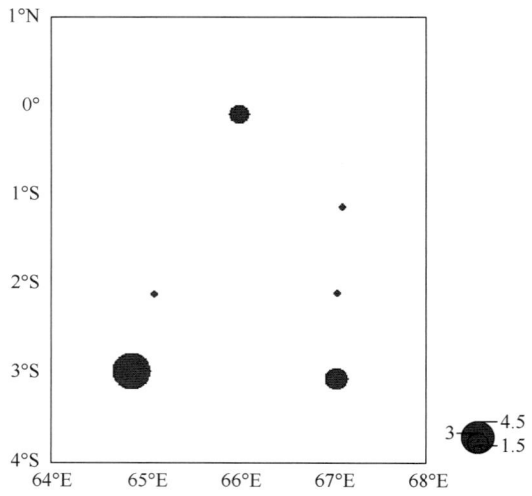

图 3-8-39　第二渔场黄鳍金枪鱼 CPUE 分布

8.2.2.1　大眼金枪鱼

第二渔场对大眼金枪鱼 CPUE 分布有显著相关关系的主要指标为流剪切系数、表层盐度、表层水温和 75m 水深处的叶绿素浓度。

由图 3-8-40 得，大眼金枪鱼 CPUE 分布与 10m 水深处的温度呈正相关关系，温度为 29.10～29.34℃时，大眼金枪鱼 CPUE 较高。第二渔场大眼金枪鱼 CPUE 与 10m 水深处的盐度呈负相关关系，见图 3-8-41，盐度为 35.15～35.24（低盐一侧）时，大眼金枪鱼 CPUE 较高。图 3-8-42

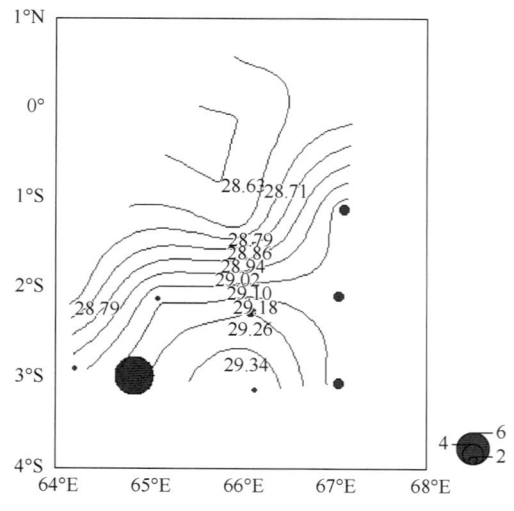

图 3-8-40　第二渔场大眼 CPUE 与 10m 水深处温度的关系

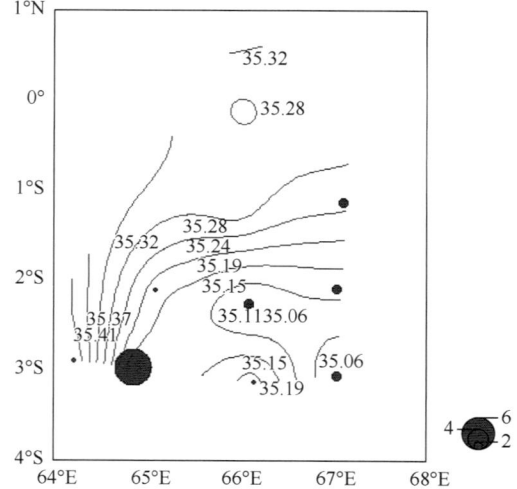

图 3-8-41　第二渔场大眼 CPUE 与 10m 水深处盐度的关系

为第二渔场大眼金枪鱼 CPUE 与 75m 水深处的叶绿素浓度分布关系，叶绿素浓度为 0.95～1.02μg/L 的区域（高叶绿素浓度一侧），大眼金枪鱼 CPUE 较高。流剪切系数与大眼金枪鱼 CPUE 分布呈较强的负相关性，即海流越大，CPUE 越低，图 3-8-43 为第二渔场大眼金枪鱼 CPUE 与流剪切系数分布关系，流剪切系数为 –2.54～–2.46 时，大眼金枪鱼 CPUE 较高。

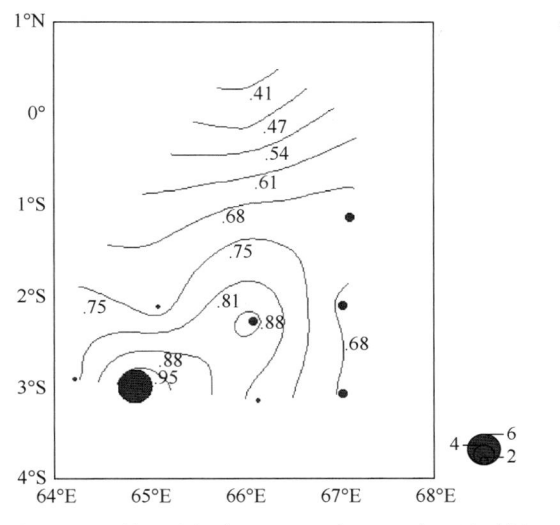

图 3-8-42　第二渔场大眼 CPUE 与 75m 水深处叶绿素浓度的关系

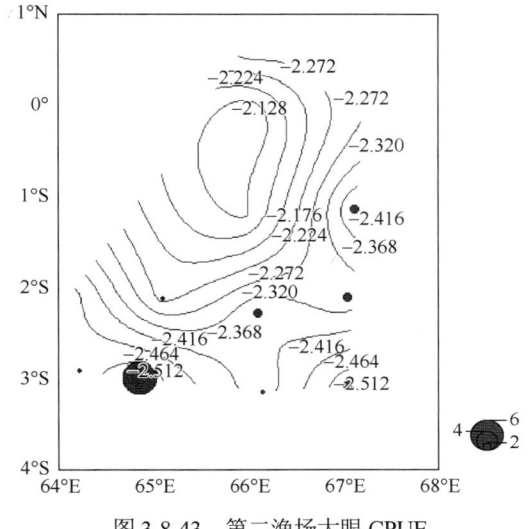

图 3-8-43　第二渔场大眼 CPUE 与流剪切系数的关系

8.2.2.2　黄鳍金枪鱼

本渔场没有与黄鳍金枪鱼 CPUE 有相关性的指标。

8.2.3　第三渔场

第三渔场大眼金枪鱼和黄鳍金枪鱼 CPUE 分布分别见图 3-8-44 和图 3-8-45。

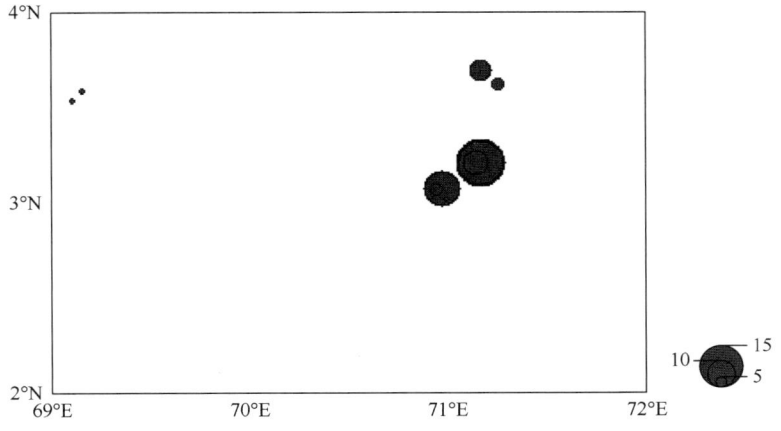

图 3-8-44　第三渔场大眼金枪鱼 CPUE 分布

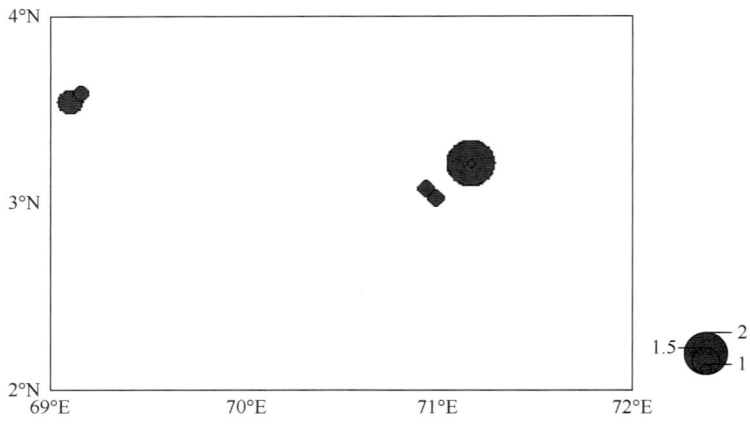

图 3-8-45　第三渔场黄鳍金枪鱼 CPUE 分布

8.2.3.1　大眼金枪鱼

第三渔场对大眼金枪鱼 CPUE 有显著相关关系的主要指标有 100m 水深处的盐度、250m 水深处的叶绿素浓度等。

图 3-8-46 为第三渔场大眼金枪鱼 CPUE 与 100m 水深处的盐度分布关系，在 100m 水深处，盐度范围在 35.72～35.98 区域（高盐一侧）内，大眼金枪鱼 CPUE 较高。图 3-8-47 为第三渔场大眼金枪鱼 CPUE 分布与 250m 水深处叶绿素浓度的关系，叶绿素浓度为 0.0498～0.0503μg/L 时，大眼金枪鱼 CPUE 较高。

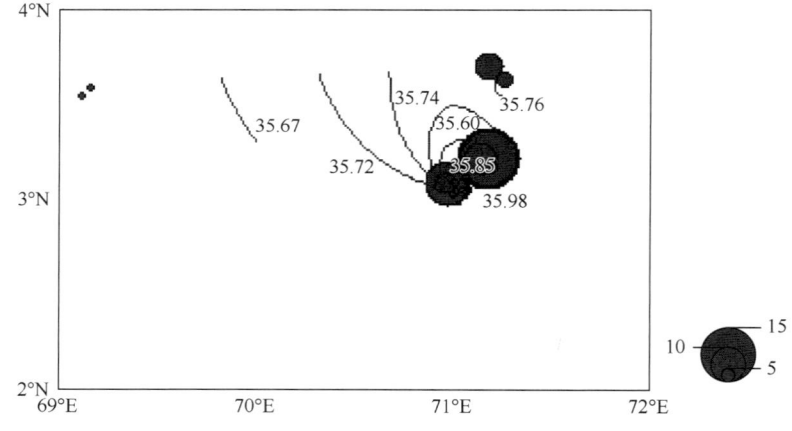

图 3-8-46　第三渔场大眼金枪鱼 CPUE 与 100m 水深处盐度的关系

8.2.3.2　黄鳍金枪鱼

第三渔场对黄鳍金枪鱼CPUE有显著相关关系的主要指标有50m水深处的叶绿素浓度，10m、25m、50m、75m、100m 水深处的溶解氧含量和 10m、75m、100m 水深处的温度。

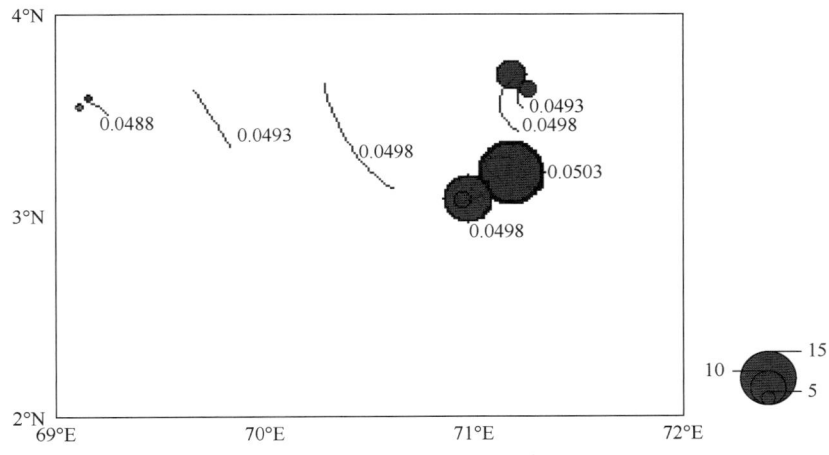

图 3-8-47　第三渔场大眼 CPUE 与 250m 水深处叶绿素浓度的关系

由图 3-8-48 得，黄鳍金枪鱼 CPUE 与叶绿素浓度呈较强的负相关关系，在 50m 水深处，叶绿素浓度为 0.227～0.250μg/L 的区域，黄鳍金枪鱼 CPUE 较高。由图 3-8-49 得，10m 水深处，温度在 29.17～29.50℃的地区，黄鳍金枪鱼 CPUE 较高。由图 3-8-50 得，75m 水深处，温度在 27.63～28.96℃的地区，黄鳍金枪鱼 CPUE 较高。由图 3-8-51 得，100m 水深处，温度在 23.34～24.44℃的地区，黄鳍金枪鱼 CPUE 较高。图 3-8-52 为第三渔场黄鳍金枪鱼 CPUE 分布与 10m 水深处的溶解氧含量关系，黄鳍金枪鱼 CPUE 较高的区域为溶解氧含量为 6.08～6.20mg/L 的地区。图 3-8-53 为第三渔场黄鳍金枪鱼 CPUE 分布与 25m 水深处的溶解氧含量关系，溶解氧含量为 6.04～6.10mg/L 的地区，黄鳍金枪鱼 CPUE 较高。图 3-8-54 为第三渔场黄鳍金枪鱼 CPUE 分布与 50m 水深处溶解氧含量的关系，溶解氧含量为 5.96～6.10mg/L 的地区，黄鳍金枪鱼 CPUE 较高。图 3-8-55 为第三渔场黄鳍金枪鱼 CPUE 分布与 75m 水深处溶解氧含量的关系，溶解氧含量为 4.90～5.43mg/L 的地区，黄鳍金枪鱼 CPUE 较高。图 3-8-56 为第三渔场黄鳍金枪鱼 CPUE 分布与 100m 水深处溶解氧含量的关系，溶解氧含量为 2.20～2.90mg/L 的地区，黄鳍金枪鱼 CPUE 较高。

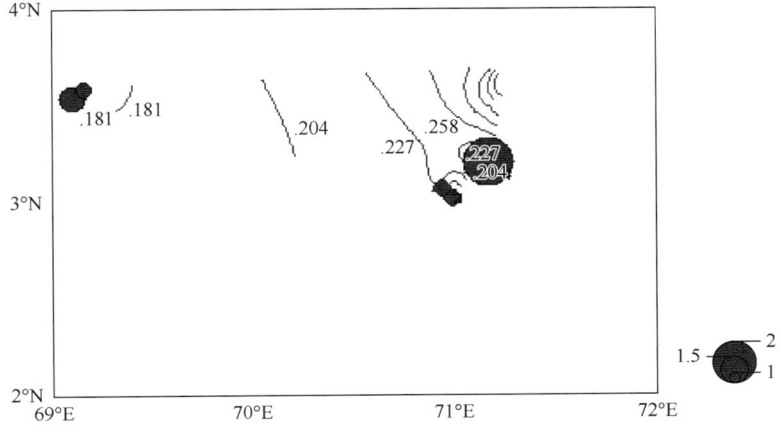

图 3-8-48　第三渔场黄鳍金枪鱼 CPUE 与 50m 水深处叶绿素浓度的关系

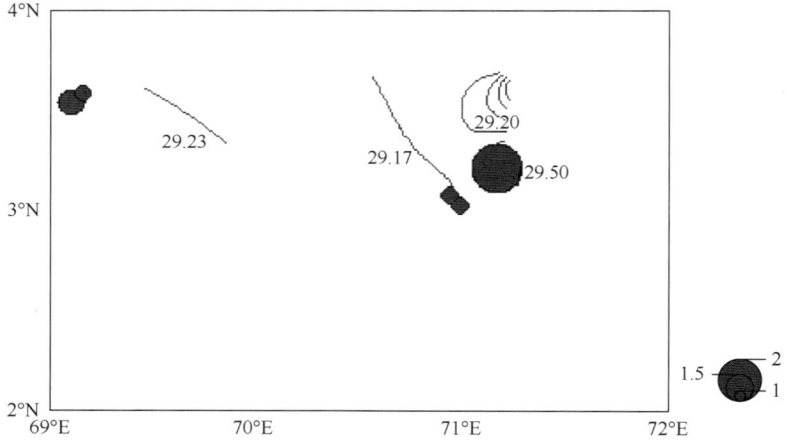

图 3-8-49　第三渔场黄鳍金枪鱼 CPUE 与 10m 水深处温度的关系

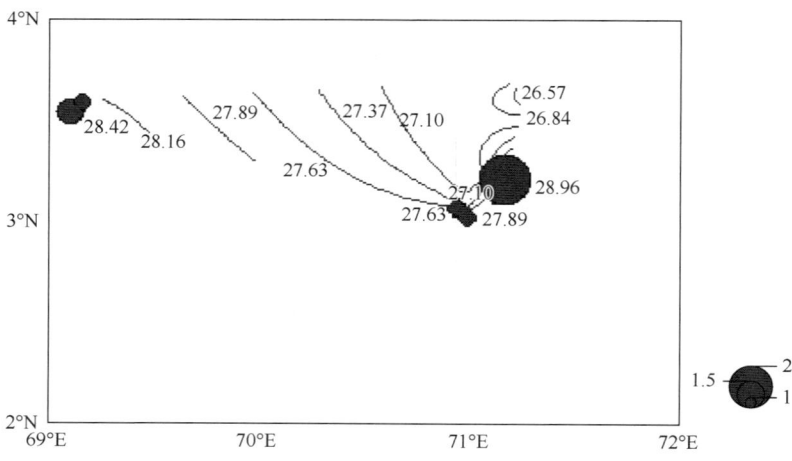

图 3-8-50　第三渔场黄鳍金枪鱼 CPUE 与 75m 水深处温度的关系

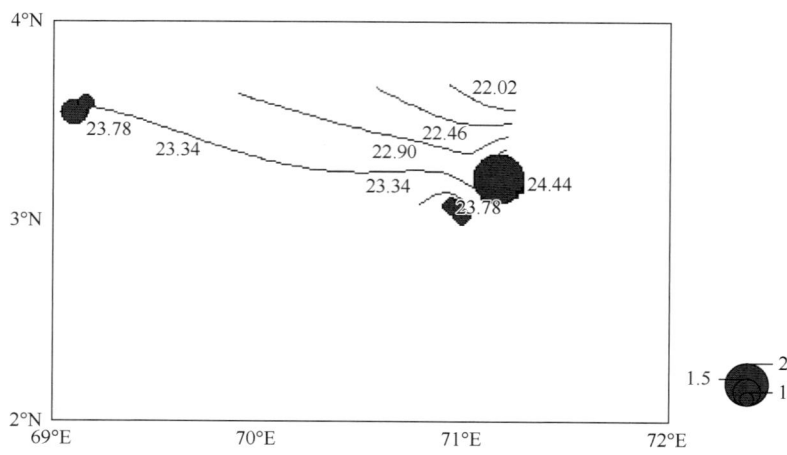

图 3-8-51　第三渔场黄鳍金枪鱼 CPUE 与 100m 水深处温度的关系

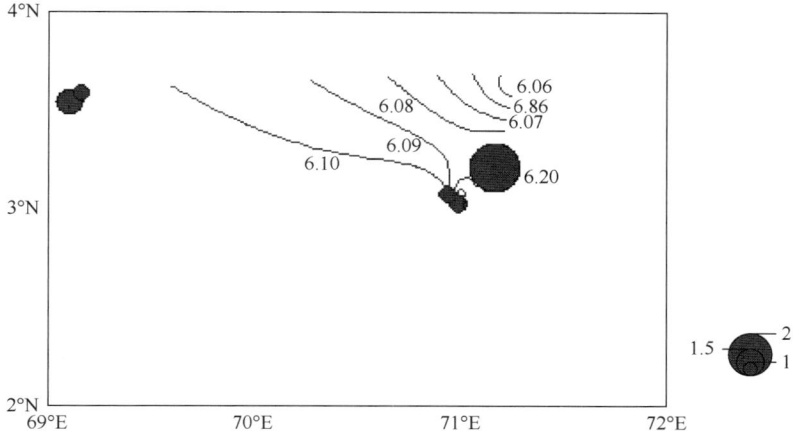

图 3-8-52　第三渔场黄鳍金枪鱼 CPUE 与 10m 水深处溶解氧含量的关系

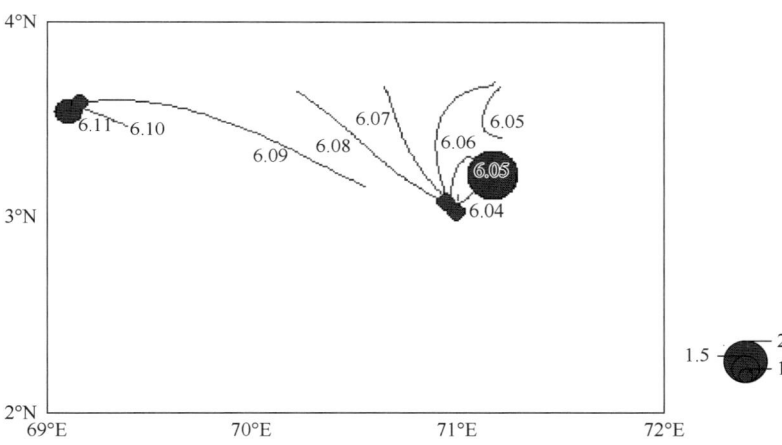

图 3-8-53　第三渔场黄鳍金枪鱼 CPUE 与 25m 水深处溶解氧含量的关系

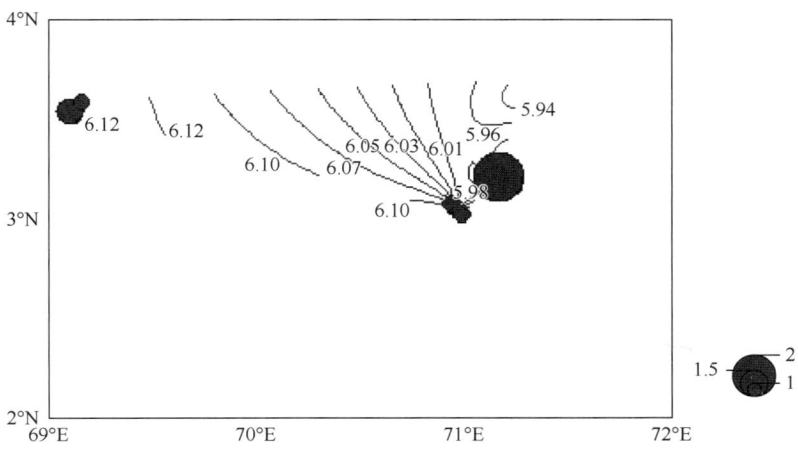

图 3-8-54　第三渔场黄鳍金枪鱼 CPUE 与 50m 水深处溶解氧含量的关系

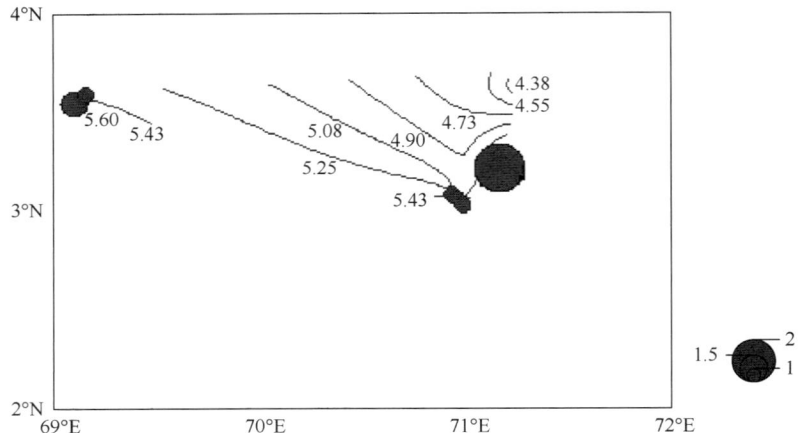

图 3-8-55　第三渔场黄鳍金枪鱼 CPUE 与 75m 水深处的溶解氧含量关系

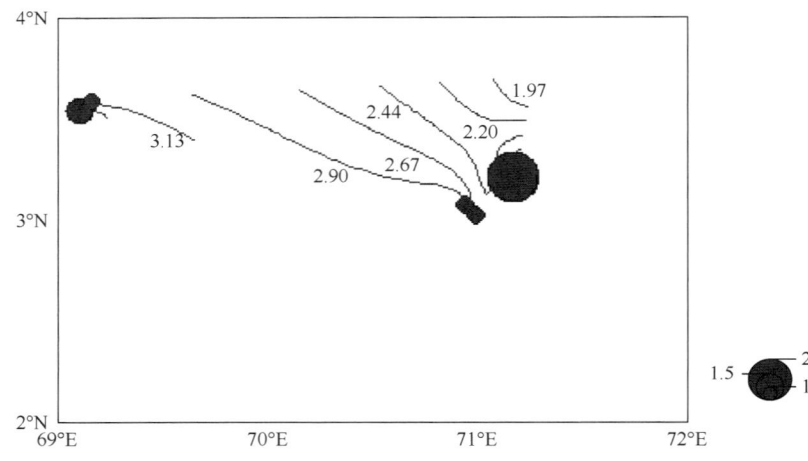

图 3-8-56　第三渔场黄鳍金枪鱼 CPUE 与 100m 水深处的溶解氧含量关系

8.3　小　　结

以上为基于 2006 年 10～11 月，"粤远渔 168" 调查船取得的数据，对大眼金枪鱼和黄鳍金枪鱼的渔场形成机制分析的结果。本次调查测量的指标较广，几乎收集了所有的风速、风向、钓具漂移速度、钓具漂移方向，以及 0～400m 各水层的水温、盐度、叶绿素浓度、溶解氧含量、三维海流数据。

根据对调查船整个调查期间所有数据进行分析的结果，250m、150m、200m 水深处的溶解氧含量对大眼金枪鱼 CPUE 影响最大。100m 水深处的盐度对大眼金枪鱼 CPUE 分布影响也较大，对大眼金枪鱼 CPUE 分布影响较显著的指标还有流剪切系数、50m 水深处的水温、150m 水深处的水平海流、50m 水深处的叶绿素浓度。

黄鳍金枪鱼的分布与 100m、75m 水深处的溶解氧含量关系最密切，其次是表层盐度。

大眼金枪鱼 CPUE 较高处为：①冷暖水团的交汇处（50m 水深处 28.58～28.86℃）；②250m 水深处含氧量低的一侧（2.35～2.62mg/L）；③流剪切系数低的一侧（−2.75～

−2.61）；④150m 水深处水平流速低的一侧（0.19～0.37m/s）；⑤50m 水深处叶绿素浓度低的一侧（0.1580～0.2377μg/L）。

黄鳍金枪鱼 CPUE 较高处为：①100m 水深处含氧量较高的范围内；②10m 水深处盐度较低处。

参 考 文 献

[1] Bigelow K，Musyl M K，Poisson F，et al. Pelagic longline gear depth and shoaling. Fisheries Research，2006，77：173～183.
[2] 齊藤昭二. マグロの遊泳層と延縄漁法. 東京：成山堂書屋，1992：9～10.
[3] 李志辉，罗平. SPSS for Windows 统计分析教程. 北京：电子工业出版社，2003：173～175.